中国产业：

转型发展和国际突破

王云平·编著

ZHONGGUO CHANYE:
ZHUANXING FAZHAN HE GUOJI TUPO

吉林出版集团股份有限公司

图书在版编目(CIP)数据

中国产业：转型发展和国际突破 / 王云平编著. --
长春：吉林出版集团股份有限公司,2015.12（2024.1重印）
ISBN 978 - 7 - 5534 - 9802 - 7

Ⅰ.①中… Ⅱ.①王… Ⅲ.①产业发展－研究－中国
Ⅳ.①F121.3

中国版本图书馆 CIP 数据核字(2016)第 007067 号

中国产业：转型发展和国际突破

ZHONGGUO CHANYE: ZHUANXING FAZHAN HE GUOJI TUPO

编　　著：	王云平
责任编辑：	矫黎晗　杨　鲁
封面设计：	韩枫工作室
出　　版：	吉林出版集团股份有限公司
发　　行：	吉林出版集团社科图书有限公司
电　　话：	0431 - 86012746
印　　刷：	三河市佳星印装有限公司
开　　本：	710mm×1000mm　　1/16
字　　数：	474 千字
印　　张：	26.5
版　　次：	2016 年 4 月第 1 版
印　　次：	2024 年 1 月第 2 次印刷
书　　号：	ISBN 978 - 7 - 5534 - 9802 - 7
定　　价：	89.00 元

目　录

第一篇　产业转型发展的机理

第四篇　典型产业和典型区域分析

第一篇
产业转型发展的机理

第1章 产业转移对区域产业结构升级的影响[①]

随着经济的发展和经济全球化步伐的加快，市场竞争不断加剧，表现为国际竞争国内化、国内竞争国际化，国际竞争与国内竞争日益融为一体。同时，在工业化快速推进的过程中，资源与环境问题日益凸显，尤其是沿海一些经济核心区资源与环境承载能力越来越小，区域可持续发展问题越来越突出。因此，按照科学发展观的要求，依托产业转移加快产业结构升级，将有利于提高资源配置效率，增强产业国际竞争力，缓解经济发展中的矛盾，促进区域协调发展和经济可持续发展。

1.1 依托产业转移加快产业结构升级的背景和意义

1.1.1 经济日益全球化，国际产业转移加快

在以信息技术为主的技术进步的推动下，经济全球化进程日益加快，1980—1985年世界对外贸易投资总额年平均增长速度为28.8%，1995—2000年为38%，2002年达到40%[②]。全球化过程中生产要素更加迅速地在全球范围内配置，包括资本要素和技术要素，当前正处于"二战"以来第三次大的国际产业转移进程中。随着全球化的加快，全球产业布局也在不断变化，国际产业转移速度加快，它不仅包括产业链中生产制造活动的转移，而且还包括企业总部、研究与开发、产品设计以及市场营销等活动的转移。

[①] 本章由刘长全主笔。
[②] 上海市经济和信息化委员会："国际产业转移新动向"，http://www.shec.gov.cn。

经济全球化的不断加快，伴随着国内经济发展和市场的不断完善，市场竞争日益加剧，出现了"国际竞争国内化、国内竞争国际化"的趋势。要应对这种新的局面，就必须不断提高产业国际竞争力，为此要加快产业转移，建立合理的产业布局与地区分工。计划经济体制下形成的产业分布格局，在市场经济建设过程中，经过 20 多年的调整优化，已经得到了逐步改善。但是，在要素流动性、地方保护主义和行政体制等约束下，仍不能完全与竞争的市场经济体制相协调。地区分割的优惠政策和路径依赖下的"锁定"效应也加剧了生产资源的不合理流动，尤其表现在向沿海地区的过度集中。通过产业转移，实现资本流动与劳动力流动相结合，将有利于产业布局的优化调整，促进生产效率的进一步提高和地方资源优势与竞争优势的发挥。

国际产业转移的发生也是源于其他国家经济结构的不断调整，以及全球化后面对日益剧烈的市场竞争，对更高的竞争力、更有利的生产经营点的追求和对市场制高点的抢占。因此，国内产业转移也是针对国际产业转移的必要调整，这有利于集中优势资源，吸引更多先进的产业部门和产业链的高端环节转移过来。在承接国际转移过程中，通过国内产业转移调整优化产业布局，将有利于全国产业结构的整体升级，促进产业国际竞争力的不断提高。

1.1.2　国内产业布局与宏观经济结构不相协调

当前国内产业布局仍存在一些问题，突出表现在两个方面。首先，产业分布的过密与过疏并存。中国产业分布很不平衡，生产活动主要集中在东部地区，其他地区发展水平与东部地区之间的差距很大，并且在近 10 年内差距表现出进一步扩大的趋势。一方面，中部、西部和东北地区发展不足，工业化推进缓慢，甚至出现较大幅度的衰退现象；另一方面，东部一些地区经济发展受到了土地、水、劳动力等资源的约束，在过度密集的情况下出现了集聚不经济的迹象。在这种过密过疏并存的情况下，加快产业转移，实现更加合理的产业布局，将有利于产业竞争力的提升。其次，地区专业化水平低。专业化水平低主要表现在地区分工仍主要基于传统的部门间的分工模式。随着生产技术的变革、交通通信技术的发展，区际贸易分工格局经历了从部门分工向产品分工，再向产业链分工的模式转变。在此过程中，地区专业化与地区产业结构趋同的内涵都发生了深刻的变化，然而目前的许多产业布局政策实践仍基于传统分工模式，片面强调避免产业结构趋同。

2004 年，中国人均 GDP 已达到 1000 多美元，现代经济发展规律表明，人均收入处于 800—1500 美元时期是经济结构转型的重要时期。在这一时期，需求结构发生显著变化，并促使生产结构的转变。同时，当前以信息技术为先导的第三次技术革命正在迅猛发展，各种新兴技术如生物技术、新材料技术、先进制造技术、航空航天技术等不断涌现，促使经济结构不断调整。在工业化、城市化进程加快发展的同时，高技术产业与其他先进制造业部门的比重将不断提高。在这样的背景下，必须动态地调整产业布局，才能建立与宏观经济结构相协调的布局结构、反映地区自然资源优势与竞争优势的分工结构，促进资源配置效率和产业竞争力的提高。通过产业转移，将劳动密集、资本密集和资源密集的部门、制造环节转移到中西部地区，有利于发挥中西部地区的资源比较优势，推进中西部的工业化进程，也有利于东部地区高端产业和高端环节的发展，在提升地区专业化水平的基础上，形成更加合理的区际分工关系。

1.1.3 地区收入差距不断扩大，区域发展失衡

改革开放以来，国内居民收入差距不断扩大（孔泾源主编，2005；魏后凯，2007），目前已经是世界上收入差距最大的国家之一，并主要表现为城乡差距、地区差距和社会各阶层差距。在地区收入差距方面，又主要表现为东中西差距的扩大。自 20 世纪 60 年代中期以来，我国的东中西差距就一直在不断扩大。1965 年，我国沿海与内地间人均国民收入的相对差距为 22.15%，到 1980 年已提高到 37.16%。改革开放以来，全国经济整体上得到了快速增长，但东西部差距还是在进一步拉大。若以各地区平均人均 GRP 水平为 100 计算，自改革开放以来，东部 10 省人均 GRP 相对水平在不断提升，而其他地区则在逐步下降。西部 12 省（区、市）城镇居民平均收入与全国平均水平相比，1990 年为 92%，2003 年已降为 85%。东西部农村居民收入差距扩大的幅度更为明显。从相对差距来看，除个别年份外，中西部与东部地区间人均 GRP 的相对差距均呈不断扩大的趋势。1980 年西部比东部地区人均 GRP 低 44.7%，中部比东部低 38.9%，到 2004 年，西部、中部分别比东部低 62.6% 和 58.0%，二者分别扩大了 17.9 和 19.1 个百分点。在这期间，我国四大区域间人均 GRP 的变异系数虽然出现多次波动，但总体趋势也在不断增加，从 1985 年的 0.334 提高到 2004 年的 0.467。2005 年，中西部与东部地区间人均 GRP

相对差距才开始有所缩小（魏后凯等，2006）。面对如此严重的地区收入差距问题，统筹城乡发展、区域发展，促进西部大开发、东北振兴和中部崛起，这些目标的实现都需要加快产业转移来促进落后地区的发展，带动地区经济结构的转换升级和收入水平的不断提高。

另外，由于经济发展水平的差异，城乡之间、沿海与内地之间在需求结构上存在巨大的差异。最新资料显示，中国城乡消费水平的差距达到 10 年之久。这种需求落差体现为城市与农村、东部与中西部落后地区的需求结构的巨大差异。当数字电视、液晶电视在发达地区逐渐成为主流的时候，传统彩色电视机在落后农村地区仍是昂贵的家电，不能普及。面对这样巨大的需求落差，产业布局无论是从效率的原则还是从公平的原则，都应做出调整。促进传统产业向中西部落后地区转移，在这些地区建立与其需求结构相适应的产业结构，既可以获得市场的优势，也可以起到促进地区经济起飞和产业发展的作用。

1.1.4　国内发展面临资源与环境的双重约束

国内产业发展所受到的资源与环境约束日益显著。导致这一问题的原因，首先是建立在低产业结构基础上的快速增长。产业结构水平低，突出体现在初级产品原材料产业、劳动密集型产业和高污染、高耗能产业比重高，这种结构下的经济增长必然带来资源环境问题。初级产品、原材料产业的发展主要依赖对矿产资源和森林资源等的消耗，结果导致对环境产生很大的危害。石油、煤炭、重金属矿和有毒金属矿等的开采会对大气、水和土壤造成严重的破坏和污染。劳动、资本密集型产业往往也是污染密集或至少轻度污染的产业，如棉印染、毛染整、丝印染、制革、毛皮鞣制等，都会对水和土壤造成污染。高能耗、高污染和资源性产品价格通常没有体现出资源、环境、安全等社会成本，此类产品在资源消耗、环境污染方面造成的损失，甚至比效益还要大。正是由于产业结构低，我国经济增长过度依赖能源和资源的消耗，资源利用率低，污染排放率高，导致当前环境与发展的突出矛盾。2004 年我国 GDP 只占全世界的 4%，但消耗的煤占世界的 38%、钢材占 27.4%、水泥占 45.8%。我国资源生产率只相当于美国的 1/10、日本的 1/20、德国的 1/6，工业万元产值用水量是国外先进水平的 10 倍。与美国相比，我国火电供电能耗高 22.5%，大中型钢铁企业能耗高 21%，水泥综合能耗高 45%①。虽然中国在资源总量规模和品种的丰富程度上与其他国家相比具有一定的优势，但是人均保有量仍是较低的。资源利用效率极低，甚至是不可持续地破坏性利用，对环境造成了严重的破坏。目前经济发展越来越接近资源和环境所能承受的最高水平，加快产业结构升级已成为经济社会可持续发展的必然要求。

从产业布局角度看，生产活动分布与资源分布也不协调，这极大地制约了资源利用效率和产业竞争力的提高。首先，为满足现有产业分布下生产活动的需要，对资源的空间转移占用了大量社会资源，运输成本高、损耗大，这在很大程度上提高了生产成本。另外，地区产业结构与资源禀赋的不协调，扭曲了资源利用方式，或因为资源供给的约束而高成本地追求集约利用，或因为资源的大量闲置而浪费严重。

1.1.5 面临"就劳动力转移资本"战略与"就资本转移劳动力"的战略选择②

"就劳动力转移资本"战略是就劳动力的分布来吸引资本创造就业岗位，"就资本转移劳动力"战略是就资本或工作岗位的分布来吸引外来劳动力进入。地区间工作岗位的转移实质上就是产业转移、资本转移的过程。注重"就劳动力转移资本"战略还是"就资本转移劳动力"战略，应考虑转移资本与转移劳动力之间的成本比较、政府政策目标取向以及不同发展阶段的模式选择。我国长期主要采取的是"就资本转移劳动力"战略，通过在东部地区创造就业机会，吸引广大中西部地区的劳动力转移就业。由此带来的问题是：加剧了要素和经济活动向东部集中的趋势；加剧了人口与经济活动分布的不协调；造成资源产地、加工地与消费地的严重脱节，导致各种资源在全国范围内的大调动；转移就业的人口的边缘化，等等。当前，应由过去的注重"就资本转移劳动力"向注重"就劳动力转移资本"转变。通过推动产业转移，在中西部和东北地区创造更多的工作岗位和就业机会，加快其工业化和城市化进程，实现产业分布与劳动力分布的协调和匹配。

---

① 解振华："我国新时期环境保护"，http://www.cas.cn/html/Dir/2005/12/06/6418.htm。
② 魏后凯：《对当前区域经济发展若干理论问题的思考》，载《经济学动态》2007年第1期。

1.2　国内产业转移与产业集聚现状

当前产业转移的主体仍是工业，以下使用 1995 年工业普查、2004 年经济普查、历年中国统计年鉴与中国工业统计年报数据，通过分析工业分布与变动情况、工业产业集聚情况来了解产业转移状况。

1.2.1　产业分布现状

中国工业生产地区间差距很大，工业就业、总产值、增加值、销售收入等都高度集中。从就业密度的变化来看，梯度分布特征明显，按东部—中部—东北—西部次序迅速下降。1995 年工业普查与 2004 年经济普查数据均可以反映当年全部工业的就业、产业情况。2004 年中国各地区全部工业的就业密度，沿海各省市的就业密度要明显高于其他地区，其中密度最高的是江苏、上海、浙江、广东、山东半岛及京津地区，辽东半岛、河南、河北及福建等地区也相对较高。

统计分析显示，2004 年上海市全部工业就业密度最高，达到了 537.7 人/平方千米，是全国平均水平的近 55.66 倍。其次是天津市，也达到了 149.4 人/平方千米，是全国平均水平的 15.47 倍多。再次是江苏省和北京市，分别达到 99.3 人/平方千米和 94.0 人/平方千米，均在全国平均水平的 10 倍左右。目前工业就业率最高的分别是广东、江苏和山东三省，占全国全部工业就业的比重分别为 14.38%、10.95% 和 10.06%。其中，广东省每平方千米工业就业人数为 74.4 人，是全国平均水平的 7.7 倍，就业密度排全国第 6 位。工业就业最少的是西藏、青海、新疆三省区，西藏所占全国工业就业的比重不足 0.1%，青海占不到 0.2%，新疆也只有 0.6%。

根据各地区工业就业的密度与全国平均水平的比值的大小（见表 1-1），将所有的省市区分为工业就业密度很高（是全国平均水平的 5 倍以上）、较高（2～5 倍之间）、一般（1～2 倍之间）、较稀疏（0.5～1 倍之间）与很稀疏（0.5 倍以下）五类（见表 1-2）。工业就业密度很高的分别是上海、天津、江苏、北京、浙江、广东和山东七省市，工业总就业达到 4822.4 万人，占了全国的 51.83%。工业就业密度较高的地区分别有河南、福建、辽宁和河北四省，工业总就业 1690 万人，占全国的 18.2%。在剩下的 19 个省市区中，工业总就业量占全国的比重不到 30%。

表 1-1 2004 年各地区全部工业就业密度与比重

地 区	就业密度 （人/km²）	与全国平均 密度比	占全国就业 比重（%）	地 区	就业密度 （人/km²）	与全国平均 密度比	占全国就业 比重（%）
上 海	537.7	55.66	3.66	江 西	10.7	1.11	1.93
天 津	149.4	15.47	1.82	陕 西	8.5	0.88	1.89
江 苏	99.3	10.28	10.95	吉 林	7.4	0.76	1.49
北 京	94.0	9.73	1.70	四 川	6.1	0.63	3.20
浙 江	84.6	8.76	9.26	广 西	5.4	0.55	1.36
广 东	74.4	7.70	14.38	贵 州	5.3	0.55	1.01
山 东	59.6	6.17	10.06	宁 夏	5.0	0.52	0.36
河 南	31.8	3.29	5.70	海 南	4.2	0.44	0.16
福 建	30.0	3.11	3.92	黑龙江	4.1	0.43	2.02
辽 宁	24.3	2.52	3.81	云 南	2.6	0.27	1.11
河 北	23.2	2.40	4.74	甘 肃	2.2	0.22	1.05
山 西	17.8	1.85	2.99	内蒙古	0.9	0.10	1.18
重 庆	17.6	1.82	1.55	新 疆	0.3	0.04	0.61
安 徽	16.9	1.75	2.53	青 海	0.3	0.03	0.19
湖 北	12.7	1.31	2.53	西 藏	0.0	0.00	0.02
湖 南	12.4	1.28	2.82				

资料来源：就业数据来自《中国经济普查年鉴》（2004）；土地面积来自《中国行政区划简表》，中国行政区划网（http：//www.xzqh.org/）。

表 1-2 2004 年各地区工业就业密度按层次分布与比重

密度高低	所 包 括 省 市	总就业量 （万人）	占全国的比重 （%）
很高	上海、天津、江苏、北京、浙江、广东、山东	4822.45	51.83
较高	河南、福建、辽宁、河北	1689.98	18.16
一般	山西、重庆、安徽、湖北、湖南、江西	1335.60	14.36
较稀疏	陕西、吉林、四川、广西、贵州、宁夏	864.69	9.29
很稀疏	海南、黑龙江、云南、甘肃、内蒙古、新疆、青海、西藏	591.22	6.35

资料来源：就业数据来自《中国经济普查年鉴》（2004）；土地面积来自《中国行政区划简表》，中国行政区划网（http：//www.xzqh.org/）。

从工业在四大区域的分布来看，主要集中分布在东部地区。2004 年东部地区全部工业企业就业 5642.7 万人，占全国的 60.65％，上述 7 个工业就业密度很高的省市都在东部，在另外三个省中，福建与河北两省也较高，工业就业密度都在全国平均水平的 2 倍以上，只有海南省低于全国平均水平。整个东部地区全部工业的就业密度达到了 61.58 人/平方千米，是全国平均水平的 6.3 倍。中西部工业就业占全国的比重比较接近，但是考虑到两大地带在面积上的差异，西部工业发展水平与中部相比还是存在一定的差距。中部 6 省工业就业的密度都比全国平均水平高，其中河南省更在 2 倍以上。西部各省和自治区都比全国平均水平低，其中有半数的就业密度不到全国平均水平的一半。中部地区工业就业密度为 16.75 人/平方千米，是全国平均水平的 1.73 倍。西部工业就业密度只有 1.83 人/平方千米，不足全国平均水平的 1/5。东北地区是老工业基地，但三省全部工业就业占全国的比重只有 8.64％。黑龙江省工业就业的密度不到全国平均水平的一半，吉林省也要低于全国平均水平，只有辽宁省高于全国平均水平。整个东北三省平均每平方千米全部工业就业人数为 7.31 人，比全国平均水平略低。因此，从就业密度变化上来看，四大区域形成了按东部、中部、东北、西部次序迅速下降的梯度结构。

1.2.2　产业转移整体情况

1995—2004 年，全部工业企业的就业分布变化反映了产业转移的基本情况。在此期间，工业进一步向东部集中，从原来的 48.2％上升的 60.65％，增长了 12.5 个百分点，年均超过一个百分点（见表 1-3）。中部和西部的比重都有小幅下降，中部从 21.98％下降到 18.5％，西部从 16.7％下降到 13.54％，降幅分别为 3.48 和 3.16 个百分点。东北地区的比重有较大下降，从 13.12％下降到 7.31％，降幅达到 5.8 个百分点。从就业的角度看，东北地区在全国工业中所占的比重只有原来的一半略多，可见其工业地位的下降。

表 1-3　1995—2004 年四大区域全部工业就业变动

区　域	土地面积比重（%）	2004 年			1995 年		
		人数（万人）	比重（%）	密度（人/km²）	人数（万人）	比重（%）	密度（人/km²）
东部地区	9.55	5642.7	60.65	61.19	4828.3	48.20	52.36
中部地区	10.70	1721.2	18.50	16.75	2201.6	21.98	21.43
西部地区	71.54	1260.0	13.54	1.83	1672.4	16.70	2.43

续　表

	土地面积 比重（%）	2004 年			1995 年		
		人数 （万人）	比重（%）	密度 （人/km²）	人数 （万人）	比重（%）	密度 （人/km²）
东北地区	8.21	680.0	7.31	8.64	1314.5	13.12	16.70
全　国	—	9303.9	—	—	10016.8	—	—

注：东部地区包括北京、天津、河北、山东、江苏、上海、浙江、福建、广东和海南 10 省；中部地区包括山西、河南、安徽、湖北、湖南和江西 6 省；西部地区包括四川、重庆、陕西、贵州、云南、西藏、甘肃、宁夏、青海、新疆、广西和内蒙古 12 省市区；东北地区包括黑龙江、辽宁和吉林 3 省。

资料来源：《中国经济普查年鉴》（2004）、1995 年工业普查光盘数据。

全部工业企业就业在各省市区之间分布的变动表明，1995—2004 年间工业活动在向广东、浙江等少数几个省份转移集中。从表 1-4 可以看出，在此期间只有广东、浙江、福建、山东、江苏和河南的全部工业企业就业密度有所上升。工业就业密度有很大增长的是广东、浙江和福建。广东省增幅最大，从每平方千米 47.1 人增长到 74.4 人，增幅达到 57.9%。浙江从每平方千米 58.8 人增长到 84.6 人，增幅为 43.9%。福建从每平方千米 21.5 人增长到 30 人，增幅为 39.4%。工业就业密度降幅最大的是黑龙江，达到 54.3%，从每平方千米 9 人减少到 4.1 人。其他还有多个地区有较大幅度的下降，吉林、湖北和辽宁降幅都在 40% 以上，新疆、安徽、青海和内蒙古降幅都在 30% 以上。另外，还有广西、四川（包括重庆）、甘肃等 8 个省市的降幅在 20% 以上。在比重方面，广东、浙江、福建等少数省份有所增长，其他大多数省份则出现不同程度的下降。广东、浙江增幅较大，广东从 8.46% 增长到 14.38%，上升了 5.92 个百分点，浙江从 5.98% 增长到 9.26%，上升了 3.28 个百分点。山东、福建和江苏分别上升了 1 个多百分点。

表 1-4　1995—2004 年各省市区全部工业就业变动

地　区	1995 年			1995—2004 年	
	就业密度 （人/km²）	与全国平均 密度比	占全国比重 （%）	就业密度 增幅（%）	占全国比重 增幅（百分点）
广　东	47.1	4.53	8.46	57.9	5.92
浙　江	58.8	5.66	5.98	43.9	3.28
福　建	21.5	2.07	2.61	39.4	1.31
山　东	52.9	5.08	8.29	12.7	1.77

续　表

地　区	1995 年			1995—2004 年	
	就业密度	与全国平均	占全国比重	就业密度	占全国比重
	（人/km²）	密度比	（%）	增幅（%）	增幅（百分点）
江　苏	95.3	9.16	9.76	4.2	1.19
河　南	31.5	3.03	5.26	0.7	0.44
宁　夏	5.1	0.49	0.34	−1.9	0.02
西　藏	0.0	0.00	0.02	−2.2	0.00
贵　州	5.9	0.56	1.03	−8.9	−0.02
山　西	19.8	1.90	3.08	−9.9	−0.09
河　北	25.8	2.48	4.90	−10.1	−0.16
上　海	607.0	58.36	3.84	−11.4	−0.18
陕　西	10.3	0.99	2.11	−17.2	−0.23
云　南	3.2	0.31	1.28	−19.0	−0.16
江　西	13.6	1.30	2.26	−20.9	−0.34
天　津	190.4	18.31	2.15	−21.5	−0.33
北　京	120.4	11.58	2.02	−21.9	−0.32
湖　南	16.0	1.53	3.38	−22.4	−0.56
海　南	5.5	0.53	0.19	−23.7	−0.03
甘　肃	2.9	0.28	1.34	−26.7	−0.28
川　渝	10.7	1.02	6.03	−26.9	−1.28
广　西	7.3	0.71	1.73	−27.0	−0.37
内蒙古	1.4	0.13	1.64	−32.8	−0.45
青　海	0.4	0.04	0.27	−33.9	−0.08
安　徽	26.6	2.56	3.71	−36.5	−1.17
新　疆	0.5	0.05	0.90	−37.3	−0.29
辽　宁	43.9	4.22	6.38	−44.6	−2.57
湖　北	23.1	2.23	4.30	−45.3	−1.77
吉　林	14.1	1.36	2.64	−47.8	−1.16
黑龙江	9.0	0.87	4.10	−54.3	−2.08

资料来源：《中国经济普查年鉴》（2004）、1995 年工业普查光盘数据。

1.2.3 分行业产业转移情况

分行业来看，大多数产业都在进一步向其主要分布地区集中。按省市区所占就业比重的大小，分别计算 2000—2004 年每个产业在第一位、前三位和前五位地区的累计比重，结果见表 1-5。从中可以看出，第一位地区所占比重增长最快的产业是仪器仪表及文化、办公用机械制造业，从 2000 年 19.9% 上升到 31.8%，增长了 12.5 个百分点，也就是说该产业在一个地区的就业占了全国总数的近 1/3。电气机械及器材制造业也表现出同样的产业转移特征和快速集中，首位地区的就业比重从 21.3% 上升到 33.6%，上升了 12.4 个百分点，占全国的比重刚好超过了 1/3。这两个产业都是通常认为的高技术、高附加值的产业。家具制造业、印刷业和记录媒介的复制首位地区所占比重的增幅也超过了 10 个百分点。通信设备、计算机及其他电子设备制造业首位地区所占比重增长了 9.2 个百分点，比重达到了 45.6%，也就是说一个地区的就业占了全国的近一半。但是，首位地区就业比重最高的产业是文教体育用品制造业，达到了 50.1%，与 2000 年相比只有 0.1 个百分点的小幅下降，说明该产业高度集中的特征比较明显，也比较稳定。首位地区所占比重降幅最大的是纺织服装、鞋、帽制造业，但也只下降了 4.9 个百分点，从 24.3% 降到 29.1%。另外还有有色金属冶炼及压延加工业、燃气生产和供应业等 5 个产业有不同程度的小幅下降。

表 1-5 2000—2004 年各产业在主要分布地区就业的累计比重 单位:%

行　业	第一位比重			前三位比重			前五位比重		
	2004	2000	2000—2004	2004	2000	2000—2004	2004	2000	2000—2004
仪器仪表及文化、办公用机械制造业	31.8	19.3	12.5	55.5	38.8	16.7	67.9	51.4	16.5
电气机械及器材制造业	33.6	21.3	12.4	60.8	43.6	17.2	73.5	57.6	16.0
家具制造业	35.9	24.6	11.3	57.0	40.6	16.4	70.2	51.9	18.4
印刷业和记录媒介的复制	24.3	13.7	10.6	41.3	29.4	11.9	56.0	42.1	13.8
通信设备、计算机及其他电子设备制造业	45.6	36.3	9.2	69.1	53.9	15.2	78.9	64.6	14.4

	第一位比重			前三位比重			前五位比重		
	2004	2000	2000—2004	2004	2000	2000—2004	2004	2000	2000—2004
农副食品加工业	27.0	18.8	8.3	40.8	34.8	6.0	50.8	46.2	4.6
石油加工、炼焦及核燃料加工业	23.0	16.5	6.4	41.5	37.8	3.7	53.5	51.4	2.1
金属制品业	25.0	18.7	6.3	53.1	40.9	12.3	68.6	56.9	11.7
化学纤维制造业	24.5	18.4	6.2	53.9	39.3	14.6	68.0	55.5	12.5
塑料制品业	30.6	26.0	4.6	56.7	47.5	9.2	69.9	61.2	8.7
煤炭开采和洗选业	19.9	15.8	4.1	43.7	39.3	4.4	57.4	53.4	4.1
有色金属矿采选业	15.8	12.4	3.4	36.3	33.2	3.0	50.8	49.5	1.3
非金属矿采选业	14.6	11.3	3.3	32.0	30.2	1.8	44.4	44.7	−0.3
非金属矿物制品业	12.7	9.4	3.3	31.0	27.6	3.4	44.5	42.0	2.5
纺织业	20.5	17.3	3.2	52.8	41.3	11.5	67.0	53.8	13.1
食品制造业	14.8	12.1	2.7	33.3	32.6	0.7	44.6	45.0	−0.3
烟草制品业	13.4	11.6	1.7	30.6	32.3	−1.7	43.8	48.2	−4.4
医药制造业	9.4	8.1	1.3	24.6	21.9	2.7	38.0	34.3	3.7
饮料制造业	13.9	12.7	1.2	29.9	28.5	1.4	42.4	41.2	1.2
木材加工及木、竹、藤、棕、草制品业	13.2	12.3	0.9	33.8	32.0	1.9	52.8	44.5	8.3
黑色金属矿采选业	21.8	20.9	0.9	40.3	45.4	−5.0	53.4	60.9	−7.5
橡胶制品业	16.7	15.8	0.9	42.0	33.4	8.6	61.0	49.7	11.3
石油和天然气开采业	18.3	17.4	0.8	38.2	45.2	−7.0	56.3	62.7	−6.5
交通运输设备制造业	9.7	9.0	0.8	26.7	23.7	3.0	40.7	36.4	4.3
化学原料及化学制品制造业	12.3	11.7	0.6	30.7	27.4	3.3	42.2	39.0	3.2
水的生产和供应业	9.4	8.9	0.5	24.2	25.1	−0.9	36.7	38.3	−1.6

	第一位比重			前三位比重			前五位比重		
	2004	2000	2000—2004	2004	2000	2000—2004	2004	2000	2000—2004
通用设备制造业	17.0	16.5	0.4	44.7	35.3	9.5	57.1	46.9	10.1
造纸及纸制品业	16.6	16.4	0.2	42.5	35.5	7.0	57.2	48.8	8.4
皮革、毛皮、羽毛（绒）及其制品业	35.1	35.0	0.2	73.0	60.5	12.5	85.9	77.8	8.1
专用设备制造业	12.7	12.6	0.1	34.2	34.5	−0.3	49.1	47.4	1.7
文教体育用品制造业	50.1	50.2	−0.1	73.8	70.5	3.2	88.1	85.2	2.9
黑色金属冶炼及压延加工业	13.7	13.9	−0.2	32.6	31.5	1.2	45.7	44.2	1.5
电力、热力的生产和供应业	7.8	8.5	−0.8	22.5	21.0	1.5	33.8	32.2	1.6
有色金属冶炼及压延加工业	7.9	10.2	−2.4	22.7	25.0	−2.3	35.9	37.3	−1.4
燃气生产和供应业	9.8	12.4	−2.6	27.3	27.1	0.3	40.4	40.3	0.2
纺织服装、鞋、帽制造业	24.3	29.1	−4.9	58.0	55.9	2.1	75.1	69.2	6.0

资料来源：《中国经济普查年鉴》（2004）、2000 年《中国工业统计年报》。

　　前三位地区所占比重增幅最大的也是电气机械及器材制造业，其次是仪器仪表及文化、办公用机械制造业，分别上升了 17.2 和 16.7 个百分点。而黑色金属矿采选业、石油和天然气开采业前三位地区的累计比重则有明显的下降，分别降低了 5 个百分点和 7 个百分点。前五位地区所占比重增幅最大的是家具制造业，其次是仪器仪表及文化、办公用机械制造业，降幅最大的依然是黑色金属矿采选业、石油和天然气开采业。

　　表 1-5 是国有及规模以上工业企业 2000—2004 年分产业就业分布的变异系数及变动情况，更加综合地反映了各产业在省市区之间分布的集聚状况。结果同样表明，近年工业整体上的集聚水平有明显上升，全部工业的变异系数从 2000 年的 82.9% 上升到 109.9%，增长了 27 个百分点（见表 1-6）。分产业来看，大多数产业部门的集聚水平也有所上升。其中，上升幅度很大的有仪器仪

表及文化、办公用机械制造业、电气机械及器材制造业、家具制造业、通信设备、计算机及其他电子设备制造业、印刷业和记录媒介的复制业，变异系数的上升幅度都超过 50 个百分点。另外，化学纤维制造业、农副食品加工业、金属制品业和纺织业的集聚水平也有较大上升，变异系数增幅超过 30 个百分点。集聚水平出现较大下降的是文教体育用品制造业，变异系数下降了 19.6 个百分点，但是由于本来就具有很高的集聚水平，所以该产业仍是集聚水平最高的产业之一。

表 1-6　2000—2004 年分产业变异系数及其变动

产　业　名　称	2000 年	2004 年	2000—2004 年增幅
	（%）	（%）	（百分点）
全部工业	82.9	109.9	27.0
仪器仪表及文化、办公用机械制造业	119.2	186.1	66.9
电气机械及器材制造业	133.9	200.6	66.6
家具制造业	143.7	205.8	62.1
通信设备、计算机及其他电子设备制造业	198.4	255.0	56.6
印刷业和记录媒介的复制	90.5	143.4	52.9
化学纤维制造业	125.2	168.0	42.9
农副食品加工业	110.1	148.9	38.8
金属制品业	130.6	168.6	38.0
纺织业	125.2	161.0	35.8
塑料制品业	159.2	185.8	26.6
通用设备制造业	105.1	131.4	26.3
橡胶制品业	108.4	130.2	21.8
造纸及纸制品业	107.0	127.3	20.4
皮革、毛皮、羽毛（绒）及其制品业	213.8	231.2	17.3
石油加工、炼焦及核燃料加工业	115.9	129.0	13.2

续 表

产 业 名 称	2000 年 （%）	2004 年 （%）	2000—2004 年增幅 （百分点）
交通运输设备制造业	77.3	88.8	11.5
化学原料及化学制品制造业	80.8	92.1	11.2
非金属矿物制品业	84.3	94.7	10.5
煤炭开采和洗选业	121.5	130.1	8.7
木材加工及木、竹、藤、棕、草制品业	101.2	108.0	6.9
医药制造业	69.9	76.3	6.4
非金属矿采选业	89.3	95.3	6.0
饮料制造业	85.9	89.9	4.0
食品制造业	95.2	99.3	4.0
黑色金属冶炼及压延加工业	91.3	94.5	3.2
燃气生产和供应业	80.4	83.3	2.9
电力、热力的生产和供应业	61.4	63.4	2.0
有色金属矿采选业	102.7	104.1	1.5
专用设备制造业	102.4	101.6	−0.8
石油和天然气开采业	103.8	102.5	−1.3
有色金属冶炼及压延加工业	74.0	72.1	−1.9
水的生产和供应业	73.3	70.7	−2.6
纺织服装、鞋、帽制造业	185.8	181.1	−4.8
烟草制品业	95.0	87.7	−7.4
黑色金属矿采选业	133.0	123.9	−9.1
文教体育用品制造业	270.2	250.5	−19.6

资料来源：《中国经济普查年鉴》（2004）、2000 年《中国工业统计年报》。

　　按 2000 年变异系数和 2000—2004 年变异系数变动对产业进行分组，了解产业集聚的实际水平和近年的变动情况。集聚水平本来就很高，并有进一步上升的是皮革、毛皮、羽毛（绒）及其制品业；集聚水平较高并有很大幅度上升的是通信设备、计算机及其他电子设备制造业；塑料制品业集聚水平较高并有较大幅度上升；集聚水平较低但有较大幅度上升的是印刷业和记录媒介的复制；集聚水平较低并有进一步下降的是有色金属冶炼及压延加工业、水的生产和供应业、烟草制品业。整体来看，制造业中的装备产业、电子产业和信息产业等集聚水平普遍较高，并在进一步上升。

1.3　产业转移对产业结构升级的作用

1.3.1　对整体产业构成升级的影响

　　产业转移过程中整体产业结构也在升级，包括：制造业在整个工业中地位的上升，制造业中高技术产业、高附加价值产业和现代制造业部门等在绝对规模与相对比重上的上升，传统的资源密集型和高污染、高耗能产业的地位的下降。产业转移对产业结构的影响体现在两者变动的一致性上。从前面的分析可以看出，产业转移的过程也是产业集聚的过程。由于集聚经济的存在，产业的生产效率和竞争力将会提高，带来产业规模的增长。因此，基于产业转移的产业集聚必然伴随着产业结构的调整，高技术产业与高附加价值产业的快速集聚对于这些产业发展以及比重的提高有着重要作用。根据各产业 2000—2004 年就业比重变化与集聚水平（变异系数）变化，做相关分析，可以看到两者之间的相关系数为 0.38，并且在 5% 的水平上显著，表明两者之间存在明显的正相关关系。用变异系数变化幅度对比重变化幅度做最小二乘回归，系数为 0.011，同样高度显著。平均来说，产业分布的变异系数高 1 个百分点，其占整个产业的比重会有 0.011 个百分点的提高。

1.3.2　对区域产业结构升级的影响

　　区域产业结构升级表现在许多方面，如资源型、劳动密集型产业所占比重的下降与资本密集型特别是技术密集型产业比重的上升，产业链中高技术、高附加值环节所占比重的增长，地区专业化水平的增长等。下面分别探讨产业转移过程中区域产业构成与地区专业化的变动情况。

（1）分区域产业转移对产业构成升级的影响

2000—2004 年，东部地区制造业就业占地区工业总就业的比重从 90.3％上升到 93.1％，增长了 2.8 个百分点。同期，中、西部制造业就业占地区工业总就业的比重却都有所下降，分别从 76.2％、76.6％下降到 73.0％和 74.9％，分别降低了 3.2 和 1.7 个百分点。虽然，东北地区制造业就业比重有所上升，从 69.7％提高到 72.0％，增长了 2.2 个百分点，但在四个地区中仍是最低的。据此来看，东部地区产业构成的升级是明显的，中西部有不同程度的下降，东北有所上升，但整体水平仍较低。但如果进一步细分产业，并考虑地区产业绝对规模与在全国相对地位的变化，情况又有所不同。

从各地区分产业的结构变动情况来看（见表 1-7），东部地区产业构成升级主要体现在现代高技术、高附加值产业部门与现代都市产业部门地位的上升①，而传统资源密集型产业或高污染产业的地位在下降。中西部与东北地区则刚好相反，在地区工业中地位有较大上升的主要是一些资源型产业。在东部地区，2000—2004 年间，占地区工业就业比重上升最大的是通信设备、计算机及其他电子设备制造业，从 5.43％上升到 8.27％，增长了 2.8 个百分点；其次是电气机械及器材制造业，从 5.50％增长到 6.98％，提高了 1.5 个百分点；皮革、毛皮、羽毛（绒）及其制品业，纺织服装、鞋、帽制造业和家具制造业也有较大增长，分别提高了 1.3、0.7 和 0.6 个百分点。占地区工业就业比重下降最多的是化学原料及化学制品制造业、非金属矿物制品业和煤炭开采和洗选业，降幅分布为 1.4、1.2 和 1.1 个百分点。这种产业结构演变特点与产业转移有着紧密的联系。在此期间，东部地区通信设备、计算机及其他电子设备制造业占全国行业总就业的比重也从 77.8％提高到 89.3％，上升了 11.5 个百分点；电气机械及器材制造业占全国行业就业的比重则从 67.5％提高到 81.9％，上升了 14.4 个百分点；皮革、毛皮、羽毛（绒）及其制品业占全国行业就业的比重从 85.8％上升到 92.2％，增长了 6.4 个百分点。可见这些产业本来就高度集中在东部沿海地区，并且还在进一步向东部转移。

---

① 在工业地位呈"倒 U 型"变化的特殊发展轨迹中，这些被归为现代都市产业的部门是推动工业再次快速发展的重要部门（刘长全、杜旻，2005）。

表 1-7　2000—2004 年四大地区产业构成变化情况　　　　单位:%

地　区	分 地 区 产 业 变 动	
	增幅最大的产业	降幅最大的产业
东部地区	通信设备、计算机及其他电子设备制造业 (2.8) 电气机械及器材制造业 (1.5) 皮革、毛皮、羽毛(绒)及其制品业 (1.3) 纺织服装、鞋、帽制品业 (0.7) 家具制造业 (0.6)	化学原料及化学制品制造业 (-1.4) 非金属矿物制品业 (-1.2) 煤炭开采和洗选业 (-1.1) 饮料制造业 (-0.6) 电力、热力的生产和供应业 (-0.6)
中部地区	煤炭开采和洗选业 (2.9) 石油加工、炼焦及核燃料加工业 (0.8) 食品制造业 (0.5) 纺织服装、鞋、帽制造业 (0.5) 黑色金属矿采选业 (0.4)	纺织业 (-1.1) 非金属矿物制品业 (-1.0) 化学原料及化学制品制造业 (-0.6) 饮料制造业 (-0.5) 专用设备制造业 (-0.3)
西部地区	石油和天然气开采业 (1.6) 煤炭开采和洗选业 (1.0) 石油加工、炼焦及核燃料加工业 (0.6) 有色金属冶炼及压延加工业 (0.6) 黑色金属矿采选业 (0.6)	纺织业 (-1.2) 通用设备制造业 (-0.6) 有色金属矿采选业 (-0.6) 电气机械及器材制造业 (-0.5) 非金属矿采选业 (-0.5)
东北地区	电力、热力的生产和供应业 (3.0) 石油和天然气开采业 (2.2) 农副食品加工业 (1.3) 木材加工及木、竹、藤、棕、草制品业 (1.2) 煤炭开采和洗选业 (0.7)	化学原料及化学制品制造业 (-1.6) 纺织业 (-0.7) 造纸及纸制品业 (-0.3) 电气机械及器材制造业 (-0.2) 非金属矿采选业 (-0.2)

资料来源:《中国经济普查年鉴》(2004)、2000 年《中国工业统计年报》。

在中部地区,占地区工业就业比重增长最快的是煤炭开采和洗选业,从 13.36% 上升到 16.28%,提高了 2.9 个百分点。其次是石油加工、炼焦及核燃料加工业,占地区工业比重提高了 0.8 个百分点。其他几个行业都只有小幅增长,包括食品制造业,纺织服装、鞋、帽制造业、黑色金属矿采选业等。就业比重下降较大的是纺织业和非金属矿物制品业,降幅都超过了 1 个百分点。化学原料及化学制品制造业、饮料制造业和专用设备制造业等产业也有一定幅度的下降。在西部地区,占地区工业就业比重增长最快的是石油和天然气开采业、煤炭开采和洗选业,增幅都超过了 1 个百分点。石油加工、炼焦及核燃料加工业、有色金属冶炼及压延加工业和黑色金属矿采选业也有明显增长,所占比重都上升了 0.6 个百分点。

　　中西部地区产业结构显然也受到了全国产业转移的影响。首先，煤炭开采和洗选业确实在向中部转移。在2000—2004年间，中部地区煤炭开采和洗选业从业人数占全国行业总就业的比重从40.1%提高到44.4%，增长了4.4个百分点，而东部所占比重下降了1.7个百分点，东北地区下降了2.6个百分点，西部地区则保持稳定。石油加工、炼焦及核燃料加工业重心在向中部和西部同时转移，中部地区就业占全国的比重从23.7%上升到34.2%，提高了10.4个百分点，西部地区从10.9%上升到17.7%，提高了6.8个百分点，东北地区有0.8个百分点的小幅下降，而东部地区则降低了16.4个百分点。

　　可以看出，以能源为主的资源型产业和重化工产业在中西部地区的工业中占据越来越重要的地位。如果全国产业结构出现这种变化，显然不能被认为是结构优化，但对当前中西部来说，确实有利于发挥地区资源优势、提高地区工业化水平和促进劳动力转移。2000—2004年间，中西部煤炭开采和洗选业就业规模分别增长了16.7%和5.2%，石油加工、炼焦及核燃料加工业就业则更是提高了53.7%和72.8%。

　　在东北地区，占地区工业就业比重增幅最大的是电力、热力的生产和供应业、石油和天然气开采业和农副食品加工业，分别上升了3.0、2.2和1.3个百分点，木材加工及木、竹、藤、棕、草制品业和煤炭开采和洗选业的比重也有一定幅度的上升，而化学原料及化学制品制造业和纺织业等产业的比重则有所下降。显然，在地区工业中地位上升的主要是资源型产业和劳动密集的轻工业。需要指出的是，2000—2004年间，东北地区大多数产业占全国的就业比重都在下降，是产业转出地区，虽然这些产业中仍有相当一部分就业的绝对规模仍有所增长，如家具制造业、黑色金属矿采选业、塑料制品业，以及占地区工业就业比重有较大增幅的石油和天然气开采业等。但整体来看，大多数产业的就业规模是在绝对减少。在占地区工业就业比重增幅最大的五个产业中，有三个在全国的地位是下降的，其中一个绝对下降，该产业的就业规模出现绝对下降。以上产业结构变动的基础是相对转出与绝对转出并存下的地区地位整体下降，所以不能反映地区禀赋优势，在促进地区工业化和劳动力转移方面也没有发挥积极作用，因此产业结构是退化的。

　　（2）地区专业化水平的变动

　　用分产业就业比重的变异系数来衡量地区专业化情况。首先，全国整体的专业化水平下降了8.1个百分点，表明产业结构更加多元化。改革开放以来，出口导向的劳动密集型、资源密集型加工产业和一些高污染、高耗能产业占很高比重，这种变化是产业升级的有利信号。从前面产业结构的变动中也可以看出，虽然许多传统产业占有较高的比重，但地位正在下降，而新兴高技术产业、现代产业的地位呈上升趋势。但是，分地区来看，地区专业化水平的提高有利于发挥比较优势和专业化集聚效应。因此，产业转移过程应该是地区专业化水平上升的过程。从实际情况来看，在 2000—2004 年间，地区专业化水平上升和下降的省市区各占一半。上升幅度最大的首先是中西部地区的重庆、山西和西藏，这些地方或是工业基础很好，或是工业结构非常单一，或是工业基础非常薄弱。除了这些地方，地区专业化水平快速提高的都是东部沿海地区，包括广东、海南、福建、天津、浙江等。地区专业化水平出现下降的地区中包括东部的河北、山东和北京，但是降幅都相对较小，低于全国整体水平。专业化水平下降最大的是东北地区的黑龙江、辽宁和西部的四川、宁夏，降幅都在 10 个百分点以上。中西部的新疆、内蒙古、云南、江西等地从产业构成来看，专业化水平也有较大幅度的下降。地区专业化水平的变动特征应该说是产业转移和产业构成变动共同作用的结果。一方面，传统的资源密集型和劳动密集型产业的地位下降，制约了中西部地区主导性产业部门的进一步发展，而产业构成演变有利于发达地区优势产业部门的发展；另一方面，以向东部沿海地区集聚为基本特征的产业转移进一步削弱了中西部地区产业发展的动力，导致这些地区专业化水平的下降。这种影响的表现是，2000—2004 年间，各地区就业密度的变化幅度与地区专业化水平的变动之间在统计上成正相关关系。

产业主要分布在东部地区，工业就业密度形成按东部—中部—东北—西部次序迅速下降的梯度。就业分布变化表明产业仍在进一步向东部转移，主要向广东、浙江等少数几个省份集中，1995—2004 年间工业就业密度增长最大的是广东、浙江和福建。分行业来看，衡量集聚程度的指数的变动表明大多数产业在进一步集中，向其主要分布地区转移。集中速度最快的是仪器仪表及文化、办公用机械制造业、电气机械及器材制造业、办公用机械制造业和家具制造业等，而黑色金属矿采选业、石油和天然气开采业等产业则出现分散转移的趋势。产业转移过程中，产业结构也在升级，首先表现为产业构成的变化，包括：制造业比重上升；高技术、高附加值产业在绝对规模与相对比重上的提高，以及都市产业的增长；传统资源密集型及高污染、高耗能产业地位的下降。产业集聚程度与产业比重变动的一致性表明了产业转移在产业结构升级中的积极作用。根据对四大地带的分析，东部地区产业构成升级表现为现代高技术、高附加值产业部门与现代都市产业部门在地位上的上升，而传统资源密集型产业或高污染产业的地位在下降。中西部与东北地区则刚好相反，在地区工业中地位有较大上升的主要是一些资源型产业。东部地区及中西部地区产业结构变动与全国产业转移方向是一致的，直接受到了产业转移的影响，表现为主要产业在绝对规模与相对地位两个方面的扩张。东北地区的产业构成变动的基础是相对转出与绝对转出并存下的地区地位整体下降，所以不能反映地区禀赋优势，在促进地区工业化和劳动力转移方面也没有发挥积极作用。产业结构升级还表现在地区专业化水平的提高上，但是在东部地区多数省市专业化水平提高的同时，中西部与东北地区大部分省市的专业化水平在下降，就业密度与地区专业化水平变动的一致性表明了产业转移在此过程中的作用。

第 2 章　主导产业对产业结构演变的作用

2.1　主导产业的内涵

2.1.1　主导产业的概念

主导产业（leading industry）的概念是由 W. W. 罗斯托提出的主导部门（leading sector）引申而来。W. W. 罗斯托认为，主导部门是"一个新部门（new sector）可以视为主导部门的这段时间，是两个相关因素的复合物：第一，这个部门在这段时间里，不但增长势头很大，而且还达到显著的规模；第二，这段时间也是该部门的回顾和旁侧效应渗透到整个经济的时候"。罗斯托认为，经济发展是一个部门的过程而非总量过程，不同经济发展阶段有不同的主导部门，经济发展阶段的演替是主导部门更替的结果，主导部门是"一种促成经济转变的有力而必不可少的发动机"，"在这些部门中，创新或利用新的有利可图或至今尚未开发资源的可能性，将造成很高的增长率并带动经济中其他部门的扩张"；扩散效应乃是"主导部门概念的关键"。美国经济学家赫希曼（A. O. Hirschman）进一步提出战略产业概念，并将战略产业视同主导产业。在他看来，产业间相互关联的程度是存在差别的。有些产业间的互补关系比其他产业间的这种关系更强一些，政府可以在一系列投入—产出连锁关系中表现得最为强烈、最为密切的地方找到一个经济体系的"战略部门"，即主导产业部门。

国内许多学者在 W. W. 罗斯托的"主导部门"基础上对主导产业的概念做了进一步的阐释。如江小涓（1996）、刘伟（1995）、朱欣民（1997）、江世银（1997）从各自的研究领域及观察视角来对主导产业一词进行界定，虽然在某些细节上存在差异，但对于"主导产业"所涵盖的主要内容还是基本一致，主要将主导产业的概念的界定集中在这样几个方面：高增长速度、新技术的应用以及在产业升级过程中的导向作用。可以将主导产业概括为：主导产业就是指在经济发展过程中，或在工业化的不同阶段中出现的一些影响全局的、在国民经济中居于主导地位的、能通过其前后向关联与旁侧关联带动整个经济增长的产业部门。

2.1.2 主导产业和支柱产业的区别和联系

"支柱产业"在目前我国各类文献中比较常见，我国许多研究者将"主导产业"和"支柱产业"提法等同、重叠或者混淆。实际上二者之间存在较大的差别。主导产业代表的是产业发展的未来趋势，是产业结构演变中的主要带动性产业；而支柱产业则是在国民经济的发展中具有重要地位的产业，往往是以现有的产业占国民经济比重较高的产业作为支柱产业。从二者的联系看，主导产业通过发展往往成为未来的支柱产业。

2.2 主导产业对产业结构演变作用的分析

从工业化进程来看，世界各国的工业发展普遍经历了由轻工业向重化工业（重化工业化阶段）、由原材料工业向加工工业（高加工度化阶段）、由粗放型工业向技术集约型工业为重心（技术集约化阶段）的产业结构演变时期。而产业结构转换和升级的主要标志，就是主导产业群的不断更替。

2.2.1 主导产业通过前后关联效应带动结构变化

根据罗斯托对主导产业的界定，主导产业是扩散效应大的产业，而非总量比重大的产业。主导产业增长要能"引起了对其他制造品的一系列需求"，也"引起了一系列外部经济效应"，从而带动其他产业部门发展。罗斯托把主导产业对经济发展的影响分为三种途径：一是回顾效应，即后向关联，指主导产业对向自己提供投入的部门的影响。这种产业也叫上游产业，是由于主导产业的"上"行联系而形成的产业部门，主要是为主导产业部门提供基础性服务的产业。例如，棉纺织业对动力、原料的需求；而汽车作为主导产业将要求钢铁、橡胶等行业响应发展。二是旁侧效应。指主导产业对其他方面的影响。受主导产业影响的这些产业与主导产业无直接联系，它们是以满足当地居民消费需要为目的的产业，但由于其参与提高区内人民生活水平，因而对主导产业部门有间接影响。如机械制造业发展对农业现代化（机械化）有影响；汽车业发展对公路建设有影响。三是前瞻效应。主导产业对新工业、新技术、新原料和新能源等产业的诱导作用。这种产业属于下游产业，它是由于利用主导产业的产品做原料或者加工回收利用所形成的产业部门。

由于主导产业有比较高的产业关联系数，从而对相关产业具有比较强的拉动和带动作用。通过前向效应，为一系列产业部门提供了投入品，而通过后向效应，为一系列产业部门创造需求，主导产业的增长带动不同产业增长，促进了产业结构演变。而随着经济发展的变化和外部环境的变化，以及产业生命周期的存在，某一时期具有发展优势的主导产业将出现衰落，但新的主导产业也将随着出现，从而主导产业出现更替，也引起产业结构发生演变。

2.2.2　主导产业演变更替决定产业结构演变的方向

（1）不同的经济发展阶段主导产业发生变化

主导部门具有阶段性或时间性。不同发展阶段有不同的主导部门，经济发展阶段演替是主导部门更替的结果。

熊彼特研究了工业革命的三个长波周期：18 世纪 70 年代的产业革命时期的纺织工业创新；1842—1897 年的蒸汽和钢铁时代；1897—1950 年的电气、化学、汽车工业时代。在这三个长波周期中，由于创新活动的此起彼伏而导致主导产业部门更替变换。

罗斯托把经济成长阶段划分为传统社会、为"起飞"创造前提、启动、成熟、高额群众消费、追求生活质量六个阶段，而每个阶段的演进都是以主导产业更替为特征的。罗斯托分析，在经济发展的特定阶段，总有一个最先进的产业，它作为主导产业，在净产值上超过其他所有产业并极大地影响着经济增长过程。随着工业化进程的发展，又会出现新的主导产业走到前列，并以代替原来产业部门的更替为特征的。经济成长的各个阶段都存在相应的起主导作用的产业部门。经济成长总是由某个主导部门采用先进技术开始；该部门降低了成本，扩大了市场份额并扩大对其他一系列部门产品的需求，带动整个经济发展。与六个经济成长阶段相对应，罗斯托列出了五种"主导部门综合体系"：①为起飞创造前提阶段。主导部门体系主要是食品、饮料、烟草、水泥、砖瓦等部门；②起飞阶段。非耐用消费品生产的综合体系，如纺织工业；③成熟阶段。重型工业和制造业综合体系，如钢铁、煤炭、电力、通用机械、肥料等部门；④高额群众消费阶段。汽车工业综合体系；⑤追求生活质量阶段。生活质量部门综合体系，主要指服务业、城市建筑等部门。罗斯托认为，这种主导产业序列是不能任意改变的。

我们考察东亚国家主导产业的演进历程，呈现出以下几个主要特征：一是不同国家或地区的主导产业选择和更替不同步。自然资源禀赋的不同，决定了这些国家和地区国民经济实力和初始产业结构的不同，也就决定了它们在选择主导产业时的不同步性。二是对主导产业的选择从单一化逐步发展为多样化。早期的主导产业类型基本都是劳动密集型轻工业，这一类产业对资本、技术的要求不高，又能够吸纳国内丰富而又廉价的人力资源，在工业化早期能够起到迅速积累资金的作用。之后不久，各国或地区都开始发展面向出口的重化工业和面向国内市场的进口替代工业，从工业化进程来看，世界各国的工业发展普遍经历了由轻工业向重化工业（重化工业化阶段）、由原材料工业向加工工业（高加工度化阶段）、由粗放型工业向技术集约型工业为重心（技术集约化阶段）的产业结构演变时期。而产业结构转换和升级的主要标志，就是主导产业群的不断更替。

主导产业不断升级，从劳动密集型轻工业起步，然后向资本密集型重工业产业转变，再向技术密集型高新工业升级，主导产业在演进过程中的科技含量日益提高。

从具体主导产业群的选择和更替来看，日本和韩国较为相似，主导产业群更替具有层次性和逐步升级的特征。如日本的主导产业群经历了纺织业—钢铁—化工、造船、电子—汽车—高科技电子产业的更替，韩国的主导产业群经历了钢铁、化工—电子—汽车—高科技电子产业的更替。中国台湾、中国香港和新加坡是另外一种具有显著跨越性特征的升级方式。如中国台湾的主导产业群是从纺织、服装、玩具、制鞋等产业直接跨越到电子产业，中国香港的主导产业群是从纺织、服装、玩具、制鞋等产业直接跨越到银行和金融产业，而新加坡的主导产业群则经历了纺织、电子到银行和金融的更替。

（2）主导产业通过创新促进产业结构升级

主导部门是一个创新源。"这些部门具有很高生产率的新生产函数性质"，能迅速引入技术创新；主导部门要能带动其他部门发展。也就是说，主导产业能够大量集中地吸收一个经济发展阶段的最新科研成果，使得制造、销售、管理、组织方式等都发生了一系列的创新；而且主导产业通过技术创新而创造新的市场需求，带动其他产业发展，促进了整个产业结构的升级。

2.3　主导产业的选择标准

罗斯托将回顾、旁侧、前瞻这三种扩散效应视为判断主导部门的关键，为我们进行主导产业选择提供了依据，但这些效应本身难以用精确的统计数据来说明，尤其是旁侧效应和前瞻效应，需要有新的可操作的选择基准。

目前国际上比较著名的主导产业选择基准包括了赫希曼提出的产业关联效应基准，即各产业在投入产出上的相关程度。产业关联度高的产业对其他产业会产生较强的后向关联、前向关联、旁侧关联，选择这些产业为主导产业，可以促进整个产业的发展。日本经济学家筱原三代平提出的需求收入弹性基准和生产率上升率基准，即著名的"筱原两基准"。近年来，对于主导产业的判断基准，又有了很多新的观点，如"经验法则""货币回笼基准""就业与节能基准""市场导向基准""经济效益比较基准"等，这些选择基准侧重于运用数理统计方法服务于更为专业化的研究。但总的原则还是没有改变，就是产业本身具有增长潜力，对经济发展和产业结构演变的带动作用是最根本的出发点。

国内学者也从不同角度提出了我国选择主导产业的基准，如周振华提出增长后劲基准、短缺替代弹性基准、瓶颈效应基准；郭克莎提出了增长潜力、就业功能、带动效应、生产率上升率、技术密集度和可持续发展六基准，等等。

从实践看，在不同的国家或同一个国家不同的经济发展阶段，主导产业是不一样的，它会受所依赖的资源、体制、环境等因素的变化而演替，因此，特定阶段的主导产业是具体条件下选择的结果，也是主观因素和客观因素共同作用的结果。一旦条件（涵括经济条件、政治条件、社会条件等）变化，原有的主导产业群对经济的带动作用就会弱化，被新一代的主导产业所替代。作为主导产业的选择基准，应该根据具体的国家、具体的经济发展阶段来确定。

2.4　我国主导产业对产业结构演变作用的回顾

2.4.1　改革开放之初我国产业结构的基本状态

由于新中国成立后长期实施"重工业优先发展战略"，加上计划体制的各种弊端影响，20 世纪 70 年代末 80 年代初的改革开放伊始，我国产业结构处于严重失衡状态。表现为：一是"农轻重"之间的严重失衡。新中国成立以来，我国实行重化工业优先发展战略，以牺牲农业和轻工业发展来换取重化工业在国民经济发展中保持快速的增涨，从而使得我国产业结构存在严重的失衡问题。即使到改革开放之初的 1978 年，尽管国民经济获得了较高的发展速度，但由于钢铁等重工业发展过快、基本建设安排过大等因素，使本来就失调的农轻重比例更加不协调。农轻重产值比由 1977 年的25.2：32.9：31.9，变为 1978 年的 24.8：32.4：42.8，农业、轻工业比重进一步降低，重工业比重进一步上升。二是原材料、燃料动力、交通运输等基础行业发展落后。20 世纪 70 年代末期，因缺电、缺煤，全国有近四分之一的工业生产能力不能发挥作用，原材料工业的生产能力和加工工业的生产能力严重不适应，机床加工能力大于钢材供应能力的 3～4 倍；交通运输全面紧张，铁路、公路运力不足，港口吞吐能力不足，待运货物积压严重；邮电通信业不发达，国内和国际通信联系极不方便。这种产业结构状况制约了我国经济的进一步快速发展。

2.4.2　改革开放以来我国主导产业的选择

（1）我国主导产业的选择基准

从罗斯托的主导产业理论出发，最基本的主导产业基准就是产业带动作用，通过量化考核则可以通过产业所占比重及产业关联度来进行。一个产业要具有较大的带动效应，必须具有两个基本特点：一是有较高的产业比重；二是有较高的产业关联度。比重高的产业，每增长 1 个百分点就能带动较大比例的总产出和总就业；关联度高的产业，则其增长能影响较多产业（或受较多产业影响）而增加更多的总产出和总就业。产业关联度在各个产业发展过程的相互影响中表现为影响力和感应度。作为主导产业，其带动效应主要通过影响力表现出来，但由于主导产业与其他产业具有相互影响的关系，因而感应度的大小对于加强带动效应有重要作用。一个产业的影响力系数或感应度系数大于 1，说明该产业对其他产业的影响力或感应度较大（高于全部产业的平均水平）。当然，在不同的经济发展阶段，主导产业选择基准将在这一基本基准的基础上增加新的内容。

改革开放以来一直到 21 世纪特别是"十七大"前后，我国经济发展一直是强调以"快"为出发点的。从这个角度理解，从改革开放以来我国经济和产业结构演变中,我国主导产业的选择基本上也是按照产业关联度这个基本标准来选择的。

（2）主导产业的选择

由于我国在改革开放之初,产业总量都不大,产业比重没有作为一个选择指标,只是把产业的感应度系数和影响力系数作为主要的指标。而为了便于比较,后面的行业也没有考虑产业比重的高低。但实际上,这些感应度和影响力系数比较高的行业,都是所占产业比重高的行业（除了商业饮食外）。本书根据 1981 年、1983 年、1987 年、1990 年、1995 年、1997 年、2000 年、2002 年的投入产出表计算,我国（1995 年以前是 18 个部门计算,1997 年开始是 17 个部门计算,但考虑到为了方便比较,本书将 18 个部门和 17 个部门之间的部分行业进行了相关处理）,影响力系数和感应度系数都大于 1 的行业见表 2-1。

表 2-1　改革开放以来我国感应度和影响度均大于 1 的产业

年　份	产　业　类　别				
1981	冶金工业	化学工业		纺织工业	
1983		化学工业		纺织工业	机械工业	商业饮食业
1987	冶金工业	化学工业		纺织工业	机械工业
1990	冶金工业	化学工业		纺织工业	机械工业
1995	冶金工业			纺织工业	
1997		化学工业	其他制造业	纺织（缝纫及皮革产品制造）业	机械工业
2000	炼焦、煤气及石油加工业	化学工业		纺织（缝纫及皮革产品制造）业	机械工业
2002		化学工业			机械工业

我国从 20 世纪 80 年代中期开始关注主导产业发展问题,但对于主导产业选择的主流观点和政府决策一直难以形成,而且对主导产业和支柱产业的区分更是没有结果。一直到 1994 年国家《90 年代产业政策纲要》中才明确选择机械电子、汽车、化工和建筑业作为 20 世纪 90 年代的支柱产业来扶持发展。实际上,从我们对主导产业和支柱产业的内涵来看,这几个产业应该属于主导产业。事实上,国家要支持的支柱产业,基本上（除了建筑业）都是属于根据投入产出表计算出来的感应度大的产业。

2.4.3 我国产业结构演变特征

(1) 我国改革开放之初到 20 世纪 90 年代初期产业结构主要是以"补课"为主

从改革开放之初到 20 世纪 90 年代中期，我国经济还处于"补课"阶段，即改变新中国成立以来我国实施重化工业战略忽视轻工业发展的做法，大力发展轻工业。在这段时期，应该说，以纺织工业为代表的主导产业快速增长，而且对我国"产业结构补课"起到了重要作用。特别是在 20 世纪 80 年代中期，在国家政策的支持下，纺织工业得到了快速增长，对其他产业的发展起到了带动作用。

在改革初期到 20 世纪 80 年代中期，我国采取了压缩基本建设、扶持轻工业发展的方针。对轻纺工业实行"五优先"的倾斜政策，即优先保证轻纺工业发展所需要的能源和原材料，优先增加进口轻纺工业所需的原材料，优先增加对轻纺工业的投资和用汇，优先安排轻纺工业的挖潜革新改造项目，允许轻纺工业自销一部分产品，优先安排轻纺工业所需的运力等。以满足基本生活需求的以农产品为原料的轻工业增长为主导，其中以纺织、缝纫、服装为代表的轻纺工业增长最快，其次食品工业也有较快增长，轻工业总产值增长速度为 12.0%，比重工业高出 2.4 个百分点。工业总产值中轻工业所占比重由 1978 年的 43.1% 提高到 1984 年的 47.4%，提高了 4.3 个百分点[①]；工业经济增长中轻工业的贡献份额占 52.75%。

从 20 世纪 80 年代中期开始，工业在国内生产总值中所占比重变动不大，一直保持在 38% 左右，但主要是以轻工业增长为主导，工业内部结构变动明显且并呈现结构升级的特征，同时，基础工业发展滞后的矛盾也比较突出。这个时期工业经济的增长特点是：①轻工业仍保持快速增长，但轻重工业之间的关系比较协调，两者的增长速度只差 2～3 个百分点，而不像改革前的高速增长时期两者相差 10 多个百分点。②工业内部结构升级加快。由于人们需求在满足温饱以后，重点转向对用的需求，比如城镇居民家庭人均消费支出中，家庭设备用品及服务所占比重由 1985 年的 8.60% 提高到 1990 年的 10.14%。主要是手表、缝纫机、自行车、电风扇、收录机、电视机、照相机等百元级产品进入家庭。在轻工业结构上表现为以农产品为原料的轻工业增长速度减缓，而以非农产品为原料的轻工业领先增长的格局。③由于基础工业投资和产品价格改革滞后于最终产品，与加

---

① 国家统计局：《中国工业交通能源 50 年统计资料汇编》，中国统计出版社 2000 年版，第 19 页。

工工业呈现高速增长的势头相比，出现了基础工业发展滞后的问题。

（2）20 世纪 90 年代我国开始呈现重化工业化特征

这段时期，重型工业和制造业，如钢铁、电力、通用机械、化学等主导产业对产业结构演变的带动作用明显。主要表现为：①重工业成为经济增长的主导。2006 年重工业在规模以上企业工业总产值中的比重高达 70.04%，比 1990 年高出近 20 个百分点。其中，能源、原材料工业（含采掘）所占比重由 40.5%提高到 43.8%，机械电子所占比重由 20.8%提高到 30.6%，而轻加工业所占比重则由 34.6%下降到 22.5%。[①] ②结构升级明显。一是体现在工业化水平与积极采用现代技术、新材料以及需求高级化相关并且关联度大的电子及通信设备制造、交通运输设备制造、电气机械及器材、仪器仪表等部门持续高速增长，在工业中的地位迅速上升。二是受投资需求以及城市化、工业化和消费升级带动，煤炭开采、石油加工、电力生产和供应、黑色金属矿采选及压延加工、有色金属矿采选及压延加工等能源、原材料工业也得到较快发展。三是满足较高需求水平、需求多样化和改善人民生活水平的行业，除上述电子、电气外，还包括塑料制品、皮毛加工、木材加工、家具制造和文体用品等行业也有较高的增长速度，而满足人们基本生活需求的食品、纺织和烟草的地位迅速下降。

2.5　新时期我国主导产业的选择

2.5.1　我国主导产业选择的出发点

（1）当前我国经济发展的国际国内背景

一是经济体制改革向纵深推进，社会主义市场经济体制初步建立，市场在资源配置中开始发挥基础性作用，市场化程度一般认为已经达到 50%以上。

二是我国进入 WTO 后的过渡期，对外开放进一步深化。世界经济一体化进程明显加快，国际产业转移趋势更加明显，全方位对外开放格局基本形成，对外贸易和利用外资的规模扩大、结构改善、质量提高、开放型经济迅速发展。

---

① 　王岳平：《我国产业结构演变特征和存在的主要问题》，国家发改委产业所内部研究报告。

中国和世界关系更加紧密，中国由过去的被动接受国际经济影响到如今和世界经济互动关系增强。从 20 世纪 70 年代末期开始我国不断扩大开放，进入 21 世纪特别是我国加入 WTO 以后，加速融入经济全球化。我国经济的不断持续稳定高速发展，我国的经济实力大幅度增强，GDP 总量已经由 1999 年的世界排名第 7 位，上升到了 2006 年的世界第 4 位，我国国际经济地位大大提高，对世界经济影响加强。发达国家对中国市场更加重视，为了抢占中国巨大市场，已经开始把一些技术成熟的产业和高技术产业非核心部分转移到中国，加剧了中国市场的竞争剧烈程度。

三是新一轮经济周期呈现。从 2003 年开始，到 2007 年我国已经连续 5 年实现了经济两位数的高增长态势。从目前来看，这种增长态势还将继续。

四是全国上下都在积极落实科学发展观和努力构建和谐社会，经济社会发展中存在的不和谐因素受到高度关注。当前我国人们生活水平继续提高，总体上达到小康水平，消费结构改善。但我国经济发展中不和谐的因素仍然存在。目前我国面临资源紧张、土地紧张、环境污染问题严重等，工业化进程的就业压力增加。需要我们在进行产业结构调整和转变经济增长方式时考虑。

（2）当前我产业结构特征及对经济发展的影响

第一，我国正处于重化工业加速发展时期，我国国民经济发展主要是以工业为主的第二产业带动，由于受资源、环境、土地、就业等制约，难以为继。

从表 2-2 可以发现，第一产业对 GDP 增长的拉动率一直低于 1%，而第二产业和第三产业的拉动率虽然比较高，但二者的作用还是发生了变化。2001 年，第二产业的拉动率低于第三产业，二者之比还小于 1，但从 2002 年开始，第二产业的拉动率和第三产业的拉动率不断扩大，其中在 2003 年扩大到 1.54，从 2004 年开始下降，但之后呈现扩大趋势。

表 2-2　各产业对 GDP 增长速度的拉动率比较

年　份	GDP 增长速度	拉动率（%）				拉动率比较	
		第一产业	第二产业	工　业	第三产业	第二产业/第三产业	第二产业/第一产业
2001	8.30	0.42	3.88	3.50	4.00	0.97	9.24
2002	9.08	0.41	4.52	4.04	4.16	1.09	11.02
2003	10.03	0.34	5.87	5.20	3.82	1.54	17.26

续　表

年　份	GDP增长速度	拉动率（%）				拉动率比较	
		第一产业	第二产业	工　业	第三产业	第二产业/第三产业	第二产业/第一产业
2004	10.09	0.79	5.27	4.81	4.03	1.31	6.67
2005	10.43	0.63	5.60	4.91	4.20	1.33	8.89
2006	11.09	0.62	6.16	5.41	4.30	1.43	9.94
2007	11.40	0.43	6.56	5.85	4.49	1.46	15.26

注：产业拉动率指 GDP 增长速度与各产业贡献率之乘积。2006 年及以前的数据来自《中国统计年鉴》（2007）。

近年来，我国重化工业持续快速增长。2007 年规模以上工业增加值增长 18.5%，继续表现为重化工业快速增长。如煤炭开采和洗选业增加值比 2006 年增长 18.1%；通用设备制造业增长 24.2%，交通运输设备制造业增长 26.2%，通信设备、计算机及其他电子设备制造业增长 18.0%，电气机械及器材制造业增长 21.5%；而 6 大高耗能行业比 2006 年增长 18.9%，其中，非金属矿物制品业增长 24.7%，黑色金属冶炼及压延加工业增长 21.4%，化学原料及化学制品制造业增长 21.0%，有色金属冶炼及压延加工业增长 17.8%，电力热力的生产和供应业增长 13.8%，石油加工炼焦及核燃料加工业增长 13.4%。

重化工业的快速增长，导致了我国能源、资源消耗总量和增速居高不下。2006 年国内生产总值为 209407 亿元，占世界的比重约 5.5%，但能源消耗占世界能源消耗的 15% 左右。我国单位 GDP 能耗较高。根据 2006 年国民经济和社会发展统计公报，2006 年国内万元 GDP 能源消耗为 1.21 吨标准煤，同比下降 1.23%，是我国单位 GDP 能耗 2003 年以来的首次下降，但远没有实现年初预定下降 4% 左右的目标。2006 年主要原材料消费继续大幅度增长。其中，钢材 4.5 亿吨，同比增长 17.2%，占全球消费量的 30%；铝 865 万吨，增长 32.1%，占全球的 25%；水泥 12.4 亿吨，增长 14.5%，占全球的 54%。如此大规模的资源消耗说明经济增长所付出的代价实在太高，不符合中国人口众多、资源并不丰裕的现实国情。

我国资源使用效率远远低于世界先进水平。我国 8 个主要高耗能行业的能源消费，占工业部门能源消费总量的七成，其单位产品能耗平均比世界先进水平高 47%。如与世界先进水平相比，我国火电供电煤耗高 22.5%，大中型钢铁企业吨钢可比能耗高 21%，水泥综合能耗高 45%，乙烯综合能耗高 31%。从资源消耗强度看，我国单位 GDP 消耗的钢材、铜、铝、铅、锌分别是世界平均水平的 5.6 倍、4.8 倍、4.9 倍、4.9 倍和 4.4 倍。

与能源、主要原材料大量消耗相对应的是生态环境的恶化及其所造成的直接或间接的经济损失。国家环保总局和国家统计局 2006 年联合发布的《中国绿色国民经济核算研究报告 2004》显示，2004 年全国因环境污染造成的经济损失为 5118 亿元，占当年 GDP 的 3.05％。其中，水污染的环境成本为 2862.8 亿元（占总成本的 55.9％），大气污染的环境成本为 2198.0 亿元（占总成本的 42.9％）；固体废物和污染事故造成的经济损失 57.4 亿元（占总成本的 1.2％）。虚拟治理成本为 2874 亿元，占当年 GDP 的 1.8％。

第二，当前我国工业结构存在虚高度化问题，缺乏核心技术，"大而不强"，国际竞争力偏弱。

我国工业经济增长以投资拉动和数量扩张为主，以产业结构和部门结构变化为标志的名义高度化较快，而以附加价值、技术含量和国际分工地位为主要特征的实际高度化水平较低，现代装备制造业落后于工业化步伐，关键产业技术依赖国外，国际竞争力不高。

一是制造业中加工组装等高加工度行业所占比重大幅度提高，但深加工度并没有得到加强。2001—2006 年，交通运输设备制造、机械、电子等装备及加工组装工业高速发展，其增加值在工业中所占比重增加了 2.3 个百分点。依托重点工程，国家加大了对装备制造业的支持力度，一些重大技术装备的制造和研发获得了实质性进展。如电力装备形成了较完整的制造体系，60 万千瓦超临界火电机组已经投运，百万千瓦超临界机组正在实施自主化；在 60 万千瓦核电机组实现自主化的基础上，百万千瓦核电机组也部分实现了自主化；与国外合作制造的重型燃气轮机组已开始投入运行。冶金装备已能成套提供年产 800 万吨级的钢铁联合企业常规流程设备，中厚板和薄板轧机等关键设备已研制成功。年产千万吨级的大型炼油厂设备自主化率达 90％，30 万吨合成氨和 52 万吨尿素成套装置、60 万～70 万吨乙烯改造工程所需的压缩机等关键设备已实现自主化。数控机床和工业过程自动化控制系统的品种、质量和市场占有率不断提高。

但我国工业结构的高加工度态势并不明显，深加工程度弱化（见表 2-3）。如服装与纺织、化纤工业增加值之比从 2000 年的 0.47 下降到 2006 年的 0.46，金属加工深度值（机械及装备工业与初金属工业之比），从 2000 年的 3.32 下降到 2006 年的 2.32。

表 2-3　我国工业高加工度变化

	2000 年	2006 年
服装/纺织	0.47	0.46
机械类/初金属	3.32	2.32
加工业/（采掘＋原料）	1.71	1.86 *

注：按工业增加值计算。初金属＝黑色金属＋有色金属；加工业＝轻工业＋重工业中的加工工业；机械类产品不含金属制品。工业增加值部分，1980 年和 1985 年为净产值，因为国家统计不再进行此类分类，带 * 的为 2002 年数值。

资料来源：相应年份中国工业统计年鉴。

二是我国制造业"大而不强"，国际竞争力偏弱。

主要体现在我国制造业缺乏自有品牌和自主知识产权，附加价值低，我国在国际分工链条中处于价值链的低端。我国有 100 多种产品产量居于世界前列，但多居于价值链的低端，核心技术、关键设备、关键部件仍然高度依赖国外；拥有自主知识产权、自有品牌的产品少。我国所谓技术密集型部门或机电产品在生产和出口中的比重上升，存在一定的"虚高度化"成分。虽然我国机电产品和高技术产品出口有较快增长，但多采取贴牌生产，处于附加价值低端，并且，出口结构的升级在很大程度上是依靠加工贸易和"三资企业"的发展来实现的。所谓"中国制造"主要还停留在低技术水平层次上的组装和简单加工上。如从贸易方式来看，2005 年我国出口的计算机产品的 96.7％、笔记本电脑的 99.9％、移动电话的 94.6％、数码相机的 95.3％、彩色电视机的 94.3％是通过加工贸易方式实现的。[1]"三资企业"占全国高技术产业产值的 73.5％（2004 年）、出口交货值的 88.0％。[2] 国内企业主要承担的是技术密集型部门中的劳动密集型加工组装工序，而实际技术密集程度、研发比重和附加值都比较低。在加工贸易当中，国内增值比率较低。加工环节主要仍集中在最终产品的组装和低端零部件的配套生产上，劳动密集度高，技术含量较低，在核心技术、产品设计、软件支持、关键零部件配套、关键设备和模具以及品牌等环节上，多数被跨国公司的母公司所控制，在全球价值链上处于低端。结果是：一方面低水平的生产能力过剩，大量中低档产品市场严重供过于求；而另一方面技术含量高、附加值高、档次高的产品

---

[1] 魏建国："采取积极措施，促进加工贸易升级"，http：//www.mofcom.gov.cn/aarticle/zhengce-jd/200707/20070704916710.html&17872129＝407069235，2007－07－23 20：26。

[2] 张晓强主编：《中国高技术产业发展年鉴》（2006），北京理工大学出版社 2006 年版，第 8 页。

严重短缺，又必须从国外大量进口。如近些年我国设备投资中的 60％ 是靠进口，其中光纤制造装备的 100％，集成电路芯片制造装备和石油化工装备的 80％ 以上，数控机床、纺织机械等的 70％ 被国外产品占据。我国虽然是电子工业生产大国，但具有核心技术的产品和附加值高的电子产品仍然需要大量进口。

2.5.2　未来我国产业结构演变的要求

（1）继续加快工业发展，带动经济又好又快增长

我国工业化水平总体上来说还处于中期阶段，工业化进程并没有结束，工业快速增长的态势将在未来比较长一段时期内继续保持。但目前我国大量的劳动密集型产业存在，以及高耗能、高污染行业和企业的发展，将导致我国工业增长缺乏可持续性，必须通过新兴主导产业的发展，来拓宽工业增长的需求空间和产业空间，带动经济增长和工业化进程。

通过加快国民经济发展，在发展中提供更多的就业机会。根据联合国工业发展组织的一份调查资料（1980），在发展中国家（其中大多数为工业生产大国）的工业化过程中，有 2/3 以上的国家的工业就业人数增长超过生产率的增长，而生产率增长超过就业人数增加的国家不足抽样调查的国家的 1/3。这从一个侧面反映出工业增长实际上也可以保证就业的实现。我国在新时期工业化进程中，也可以通过加快工业的发展来实现剩余劳动力的转移和就业。

（2）不断提高我国工业结构的技术密集度，提高产业国际竞争力

从一个国家的产业结构演变过程来看，都是走这样的技术密集化和产业升级道路，产业结构的技术密集化越快，实现的经济价值就越大，经济增长就越迅速；而不能迅速实现产业结构的技术密集化的国家，不可能实现可持续的经济增长。

虽然我国在工业化进程中，技术密集度含量高的行业比重不断提高，但与产业国际比较看，我国相对应的产业技术含量还比较低。也就是说，随着我国日益融入全球经济一体化，我国产业结构调整和国际产业结构调整密切相关，但长期以来我国产业缺乏核心技术，还是处于国际产业链的低端环节。

（3）产业结构演变要进一步走可持续发展道路

随着工业化的推进，主导产业之所以会发生转换和更替，主要是由资源条

件、需求结构和发展环境的变化决定的。从 2002 年开始，我国国民经济快速增长基本上是依靠以工业为主的第二产业快速增长来带动。而工业的快速增长，还主要是以高投资的粗放式发展为主，资源、环境已经成为当前我国经济发展的关键约束条件，因此势必要进一步走可持续发展的道路。可持续发展依赖于技术进步和产业升级，依赖于资源配置的优化和环境保护的加强，而在这个过程中，新兴主导产业的形成、发展及其带动效应的增强，具有重大的作用。

2.5.3　我国主导产业的新选择基准①

根据我国产业结构演变的要求，我们对主导产业选择的基准应该包括产业增长潜力和带动效应、技术密集度、就业、环境（可持续发展）等内容，但具体到基准选择看，有些内容往往还是可以在其他内容中得到体现，从而就没必要作为单独的选择基准。主要体现在两个方面：一是就业内容可以包含在其他指标中。从当前经济发展阶段看，劳动密集型产业难以实现快速增长；而经济的快速增长实际上也可以带动就业。也就是说，不能为了就业而就业，没必要把劳动密集型产业作为主导产业的选择基准。二是制造业产业的可持续发展性也可以通过其他指标来得到实现。可持续发展主要表现在资源消耗（物耗和能耗）低和环境污染小两个方面。环境污染往往和技术水平是密切相关的，而资源消耗则是在工业化进程中难以避免的，只能通过提高技术水平等来克服。也就是说，如果一个产业能够不断应用高技术，环境污染和资源的消耗问题还是可以得到缓解的。为此，我们主要选择以下两个指标作为主导产业的基准。

这两项指标是一个产业能够成为新兴主导产业的基本条件。

（1）产业的增长潜力和带动基准

首先，增长潜力强但带动效应弱的产业，只能成为重点发展的产业。其次是产业的技术密集度和生产率上升率与就业功能的比较和选择，其中前两项指标与后一项指标在某种程度上是矛盾的。如果强调主导产业对产业结构升级、比较优势转换和竞争优势成长的作用，应当更重视产业的技术密集度和生产率上升率依据；如果强调主导产业对带动就业增长的作用，则要把产业的就业功能依据放到重要地位。最后是产业的可持续发展性，这个依据包含的内容较为宽泛，主要作

---

①　由于资料的可获取性，本部分的主导产业主要局限于制造业领域的产业。

为选择新兴主导产业的参考依据。

增长潜力的判断。目前国内许多学者根据过去的产业增长特征来预测未来的增长潜力，这实际上是难以准确判断的。如郭克莎（2002）分析了 1993—2001 年，我国制造业中增长最快的产业，并认为技术密集型产业的市场需求扩张较快，从而具有较强的增长潜力或后劲。但过去增长快的产业并不代表能在未来增长继续保持快速增长态势。但我们可以根据国际上发达国家工业化进程中的高增长变动态势作为参照物，根据未来国内国际需求变动态势，从而判断未来我国产业的增长潜力。

在工业化的新时期，我国工业部门以至整个国民经济面临着加快技术装备更新改造从而加快技术进步的重要任务，这对我国装备制造业的发展形成了巨大的市场需求。如果国内装备制造业能够尽快提高产品的技术水平和质量，就能够较快改变国内企业技术设备更新升级过度依赖进口的局面，并大面积地促进中小企业的技术改造和技术进步（因为进口技术设备价格昂贵，大部分中小企业难以承受，而国产技术设备的价格要低得多）。这种情况将明显扩大装备制造业的市场规模，提高装备制造业的增长潜力。装备制造业就是投资类的机电产业，主要包括普通机械、专用设备、交通运输设备、电气机械及器材、电子及通信设备、仪器仪表及文化办公用机械 6 个产业（金属制品业也具有装备产业的功能，但以我国目前的工业发展阶段，其技术装备作用相对较低）。这些产业也是技术相对密集的产业。因此，在新的发展时期，这类产业将具有较强的增长潜力。综合起来看，我国工业化新时期具有较强增长潜力的产业，将主要是国内市场需求增长较快的技术密集型产业（包括装备制造业产业），以及我国具有较强国际竞争力的纺织和服装制造业。

带动效应的判断。主要是根据较高的产业比重和较高的产业关联度来进行垄断（参见前面的分析）。

（2）技术密集度基准

一般而言，都是把"生产率上升率"作为主导产业的选择基准，但技术密集度可能比生产率上升率具有更大的实用性[1]：①产业的生产率上升率主要反映了产业的技术进步，而产业技术进步很大程度上取决于产业的技术密集度。②产业的生产率上升率受到产业发展水平、市场需求、体制状况等因素的影

---

[1]　郭克莎：《工业化新时期新兴主导产业的选择》，载《中国工业经济》2003 年第 2 期。

响，稳定性不强；而产业的技术密集度取决于产业的技术构成，具有相对稳定的特点。③产业的技术密集度具有提高产业增加值率的作用（技术含量高使附加值高）。

对于产业技术密集度的划分，国际上没有一个统一的标准。大多数产业分析文献使用的是 OECD（经济合作与发展组织）的划分方法和口径，即以产业的 R&D（研究与开发）密集度来划分高技术产业，并相应划分出中技术产业（包括中高技术产业和中低技术产业）和低技术产业。郭克莎（2003）对制造业产业的技术密集度做了一个粗略的划分。其中，高和中高技术密集度的产业，主要是 6 个机电产业（不包括金属制品业）以及医药制造业、化学原料及制品制造业，根据《2000 年全国 R&D 资源清查工业资料汇编》的有关数据，对我国 28 个制造业产业的 R&D 密集度做了系统的统计分析，结果表明，R&D 密集度最高（R&D 经费内部支出和外部支出占产值、增加值和销售收入的比重等 6 项指标都高于制造业平均水平）的产业是电子及通信设备、仪器仪表及文化办公用机械、电气机械及器材、交通运输设备、普通机械和专用设备 6 个机电产业。

（3）产业选择

根据以上选择基准，综合以上各基准下所列举的产业，最终确定以下产业能成为未来我国一段时期的主导产业[①]（见表 2-4）。

表 2-4　制造业中按主导产业的各项主要选择基准确定的产业

增长潜力	带动效应	技术密集度	产业结构升级目标的主导产业
电子通信 医　药 电气机械 运输设备 普通机械 专用设备 仪器仪表 服　装 纺　织	电子通信运输设备 电气机械 黑色金属化学制品 纺织 普通机械专用设备	电子通信 电气机械 仪器仪表 运输设备 医　药 普通机械 专用设备 化学制品	电子通信 电气机械 运输设备 普通机械 专用设备

————————————

① 参见郭克莎《工业化新时期的新兴主导产业的选择》，载《中国工业经济》2003 年第 2 期。

2.6 加快我国主导产业发展，促进产业结构优化升级的对策建议

2.6.1 主导产业演替要与我国对外开放政策相结合

中国的发展不能离开世界，同样，中国的主导产业演替也不可能在国家范围内封闭进行，世界市场、外资的流入，都将影响到我国主导产业的发展。我国已加入 WTO，将在更大范围、更宽领域、更高层次上融入世界经济。在经济全球化的今天，要提高产业的国际竞争力，提高经济体系运行效率，就必须在全球范围内进行资源配置。因此，提高对外开放的深度和广度，完善全方位、多层次、宽领域的对外开放格局，对增强国际竞争力、促进主导产业优化具有重要作用。我国应在"引进来"的同时加快实施"走出去"的战略，鼓励企业将国内陈旧的工业技术转移到海外，加大开发和利用国际资源的力度。

要努力创造后发优势，实现经济跨越式发展战略。作为一个发展中的大国，只靠比较优势是无法实现跨越式发展的，在国际分工中也将长期处于不利地位。发挥后发优势，从模仿转入创新是我国走向强国的必由之路。我国应以全球化的思维调整产业结构，有选择、有重点地发展那些具有后发优势的产业，根据自身综合实力，选择一些产业的高技术和高附加值生产环节，占领某些产业和技术的制高点。

要充分利用 WTO 规则的例外条款、保障条款以及发展中国家特殊对待的相应条款，研究和制定有效的产业扶持和保护政策，分阶段、分步骤、分门别类地加大对主导产业的政策保护和扶持力度，实现国产化和进口替代目标。

2.6.2 制定支持大企业、大集团和促进专业化分工相结合的产业组织政策

现代产业组织发展趋向于专业化、集中化、联合化的组织形式，它有利于劳动生产率和产品质量的提高，有利于产品开发、降低经营成本，有利于科技进步，有利于扩大生产规模，有利于提高工业经济效益、促进产业快速发展。

一是进一步加快产业重组，制定规划及配套政策，引入市场机制，通过兼并重组等方式，在主导产业形成一批有国际竞争力的跨国大企业集团，实现专业

化、集中化、联合化生产。

二是制定专业化协作政策，提高专业化协作水平。政府不但要支持大企业发展，而且应综合运用经济法律、行政信息引导等多种手段，促进中小企业与大型企业的协调发展，提高专业化分工协作水平；要鼓励企业通过跨地区、跨行业、跨所有制的兼并，进行专业化协作的重组；通过征收增值税替代过去的产品税，促进企业的零部件和工艺扩散型的协作；对重点产品、基础工艺企业的新建与扩建以及技术改造给予财政、信贷、投资上的优惠；通过强制推行标准化政策和许可制度，解决不合理的重复投资和重复建设问题。

三是放开市场准入，放松政府管制，尤其是要打破金融、电信、电力、汽车、航空等基础产业、基础设施和服务业等领域的行政性垄断，除涉及国家安全和国家有特殊规定的行业外，取消所有制、地区和行业的进入壁垒，制定统一的产业准入标准，给予各类企业平等的竞争机会，为多种所有制公平竞争和共同发展创造宽松的市场环境。

四是进一步完善主导行业准入管理，进一步加大落后生产能力淘汰力度。主导产业要进一步提高准入门槛。要通过严把土地和信贷两个"闸门"，制定技术、节能、环保的国家标准，提高市场准入门槛等措施。同时建立完善落后产能退出机制。

2.6.3　充分发挥行业协会在规范主导产业发展中的作用

市场经济条件下，主导产业的发展，更多的是依靠市场来引导其发展。要通过行业协会来传递市场信息，引导产业健康发展。进一步贯彻《关于加快推进行业协会商会改革和发展的若干意见》，组织实施《关于加快行业协会商会改革和发展若干意见部门分工的意见》，协调有关部门抓紧研究制定配套的政策措施，推动行业协会、商会改革发展的相关工作。

第3章 产业集群与区域产业结构调整

产业集群已成为当前我国经济研究的热点。当前国内对"产业集群"有不同叫法，如"产业集聚""产业簇群""产业群集""产业集群"等。对产业集群概念的界定，基本上是围绕地理特性、产业特性（或内部要素联结）两个方面展开。波特（1998）认为，产业集群包括了一系列相关联的产业和其他一些与竞争有关的实体。集群也往往向下游拓展到销售渠道和客户，横向扩展到互补产品的制造商和在技术、技能上相关或有共同投入品的企业，还包括了政府和其他机构，这些机构提供专门化的培训、教育、信息、研究和技术支持。本书把"产业集群"界定为，在某一地理空间上具有产业关联（包括同一产业中不同产业环节的企业或者与之相关产业的企业）的企业集聚体。

3.1 产业集群运行的一般机理分析

3.1.1 产业集群产生

（1）产业集群产生的条件

① 产业集群产生没有明显的产业特性

从国内外产业集群所分布产业看，无论是传统产业，还是高技术产业；无论是劳动密集型产业，还是资本密集型产业或者技术密集型产业，在世界各地都有相应的产业集群存在。比较著名的传统产业集群，如意大利的皮鞋产业集群和美国的北卡罗来纳州家具产业集群；高技术产业集群，如著名的硅谷电子产业集群；劳动密集型产业集群，如我国的浙江服装纺织业产业集群；资本密集型产业集群，如美国的底特律汽车城，等等。

②产业集群产生应该具备的条件分析

产业集群的产生，往往存在很大的偶然性，也就是波特所认为的机遇是很重要的（波特，2003），如某些产业形成初期往往是某些特殊的需求导致了产业集群的形成，如芬兰环保产业集群源于本地产业所制造的污染问题、美国奥马哈电话营销产业集群的基础源于当地挑剔的顾客和本地口音不重等因素①。

但产业集群的形成是一种偶然性促使下的必然结果。从理论角度看，还是存在其形成的内在条件。当地的各种自然禀赋是形成产业集群的基础性条件，它包括一般的生产要素的有效供给，如丰富的人力资源、企业家、原有产业基础、有效的制度供给和良好的社会历史文化传统等内容。波特（2003）也认为，产业集群的形成，应该具备原有产业的分化、当地有创新能力强的厂商（企业家）、基础设施充分和完善的地方等条件。这些条件不一定要同时满足。从我国产业集群起源角度看，包括了以下几种产业集群：主要有依靠当地企业家精神和工商业传统，建立在农村或乡镇工业基础上的特色集群；在科技实业家创业基础上出现的高科技产业集群；本地"三来一补"基础上发展起来的中小产业集群；外资带来多个配套企业发展起来的集群；在改制后的公有企业基础上经过企业繁衍和集聚而形成的产业集群（顾强和王缉慈，2003）。应该说，抽象这些产业集群的背后，分别是在以上不同条件下出现的。

需要指出的是，许多人认为当地的广阔市场和先进的技术条件以及资本也是重要的形成条件。但考察世界各地特别是发展中国家和地区的产业集群的形成，不一定是在资本充足的地方形成了产业集群。实际上，在交通基础设施完善的条件下，大多数产业集群的产品是销往外地甚至国外市场。

应该说，对于不同产业集群的形成，其条件还是存在一定的差异。按照生产要素比例和密集度划分产业集群，有劳动密集型、资本密集型和技术密集型三种。对于劳动密集型产业，其对劳动力的需求比较敏感，往往出现在劳动力成本低廉的空间位置；有些劳动密集型产业由于其手工性比较强，对有手工技能的工人比较敏感，从而往往其有历史产业渊源的地方；而技术密集型产业对科研机构云集的地方比较感兴趣；而资本密集型产业对基本生产要素投入价格如土地价格相对低廉的地区感兴趣（陈甬军和徐强，2003）。

---

① ［美］迈克尔·波特：《竞争论》，刘宁等译，中信出版社 2003 年版，第 254 页。

（2）产生的途径

首先从对产业集群形成的作用途径看，包括了市场力量自发形成、政府投资、政府和市场共同作用三种途径。

从国内外产业集群的案例看，大多数产业集群在具备上述基础的条件下，通过市场力量自发形成。自发形成的集群多出现在市场经济比较发达的西方国家（虽然发达国家也有一定数量的产业集群是政府促成的），但是，完全靠自发形成，而没有政府的引导、协调与服务，集群的形成会遇到种种障碍，势必会延缓集群的形成（通常需要 10 年甚至更长的时间），另一方面成功的可能性比较小（这也是为什么波特所认为的机遇的重要性的原因）。

新兴工业国家和发展中国家出于加快经济发展、赶超发达经济的需要，很难等待自发形成产业集群。政府出于发展经济的需要，往往采用相应措施加快产业集群形成。

政府促进包括两种方式，一种是政府直接投资企业形成产业集群，我国在计划经济下东北等老工业基地的形成，就是这种方式。这种方式的效果就是形成时间短，但由于国有企业的效率问题，从而产业集群的运行效率不一定好。目前在世界各国很少有这样的产业集群。

还有一种就是政府的产业政策引导和各地工业园区建设。政府通过完善基础设施建设、创造良好的投资环境而形成，积极引进相关企业进入园区。这已经成为世界上许多发展中国家采用的方式。但政府规划的集群，容易出现产业结构雷同、低水平重复建设、设备大量闲置等问题。

其次从经济活动或产业活动的角度出发，可以把产业集群的产生途径分为纵向形成和横向形成两种方式。

根据产业集群中各企业之间的关系，把产业集群的形成分为纵向形成和横向形成。横向形成是指同类型企业的形成，而纵向产业集群的形成是一种产业链的延伸。

纵向形成产业集群，更多的是表现为延伸产业链，是各企业之间专业化分工的结果。很多情况是某个区域有大型企业存在，一些中小企业作为其配套，形成了龙头企业和配套企业之间密切合作的产业集群。纵向形成产业集群，和产业链的长短有关，而产业链的延伸则和产业特性有一定关系，那些能够专业化深化的产业容易延长产业链，如化工行业。目前我国许多地方都提倡这种产业集群的发展途径。

横向形成产业集群之初，企业之间更多的是表现为竞争关系，也就是产品属于

同一种类。某个区域产生横向产业集群，第一批企业示范效应作用特别大，从而有
更多的企业模仿。我国沿海发达地区的许多产业集群的最初形成就是如此。但由于
竞争的原因，产品之间在品种、规格、款式、造型、色彩、所用原材料、等级、品
牌等，甚至内在质量上都存在差异。随着企业的不断增加，形成了基础设施共用、
专业化供应商的存在、专业化劳动力供应等优势，形成了一种良性强化，甚至形成
了一种以地域命名的产品"品牌"（如温州皮鞋），进而产生了产业集群。

3.1.2　产业集群的发展

（1）集群发展的动力机制

产业集群能够为企业发展从三个方面提供发展优势，这也成为产业集群不断
扩大的动力机制：

① 分享外部经济

按照古典经济学的观点，单个企业生产能力的扩大给企业带来规模经济，但
由此带来的是企业管理成本上升和灵活性下降。产业集群内的企业可以实现单个
企业规模扩大和内部垂直整合成本之间的平衡。集群内部的企业由于可以有效地
接近产业专门性资源（包括原材料、人力资源、信息资源）以及共享制度资源和
公共资源，使每个集群成员都可以低成本地使用互补性资产，因此，它们在不牺
牲个体灵活性的前提下获取范围经济收益，这个收益远远超过单个企业的简单叠
加，具有"1＋1＞2"的放大效应，具体表现为以下几方面。

第一，同行业的企业利用地理接近性，通过合资、合作或建立联盟等方式共
同进行生产、销售等价值活动，可提高经济活动的效益。如共同举办博览会，共
同出资进行广告宣传，共创区位品牌，可使企业以较少的投入获取较高收益；企
业还可以联合起来与供应商、销售商进行诸方面集体谈判，以获取更大利益。

第二，集群内企业便于采用和推广相同技术标准，提高该标准的认可程度，
并且集群对新标准的制定也有较大的影响力，有时甚至可参与国家标准的制定。

第三，集群的知名度也能吸引更多供应商和销售商，扩大企业的交易范围，
争取更有利的交易条件，提高企业的获利水平。

② 降低交易成本

虽然企业可以选择纵向或横向一体化并购来降低交易成本，但正如前面所说
的，将提高企业的管理成本。产业集群（这里主要是纵向形成的产业集群）同样

可以大幅度降低交易成本，这主要表现在：一是降低企业谈判成本及合同执行成本。由于集群内的企业之间交往频繁，协作关系较稳定，容易建立相互信任的合作关系，这有利于减少谈判环节，提高谈判效率，增进协作关系，从而降低谈判成本，提高合同执行的效率。二是企业之间要素交易成本的降低。企业地理位置的邻近，可以降低企业之间的运输成本、信息交换成本，寻找包括熟练劳动力、技术、信息等资源的成本等，为企业节约时间和资源，从而大幅度降低产品成本，提高企业竞争优势。

③ 促进企业创新

第一，集群形成创新激励效应。集群内企业的激烈竞争形成强大的压力，并转而成为多数企业的强烈创新动力，迫使企业加快技术创新步伐，或者提升产品质量与产业层次，改善服务；或者将同质性竞争转变为差异化竞争，另辟蹊径，开发新的产品品种和工艺。

第二，集群形成创新溢出效应。主要通过以下几种方式实现：一是有的企业之间有正式的分工协作关系，为共同提高产品的质量和开发新产品，经常固定地交流技术创新信息；二是有的企业虽然属于一般的贸易来往，在彼此接触之间也产生信息和技艺的交流；三是集群内人员联系紧密，容易互相了解，人际关系的信任度较高，有利于形成长期配合、合作攻关的稳定创新环境。

第三，集群具有创新学习效应。集群内企业可以获取"干中学"经济。作为集群创新网络中的一个角色，企业各自在集群中发挥着自己的功能，由于功能互补性的存在，每个角色都可以从各种渠道，从竞争者、供应商、顾客和各种服务提供商那里学到很多知识，产生集群学习效应。

第四，集群具有技术积累效应。由于技术知识和能力的积累性特征，每一个新的技术创新都是在前期科学发展的基础上产生，因而积累了许多创新经验的地区拥有更多的储备信息和技术，从而有利于下一轮创新，具有途径依赖的技术积累过程会吸引更多的成员进入集群，并使该区域日益成为某一产业的中心。

第五，集群具有创新成本和风险降低效应。波特（2003）认为，产业集群的形成，"一个很明显的动机是，像专业化技能、大学的研究专长、有效率的地点、特别的或适当的基础设施等生产要素，不断充分而且容易取得"。集群的背后有大量的服务企业及提供研究开发和技术支持的机构，如学校、科研单位、管理咨询机构、培训教育组织、技术开发机构、行业协会等，这些机构为企业提供共性技术和基础设施，为企业创新提供了便利，降低了创新的成本和风险。

（2）产业集群发展的机理：自组织强化

"自组织"是一个系统论和热力学名词，和"他组织"相对应，是指一个系统通过与外界交换物质、能量和信息降低自身的熵含量，且在内在机制的驱动下，自行从简单向复杂、从粗糙向细致方向发展演化，不断地提高自身的结构有序度和自适应、自发展功能的过程。一个系统的变化、发展，其动力驱动来源于系统外部，则称为他组织；如果来源于系统内部，则称为自组织。实践已经证明，两种作用机理对系统的功效存在很大差异，后者高于前者。对于产业集群而言，政府是"他组织"，在产业集群形成初期，也可能有一定的作用。不过产业集群从本质上就具备了"自组织"特性，如果的政府干预过多，可能会适得其反。产业集群的自组织特性有以下几点。

① 产业集群的开放性和发展性

充分开放是产业集群发展的前提条件，不断发展是产业集群存在的基础。产业集群从一开始就不是一个孤立的封闭系统，也不是一个静止的平衡状态。获取范围经济、降低交易成本和促进企业创新既是产业集群内企业追求的动力机制，也是集群内企业能够获取的竞争优势，从而一方面能够促进集群内部的企业不断发展壮大，另一方面将不断吸引集群外部的企业进入集群区域。产品的对外销售、劳动力的流入都给集群带来发展的能量和信息，这为产业集群和外部保持联系提供了更多的机会。

② 作用机制：竞合

自组织系统内成员单位之间的相互作用是自组织系统形成的根本动力。这种作用是非线性作用，是开放的、不平衡发展的系统中组成单位的自发的竞争和协作。产业集群的发展壮大，就是通过集群内企业之间的竞争和合作实现的。

集群内企业依靠其地理位置的聚集，利用区域性市场的特点，增大市场联系的稳定性，减少市场交易费用，维护了社会分工产生的利益。一批产业相关的企业集群在一个相对狭小的地区，既彼此竞争又互相协作，竞争和协作互相转化。如联合开发新产品，开拓新市场，建立生产供应链，由此形成一种既有竞争又有合作的合作竞争（Cooperative Competition）机制。这种合作机制的根本特征是互动互助、集体行动，它在意大利产业区特别盛行，是建立在信任和家庭联系的基础之上。通过这种合作方式，企业可以在培训、金融、技术开发、产品设计、市场营销、出口、分配等方面，实现高效的网络化的互动和合作，以克服其内部规模经济的劣势，从而能够与比自己强大的竞争对手相抗衡。这种集体行动的互动机制的形成，将可以顺畅信息的流通，加快观念、知识和技术的传播，缓和经济利益的冲突，减少交易的困难，从而获取集体效率（Collective Efficiency）。此外，采取合作竞争的方式，也有助于企业建立战略联盟和伙伴关系，实行灵活的专业化生产。

集群重塑了竞争形态，把竞争从单个企业之间提升到了更大的群体之间。群内企业的内部竞争是"套"在更大的竞争之中，所以群内企业对于大竞争的需求可以减弱内部摩擦，即集群间的竞争容易加强集群内部的合作。企业对于集群整体竞争优势的依赖以及寻求自身发展的压力使得群内企业处于不断的竞合博弈中，形成了新型的竞合关系。单个企业在竞合博弈的网络化成长中寻求发展，以及在这一竞合过程中影响整体的竞争优势。

③ 产业集群具有优胜劣汰的"涨落"特征

作为一个经济系统，既然存在竞争，肯定就会出现"优胜劣汰"的现象。在产业集群内更常见的"涨落"特征是，一方面实现了优胜劣汰，将弱者淘汰出局；另一方面则通过互相了解各自的优劣势，促成差异化生产，或者改产新产品，减少同一产品直接的面对面竞争，或者通过产品分工细化，专门生产原产品的某些部件，连那些被淘汰的企业也可能转而加入零部件的协作生产。这些都使竞争各方由竞争关系转化为协作关系。

3.1.3 产业集群的不同发展阶段及特点

Tichy G 认为产业集群存在生命周期，其 4 个阶段特点如下[①]。

其一，诞生阶段。即产品的产生和开发阶段，产品和生产过程还没有标准化，企业最初聚集在一起进行产品生产，集群内企业基于信息网络、分工协作以及资源共享所产生的外部经济获得竞争优势。

其二，成长阶段。集群发展迅速，增长率高，但也可能使得集群没有压力去创新，而往往只集中资源于最畅销的产品，并以日益增长的速度和规模扩大生产。集群内的资源（知识、信息、技能等）会日益集中，更多地投入到主导产业（或产品）。

其三，成熟阶段。生产过程和产品走向标准化，企业追求大规模生产，本地同类产品企业间竞争加剧，利润下降。这个阶段，企业可能更注重成本控制，对

---

① 蔡宁、杨闩柱、吴结兵：《企业集群风险的研究：一个基于网络的视角》，载《中国工业经济》2003 年第 4 期。

专业技能及知识的学习和转化减少，产品技术含量降低并且出现雷同现象，存在"过度竞争"的威胁。

其四，衰退阶段。这一阶段集群中企业大量退出，只有少量新进入者。集群衰退最重要的标志是失去对市场的灵活反应，缺少应变的内源力。

3.1.4　自组织条件下产业集群的风险

作为一个经济体，就像一个企业不可能总是赢利一样，产业集群不可能总是表现为高效率的，或者说具有竞争优势的。也就是说产业集群在发展过程中可能会出现这样那样的风险。

波特（1998）认为，集群产生后就处于动态演化中，可能因为外部威胁（如技术间断、消费者需求变化等）以及内部僵化（由于过度合并、卡特尔、群体思维抑制创新等）而失去竞争力。Bent Dalum 等在波特理论的基础上以北欧的无线通信工具集群为例研究了技术生命周期如何使得区域集群发展面临崩溃危险（Disruption）（Bent Dalum 等，2002）。Tichy G 在佛农的"产品生命周期"基础上提出了区域产品周期理论（Regional Product Cycle），他据此论述产业集群生命周期以及由此产生的结构性风险（Structural Risk）——一个区域过于依赖一个产业集群的长期后果（随着某个产业或产品走向衰退，可能拖垮整个区域经济）。O. M. Fritz 等在 Tichy G 的研究基础上，分析了经济周期对企业集群的冲击——周期性风险（Cyclical Risk）（O. M. Fritz 等，1998）。这里，我们根据不同阶段分析可能出现的"阶段性风险"。

（1）诞生和成长期风险

这个时期，产业集群存在的风险主要来自以下几个方面：一是产业集群的配套条件还没有完善，包括缺乏完善的配套产业链、缺乏配套的基础设施和服务机构或者和配套企业和机构的关系不紧密等，影响了企业发展和外部企业的进入。二是创新动力不足。产业集群发展迅速，增长率高，但也可能使得集群没有压力去创新，影响集群的可持续发展。三是随着进入成长后期，随着集群内企业数量增加，有可能出现恶性竞争的风险。

（2）成熟期风险

这个时期，产业集群各项条件已经成熟，生产企业和配套机构之间结成了一个网络。这个时候出现的风险也就是产业集群自身特性所造成的，相互依赖的网络在最初阶段是力量的源泉，但也正是这种产业集群的特性，集群僵化、失去弹性的源泉。蔡宁等（2003）称之为网络性风险。吴晓波（2003）把这个内源性风险称为"自稔性"风险，即集群借以产生优势的自身特性，同时也是削弱集群应对外部环境变化的能力，最终导致集群走向衰退。也就是说，地理性临近、专业化分工、群内相互关联、协同与溢出效应这四大集群特性构成了集群的竞争优势的同时，也滋生了集群自身内生风险，主要表现为以下几方面。

第一，恶性竞争的风险。地理空间上的临近在集群组织学习和创新的同时，促使了横向形成的产业集群的各企业的战略趋同，从而造成了集群内可能出现激烈的恶性竞争风险。

第二，"柠檬"风险。也就是由于信息不对称而导致的低质量产品企业驱逐高质量产品企业，从而出现集群内产品质量下降的风险。这主要是对于那些横向形成的产业集群而言的。由于企业赢利目的，生产企业往往存在道德风险和机会主义的行为。如果生产低质量产品的企业考虑到提高质量所需的投资大于质量提高后所获得的收益，就没有提高质量的动机。而且生产低质量产品的企业会利用集群整体品牌和声誉而产生"搭便车"的行为（因为生产低质量产品的企业知道，对于顾客而言，很难从集群内生产同类产品的众多企业中识别出产品的优劣）。在巨大收益激励而承受风险相对较小的情况下，各个企业就会竞相提供低质量的产品来冒充高质量的产品。长久下去，在该集群内部，能存活下来的企业必将都是生产低质量产品。如我国在 20 世纪 80 年代的"温州皮鞋"现象、"晋江皮鞋"现象。

第三，环境应变能力僵化的风险。专业化分工促使产业集群内企业以最优规模进行生产的同时，提供了产业价值链纵向各环节的资产专用性，从而降低了企业和整个集群对环境的应变能力。

产业集群内企业以及辅助性机构之间密切的相互关联在降低企业交易成本的同时，也逐渐转变成为一个封闭自守的系统结构，从而使整个集群不能迅速与外界进行信息、能量的交换，对外部的应变能力不断减弱。Markusen（1996）认为，产业集群越成功，则越倾向于发展成为一个封闭的系统，进而逐步丧失应对市场变化的能力，导致竞争力不断下降。

第四，创新能力弱化的风险。协同与溢出效应在促使集群获得外部经济性的同时，也滋生了集群内的创新惰性，严重削弱集群的创新能力，阻碍了产业集群的进一步演进。

（3）衰退期风险

这是由于产业集群产业老化或衰亡对区域经济所形成的，也可以称作结构性风险。当集群走向成熟甚至衰退时期，集群由于其资源高度集中于一个产业或产品，就有可能导致整个区域经济的迅速衰退。Tichy G(1998)认为产业集群和企业一样存在生命周期，并把其分为形成期、成长期、成熟期和衰退期。出现集群衰退的原因是市场需求的变化，从而导致了集群内企业难以适应市场。

最后还有一种风险，它往往是由于区域、国家甚至国际性的经济周期波动，所导致的一种突发性不能人为控制的波动风险。这个风险可能出现在集群的各种阶段，导致集群的消亡。

3.1.5　产业集群发展和风险防范中的政府作用

应当指出的是，政府最重要的作用不在于"制造"产业集群，而是发现那些已处于萌芽状态但很有发展潜力的产业集群，然后通过各种政策措施促进集群的地方网络形成。

在产业集群发展中政府的功能主要是引导和服务，要从完善基础条件、理顺体制、健全制度入手，营造产业集群的良好氛围，消除任何阻碍集群创新能力和竞争力提升的因素。波特（2003）认为，政府投资的重心，应放在改善产业集群内的产业环境，特别是集群内的基础设施改善。政府应该着力于集合并汇整与产业集群相关的专业信息，设立教育政策，以鼓励大学回应当地产业集群的需要，等等。因此，政府在产业集群形成和发展中所起的作用应该包括以下几方面。

一是，积极发展潜在集群，做好集群发展规划。

二是，为集群发展创造良好环境。

从集群发展所需要的条件分析，应该包括以下几方面。

第一，要引导金融、法律、物流、信息服务、技术辅导中心等配套体系以及行业协会等中介机构，为产业集群内企业合作创新起到必要的"黏合"和支撑作用。

特别是要鼓励行业协会的成立和完善。波特（2003）认为，行业协会能够建构产业集群的联结点。协会可以集合产业集群的相关信息，提供共同管理课题的论坛，调查环境课题的解决方案，以及寻求其他许多共同的利益；而且可以在指定地方法规方面代表产业集群。有些中小企业为主的产业集群，行业协会还执行如营销和应用研究等其他功能。

第二，政府应着力推行教育与培训计划，鼓励本地科研机构与企业的联合，不断改善区域创新环境。鼓励高校、科研机构等"创新中心"对技术扩散和集体学习过程的推动作用。积极推动高校、科研机构与产业集群内企业的合作创新，利用知识溢出效应，分享创新资源，使高校和科研机构成为产业集群内创新的知识源泉。

第三，政府应通过建立统一规范的质量标准和培育更加挑剔的客户来不断改善集群产品的质量。

第四，在相关的支持产业方面，则应通过引入外部产业和建立区域贸易区、工业区形成相对完备的配套服务体系。

三是，消除或者降低集群运行中的风险。

政府应该做的工作包括：一是规范企业行为和市场秩序，制止集群内企业的恶性竞争；二是保护知识产权，保持企业创新动力；三是产业集群形成途径多元化，降低产业集群的僵化程度。

3.2 产业集群对区域产业结构调整的影响

3.2.1 主导产业选择与发展：从比较优势到竞争优势

区域产业结构调整，表现为新的主导产业对原有主导产业不断替代的过程。由于产品生命周期规律的作用，主导产业呈现出周期性变化，按照其成长过程划分，一般可分为形成阶段、扩张阶段、成熟阶段和衰退阶段。正是主导产业的新陈代谢，才导致了区域产业结构的不断升级换代，使区域经济保持着旺盛的活力与持久的增长。

从地区层次看，由于地理上的接近和经济、文化、社会的一体化，地区间的贸易和经济交往相比国与国之间的交往更为密切、更为广泛，各地区产业结构的演变与地区间的经济关联密不可分，从而源于国际贸易分析的比较优势理论已经广泛应用于分析地区产业结构问题。随着我国各地产业结构调整步伐的加快，发挥地区资源比较优势来促进主导产业发展，保证产业持续增长成为当前各地产业结构调整的出发点。

目前我国各地在推进新型工业化进程中，落后地区希望加快发展从而缩短和发达地区的差距。但如果按照传统的比较优势原则难以解决这个问题。根据比较优势理论，落后地区总是只能选择具有比较优势的资源和劳动力（实际上也是资源）密集型产业作为主导产业，只能按照产业梯度转移理论接受发达地区的劳动密集型产业。按照这样思路的发展，落后地区将无法发展技术含量高的产业，产业发展将总是落后于发达地区，这也不符合国家提出的实现区域协调发展的战略。

按照竞争优势理论加快产业结构调整，将是落后地区实现跨越式发展的理论依据。作为产业结构调整的主导产业，要形成竞争优势，不一定需要资源优势，从理论上讲，如果某一区域的产业能够形成集群，从而发挥产业集聚效应，则该地区的主导产业往往就可以诞生了。当然，从实际情况看，一个区域很难所有的产业都能够按照集群发展。但一旦该区域某一产业能够形成集群来发展，往往还是可以作为主导产业来选择的。

主导产业发展通过产业转移来实现。根据产业转移的方向将产业转移分为两种方式：一种转移是在主导产业进入了衰退期，从而集群内大规模的企业外移出去；另一种是从某一区域外的产业（企业）转移进入已经形成了产业集群的所在地，从而不断强化产业集群，产业集群的强化又将吸引更多的企业进入。后一种产业转移方式改变了传统的所谓地域梯级产业转移的模型。按照比较优势理论建立起来的产业梯度转移模型，产业转移往往在具有一定经济梯度的区域间的产业转移，而且是从高梯度向低梯度地区转移。在地域梯级分工规律的作用下，高梯度区域将区内丧失比较优势的产业转往具有比较优势的低梯度区域，随着产业承接地的经济发展，这些产业又转移到其他更落后的区域，由此在不同发展水平的区域间形成了一个循环上升的产业转移浪潮。产业转移的最终结果是使各区域的产业类型和水平与自身的经济要素禀赋、经济发展总体水平相适应。在现实中，往往由于各种因素的影响，不一定是按照梯度转移，甚至可能出现逆梯度转移现象。产业集群形成的竞争优势导致的这种产业转移，将促进主导产业发展。

3.2.2 主导产业集群兴衰的原因

（1）产业集群获取竞争优势，促进主导产业发展

一是分享外部经济，降低单个企业支付成本。集群内部的企业由于可以有效地接近产业专门性资源（包括原材料、人力资源、信息资源）以及共享制度资源和公共资源，使每个集群成员都可以低成本地使用互补性资产。因此，它们在不牺牲个

体灵活性的前提下获取范围经济收益，这个收益远远超过单个企业的简单叠加。

二是降低交易成本。虽然企业可以选择纵向或横向一体化并购来降低交易成本，但将提高企业的管理成本。产业集群同样可以大幅度降低交易成本，这主要表现在：一是降低企业谈判成本及合同执行成本。由于集群内的企业之间交往频繁，协作关系较稳定，容易建立相互信任的合作关系，这有利于减少谈判环节，提高谈判效率，增进协作关系，从而降低谈判成本，提高合同执行的效率。二是企业之间要素交易成本的降低。企业地理位置的邻近，可以降低企业之间的运输成本、信息交换成本、寻找包括熟练劳动力、技术、信息等资源的成本等，为企业节约时间和资源，从而大幅度降低产品成本，提高企业竞争优势。

三是促进企业创新。集群内企业的激烈竞争形成强大的压力，并转而成为多数企业的强烈创新动力，迫使企业加快技术创新步伐，或者提升产品质量与产业层次，改善服务；或者将同质性竞争转变为差异化竞争，另辟蹊径，开发新的产品品种和工艺，从而集群形成创新激励效应。作为集群创新网络中的一个角色，集群内企业可以获取"干中学"经济，企业各自在集群中发挥着自己的功能，由于功能互补性的存在，每个角色都可以从各种渠道，从竞争者、供应商、顾客和各种服务提供商那里学到很多知识，产生集群学习效应。由于技术知识和能力的积累性特征，每一个新的技术创新都是在前期科学发展的基础上产生，因而积累了许多创新经验的地区拥有更多的储备信息和技术，从而有利于下一轮创新，具有途径依赖的技术积累过程会吸引更多的成员进入集群，并使该区域日益成为某一产业的中心，从而集群具有技术积累效应。另外，集群的背后有大量的服务企业及提供研究开发和技术支持的机构，为企业提供共性技术和基础设施，为企业创新提供了便利，降低了创新的成本和风险。

（2）集群的自身特性也往往导致主导产业衰退

主导产业衰退的直接原因是产业发展周期所致，但从集群角度看，产业集群化能够形成竞争优势，从而产业集群从一诞生开始就能够通过自组织而不断发展，但集群特性也是一柄双刃剑，由于其自身特性从而存在可能失去竞争优势的风险，导致产业出现衰退。波特（1998）认为，集群产生后就处于动态演化中，可能因为外部威胁（如技术间断、消费者需求变化等）以及内部僵化（由于过度合并、卡特尔、群体思维抑制创新等）而失去竞争力。Tichy G 在佛农的"产品生命周期"基础上提出了区域产品周期理论（Regional Product Cycle），他据此论述产业集群生命周期以及由此产生的结构性风险（Structural Risk）——一个区域过于依赖一个产业集群的长期后果（随着某个产业或产品走向衰退，可能拖垮整个区域经济）。O. M. Fritz 等在 Tichy G 研究基础上，分析了经济周期对企业集群的冲击——周期性风险（Cyclical Risk）（O. M. Fritz 等，1998）。国内学者分析了产业集群在其生命周期的不同阶段存在不同的风险，特别是在成熟期存在恶性竞争的风险、"柠檬"风险（由于信息不对称而导致的低质量产品企业驱逐高质量产品企业，从而出现集群内产品质量下降的风险）、环境应变能力僵化的风险、创新能力弱化的风险，从而导致集群走向衰退（王云平，2006）。具体看，导致产业集群兴衰的自身特性[①]包括以下几方面。

一是资产专用性提高产业竞争力，又可能导致产业对环境应对存在脆弱性。产业集群的专业化分工协作使产业价值链的不同环节由各专业性企业组织生产或提供相关服务，从而提高了每个企业的生产经营效率。与此同时，产业集群内，各价值链环节分工明显，在集群内通过加强企业资产的专用性巩固各企业间的合作关系。但是，集群区内拥有专用性资产越强，企业对环境的应变能力则越弱。当集群产业的价值链上某一环节出现问题时，很可能产生"多米诺骨牌效应"而威胁到整个产业集群的生存空间。

二是地理位置集中，提高企业之间学习效率和降低交易成本，但也可能导致恶性竞争。对于按照产品相同联结的产业集群，地理空间的临近和文化背景的相同，仍然极大地促进了集群企业间的组织学习。但是，这些地理空间上临近的企业，由于处于集群产业价值链同一环节层次上，它们除拥有基本相似的生产技能外，它们的原材料使用状况基本相同，技术水平基本相同，对市场及客户需求的了解也基本相同。因此，当集群区内的这些企业面对相同的机会与威胁时，常常会做出相似甚至相同的生产经营决策，从而诱发产业价值链横向上各企业的战略趋同刚性，严重削弱了错位竞争优势，增加了产业集群区的脆弱性。集群内部知识外溢的客观性和同行模仿动机的存在，集群内产品雷同和恶性竞争，使得创新者的收益无法保障，从而抑制了整个集群技术创新活动，并可能导致集群组织的

---

① TichyG 认为产业集群存在生命周期，其四个阶段特点如下：一是诞生阶段。即产品的产生和开发阶段，产品和生产过程还没有标准化，企业最初聚集在一起进行产品生产，集群内企业基于信息网络、分工协作以及资源共享所产生的外部经济获得竞争优势。二是成长阶段。集群发展迅速，增长率高，但也可能使得集群没有压力去创新，而往往只集中资源于最畅销的产品，并以日益增长的速度和规模扩大生产。集群内的资源（知识、信息、技能等）会日益集中，更多地投入到主导产业（或产品）。三是成熟阶段。生产过程和产品走向标准化，企业追求大规模生产，本地同类产品企业间竞争加剧，利润下降。这个阶段，企业可能更注重成本控制，对专业技能及知识的学习和转化减少，产品技术含量降低并且出现雷同现象，存在"过度竞争"的威胁。四是衰退阶段。这一阶段集群中企业大量退出，只有少量新进入者。集群衰退最重要的标志是失去对市场的灵活反应，缺少应变的内源力。

分化而代之以企业一体化。

三是"搭便车"行为影响创新。由于在集群内各企业技术与知识的高度外溢，使得众多企业都想坐享创新外溢的好处，而不愿自行研发进行创新。"搭便车"的思维和行为广泛滋生，不仅大大地削弱了企业的创新活力，引发了集群区内企业的创新惰性，而且也严重地削弱了集群应变外部环境变化的能力。

四是网络化导致集群出现封闭。相关企业、地方政府机构、大学与研究机构、中介组织构成集群的网络关系。集群内部这种相互关联的网络化结构，在很大程度上促进了企业间交易的顺利进行，降低了交易成本。但是，当相同文化背景下的集群内企业习惯基于信任的网络化交易后，会形成一定的路径依赖，渐渐地不想或不敢与集群外企业或机构进行相关交易活动，进而引致群内企业国际化经营水平的弱化；这反过来将使它们参与集群外部经营活动的意愿趋弱。久而久之，产业集群区便成了一个封闭系统，除少数企业外，绝大多数企业完全在这个封闭系统中运作，使整个集群对外部知识、技术的获取能力以及对外部环境的应变能力减弱乃至僵化。

3.3　基于集群视角的区域产业结构调整的形式

3.3.1　产业结构调整的表现形式——价值链整合

价值链整合是指从低附加值的生产环节，逐渐向高附加值的研发、设计和销售及售后服务转变。在价值链条层次，由生产制造环节向研发设计和品牌营销环节的转移是增值能力和分工地位提升的显著标志；而生产环节又可细分为上游生产（关键零部件的生产，像计算机中的芯片、微波炉的磁控管等）和下游生产（终端的加工组装），越接近于上游的生产，技术含量越高，附加值也越大；越接近于下游的生产，对知识技能的要求越低，附加值也越小。根据有关研究，价值链调整包括四种类型：第一是通过工艺流程改变，引进工艺流程的新组织方式，提升价值链某个环节的生产效率，实现集群的升级与发展。第二是引进、研发新产品或改进现有产品，从而使价值链中的某个环节出现新的内容。第三是重新组合价值链的优势环节或战略环节，调整嵌入价值链的位置与组织方式，专注于产业价值链某个或某几个优势环节，放弃或外包原有的低价值环节，弱化或转移非核心业务，通过拥有该产业价值链的"战略性环节"，最终获得该产业价值链的统治权。第四是在原有价值链的基础上延伸至价值量更高的相关产业价值链，在相关产业领域获得较高的收益率；或者移向新的、更有利可图的价值链。众多研究表明，其集群内价值链变动有一定规律可循（Gereffi，1999）。东亚众多国家工业化进程中的实践证明，产业价值链的变动将按照以上次序变动。

3.3.2　两种结构调整的模式

基于产业集群的区域产业结构调整，可以根据集群发展升级的动力机制分为两种模式：一是依靠内部动力机制，整合集群价值链；二是依靠外部力量，嵌入到全球价值链来促进结构调整。

（1）依靠内部集群动力机制，整合集群价值链

整合集群价值链指在集群的同一地域中形成完整或近乎完整的价值链。基于集群竞争优势的特性，一批相关产业的企业群集在一个相对狭小的地区，既彼此竞争又互相协作，竞争和协作互相转化，集群内部企业具有竞争和合作的动力。在这个动力机制下，通过整合，集群中的企业将自己不擅长的环节外包给集群价值链中的专业企业，重新整合自己的业务流程，促使集群产业内部分工发展愈趋精细，从而满足市场对生产的少批量、多品种、多频次要求。此外，集群发展中必不可少的服务和辅助环节，在产业分工进一步发展中也随之发展起来。同一地域的完整价值链和齐全的服务环节配套，保证了集群中的生产企业的物流运作高效、物流成本降低，生产交货期也趋缩短。地方产业集群利用价格、时间和速度上的优势，为集群中的企业在国内外低端市场占有一席之地打下基础。

对于不同的产业来说，整合价值链有所差异。传统产业集群整合的价值链涉及链条更长和更完整。这些产业的推动力来源于市场需求，其集群价值链中的核心企业是销售型企业。集群企业为了满足 JIT 销售、JIT 生产、JIT 设计，就须从产品开发、设计、生产制造、分销和服务整个价值链系统集成起来，按照市场的变动而不断调整，实现根据市场变化的快速反应，故产品的开发、设计必须融入集群价值链系统之中。例如，纺织服装在款式、面料等方面的流行性和需求的多样性，只有将面料和服装设计研发纳入集群价值链体系中，才能使整个系统更加敏捷和快速。

高新技术产业的推动力更多来源于技术驱动，其集群价值链中的核心企业是技术研发生产企业，其集群不像传统产业集群是根据市场需求量身定做，而是通

过技术升级来推动市场。市场与技术研发之间的联系相对于传统产业要强，技术研发趋向从生产集群中分离出来形成技术研发集群，设立于科技研发先进的地域集中，这种分离模式更有利于价值链系统竞争优势的提高。因为知识密集型的技术研发和劳动密集型的生产制造在同一地域中不能充分发挥各自的潜能；同时，由于这种模式的技术研发具有传递便利性的特点，对价值链系统快速反应不会产生时滞影响。不可否认的是，知识技术密集型集群如同劳动密集型集群发展一样，离不开地方产业集群价值链整合以及嵌入到全球价值链中（黎继子，2004）。

目前，中国地方产业集群，不管是传统产业还是高科技产业，其集群优势环节都表现为制造加工底层环节，而提高集群在制造加工环节的竞争力则反映在产品加工质量、成本和交货期上。

依靠内部动力机制整合价值链的产业集群，往往是渐进式的，在大多数情况下，地方产业集群的产生和发展与本地久远的产业积淀是密切相关的。这导致集群的网络化程度低、分工粗糙、技术水平落后，并且由于地域上的因素，也造成缺乏与外部市场（特别是与全球价值链）的沟通和联系。在国内巨大的市场背景下，地方产业集群通过满足层次较低的国内市场来形成价值链式整合，形成了这些地方产业集群完整的产业体系、较为丰富的产品品类，以及相应完善的产业配套组织。但与此同时，则是产业结构调整缓慢，需要巨大的市场压力才能加速结构调整。

这种地方产业集群与具有价值链优势环节的产业集群相比，从短期来看劣势明显，较难获得位于全球价值链核心企业的青睐；但从长期来看，以其在同一地域产业价值链的完整性和悠久的产业技术底蕴，以及完善的相关培训机构、中介机构、信息中心等组织的支撑，一旦嵌入到全球价值链中，其后续竞争力将更长远和持续，而这种集群价值链整合更多地表现为集群价值链各环节工艺水平的升级。

（2）依靠外部力量，嵌入外部价值链（外资和域外资本）来调整产业结构

地方产业集群在价值链中的某个环节，或区域地理位置，或产业背景具有的竞争优势，将吸引外部资本特别是国际跨国公司进入，从而使地方产业嵌入到全球价值链，获取结构调整的外部动力。

全球价值链中的核心企业，为了应对日益不确定性的复杂竞争环境，不得不专注于自己核心竞争力的价值环节，并转向在其他集群地域寻找被自己剥离的非核心价值环节来优化自身价值链，以形成自己价值链的精益物流（Lean Logistics）战略。位于全球价值链的核心企业总是不断在世界范围内寻找新的、能降低生产成本的渠道和价值链的某个环节，当某区域集群的某个环节比其目前进入

的集群产地更有潜力时，趋利的核心国外采购商必然舍弃而另求其他。地方产业集群以嵌入全球价值链的某个环节作为基点，通过"出口中学"来强化整个集群，从而摆脱单纯从事某个非核心、低附加值环节的从属地位，并沿价值链向上下游的高附加值环节延伸。

而且，随着产业梯度转移和市场竞争的加剧，位于全球价值链核心环节的企业在重视和满足国际市场的同时，也逐步将重心转移到地方产业集群所在国的国内市场。全球价值链的核心企业为了能够及时、快速进行本地化的生产和采购，就调整由原来追求生产成本最低的精益物流战略向敏捷物流（Agile Logistics）战略转变，以保证对市场和消费者需求的反应速度。

当然，加入全球生产体系本身并不意味着产业集群在能力阶梯上将自动得到提升，但加入全球生产体系可以为企业和产业集群提供创新和学习的机会，是企业获得竞争优势的一条捷径。地方产业集群的生产者往往从位于全球价值链中的核心企业（如购买者）中，通过"出口中学"（Learning by Exporting）来提高自身竞争力，地方产业集群正是利用与全球价值链的耦合机会，沿着产业价值链向着附加值更高环节扩展。Schmitz&Knorringa（2000）以东亚和南美国家纺织服装行业为例，发现地方产业集群的服装生产是通过全球价值链进行来料加工和不断扩大生产规模，过渡到在跨国企业品牌下设计出售产品，最后是销售自己专有品牌的服装。Gereffi（1999）将此定义为"组织性续衍"（Organizational Succession），Bair（2002）和 Judi（1999）将此种现象称为"基于本地一体化集群价值链发展"（Full Package Sector）。近年来，我国温州的传统产业集群正在通过各种途径融入全球生产体系之中，包括以品牌为纽带，与跨国公司和国际著名品牌建立战略性合作；设法挤进国际销售网络；直接与跨国公司合资、合作，等等。不断促进该区域各产业价值链环节升级。

值得注意的是，地方产业集群一旦融入全球产业链，将导致对外部技术创新的依赖：一方面，选择下单生产，可以降低承担创新失败的风险，获得较低的稳定收益，却产生了集群可能长期陷入价值链低端的风险；另一方面，选择创新，向价值链高端延伸，则面临承担丧失国外订单的风险。目前我国沿海地区大量从事外向出口加工业的集群，该类型集群的产生"来源于跨公司非核心业务的转移或外包"，其一开始就嵌入了全球价值链，但是由于对外部技术的依赖性，目前的结构调整与升级进展缓慢。

3.3.3 不同地区对产业结构调整模式的选择

区域和产业条件的差异，决定了我国基于产业集群的区域产业结构调整存在差异。对于有着一定产业基础的东部和中部地区，其地方产业集群的发展往往是先有产品，在专业化分工后，再确立细分市场。集群价值链整合往往是在全球价值链嵌入集群价值链之前进行，而集群价值链式整合是在本地化发展的基础上向区域化整合的方向发展；而在开放较早，且与经济发达的国家和地区在地域上邻近的地方，其地方产业集群的发展往往是先有市场，然后有产品，在发展之初就已经和全球价值链进行了耦合，集群价值链整合是随后进行。

3.4 完善产业集群治理机制，加快区域产业结构调整

应该说，产业集群具有开放性和发展性，通过企业之间的竞合机制实现优胜劣汰的"涨落"，具有明显的自组织特性。如果把这个特性不断强化，集群不断持续创新从而实现调整与升级的能力也将得到增强。

集群治理（Cluster governance）是集群内各种主体（包括上游供应方、集群企业、下游买方及政府、协会等）共同博弈的结果（Propris，2001）。因此，集群治理是对集群内主体的角色正确定位，处理好集群内各主体之间的关系。完善集群治理机制就是要建立一个促进集群不断创新的机制。

产业集群内最重要的主体是企业，企业之间的关系如何，将影响到创新能否持续。地理空间的临近，导致集群内企业之间的关系，往往有以下几个方面会影响创新：一是技术创新扩散中导致"搭便车"问题；二是集群内如果以小企业为主，易造成过度竞争问题；三是小企业过多容易造成"柠檬风险"，出现单个企业损害集群整体信誉问题。

3.4.1 完善治理机制的关键是建立持续创新的集群内市场结构

建立一个以大企业为核心、大中小企业并存的集群结构，将充分发挥大企业的技术创新的"资源优势"，同时能获得较高的技术创新规模效益；技术创新扩散对于大企业而言，由于单一企业的规模经济存在，其边际收益也往往大于边际成本。如果中小企业以大企业为核心，还可以弱化中小企业过度竞争问题。

3.4.2　发挥政府及行业协会等中介组织在产业集群治理机制中的作用

（1）正确定位政府的角色

产业集群的发展，需要良好的基础设施建设，包括有发达的交通、通信、电力等基础性建设项目与之配套。政府除了要充分在基础设施建设方面发挥作用外，政府对集群调整与升级的作用还体现在创造一个良好的环境上。

政府通过制定法律法规，组织行业协会等方式，限制集群内部的不正当行为、企业的机会主义行为，在集群内创造一个良好的相互信任的氛围。政府资助某些中介组织，从而达到间接扶持产业集群的目的，这样做可以减少政府对经济过多的干预，在一定程度上缓解市场信号的扭曲。要引导金融、法律、物流、信息服务、技术辅导中心等配套体系以及行业协会等中介机构，对产业集群内企业合作创新起到必要的"黏合"和支撑作；引导和协调科研机构与产业集群的联系等，等。

政府应着力推行教育与培训计划，鼓励本地科研机构与企业之间的联合，不断改善区域创新环境。

（2）发挥以行业协会为中心的中介机构的作用

除了政府在解决"搭便车"行为时可以通过制定法律外，以行业协会为代表的行业组织加强对集群内企业的价格、质量等方面的监管，将缓解企业过度竞争问题。行业协会制定行业规则，统一质量标准，协助政府有关部门规范市场秩序，严格执行国家保护知识产权、打击假冒伪劣行为，加大对假冒伪劣行为的打击与惩罚力度，为企业参与市场竞争创造公正同一的市场秩序，解决恶性竞争问题。行业协会可以利用自身在经济信息、市场环境等方面的优势，帮助企业形成网络结构，通过垂直或水平联系，举行各种正式和非正式的活动，加强集群的知识和技术间的交流、扩散，为企业间的合作创造条件。

各类中介机构对中小企业提供法律、财务、出口、员工培训等方面的服务，解决中小企业的资金、技术、人才与信息等难题，帮助它们提高产品档次。政府鼓励大学、研究所等和企业经常交流，形成"产、学、研"的密切合作网络，快速将学术上的科技信息和知识转化为新产品，同时通过企业的反馈和企业的请求，解决企业在产品或工业创新中的难题；金融部门促进新企业的诞生和企业的发育与成长；创业服务中心（企业孵化器）在政府优惠政策和资金的扶持下，形成非营利组织、区域，提供市场竞争力较强、发展迅速的企业，促进创新、创业企业诞生。

第二篇
转型发展与国内转移

第4章 我国产业跨区域转移的历史回顾、现状与总体趋势^①

产业转移是发生在不同经济发展水平区域之间的一种重要的经济现象，狭义上，产业转移是指企业将部分或全部生产功能由原生产地转移到其他地区的现象，而更为宏观的产业转移则是指，一定时期内由于区域间产业竞争优势消长转换而导致的产业区位重新选择的结果，是产业发展在空间上的重构。根据产业转移的空间尺度，可以分为国际产业转移和区域产业转移。国际产业转移是指发生在国家之间的产业转移，而区域产业转移则是指国家内部不同区域之间的产业转移现象。

国际上对产业转移的研究始于 20 世纪 30 年代。早期学者通过研究发达国家与不发达国家之间的产业转移，提出了雁形学说、产品生命周期及边际产业扩张等理论，从宏观上解释了国际产业转移的动因和模式。由于我国幅员辽阔，不同区域之间的资源禀赋和社会经济存在很大的差异，而且我国近代产业的发展起步较晚，再加上新中国成立以后我国又经历了计划经济体制向市场经济体制转变的过程，因此我国区域间的产业转移有着与国际产业转移不同的特点，传统的产业转移理论也不能很好地解释我国区域间的产业转移。本章通过搜集的大量数据，结合定量与定性分析方法，对我国产业转移的历史过程和现行趋势进行深入剖析，以期发现我国产业跨区域转移的内在规律和未来趋势。

4.1 历史回顾

19 世纪中期以后，随着帝国主义侵略的加剧，中国社会的自然经济逐步瓦解，伴随着列强的外商企业和洋务派官办企业的兴办，我国民族资本主义也开始

---

① 本章由刘红光、王云平合作完成。

产生，早期的这些近代工业主要集中在上海、广东、天津等沿海城市以及武汉等个别中部中心城市，成为我国工业发展的先遣者。抗日战争爆发以后，随着我国东部沿海地区相继沦陷，东部的部分棉纺、化工包括钢铁等工业纷纷内迁至重庆、昆明、西安、兰州等西南和西北地区城市，使得我国本来就相当脆弱的近代工业基础得以部分保留，为战争胜利后国民经济的恢复做出了重大贡献。

　　虽然在战争时期的沿海部分工业迁至内地，但总体上看，东部地区仍是我国工业发展的主要地区。如图 4-1 所示，1949 年东部地区工业总产值仍占全国的70.47％，中西部地区所占比重分别为 18.91％和 10.63％。新中国成立初期，受战备思想的影响，我国将工业发展重心放在了东北及中西部地区，并呈现出产业从东向西的转移特征，东部地区工业比重开始下降，而中西部地区工业比重开始上升。到 1979 年，东部地区工业总产值占比下降到了 57.16％，中西部地区所占比重分别上升到 26.54％和 16.30％。改革开放以后，我国经历了从计划经济体制向市场经济体制的转变，工业布局也经过了由政府计划主导向市场经济主导的转变，东部地区凭借政策优势和对外开放的区位优势，逐渐成为我国工业发展的新阵地，产业跨区域转移也呈现出了从西向东转移的阶段特征，东部地区工业比重开始上升。虽然在改革开放初期到 1988 年间，东部地区工业总产值比重没有多大上升，但东南沿海地区工业总产值比重增加很快，其中很大一部分来自东北地区，因为东北地区在新中国成立初期是我国最重要的工业基地。改革开放以后开始大规模向京津和东南沿海转移，到 2005 年，东部地区工业总产值占全国的比重达到最高，为 72.36％，我国三分之二以上的工业生产均集中在东部地区，而中西部地区工业总产值占比分别下降到了 16.90％和 10.74％。但是在 2005 年以后，受东部地区要素成本和环境成本上升以及国际经济形势的影响，东部地区的工业比重开始下降，而中西部地区比重反而开始上升，并伴随着当前我国产业跨区域转移的新特征。总体来看，我们可以将新中国成立后我国产业跨区域转移分为以下三个阶段。

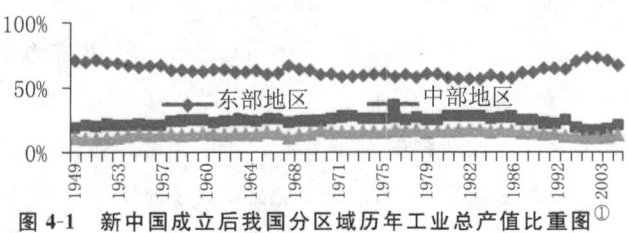

图 4-1　新中国成立后我国分区域历年工业总产值比重图①

----

　　① 西部地区包括四川、重庆、贵州、云南、西藏、陕西、甘肃、青海、宁夏、新疆、广西、内蒙古，中部地区包括山西、吉林、黑龙江、安徽、江西、河南、湖北、湖南；东部地区包括北京、天津、河北、辽宁、上海、江苏、浙江、福建、山东、广东和海南，下文在没有特别说明，则以下区域划分方法相同。

4.1.1 新中国成立初至改革开放前：计划经济下的产业内迁阶段

第一，新中国成立初期内地是我国工业投资的主要地区。经过战争的洗礼，新中国成立后的工业发展基本是在一穷二白的基础上进行的。国民经济恢复时期，我国开始了以重工业为主的大规模基本建设。这一时期，国家重点进行了以鞍钢为中心的东北工业基地建设、以武钢为中心的华中工业基地建设和以包钢为中心的华北工业基地建设，在西部地区也开始了部分工业建设。"一五"期间，在全国基本建设投资总额中，沿海和内地分别占 36.9％和 46.8％，沿海和内地投资之比为 0.79（以内地投资为 1）。而内地的投资主要集中在东北重工业基地和西安、兰州、成都等西部中心城市和克拉玛依等能源基地，当时国家的 156 项重点工程的近 1/3 被放在西部地区。"二五"期间，受"大跃进"运动的影响，国家投资重点进一步向内地推移，沿海和内地的投资比为 0.69。总之，新中国成立初期包括东北在内的我国内地是国家工业投资的重点地区，而沿海地区的工业发展却被忽视，对沿海地区老工业基地的改造、扩建投资过少，致使上海、华北等老工业基地的作用和潜力远未得到应有的发挥和加强。1955 年，沿海地区工业增长速度仅为 4.5％，其中上海甚至比 1954 年下降了 4.4％[①]。

第二，三线建设时期我国产业进一步向内地迁移。1964 年，受当时对国际形势和战争危险的估计影响，中央从备战出发，将全国分为"一线""二线""三线"地区，提出要在四川、贵州、陕西、甘肃、云南、青海等"三线"地区省份集中建设战略大后方。"三线"建设主要采取军事动员的方式，从东部沿海和东北、华北内迁 380 个项目，1965—1980 年累计投资 1300 亿元，主要用于西部地区的交通、钢铁、煤炭、电力、石油、化工、机械等产业项目。"三五"和"四五"期间，中西部地区累计投资达 1590.55 亿元，占全国基本建设投资的 58.1％，其中"三线"地区投资额为 1173.41 亿元，占基本建设投资总额的 42.8％[②]。可以说，"三线"建设时期是我国历史上第一次较大规模的跨区域产业转移，是政府主导下产业转移的典型案例，将中西部地区尤其是西部地区的工业化推上了新的平台，为以后西部地区的发展奠定了基础。但由于这次产业转移主要受政治因素影响，没有考虑生产的有机联系和运输、原材料等成本，致使工

[①] 陈栋生：《区域经济学》，河南人民出版社 1993 年版，第 287 页。

[②] 同上书，第 290 页。

业生产效率低下，为今后市场经济下的产业再次转移埋下了伏笔。

4.1.2　改革开放初至20世纪90年代中期：开放经济下的产业东移阶段

第一，轻重工业同时呈现产业重心东移态势。从不同地区的轻重工业占全国比重的变化来看，改革开放以来，东部地区的轻重工业总产值占全国的比重均出现上升，1981年东部地区轻工业和重工业总产值占全国轻工业和重工业的比重分别为62％和54.66％，到1993年东部地区的这两个比重分别增加到74％和59.6％。而同期，中西部地区的轻重工业总产值占全国的比重则出现较大幅度的下降。1981年中部和西部地区轻工业总产值占全国的比重分别为25.14％和12.86％，至1993年，中西部这一比重则下降到了17.05％和8.95％。同样，1981年中部和西部地区重工业总产值占全国的比重分别为31.75％和13.68％，而到了1993年上述指标分别下降至28.17％和12.23％。从上述指标的变化可以看出，改革开放以来，轻重工业同时呈现产业重心东移的趋势。从产业性质来看，重工业的跨区域转移难度较轻工业要大得多，这主要是因为重工业资本沉淀大、投资周期长、迁移成本高，产业转移的制约因素较多[①]。但即便如此，这一时期重工业也出现了较快的向东转移进度，这主要是因为这一时期伴随着国家外交政策的调整，从西方国家引进了一批以石油、化工、冶金为主的重大成套项目，而这些项目主要集中在沿海地区，同时随着我国石油、钛矿石等大宗原材料进口的迅速增加，东部沿海地区发展重工业的区位优势凸显。上述原因都导致了我国重工业在短时间内发生由西向东的产业转移。

表 4-1　分经济类型的工业企业总产值占全国比重变化

指　　标	地　　区	1981 年	1990 年	1995 年
非国有企业总产值比重/%	东部地区	65.53	71.68	72.81
	中部地区	24.52	19.68	20.83
	西部地区	9.95	8.64	6.36
国有企业总产值比重/%	东部地区	56.38	52.58	51.85
	中部地区	28.59	30.08	31.70
	西部地区	15.04	17.34	16.45

资料来源：付保宗：《中国产业区域转移机制问题研究》，中国市场出版社2008年版。

---

① 付保宗：《中国产业区域转移机制问题研究》，中国市场出版社2008年版。

第二，非国有经济是推动产业跨区域转移的主体因素。改革开放以后，东部地区的非国有企业工业总产值占全国非国有工业企业总产值的比重呈现上升态势，由 1981 年的 65.53% 上升至 1995 年的 72.81%；而中部和西部地区呈下降态势，分别由 1981 年的 24.52% 和 9.95% 下降至 1995 年的 20.83% 和 6.36%。同时从国有企业工业总产值的比重来看，东部地区呈不断下降趋势，从 1981 年的 56.38% 下降到 1995 年的 51.85%，而中西部地区则出现了略微上升，分别由 1981 年的 28.59% 和 15.04% 上升至 1995 年的 31.70% 和 16.45%（见表 4-1）。上述数据说明，在总体市场化程度提高的条件下，以市场行为为基础的非国有企业是推动国内产业从中西部地区向东部沿海地区跨区域转移的主要因素。

4.1.3 20 世纪 90 年代至 2005 年：市场经济下的产业双向转移阶段

首先，制造业仍进一步向东部地区转移。运用地区分产业总产值比重的变化来分析具体行业的区位变动可以发现，按照行业大类的划分标准，1997—2005 年间，多数工业行业重点都有向东部地区转移的倾向，特别是制造业，东部地区除煤炭、石油、天然气采选业和石油加工业有略微下降外，其他所有制造业行业的总产值占全国比重都有上升，其中上升最快的是木材家具、金属制品、非金属、纺织、造纸、化工、机械设备、通信计算机设备等制造业，比重增加均超过 10 个百分点。而中西部地区，除中部地区煤炭采选业，西部地区的石油、天然气采掘业和燃气供应业比重有所上升外，其他所有行业总产值占全国比重均有所下降。这反映了在 1997—2005 年间，多数制造业行业仍继续由中西部地区向东部沿海地区转移。值得关注的是，20 世纪 90 年代中期，中央政府通过"东锭西移""压锭限产"等方式试图促使纺织业向中西部棉花生产密集地区特别是新疆地区的转移，虽然有部分棉纱生产企业转移到了中西部地区，但经过几年的实施证明，这些企业很难获得利润，因此导致"东锭西移"的效果并不理想，从表 4-2 也可以看出，1997—2005 年，东部地区的纺织业占全国总产值比重增加了 13.06%，纺织业仍处于明显向东部地区集聚的趋势。

表 4-2　1997—2005 年区域工业总产值占全国比重变化　　　　单位:%

工 业 行 业		东部地区	中部地区	西部地区
采掘业	煤炭开采和洗选业	−0.07	1.13	−1.06
	石油和天然气开采业	−0.01	−3.72	3.73
	金属矿采选业	12.41	−7.25	−5.16
	非金属矿及其他矿采选业	13.64	−10.33	−3.32
制造业	食品制造及烟草加工业	7.36	−4.79	−2.57
	纺织业	13.06	−9.53	−3.53
	纺织服装、鞋帽、皮革、羽绒及其制品业	8.70	−7.07	−1.62
	木材加工及家具制造业	22.17	−16.48	−5.69
	造纸印刷及文教体育用品制造业	13.37	−7.28	−6.10
	石油加工、炼焦及核燃料加工业	−0.45	−3.21	3.66
	化学工业	11.84	−6.25	−5.59
	非金属矿物制品业	13.14	−8.96	−4.18
	金属冶炼及压延加工业	6.87	−1.76	−5.11
	金属制品业	15.07	−9.85	−5.22
	通用、专用设备制造业	10.83	−7.92	−2.92
	交通运输设备制造业	6.53	−1.09	−5.44
	电气机械及器材制造业	7.18	−5.14	−2.04
	通信设备、计算机及其他电子设备制造业	10.32	−2.53	−7.78
	仪器、仪表及文化办公用机械制造业	7.52	−3.31	−4.21
电力、燃气及水生产与供应	电力、热力的生产和供应业	6.82	−5.50	−1.32
	燃气及水的生产与供应业	1.77	−5.43	3.66

资料来源：根据《中国工业统计年鉴》和各省市自治区统计年鉴整理。

有的学者采用了区域间投入产出表，更准确地衡量了我国 1997—2007 年的产业转移状况。由于 1997—2005 年和 1997—2007 年两个时间段产业转移状况具有一定一致性，这里采用其计算结果也可以说明 1997—2005 年的产业转移状况，表 4-3 给出了有关学者所做的中国 1997—2007 年各行业区域间产业净转移比重表，正数表示产业净转出，负数表示产业净转入[①]。从表中可以发现各行业主要

———————————

① 刘红光、刘卫东、刘志高：《区域间产业转移定量测度研究》，载《中国工业经济》2011 年第 6 期。

转出与转入地区。从表中可以发现，机械、电子、石化、纺织、木材、造纸等制造业产业并没有呈现向中西部地区转移的倾向，特别是机械工业、电气机械及电子通信设备制造业还具有明显的向东部转移的趋势，东部地区分别承接了上述两个行业 34.2% 和 24.4% 的增加值，即使纺织服装业、木材加工与家具制造业以及造纸印刷与文教用品制造业等劳动密集型传统产业，东部地区依然分别承接了全国 5.82%、18.44%、10.91% 的增加值，而只有交通运输设备制造业向东北地区和西南地区进行了较大的转移，这主要得益于东北轨道客车以及四川和重庆汽车产业的发展。可见，从 20 世纪 90 年代中期以后，虽然我国实施了一系列的区域开发战略，但至少制造业仍进一步向东部地区转移。

表 4-3　中国 1997—2007 年各行业区域间产业净转移比重　　单位：%

行　业	东部地区	中部地区	西部地区
农业	19.18	−6.04	−7.56
采选业	13.04	1.95	−10.45
食品制造及烟草加工业	14.45	−6.25	−4.67
纺织服装业	−5.82	−2.36	4.02
木材加工及家具制造业	−18.44	−3.50	24.13
造纸印刷及文教用品制造业	−10.91	−9.41	13.14
石油加工与化学工业	6.04	1.90	1.01
非金属矿物制品业	−1.28	−6.35	8.28
金属冶炼及制品业	15.95	−15.80	−6.25
机械工业	−34.20	3.18	23.42
交通运输设备制造业	22.49	39.76	−10.53
电气机械及电子通信设备制造业	−24.38	1.97	13.53
其他制造业	−11.54	4.81	3.32
电力热力及自来水生产供应业	30.80	−1.23	−26.26
建筑业	2.54	−0.81	−1.39
商业与运输业	14.81	−3.10	−7.48
其他服务业	−1.80	0.06	2.40

注：东北地区不包括在东、中、西三大区域内。

　　第二，原材料及能源供应业开始向中西部地区转移。从 1997—2005 年间分区域各行业工业总产值占全国比重的变化程度看（见表 4-2），中部地区煤炭采选行业产值比重有所上升，西部地区的石油天然气采选业、石油加工业和燃气及水的生产与供应业所占全国比重都有所上升。因此，从工业总产值比重来看，1997—2005 年间有向中西部地区转移倾向的产业主要集中在能源和原材料采掘等产业上。而根据有关学者的研究结果可以发现同样的结论，从表 4-3 可以看出，中西部地区以承接资源型产业转移为主，中西部地区承接的产业转移，主要集中在农业（−13.6%）、采选业（−8.5%）、食品制造及烟草业（−10.9%）、金属冶炼与制品业（−22.0%）、电力热力及水的生产供应业（−27.5%）等产业上。而这种能源原材料产业向中西部地区的转移主要是因为东部地区出口增加对能源原材料需求的增加导致的[①]。

总之，从 20 世纪末开始，虽然我国政府实施了西部大开发、中部崛起、振兴东北老工业基地等区域开发措施，但由于东部地区雄厚的产业基础和优越的区位条件带来的经济利益仍然存在，在市场经济条件下，主要产业特别是制造业仍进一步向东部地区转移，只不过受东部地区产业发展对能源原材料需求的不断增加，一些能源原材料产业开始向中西部能源原材料密集区转移。

但是近年来，特别是受国际金融危机爆发的影响，东部地区快速发展带来的劳动、土地、环境等成本逐渐上升，东部地区传统制造业的成本上升逐渐超过集聚经济和区位优势所带来的经济利益，在这种情况下，东部地区工业总产值比重从 2005 年以后开始有所下降，接下来我们就对近期的产业跨区域转移特征进行详细分析。

4.2　宏观现状分析

4.2.1　产业跨区域转移的总体现状特征

（1）产业跨区域转移的动力特征

① 要素约束型、市场扩张型产业转移并存

区域产业转移的主要动因包括要素约束和市场扩张两个方面，基于此，可以将产业转移分为要素约束型转移、市场扩张型转移。产业转移比较明显的往往是

---

① 刘红光、刘卫东、刘志高：《区域间产业转移定量测度研究》，载《中国工业经济》2011 年第 6 期。

从成长期开始的，但最为明显的往往是衰退性阶段。国外对衰退型产业的转移进行了大量研究，如赤松要、弗农、小岛清等人对此相应的研究认为，国际产业转移主要是指母国因要素约束失去了比较优势的衰退型产业或者边际产业的转移。在研究所谓的衰退型产业转移的同时，有学者认为，一个国家或地区的成长性产业也存在转移。小岛清认为，在母国具有比较优势的产业，也可能将其资本向东道国尚无比较优势的产业转移。我国学者在研究衰退性产业转移的同时，也日益重视成长性产业的转移，其主要动因是为了抢占市场，称之为扩张型产业转移。需要指出的是，从当前我国现实情况看，有些非衰退性行业，由于某些地区的政策约束，也需要把其中的生产环节转移出去，如东部沿海地区的制药企业，由于当地环保要求高，往往把其中的生产基地转移到环保要求相对偏低的中西部地区。但无论是转移地还是承接地，产业转移都将影响其产业结构调整。我们从产业转移动因视角，对产业转移进行分类：一是市场扩张型转移；二是要素约束型转移（要素推动型）。各种类型的特征和表现的比较参见表3-5。从当前我国产业转移的趋势看，我国产业跨区域转移中要素约束型、市场扩张型产业转移并存的现状主要表现在以下两个方面。

第一，是发达地区产业发展处于布局调整时期。发达地区基于要素条件的变化，正在加快结构调整式转移步伐，转移的趋势是向落后地区，即要素约束型产业转移。而市场扩张型转移，则往往是出于布局调整的需要，其转移的区域方向存在发散性，甚至可能出现双向性。据浙江企业调查队对596家迁移和意向迁移企业的调查，在346家省际迁移企业中，选择去外省投资办厂的占68.8%，生产基地迁移、整体迁移和总部迁移分别只占17.1%、9.5%和4.3%；在浙江196家省外迁移企业中，选择去外省投资办厂的达83.6%，生产基地迁移和研发基地迁移只占9.7%和7.1%；在省内迁移企业中，选择去外地投资办厂的占62.5%，生产基地迁移和整体迁移只占20.3%和18%。浙江乐清市民营企业扩张中，迁移扩张占75%，原址扩张只占25%。在珠三角地区，企业选择整体迁移的只有9.8%，而有83.7%的企业选择新增总产值扩张和生产环节转移，或者拓展投资方式。

第二，企业生产环节转移成为主要的产业转移方式之一。由于土地资源紧缺、劳动力成本上升和环境保护制度更加严格，企业将一些低端制造环节或污染环节迁移出去。以浙江温州康奈集团迁移为例，康奈温州本部主要定位为，研发、设计和生产高端产品；而将低端产品的生产迁移到四川崇州，其原因是崇州劳动力、土地等要素供给相对充足。又如，针对近年来出现的土地、能源紧张和环境污染等问题，东莞提出"经济社会双转型"战略，深圳、广州则提出"腾笼换鸟"。所谓"腾笼"就是让原来的企业迁走，以腾出土地空间；"换鸟"就是吸引产业层次更高的企业或较高端的制造环节迁入。即把当地缺乏比较优势的产品和生产环节转移到合适的地区，腾出空间和生产要素发展其他产业。这种转移形式往往与企业生产基地的外迁结合在一起，表象上与市场规模扩张型比较相似，有时候这两种形式交织在一起。

表 4-4　不同类型产业转移的特征和表现比较

	市场扩张型转移	要素约束型转移
所属行业	技术密集型行业、资本密集型行业、劳动密集型行业	以劳动密集型行业为主，或者其他类型行业的低端生产环节（如高耗能环节、污染大的环节）
技术特征	技术不断创新	技术成熟
典型行业	机械装备业（电子信息制造业）	纺织服装业
企业规模	大中型企业为主	中小型企业为主
转移动机	占有市场，扩大产业规模	降低成本或者要素约束推动
主要转移方式	新建投资	缩减转出地的生产线和异地搬迁（并购、投资等）

② 要素约束型产业转移往往以中小企业"抱团式"集群转移为主

其一，要素约束型产业转移以中小企业为主。一般来讲，中小企业主要以劳动密集型产业为主，技术含量不高，利润较低。随着东部地区土地、劳动力、能源、环境治理等生产成本的上升，再加上全球经济疲软等因素带来的外部需求下滑等原因，这些中小企业的生存压力不断加大。而地方政府为了发展高技术、高附加值产业，实现产业转型升级，也希望这些以劳动密集型为主的低端中小企业迁出，如东莞市当前急需转移"四纯两小"项目（纯电镀、纯漂染、纯印花、纯洗水和小规模造纸、制革六大行业）。一般对于大中型企业来讲，生产技术水平一般较高，有的企业还有研发中心，污染治理措施也比较齐全，其对要素成本上升的应对能力较强，而且这些企业往往是地方政府的主要财税来源，地方政府也不希望这些大中型企业迁出。因此，针对东部地区的要素约束型产业转移更多的是以中小企业为主。

其二，中小企业转移往往采取同类企业"抱团式"集群转移方式。一般一个中小企业的转移很难适应迁入地的市场、资源等社会关系，因此大部分中小企业都选择同类企业的"抱团式"整体迁移，以提高其在迁入地的话语权和市场地位，同时也能继续获取集群经济，不丢失原先的人际关系和企业配套关系等。"抱团式"转移主要集中在传统产业如服装、鞋帽等行业，如重庆的鞋就都承接了大量的东部制鞋企业转移。

③ 市场扩张型产业转移主要以龙头企业带动的市场指向型转移为主

其一，市场扩张型产业转移往往采取龙头带动式转移方式，或者单一大型企业的转移。单一大型企业转移的方式主要体现在：一是国内大型企业正在加紧全国市场的布局调整和扩张，特别是一批原材料工业企业进行全国布局调整。主要是单一企业转移，如钢铁等冶金行业。这些行业对配套生产的要求不太强烈（除了原料供给外），自身的规模经济、市场是更为重要的因素。二是一些新兴产业也在加快布局调整和扩张。龙头带动式转移方式集中在机械、电子等标准化、模块化生产比较典型的行业，往往是以龙头企业和大企业为核心，实行"组团式"或产业链整体转移，企业主导的作用越来越强而且"抱团式"转移趋势明显。

其二，市场扩张型产业转移对市场规模的依赖度较高。假设企业不同区位的选择对生产成本的影响可以忽略，市场扩张型产业转移的规模就会受到转移目标区域市场规模大小的制约。在产品生产成本和价格水平既定的条件下，企业通过产业转移所可能获得的产品的销售量越大，则企业的获利空间也就越大，因而企业实施产业扩张的动机和规模也就越大。而要素约束型产业多是指衰退产业，市场规模比较稳定，价格竞争成为主要的策略。

（2）产业跨区域转移的空间特征

宏观分析有利于从整体上把握我国产业跨区域转移的特征和趋势，避免一叶障目，有利于从全国整体角度对跨区域产业转移的引导和调整提出措施。从长期来看，产业转移历史累计的结果就是生产地域分工的形成和区域间贸易的发生。产值比重或贸易的变化可以在一定程度上反映区域间产业转移，但产值比重或贸易变化不能反映区域间生产中间投入关系，因此不能用来准确衡量宏观的产业转移趋势。而利用区域间投入产出表则可以很好地解决这一问题，通过不同时段区域间投入产出结构的变动，可以对宏观上产业转移的总体趋势进行较好衡量。

为了定量分析我国产业跨区域转移的空间特征，根据 2005 年、2007 年、2010 年三个年份的分省、分行业工业总产值的变化情况对我国产业跨区域转移的宏观现状特征进行分析，并结合中国 2007 年和 2010 年区域间投入产出表定量估计出产业跨区域转移的空间流向特征。相关资料所述的方法和数据来源，得出 2007—2010 年我国分行业区域间产业转移定量结果（见表 4-5）。

表 4-5 2007—2010 年分行业跨区域产业转移比重　　　　单位:%

类 型	行 业	东 部	中 部	西 部
电力及采掘业 (能源原材料)	煤炭开采和洗选业	11.83	−0.71	−11.11
	石油和天然气开采业	13.86	−3.49	−10.36
	金属矿采选业	9.05	−2.26	−6.79
	非金属矿采选业	16.43	−1.89	−14.54
	电力、热力的生产和供应业	4.12	−1.77	−2.35
	燃气及水的生产与供应业	11.78	−7.21	−4.57
	小计	8.08	−2.09	−5.98
劳动密集型	食品制造及烟草加工业	9.92	−8.52	−1.40
	纺织业	4.40	−2.01	−2.39
	纺织服装、鞋帽、皮革、羽绒及其制品业	2.95	−5.18	2.22
	木材加工及家具制造业	4.73	−8.63	3.90
	造纸印刷及文教体育用品制造业	1.83	−1.56	−0.28
	通用、专用设备制造业	−3.79	2.27	1.53
	金属制品业	−12.14	6.14	5.99
	小计	1.99	−2.58	0.59
资本密集型	石油加工、炼焦及核燃料加工业	0.76	1.16	−1.92
	化学工业	−2.23	0.80	1.43
	非金属矿物制品业	0.07	−1.98	1.91
	金属冶炼及压延加工业	−1.34	−0.62	1.96
	交通运输设备制造业	−5.40	0.69	4.71
	小计	−1.93	0.10	1.83
技术密集型	电气机械及器材制造业	−5.20	1.21	3.99
	通信设备、计算机及其他电子设备制造业	−4.56	1.37	3.20
	仪器仪表及文化办公用机械制造业	−12.77	6.74	6.04
	小计	−5.31	1.65	3.66
其 他	其他制造业	11.83	−0.71	−11.11

注:正数表示净迁出,负数表示净迁入。

一是，与以前相比，当前产业从东部沿海地区向内地转移速度加快。从工业产值比重看，东部地区的产业地位逐渐下降。东部沿海地区凭借改革开放中的区位优势，逐渐成为我国的产业重心，东部地区工业总产值占全国比重在 2005 年达到最高，为 72.41%。但是 2005 年以后东部地区的工业总产值占全国的比重开始逐渐下降（如图 4-2 所示），2007 年为 70.52%，到了 2010 年则下降到66.39%。而同期中西部地区工业总产值占全国的比重则开始上升。可见，东部地区在全国工业生产中的地位有所下降，而中西部地区的产业地位则有所上升，但东部地区仍是我国工业生产的重心，其工业比重仍在 65% 以上。然而仅从东部地区工业总产值比重的下降，以及中西部地区工业总产值比重的上升来看，并不能说明东部地区产业向中西部地区发生了转移。工业总产值比重的变化只能说明区域工业总产值增长速度变化的不同，由于东部地区工业总产值基数大，即使增长速度不高，也可能代表很高的增量。因此我们有必要从工业总产值的增量来进行分析。

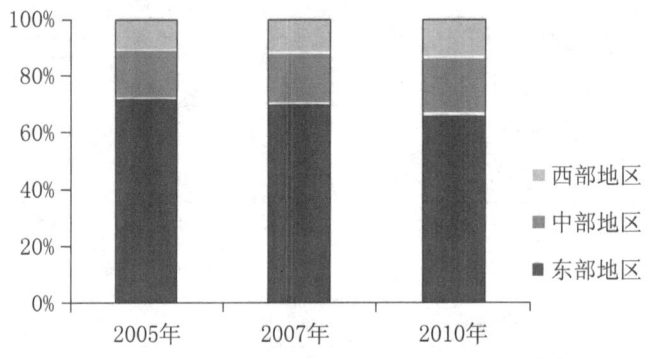

图 4-2　近几年我国主要区域工业总产值比重变化

从工业产值增量看，东部地区始终是主要的工业增长区域。由于价格指数的存在会对结果产生影响，特别是会扩大基数较大的东部地区工业产值，因此这里根据分行业历年价格指数，将各年份工业总产值折算为 2005 年价格。根据计算结果可以发现（如图 4-3 所示），东部地区始终是我国最主要的工业增长地区，2005—2010 年，我国工业总产值增加了 37.48 万亿元（2005 年价，下同），其中东部沿海地区工业总产值增加 24.27 万亿元，占 64.76%，其次是中部地区，产值增加 8.18 万亿元，占 21.82%，西部地区工业总产值增加量只占 13.42%。可见，我国大部分工业总产值的增加都是发生在东部地区，这主要是因为我国主要的工业基础基本集中在东部地区，产业发展的路径依赖特性，决定了在一定时期内，我国工业总产值的增加仍将集中在东部沿海地区。

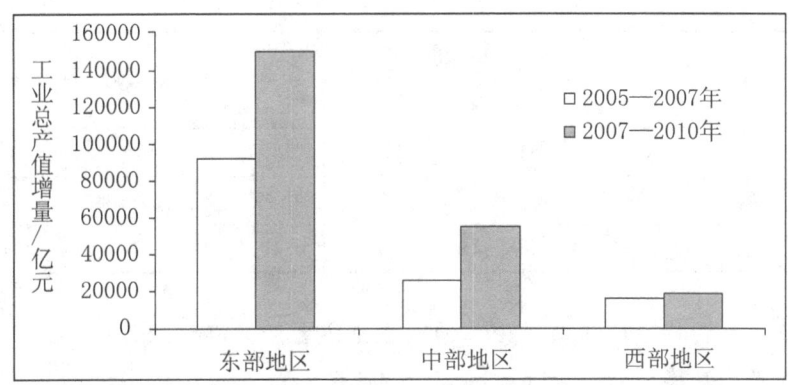

图 4-3　近几年我国主要区域工业总产值增量（2005 年价）

从产业转移的具体计算结果来看（见表 4-5），目前东部地区向中西部地区产业转移仍以能源原材料和劳动密集型等低端产业为主，2007—2010 年间，东部地区净转出的产业主要集中在能源原材料产业和劳动密集型产业上，其中能源原材料产业转出 8.08%，劳动密集型产业转出 1.99%，而资金技术密集型产业仍以净转入为主，其中资金密集型产业净转入 1.93%，技术密集型产业则净转入 5.31%。

但从纵向来比较，与以前相比，不管是在行业和规模上产业转移都有所扩大。例如在 1997—2007 年间，纺织服装、木材家具、造纸等行业都是从中西部地区向东部地区转移，但在 2007—2010 年间这些产业都出现不同程度地从东部地区向中西部地区转移的趋势。从转移规模来看，东部地区产业转出规模也迅速增加，如食品制造与烟草加工业在 1997—2007 年间东部地区共转出 14.45%，年均转出 1.4%，而在 2007—2010 年间则共转出 9.92%，年均转出 3.3%，是 1997—2007 年间转移速度的 2 倍多，同样其他行业转移规模也有所扩大。因此，可以说东部沿海地区产业向中西部转移的速度正在加快。

综上，我们可以基本认为，目前我国产业从东部沿海地区向中西部地区转移虽然仍以能源原材料及劳动密集型等低端产业为主，但产业转移速度明显较快。

二是，总体上，中部地区是主要产业转入地区，而西部地区则是主要转出地区。首先，从净转移总量来看，中部地区是主要的产业净转入地区。从表 4-6 可以看出，2007—2010 年间，中部地区转出 8150 亿元工业总产值，转入 11072 亿元工业总产值，净转入 2923 亿元工业总产值，相当于 2007 年工业总产值的 0.65%，是唯一的主要产业净转入地区。西部地区转出 11304 亿元工业总产值，转入 8254 亿元工业总产值，净转出 3050 亿元，是主要的产业净转出地区。而东部地区产业转入转出基本持平。

表 4-6   2007—2010 年间工业跨区域转移总量   单位：亿元

区　域	转　出　额				转入额	净转出
	东　部	中　部	西　部	合　计		
东　部	0	8186.39	7143.6	15330	15456.67	−126.67
中　部	7038.93	0	1110.66	8150	11072.6	−2923.01
西　部	8417.74	2886.21	0	11304	8254.26	3049.69

其次，从转移空间来看，中部地区也是主要产业净转入地区。如表 4-6 所示，从产业净转移来看，东部地区向中部地区的产业净转移为 1147 亿元产出，约占全国 2007 年工业总产值的 0.3%，西部地区向中部地区的产业净转移为 1776 亿元产出，约占全国 2007 年的 0.44%。同时，我们还可以发现，西部地区向东部地区的产业净转移规模也较为明显，为 1274 亿元产出，约占 2007 年全国的 0.32%。

东部地区向中部地区的产业转移，主要是由于东部地区工业生产成本的上升和资源环境的压力造成的产业推力，以及中部地区相对较好的区位条件和相对较低的生产成本引起的产业拉力双重动力引起的，同时与我国促进产业从东部向中西部地区转移的政策措施也有很大关系。这也与人们对产业跨区域转移的直观感受基本一致。可以说，东部向中部地区的产业转移基本是属于狭义上的直接产业转移。而西部地区向中部和东部地区的产业转移则与我们对产业跨区域转移的直观感受不相一致，分析其原因有二：其一，由于西部地区基础设施建设和城市化进程的加快，其对金属、化工、水泥及一些机械装备等产品的需求不断增加，再加上西部地区居民收入的不断提高，其对食品、服装、家具等日常用品的需求也在不断增加，而我国工业生产又主要集中在东部和中部地区，西部地区产业基础较弱，仅靠西部地区产业自身的供给无法满足上述需求的增加，这就在一定程度上增加了西部地区对东部地区和中部地区的工业产品需求。根据产业转移的定义，可以认为西部向中部和东部地区的这种产业转移属于广义上的间接产业转移，是一种隐含着的产业转移。其二，随着西部地区一些企业的发展壮大，开始寻求在全国范围内的生产活动布局，将生产基地布局到东部或中部地区，从而达到占领更多市场份额的目的，一般属于市场扩张型产业转移。如陕汽集团为了业务发展的需要，在湖南投资建设中国陕汽集团长沙产业基地，推动陕湘产业合作，同时积极与山东省的潍柴动力等企业倡导成立了中国新能源重卡战略联盟，开发新能源重卡。同时中部地区企业也有寻求向东部地区进行布局的案例。如湖南的三一重工在北京、上海等东部地区进行产业基地布局等。

　　三是，长三角和珠三角是东部地区主要产业转出地区。首先，长三角和珠三角工业总产值增速明显低于全国平均水平。如图 4-4 所示，2005 年长三角和珠三角地区工业总产值分别为 7.16 万亿元和 3.59 万亿元，到 2010 年分别达到 16.24 万亿元和 8.18 万亿元（按 2005 年价计算）。2005—2010 年间年均增长速度分别为 17.80％和 17.88％，明显低于同期全国工业总产值，平均增速 20.01％。分时段来看，2005—2007 年和 2007—2010 年两个时段长三角和珠三角的工业总产值增长速度也都明显低于全国平均水平，特别是 2007—2010 年，全国工业总产值增速要高于长三角和珠三角地区 4 个百分点以上。

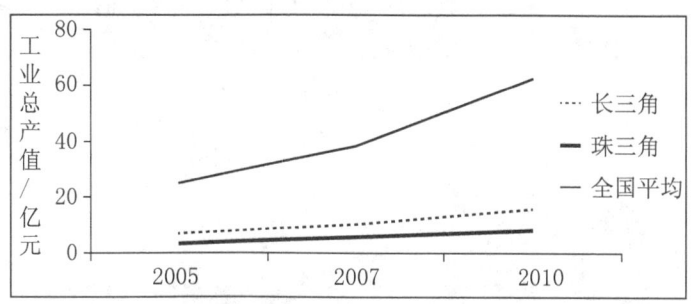

图 4-4　长三角、珠三角工业总产值变化与全国平均水平比较

　　其次，从工业总产值比重来看，长三角和珠三角工业总产值占全国比重下降也较为明显。如图 4-5 所示，2005 年，长三角和珠三角地区工业总产值占全国的比重分别为 28.45％和 14.28％，到了 2007 年分别下降到 27.69％和 13.62％，而到了 2010 年又分别继续下降到 24.86％和 12.29％，5 年间分别下降了 3.6 和 2.0 个百分点。

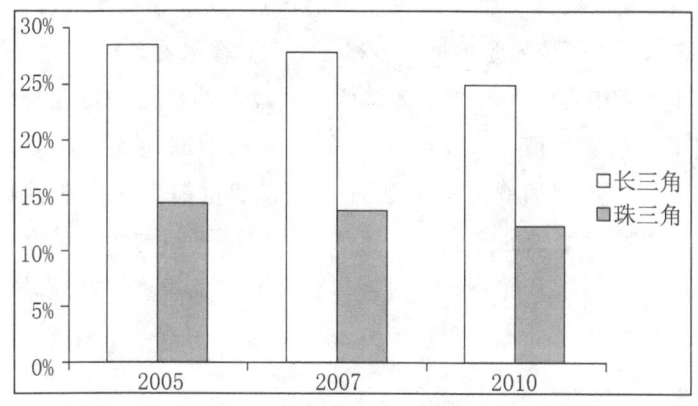

图 4-5　长三角、珠三角工业总产值占全国比重变化

最后，长三角、珠三角是东部地区主要的产业转出地区。图 4-6 显示了根据区域间投入产出表计算得出的长三角和珠三角地区产业转出的主要空间流向，2007—2010 年长三角和珠三角地区向中西部地区转移了 7821 亿元增加值，约占东部地区产业转出的 78.6%。珠三角地区产业转出对象主要集中在广西、重庆、四川、贵州等西南地区，而长三角地区转出对象则主要集中在安徽、河北、河南、湖北、江西等中部省份及山东省，其中距离越近的地区间，产业转移的规模一般也较大，可见产业转移具有一定的距离衰减规律。这也与实际情况一致，据有关学者调查，珠三角企业有 37.8% 选择珠三角内部迁移或规模扩张，47.8% 选择迁移到珠三角以外的其他地区，其中向广东省内的东西两翼与北部山区迁移的占 14.6%，迁移到泛珠三角地区的占 20.3%（以广西、福建、湖南及江西居多），向其他地区迁移的只占 12.9%[①]。

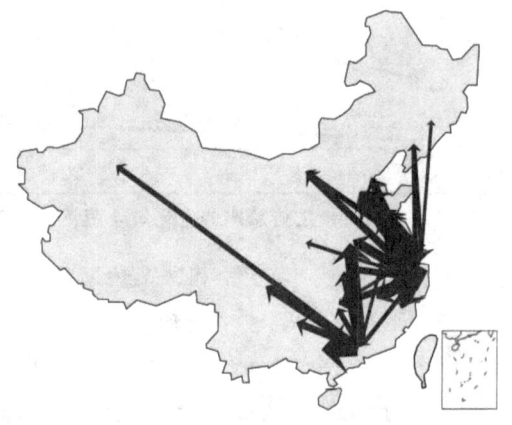

图 4-6　长三角、珠三角产业转出空间流向

四是，东部地区内部也存在较大规模的产业转移。根据上述分析，虽然东、中、西地区之间发生了一定量的产业转移，但从总体来看，转移规模还不是很明显，例如中部地区作为最大的产业转移承接区，但其承接的产业转移规模也仅相当于全国工业总增加值的 0.74%，东部地区向中部地区的产业净转入也仅相当于全国工业增加值的 0.43%，因此只能说我国跨区域产业转移仍处于起步阶段，大规模跨大区域的产业转移还需要一定时日。与大区域之间的产业转移相比，大区域内部以及部分省区内部却存在着较大规模的产业转移，主要表现在以下两个方面。

① 刘力、张健：《珠三角企业迁移调查与区域产业转移效应分析》，载《国际贸易探索》2008 年第 10 期。

　　首先，东部地区内部存在着很大规模的产业转移。从图 4-7 可以看出，大区域内部也存在较大规模的产业转移，特别是东部沿海地区内部的转移规模最为明显，其主要特征是从长三角地区向京津冀鲁地区转移，呈现明显的"北上"特点。其中以江苏、上海、浙江等省市向山东、河北、天津等省市转移为主，例如，2007—2010 年间，江苏分别向河北、山东转移了 548 亿元和 399 亿元工业增加值，浙江省分别向河北、山东转移了 365 亿元和 429 亿元的工业增加值。根据统计数据我们也可以发现，对于东部地区来讲，长三角、珠三角、京津冀鲁三个地区的工业总产值基本占东部地区工业总量的 95% 以上，在 2007—2010 年间，长三角和珠三角工业总产值在东部地区工业总产值中的比重分别从 41.93% 和 20.62% 下降到 40.61% 和 20.08%，而京津冀鲁地区的工业总产值比重却从 2007 年的 32.40% 上升到 2010 年的 33.86%。这也说明京津冀鲁等环渤海地区的工业地位逐渐提高。近几年，随着环渤海地区的天津滨海新区、河北曹妃甸、山东半岛蓝色经济区等开发区的建设，环渤海地区基础设施建设和工业发展环境得到了较大程度的提高，对国内产业转移的吸引力不断增强，造成浙江、江苏、上海等省份产业开始向山东、河北、天津等省市转移。另外，随着西部地区成渝经济区、呼包鄂经济区等重点经济区的建设，西部地区内部的产业转移也主要向重庆、四川、内蒙古等地转移。

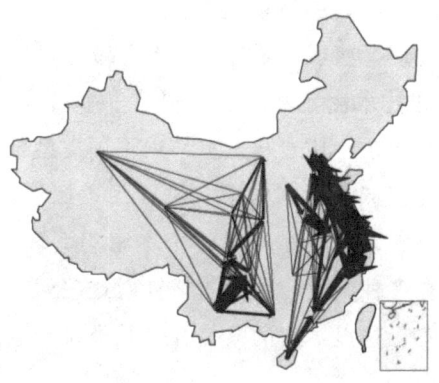

图 4-7　大区域内部省际间产业转移空间流向

　　其次，东部地区一些省份内部也存在较大规模的省内产业转移。一方面，虽然东部地区工业发展积累了很大的基础，但其内部仍然还有部分相对欠发达地区，这些地区工业基础不强，劳动力成本也相对较低，经济发展水平相对落后，但其区位条件相对较好，具有吸纳东部发达地区产业的条；另一方面，东部地区地方政府基于自身政绩和经济发展的需要，对产业的省际转出持谨慎态度，而更多的是鼓励省内产业的转移。例如，广东提出的"双转移"战略的转移方向首先是粤东、粤西、粤北地区[①]。2009 年 7 月 27 日，《人民日报》在报导"双转移"战略实施情况时指出，2009 年第一季度珠三角"腾笼换鸟"迁出的 200 多家外资企业，部分已落户到广东欠发达地区。又如，江苏省基于苏南与苏北之间的经济发展水平还有相当大的差距，因此已把苏南支持苏北、推动区域共同发展列为五大主战略之一，并将南北产业转移与合作作为扶持苏北发展的一个主要着力点，积极推进南北共建开发区。着力培育苏北内生发展机制，推动资本和产业向苏北流动、在苏北集聚、到苏北扎根。再如，据深圳市综合开发研究院和湖北日报社 2008 年共同完成的"东部产业转移与湖北产业承接"研究课题披露，深圳外迁企业中 60％的企业是在省内搬迁，30％左右是跨省搬迁，而在跨省搬迁排在第一位的是江苏省[②]。因此，东部地区的产业转移不仅是向中西部地区，其自身内部也存在很大规模的产业转移。

4.2.2 不同类型产业的空间转移特征

在经济全球化背景下，当前产业内分工甚至产品内分工等新型产业分工形式日益多样化，要想将一类产业进行准确的类型划分变得越来越难。受统计资料限制，本书不能将每一个产业的转移特征进行逐个分析，但为了宏观分析的需要，仍根据不同产业的总体性质，将我国的 42 个产业部门划分为电力及采掘业、劳动密集型、资本密集型和技术密集型四类产业。根据不同类型产业转移总体动向，结合国内外相关研究成果，从宏观上总结出不同类型行业的产业转移的总体趋势和特征，并对不同类型产业转移的模式进行简单探讨。当然在实际情况中，每一种产业可能同时具有劳动密集型环节、资本密集型环节和技术密集型环节，同时每一种产业可能存在多种产业转移模式，针对这些问题，我们会在分析产业转移微观机理时进行解答，这里给出的只是针对某类型产业的宏观总体特征。

---

① 2008 年，中共广东省委、省政府出台《关于推进产业转移和劳动力转移的决定》，做出了实施产业和劳动力"双转移"的战略决策，即珠三角劳动密集型产业向东西两翼、粤北山区转移，而东西两翼、粤北山区的劳动力，一方面向当地二三产业转移，另一方面，其中一些较高素质的劳动力，向发达的珠三角地区转移。

② 罗云毅、周汉麒：《工业重心东移与"十二五"期间的区域产业转移和承接》，载《宏观经济研究》2010 年第 1 期。

（1）电力及采掘（能源原材料型）产业

① 总体趋势：加速从东部向西部地区的转移

首先，从总量和增速来看，西部地区电力及采掘业增加最快。2005 年，西部地区能源原材料工业总产值为 6675.7 亿元，占全国能源原材料工业总产值的比重为 19.76％，而到了 2010 年，西部地区这一产值达到 22162.87 亿元，占全国比重也增加到 24.91％，上升了 5.2 个百分点。与此同时，东部地区的电力及采掘业总产值则由 2005 年的 17237.00 亿元上升到 2010 年的 41018.75 亿元，年均增速远低于西部地区，且其占全国能源原材料工业总产值的比重也由 2005 年的 51.02％下降到 2010 年的 46.11％，下降了近 5 个百分点（见表 4-7）。中部地区能源原材料工业产值比重变化幅度不大。

表 4-7　我国主要区域电力及采掘业总产值及其比重变化

年　份	类　别	东部地区	中部地区	西部地区
2005	总产值	17237.00	9871.07	6675.70
	比重/％	51.02	29.22	19.76
2007	总产值	24657.36	15654.93	11234.00
	比重/％	47.84	30.37	21.79
2010	总产值	41018.75	25772.59	22162.87
	比重/％	46.11	28.97	24.91

其次，从产业净转移总量看，西部地区是最主要的电力及采掘业转入地区，而东部地区则是最主要的转出地区。2007—2010 年，东部地区电力及采掘业净转出 4163 亿元增加值，占全国电力及采掘业的 8.08％，而西部地区净转入电力及采掘业 3085 亿元，占全国电力及采掘业的比重达 5.98％。中部地区虽然也有部分转出转入，但净转移量与西部地区净转入相比不是很大（见表 4-8）。因此，电力及采掘业跨区域转移主要发生在东部地区和西部地区之间，东部地区向西部地区转移的能源原材料工业规模最大，为 3157 亿元，占 2007 年全国电力及采掘业的 6.11％。其次是东部地区向中部地区的转移，约为 1934 亿元。同时，中部地区也有部分电力及采掘业向西部地区转移。

表 4-8　2007—2010 年间电力及采掘业跨区域转移总量　　单位：亿元

区　域	转　出　额				转入额	净转出
	东　部	中　部	西　部	合　计		
东　部	0.00	1934.60	3157.08	5091.68	928.37	4163.31
中　部	614.85	0.00	253.87	868.72	1946.94	−1078.22
西　部	313.52	12.34	0.00	325.86	3410.95	−3085.09

最后，从产业转移空间看，东部沿海地区向内蒙古、宁夏、陕西、贵州等西部地区以及山东、河北等省份的转移是电力及采掘业跨区域转移的主要流向。具体来看（如图 4-8 所示），西部地区承接电力及采掘业最大的省份是内蒙古自治区，2007—2010 年，内蒙古地区净转入能源原材料工业增加值达 1353 亿元，主要来自长三角、珠三角、京津以及东北等地区。此外，西部的陕西、贵州、宁夏、四川、新疆等地区也承接了来自东部沿海地区电力及采掘业的空间转移。除了西部地区，东部地区内部也存在较大的电力及采掘业转移，总体呈现出向北转移的特征，特别是河北和山东等省份是东部主要的电力及采掘业转入地区。

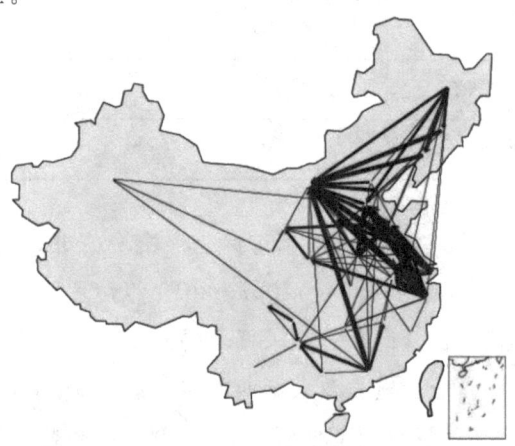

图 4-8　我国主要省区间电力及采掘业转移空间流向

② 转移动因：以原料指向型产业转移为主

通过以上分析，可以发现我国电力及采掘业正处于由东部沿海地区向西部地区加速转移的趋势。一方面，自西部大开发以来，西部地区能源资源开采条件和运输条件得到了有效改善，另一方面，随着长三角、珠三角等东部地区产业的不断集聚，能源原材料供应紧张，再加上远距离输变电等能源运输技术的提高，导致了能源资源开发成为西部地区工业发展的主要内容，最近几年西部地区能源产业总产值的迅速扩张就可以说明这一点。因此，能源原材料工业的向西迁移是近期我国产业跨区域转移的一个重要特征。由于这里的产业转移是指宏观意义上的产业转移，因此这里的产业转移主要指两个方面，其一是指东部地区能源原材料企业向西部地区能源密集区的直接迁移，其二是指西部地区为了满足东部及其他地区的能源原材料需求而新增的总产值。不管是哪一种产业转移，其转移的目的基本都是寻求原料产地，具有明显的原材料指向性，因此可称为原料指向型产业转移。

原料指向型工业，其原材料一般不便于长距离运输或运输原料成本较高，而加工后体积与重量大大减少而价格又低廉，因此使用这类原料的工业企业多把工厂选择在原料的产地，以达到节省运费、效益最大化的目的。在新中国成立初期至改革开放的很长一段时间里，由于西部地区交通运输条件的不完善，山西、河南等中部地区包括部分东部地区，如山东、辽宁等省份，成为我国经济发展的原材料产业基地。随着我国东部地区经济的发展，特别是出口加工贸易的发展，其工业发展对能源原材料的需求大大增加，而东部地区又是能源短缺地区，因此在能源运输条件成熟的情况下，西部地区能源密集区自然而然成为开发重点，大批原材料工业开始向西部地区转移。特别是内蒙古、宁夏、陕西等能源密集地区成为我国新时期的能源原材料基地。

（2）劳动密集型产业

① 总体趋势：开始加速从东部向中部地区的转移

首先，中部地区劳动密集型产业增速最快。2005 年中部地区劳动密集型产业总产值为 10770.73 亿元，占全国劳动密集型产业的比重为 14.36%，到 2010 年，这一产业总产值为 43944.46 亿元，占全国劳动密集型产业的比重达 20.39%，五年之间增加了近 6 个百分点。虽然东部地区一直都是我国劳动密集型产业的主要集中地，但其年均增速远低于中部地区，占全国的比重也由 2005 年的 76.76% 下降到 2010 年的 68.84%，五年间下降了近 8 个百分点（见表4-9）。同时，西部地区劳动密集型产业产值占全国的比重也出现了一定程度的上升，但不及中部地区。

表 4-9　我国主要区域劳动密集型产业总产值及其比重变化

年份	类别	东部地区	中部地区	西部地区
2005	总产值	57593.80	10770.73	6663.20
2005	比重/%	76.76	14.36	8.88
2007	总产值	90536.27	19202.04	11116.25
2007	比重/%	74.91	15.89	9.20
2010	总产值	148353.32	43944.46	23191.98
2010	比重/%	68.84	20.39	10.76

　　其次，中部地区是最主要的劳动密集型产业净转入地区。从区域产业净转移规模看，2007—2010 年中部地区净转入劳动密集型产业 3115 亿元，占 2007 年全国劳动密集型产业的 2.58%。西部地区劳动密集型产业净转出 714 亿元，东部地区是最主要的劳动密集型产业净转出地区，2007—2010 年净转出劳动密集型产业 2402 亿元，约占全国劳动密集型产业的 1.99%，因此东部地区是劳动密集型产业的主要产业转出地区，而中部地区则是承接这一产业转移的主要目的地。东部地区向中部地区转移的劳动密集型产业规模最大，约为 3757 亿元，占全国劳动密集型产业的 3.11%，东部地区向西部地区也转移了 2433 亿元的劳动密集型产业，约占 2007 年全国劳动密集型产业的 2.01%，同时西部地区也向中部地区转移了 1684 亿元的劳动密集型产业，约占 2007 年全国劳动密集型产业的 1.39%（见表 4-10）。

表 4-10　2007—2010 年间劳动密集型产业跨区域转移总量　单位：亿元

区域	转出额				转入额	净转出
	东部	中部	西部	合计		
东部	0.00	3757.03	2432.81	6189.84	3788.25	2401.59
中部	2006.66	0.00	318.83	2325.49	5440.81	−3115.31
西部	1781.59	1683.77	0.00	3465.36	2751.64	713.72

　　最后，中部地区河南、安徽、湖南、湖北等省份以及西部的四川省是主要的产业转入地区。具体来看（如图 4-9 所示），2007—2010 年中部地区承接产业转移较多的省份包括河南、安徽、湖南、湖北等省份，其中河南、安徽主要承接长

三角地区的劳动密集型产业转移，而湖南、湖北则主要承接珠三角地区的劳动密集型产业转移，如安徽承接了来自长三角的 421 亿元劳动密集型产业增加值、湖北承接了来自广东的 283 亿元劳动密集型产业增加值。除了中部地区以外，西部地区的四川、新疆、内蒙古等地区也是承接东部劳动密集型产业较多的省份，其中四川、新疆主要承接珠三角地区的产业转移，而内蒙古主要承接京津地区和长三角地区劳动密集型的产业转移。此外，东部地区的河北、山东以及吉林也是承接劳动密集型产业较多的省份，主要承接来自京津地区和长三角地区的劳动密集型产业。

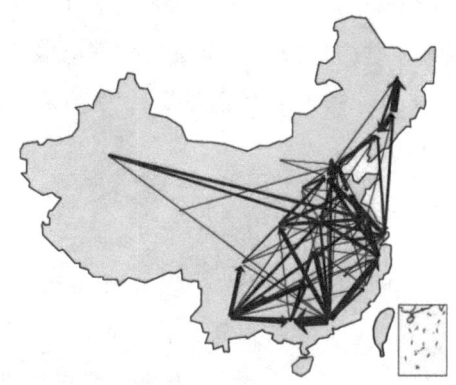

图 4-9　我国主要省区间劳动密集型产业转移空间流向

② 转移动因：以要素约束型产业转移为主

根据以上分析，可以认为虽然全国的劳动密集型产业大部分仍集中在东部地区，但已经开始由东部地区向中西部地区加速转移。劳动密集型产业是以劳动力投入为主要生产要素的产业，包括食品、纺织、服装、家具、印刷等产业，这类产业对劳动力的可获得性（供给来源）和劳动力成本的变化非常敏感。近几年来，随着东部地区，特别是长三角和珠三角地区产业的大规模集聚，导致工业用地不足、能源和电力短缺、原材料和劳动力供应紧张，企业生产要素成本以及环境治理成本逐步上升。在这种情况下，沿海地区的劳动密集型企业就很难继续承受高昂的生产成本，而东部沿海地区产业发展也开始加速转型升级，这就造成了劳动密集型产业不得不开始寻求向生产成本较低的地区迁移。有调查显示，2007 年珠三角地区迁出的企业主要集中在五金、玩具、服装、制鞋、塑料等劳动密集型行业，其中 90％ 以上是港、台地区的中小企业，在浙江省 1124 家外迁企业中，服装加工、低压电器制造等加工制造业占

68.1％[①]。而中部地区的一些中心城市，从区位条件、产业基础和要素条件等各方面来讲，都具有一定的相对优势，自然也成为东部地区劳动密集型产业的首选之地。由于劳动密集型产业的迁移主要受东部沿海地区产业转型升级的影响，因此我们可以将这一类型的产业转移称为升级型的产业转移，或者叫衰退型产业转移。

要素约束型称为产业转移（衰退型产业转移）主要表现为两个特征，首先是以中小企业为主。这些中小企业顶不住土地、劳动力、能源等生产成本上升压力，包括当地对环境污染政策、能源消耗门槛提高的压力，而不得不选择迁移。其次，中小企业往往采取同类企业"抱团式"集群转移方式。"抱团式"转移则主要集中在传统产业如服装、鞋帽等行业，重庆的鞋都承接了大量东部制鞋企业的转移。当然在具体产业转移过程中也有企业受社会人际关系、配套企业的影响，发生零星单个企业转移的情况。

（3）资本密集型产业

① 转移趋势：东部地区仍是资本密集型产业的主要净转入地区，而西部地区则是主要净转出地区

第一，虽然东部地区资本密集型产业比重有所下降（见表4-11），但东部地区仍是资本密集型产业的主要转入地区。2007—2010年，东部地区转出资本密集型产业2961亿元，转入资本密集型产业6063亿元，净转入资本密集型产业3103亿元，占2007年全国资本密集型产业的1.93％。而资本密集型产业净转出最大的地区则是西部地区，2007—2010年，西部地区转出资本密集型产业4536亿元，转入1588亿元，净转出2948亿元，占全国2007年资本密集型产业的1.83％。从转移空间来看，东部地区承接的资本密集型产业主要来自西部地区，2007—2010年间，西部地区向东部地区转移的资本密集型产业约为3582亿元增加值，是各区域间产业转移规模最大的（见表4-12），相当于2007年全国资本密集型产业的2.22％，但是这一比重与电力及采掘业和劳动密集型产业的转移规模相比，仍明显偏低，因此，资本密集型产业在大区域间的转移并不十分明显。此外，西部地区向东部地区转移了大量资本密集型产业，这主要是由于西部地区近几年建设投资加快，加大了对中东部地区资本密集型产品的需求导致的，因此西部地区向中东部地区的资本密集型产业转移大部分属于广义隐性产业转移。

---

① 魏后凯等：《中国企业迁移的特征、决定因素及发展趋势》，载《发展研究》2009年第10期。

表 4-11　我国主要区域资本密集型产业总产值及其比重变化

年　份	类　别	东部地区	中部地区	西部地区
2005	总产值	57593.80	10770.73	6663.20
	比重/%	76.76	14.36	8.88
2005	总产值	65065.16	19344.09	12393.41
	比重/%	67.21	19.98	12.80
2007	总产值	105910.88	33531.86	21714.22
	比重/%	65.72	20.81	13.47
2010	总产值	177296.19	63869.39	39840.39
	比重/%	63.09	22.73	14.18

表 4-12　2007—2010 年间资本密集型产业跨区域转移总量　单位：亿元

区　域	转　出　额				转入额	净转出
	东　部	中　部	西　部	合　计		
东　部	0.00	1771.84	1188.80	2960.64	6063.19	-3102.55
中　部	2481.38	0.00	399.66	2881.04	2726.52	154.51
西　部	3581.81	954.68	0.00	4536.49	1588.46	2948.03

　　第二，河北、山东等华北经济区是资本密集型产业的主要转入地区。从资本密集型产业具体的转移空间来看（如图 4-10 所示），承接产业转移最高的省份主要集中在华北经济区的河北、山东等省份，2007—2010 年河北和山东分别承接了 2620 亿元和 2027 亿元的资本密集型产业转入，为全国最高的省份，主要是来自长三角、京津以及黑龙江等地区的转移。除此之外，天津、江苏等省市既是主要的产业转出区，也是主要的产业承接区。对于中部地区来讲，山西、安徽、湖南等省份是资本密集型产业转入的主要省份，主要承接来自长三角和珠三角地区的转入。而黑龙江和吉林的资本密集型产业则主要向辽宁转移。另外，西部地区的内蒙古、广西、四川、重庆等省市也承接了部分资本密集型的产业转移。

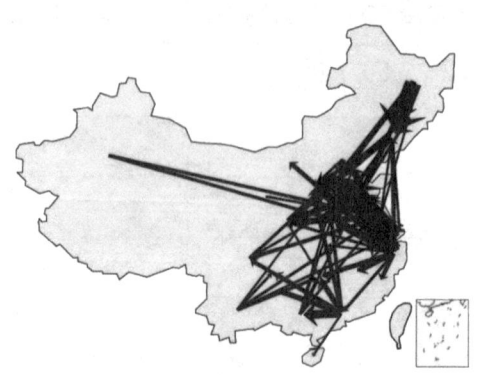

图 4-10 我国主要省区间资本密集型产业转移空间流向

② 转移动因：以扩张型产业转移为主

通过以上分析我们可以发现，资本密集型产业的转移虽然开始出现向中部地区转移的趋势，但主要集中在华北经济区和华东经济区之间及其内部，这不仅是因为华北地区一直是我国重要的石化、钢铁、机械生产基地，同时也与近几年华北地区投资的增加具有一定关系。随着天津滨海新区、河北曹妃甸、山东半岛经济区，以及一些大型港口的开发建设，华北地区的投资不断加快，一般石化、钢铁、机械等产业基本属于临港产业，因此随着华北地区港口建设的加快，临近港口地区的资本密集型产业发展迅速。辽宁地区资本密集型产业的转入主要得益于东北老工业基地振兴计划的实施，中部地区的山西、河南、安徽、湖南等省份凭借中部崛起的机遇和区位条件也承接了部分来自长三角地区的资本密集型产业的转移。而西部地区的一些重点地区，如内蒙古、重庆、广西等地区在大规模投资建设的情况下，也承接了部分资本密集型产业。由于资本密集型产业投资大、生产周期长，存在一定的路径依赖性，跨区域转移难度较大，往往需要在大规模投资或者大项目的带动下才会发生一定的转移，而且其在产业转移过程中，由于沉淀成本的存在，很难将原有产业基础整体搬迁至迁入地，而大多是采用新建、扩建的形式，以扩张的方式实现产业转移，其转移的目的除了与国家的政策有关外，更多的还是与市场需求或者对外贸易的需要有关，如最近国家发改委批准的广东湛江、广西防城港钢铁基地项目，主要是由于中国一东盟自由贸易区的建设对钢铁、石化等产业的出口提出了新的要求。因此资本密集型产业的转移主要以市场扩张型产业转移为主。

扩张型产业转移往往采取龙头带动式转移方式，或者单一大型企业的转移。单一大型企业转移的方式主要体现在国有大型重工业企业在全国市场的布局调整和扩张，特别是一批重化工企业进行全国布局调整。以单一企业转移为主，如钢铁等冶金行业。这些行业对配套生产的要求不太强烈，自身的规模经济、市场是更为重要的因素。以龙头企业带动转移，主要体现在一些大型机械产业的跨区域转移当中。如家电整机厂家布局合肥，零部件厂家逐渐迁移到合肥；奇瑞汽车上规模后，大量的零部件企业就在一定的半径内布局设厂，形成产业集群式转移。宁波奥克斯集团携资 10 亿挺进南昌，合作创办年总产 300 万台空调的生产新基地——奥克斯南昌工业园，身后跟来了杭州达峰电子有限公司、余姚和盛电器公司、宁波江北方园塑料制品厂等 10 余家与其合作的空调配件企业，总投资接近 30 亿元。以上产业的转移都是以龙头企业和大企业为核心，实行"组团式"或产业链整体转移。

（4）技术密集型产业

① 转移趋势：仍处于由中西部地区向东部地区集聚的阶段

首先，东部地区仍是技术密集型产业的集聚地。从表 4-13 可以看出，2005—2010 年，东部地区技术密集型产业总产值从 4.03 万亿元增加到 9.05 万亿元，占全国技术密集型产业的比重从 92.24％下降到 86.45％。虽然相对于中西部地区，增速仍是最慢的，且比重下降较快，但东部地区始终是我国技术密集型产业的集聚地，其产值比重始终在 85％以上，从增量来看，2005—2010 年全国技术密集型产业 80％以上的总产值增加也出现在东部地区。中西部地区虽然技术密集型产业增加很快，但其占全国技术密集型产业总产值的比重均不高，最高的中部地区也不足 10％。

表 4-13　我国主要区域技术密集型产业总产值及其比重变化　单位：亿元

年　份	类　别	东部地区	中部地区	西部地区
2005 年	总产值	40288.55	1995.61	1392.55
	比重/%	92.24	4.57	3.19
2007 年	总产值	61315.46	3764.41	2470.95
	比重/%	90.77	5.57	3.66
2010 年	总产值	90524.39	8898.48	5291.24
	比重/%	86.45	8.50	5.05

其次，东部地区是最大的技术密集型产业净转入地区。从表 4-14 可以看出，2007—2010 年间，东部地区转出技术密集型产业 1088 亿元，转入 4677 亿元，净

转入 3589 亿元，相当于 2007 年全国技术密集型产业的 3.79%。而中西部地区则是主要的净转出地区，分别净转出技术密集型产业 1116 亿元和 2473 亿元，分别相当于 2007 年全国技术密集型产业增加值的 1.18% 和 2.61%。

表 4-14　2007—2010 年间技术密集型产业跨区域转移总量　单位：亿元

区　域	转　出　额				转入额	净转出
	东　部	中　部	西　部	合　计		
东　部	0.00	722.92	364.91	1087.83	4676.86	−3589.03
中　部	1936.04	0.00	138.30	2074.34	958.34	1116.00
西　部	2740.82	235.42	0.00	2976.24	503.21	2473.02

最后，长三角、珠三角、京津和辽宁等地区是技术密集型产业主要的转入地。从具体的技术密集型产业转移空间来看（如图 4-11 所示），长三角、珠三角是承接技术密集型产业最大的地区，2007—2010 年间，分别承接其他地区技术密集型产业 2976 亿元和 1326 亿元，分别相当于 2007 年全国技术密集型产业增加值的 3.14% 和 1.40%。同时京津地区和辽宁也是较大的技术密集型产业承接地区，2007—2010 年间，分别承接其他地区技术密集型产业 621 亿元和 486 亿元，分别相当于 2007 年全国技术密集型产业的 0.66% 和 0.53%。而主要的转出地区则是河南、山西、山东、黑龙江及陕西、四川等省份。其中的原因可能一方面是由于东部地区技术密集型产业的集聚导致的中西部地区产业转出，另一方面还包括中西部地区特别是基础建设投资较大的地区对技术密集型产业产品需求的增大导致的隐性产业转移。

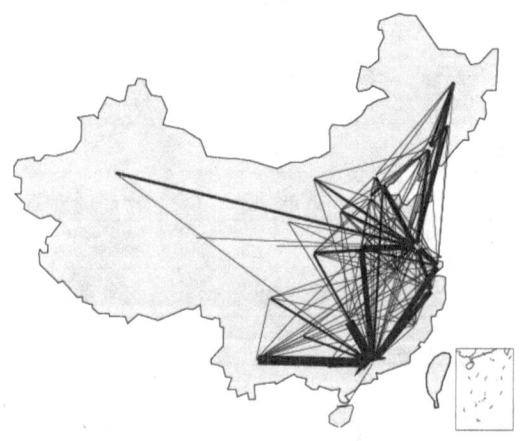

图 4-11　我国主要省区间技术密集型产业转移空间流向

② 转移动因：以综合型产业转移为主

通过以上分析可以看出，技术密集型产业仍处于向东部地区集中的趋势，虽然东部地区技术密集型产业增长速度较其他地区低，但是全国 70％以上的技术密集型产业总产值和 70％以上的总产值增量均发生在东部地区。在我国的产业发展过程中，技术密集型产业仍属于成长型产业，我国不同区域之间在劳动者素质、基础设施条件和周边产业配套环境等方面相差很大。而随着产品生产的片段化不断加速，特别是技术密集型产业的生产环节不断细化出技术开发环节、销售服务环节、劳动密集型环节和资本密集型环节等多种生产环节。

针对技术研发型生产环节，企业往往喜欢选择劳动力素质高、基础设施完善、产业配套环境良好的区域集群发展，而且研发企业往往呈现"扎堆"现象。只有在产业转入地达到一定条件，技术研发型生产环节才会发生转移，并且伴随着集群式的产业转移。我国也有学者对这种集群式的产业转移进行了大量研究和讨论①。目前，中西部地区在基础设施、经济基础等方面有了较大的提高，但相对于东部地区特别是长三角、珠三角及京津地区来说，其在劳动力素质、产业软环境等方面还存在很大差距。因此，技术研发型企业仍处于在东部地区集聚成长的阶段。同时，技术密集型产业的销售、服务环节往往要求贴近消费市场，以扩张的形式不断占领市场，具有扩张型转移的特性。

而针对劳动密集型生产环节或资本密集型环节，其对劳动力素质、基础配套设施要求不高，其转移的目的就是寻求较低的劳动力成本和劳动力的可获得性，技术密集型产业可将一些劳动密集型环节或资本密集型环节转移到中西部地区。如富士康将一些劳动加工型生产环节转移到河南，其转移目的就是减小东部地区成本上升带来的压力，寻求较低的生产成本地区，具有明显的要素约束型产业的转移特性。

因此，技术密集型产业生产环节复杂，既具有因成本压力而导致的要素约束型产业的转移特点，又具有面向市场消费者的市场扩张型产业的转移特点，因此这种技术密集型产业的转移可称为综合型产业转移。

4.3　我国产业跨区域转移的微观机理分析

虽然宏观定量分析有利于从总体上把握我国跨区域产业转移的总体趋势和特征，但也会难免掩盖一些跨区域转移的微观特征。特别是随着经济全球化、产

---

① 刘友金、袁祖凤、易秋平：《共生理论视角下集群式产业转移进化博弈分析》，载《系统工程》2012 年第 2 期。

业网络化、产业内和产品内分工的加速、全球价值链以及产业集群等产业发展形式的出现，宏观上的统计分析很难发现同一产业内部不同产业环节的转移规律和特征。而这些特征又是升级型、扩张型、综合型等不同类型产业转移的具体体现。这里结合国内外研究成果，根据课题组实地调研情况，重点从微观企业角度分析产业集群、产业分工、环境污染以及政策制度四个方面与我国升级型、扩张型、综合型等产业跨区域转移之间的机理进行分析。

4.3.1 产品内分工与产业转移

（1）产品内分工是当前产业生产的显著特征

产业的生产分工经历了产业间分工、产业内分工和产品内分工三个阶段。虽然这三种方式目前都存在，但当前产业分工最显著的特征就是产品内分工，产品内分工是指将产品生产过程的不同环节和工序拆分到不同国家或地区，形成以生产环节、工序和区域为对象的跨区域性生产体系。产品内分工和贸易使得原来在同一个企业内执行的生产链条被拆分成很多不同的环节或工序，一个企业可能只专业化于全球生产链条上的某一个价值环节，从而产生了生产过程的垂直专业化，即实现了一个产品价值链的分解。在产品内分工的主导下，一个产品的价值链被分解为三大环节：技术设计环节、生产环节和营销环节。产品内分工往往是由跨国公司主导的，一个跨国公司往往一方面专注于产品关键技术环节和营销策略的制定与培育，另一方面则通过业务外包，使价值链中的每个环节都能布局于最有竞争优势的区域，并使位于不同区域的企业形成一张遍布全球的国际分工协作网络（即全球生产网络），每一个价值环节都成为全球生产网络的一部分，跨国公司由此而实现了价值链的全球性空间重组。比如日本马自达的 MX-5 跑车，在美国加州设计，在东京和纽约融资，样车来自英国 Worthing，总装在美国的密歇根州和新墨西哥州，电子部件在美国新泽西州设计，在日本制造[①]。

（2）产品内分工条件下产业转移更多地呈现生产环节的片段化转移

在全球生产网络背景下，产业转移，包括国际产业转移和国内产业转移，往

---

① 李建军：《产品内分工、产业转移与中国产业结构升级——兼论产业耦合转移背景下中国加工贸易升级》，载《理论学刊》2012 年 3 月。

往更多地表现为一个产品生产环节（价值单元）的地域转移、重组和片段化，而这种转移和重组往往是以采购、并购、兼并等方式进行的，以实现全球范围内资源价值的最大化利用。很显然，这种产业转移的客体不再是某一种行业或者某一个产品的完整价值链，而是转变成为一个产品的生产环节和工序层面的片段化转移。传统的产业划分，方式把产业分为劳动密集型、资本密集型、技术密集型，相应的产业结构升级的方式也被定义为从劳动密集型产业向资本和技术密集型产业升级。由于产品内分工的出现和全球价值链的分解，产业间出现融合趋势，劳动密集型产业价值链中也含有技术密集型的生产环节或工序，资本或技术密集型产业价值链中也有部分劳动密集型的生产环节或工序。例如，富士康是制造电子、通信的高新技术企业，按照传统产业划分应归于技术密集型产业，但它同样也有劳动密集型产业的生产环节，近几年随着东部地区生产成本的上升，逐渐将其具有劳动密集型性质的生产环节转移到河南等省，而其研发设计环节仍主要布局在深圳、上海等东部城市[①]。因此，虽然受统计资料限制，前述仍按照传统产业划分，对不同类型的产业转移进行研究，但准确地说，应该是我国劳动密集型生产环节和低端制造环节开始加速从东部向中西部地区的转移，而技术密集型生产环节仍将向东部地区集中，从而形成中国特有的生产价值链体系（如图 4-12 所示）。这种价值链体系使得一个产业不同工序之间的转移可以有要素约束型转移，也可以有扩张型转移。

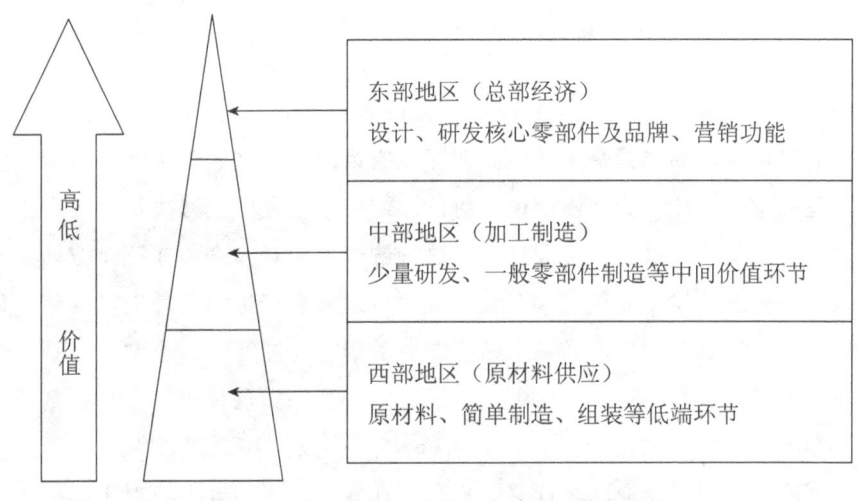

图 4-12　我国国内区域间产品价值链基本体系

---

① 徐冰：《北上，富士康引领产业转移》，《中国经济时报》2010 年 7 月 1 日。

4.3.2 产业集群与产业转移

价值链的片断化和空间重组的结果，使得产业的地理集聚形成地方产业集群。这就呈现出大区域离散、小区域集聚的全球价值链地理分布特征，世界经济体系好比"一串串珍珠"，将颗颗"珍珠"串起来的条条"金线"就是跨国公司主导的全球价值链，而这颗颗"珍珠"就是地方产业集群。产业集群可以使企业之间获得集聚经济，但也会带来拥挤成本，当集群达到一定规模时，拥挤成本上升，一些劳动密集型企业无法承担高昂的土地、人力、税收、环境等成本，开始寻求转移。但是在产品内分工背景下，嵌入集群中的企业更多地只专注于全球价值链中的某一价值元，企业间的相互依赖性增强，一个企业的存在需要与之关联的大量企业和配套性产业并存，这就出现了企业的"抱团"流动，即产业的集群式转移。如深圳的产业较集中，便逐渐在东莞、惠州、珠三角地区聚集了一大批产业投资跟进①。因此，当前的产业转移，不再是单个项目、单个企业、单个产业的孤立行为，而是形成了一个以跨国公司为核心，企业在全球范围内的研发、生产、销售以及售后服务等相互协调合作的组织框架，随着中国在全球价值链中嵌入程度的不断深化，不管是国际产业转移还是国内产业转移都受到产业集群的很大影响。这主要表现在两个方面：

（1）产业集群转移的带动效应

由于产品内分工和产品价值链片段化的加深，企业之间的依存关系不断加强，企业投资区位的选择受到其他企业区位决策的影响加大，因此，企业在实际迁移的过程中，往往会表现出群聚的特征。即一个企业的迁移决策将会产生一种群聚效应，带动一大批相关企业迁入。这种群聚效益具体表现在三个方面：一是示范效应。一般地说，先期迁入企业的成功，通常会产生示范效应，促使其他企业仿效迁入。二是关联效应。某个核心或者关键企业的迁入，通常会带动一大批相关或者配套企业跟随迁入。德国大众进入上海和韩国现代进入北京，都带动一大批汽车零部件企业跟随迁入。2004 年 6 月，宁波奥克斯进驻南昌开发区，随后 140 多家家电配套企业随之迁移。三是群迁效应。正如人类习惯于群居生活方

---

① 李建军：《产品内分工、产业转移与中国产业结构升级——兼论产业耦合转移背景下中国加工贸易升级》，载《理论学刊》2012 年第 3 期。

式一样，企业区位选择也具有群居或者"扎堆"的特点。相关企业所以要采取群体迁移的方式，主要是为了降低风险和不确定性。尤其是浙江民营中小企业，这种群体迁移的意愿和动机十分强烈。因此，产业转移中龙头企业的迁移成为促进产业转移的关键所在。

（2）产业集群转移的滞后效应

由于产业集群所形成的环境不是一两天能够形成的，它不仅要考虑同行企业以上下游企业的区位选择，更重要的是考虑产业转入地的配套环境。目前虽然上海、广东、福建、浙江、江苏等省市一些劳动密集型产业的边际收益下降，产业生存发展的压力日益增大。但是东部沿海地区的企业多以外向型经济为主，特别注重港口交货速度、零配件配套采购、外包服务等产业集群条件。例如，浙江的小家电企业依赖周围众多的小电缆、小电池、小五金等企业的配套供应，若其中某个企业转移过来，会因产业生物链断裂而死亡；它们的纺织服装业因以出口为主，所以主要关注出口订单和交货速度，不看重与外地的原料互补问题。一些东部沿海地区的企业主认为，企业搬厂并不简单，在当地建立的上下游产业链很难照搬到外地，而重新建造配套设施、发展客户资源，将大大耗损企业的资金。东部沿海地区虽然资源及要素成本相对较高，但制度成本低，产业集群发达，产业组织内外部交易成本很低，产业竞争优势明显。目前东部地区许多产业集群尚处于成长阶段，集群的竞争优势使东部的传统劳动密集型工业技术不断创新、产品档次不断提高、结构不断升级，这就使得东部的传统产业没有西移的压力。而中西部在市场环境、产业综合配套及产业集群发展上与东部省区差距较大，虽然资源要素成本较低，但产业企业正常运行成本过高，竞争力不强，在一定程度上延缓承接产业转移[①]。在 2008 年《国务院关于进一步推进长三角地区改革开放和经济社会发展的指导意见》的影响下，上海产业转移促进中心揭牌运营，苏北各地纷纷出台政策，承接上海及长三角地区的产业转移。但是调查显示，90％的受访企业不愿意离开长三角地区转移到苏北或者内地去，最大的担忧是转入地缺乏如长三角那样完整的产业配套，其次和当地政府不熟悉，对当地的人情和关系网络不了解[②]。

目前，在我国大多数产业集群是以低成本的劳动密集型企业集群出现，其

---

① 张继焦：《中国东部与中西部之间的产业转移影响因素分析》，《贵州社会科学》，载 2011 年第 1 期。

② 杨玲丽：《"组团式"外迁：社会资本约束下的产业转移模式——上海外高桥（启东）产业园的案例研究》，载《华东经济管理》2012 年第 7 期。

"抱团式"转移更多的也表现为升级型产业转移。根据以上分析，产业集群既可能是"抱团式"升级型产业转移的推动因素，也可能是升级型产业转移的障碍，这与产业集群中集群经济与拥挤成本之间的发展关系有很大关系，只有当集群经济小于拥挤成本时，迁移才会发生。因此地方政府在应对产业转移时，应该处理好产业转移与产业集群之间的关系。

4.3.3 环境污染与产业转移

企业迁移通常是与地区对生活环境的要求紧密联系在一起。在一些发达国家和地区，为加快产业升级步伐和提高居民生活环境，政府往往制定更加严格的产业准入标准，包括技术水平、资源利用效率和环保标准等，由此推动一些中低端产业甚至高污染产业向发展中国家和地区转移，即向升级型产业转移。自 20 世纪 60 年代以来，日本将 60％以上的高污染产业转移到东南亚和拉美国家，美国也将 39％以上的高污染、高能耗产业转移到其他国家[①]。对于我国国内来讲，环境污染与产业转移同样存在这样的问题。

（1）东部地区产业发展带来的环境污染十分严重

近年来，随着中国沿海地区和大中城市发展水平的迅速提高，沿海经济和城市发展转型升级的步伐也在不断加快。目前，上海、宁波、苏州等地人均生产总值已超过 1 万美元，深圳则超过 1.3 万美元。随着东部地区经济的发展，生态环境也受到了严重的破坏，从"三废"污染物排放量指标看，由于中国工业仍主要布局于东部地区，江苏、浙江、广东、山东、福建和河北等省是废水、废气的排放大省，这对中国沿海各省的资源环境造成很大的破坏。同时，工业固体废弃物排放则集中在重庆、山西、新疆、贵州、云南等中西部地区。根据全国第一次污染源普查结果分析发现，在经济较为发达、人口相对密集的地区，工业源化学需氧量、氨氮、二氧化硫、氮氧化物 4 项主要污染物排放量均位于全国前列。淮河、海河、辽河、太湖、滇池、巢湖等水污染防治重点流域接纳主要水污染物数量大，工业污染物排放集中在少数行业和局部地区，污染结构性问题突出[②]。

---

① 赵贺：《发达国家高污染产业转移及我国的对策》，载《中州学刊》2001 年第 5 期。
② 陈耀、陈钰：《我国工业布局调整与产业转移分析》，载《当代经济管理》2011 年第 10 期。

（2）国内区域间产业转移同样伴随着污染的转移

出于提高生态环境质量和促进产业升级的需要，长三角、珠三角等地纷纷加大结构调整力度，提高技术档次和环保标准，坚决淘汰落后技术设备，对高消耗、高排放、低档次企业实行分类调整改造。沿海发达地区和大中城市产业升级的加快，迫使这些"两高一低"企业向周边落后地区、中西部地区和农村地区转移扩散。值得注意的是，当沿海发达地区关停大量污染企业时，一些欠发达地区的政府有关部门都会赶到当地进行招商引资。在沿海发达地区"驱污"的同时，一些欠发达地区的政府却积极上门接收污染企业，"招商"变成了"引污"，企业迁移变成了"污染转移"。近年来，在沿海产业加快向中西部转移的过程中，一些污染产业有向中西部蔓延的趋势。例如，铅酸蓄电池在生产过程中会产生大量的铅烟、铅尘和铅废水，属于重污染行业。中国铅酸蓄电池生产基地——浙江省长兴县自 2004 年起开始大规模整治铅酸蓄电池企业，整治后，县域范围内的 175 家蓄电池生产企业只剩下 50 家。在整治过程中，江西、湖北、安徽、云南等省份纷纷来此招商①。

因此，发达地区对环境污染的重视是升级型产业转移的主要原因之一。在我国伴随着产业跨区域转移，一些污染型产业可能会从东部地区转向中西部地区，因此针对升级型产业转移需要处理好产业转移与污染转移的关系。对中西部地区而言，在承接产业转移的过程中，一定要设置产业准入门槛，要实行选商选资，而不能来者不拒。即使是承接一些劳动密集型的中低端产业，也应该采用先进适用技术，敦促企业增加设备投入，严格国家环保标准，加强劳动保护，不断提高技术含量、附加价值和职工福利水平，要切实做到产业转移，污染不转移。

4.3.4　政策制度与产业转移

为促进区域协调发展，优化空间布局结构，近年来各级政府制定实施了一系列政策措施，鼓励和引导企业合理迁移。从国家层面看，自 1999 年以来，国家先后实施了西部大开发战略、东北地区等老工业基地振兴战略和中部地区崛起战略，并制定了一系列相关政策措施，鼓励外商投资和沿海企业进入中西部和东北

---

① 魏后凯、白玫：《中国企业迁移的特征、决定因素及发展趋势》，载《发展研究》2009 年第 10 期。

地区。商务部于 2006 年实施了"万商西进工程"①，鼓励沿海外资企业、加工贸易和开发区西进，并在上海、江苏等沿海地区建立了一批"产业转移促进中心"，在中西部地区建立了一批国家级承接产业转移基地和承接产业转移示范园区。为支持城市企业的搬迁改造，财政部和国家税务总局于 2007 年 12 月还颁布了《关于企业政策性搬迁收入有关企业所得税处理问题的通知》，对企业政策性搬迁收入有关企业所得税处理方式做出明确规定。但从区域层面看，受地方政府政绩需要和担心产业空心化的影响，地方政策对产业转移具有两个方面的影响。

(1) 中西部地区的政策吸引

中西部地区为承接沿海产业转移出台了不少优惠措施。比如，商务部、国家开发银行联合发布的《关于支持中西部地区承接加工贸易梯度转移工作的意见》规定，重庆市承接的加工贸易项目可以享受国家中长期贷款、短期贷款和技术援助贷款支持。对进入重庆的加工贸易重点企业和重点项目，国家开发银行可以提供优惠的贷款条件，给予 10% 以内的利率下浮。又比如，湖南推行了涉及税收、工商、财政、人力、交通等多个部门的 34 条优惠新政。其中，建设用地方面实现"征转分离"，标准厂房建设变传统的"筑巢引凤"为"为凤筑巢"，并提供财政补贴支持②。中西部地区的政策优惠对吸引东部地区的产业转移具有积极的作用，但同时也存在一些问题，比如恶性竞争与污染转移等。

(2) 东部地区的政策阻碍

地方各级政府为了保证其辖区的增长率、就业率等指标，并有稳定的税收来源，往往会使用一些不规范的行政手段来阻碍生产要素的转移，采取种种措施限制区内的产业外迁。对于东部地区来说，现阶段大多数资源及劳动密集型产业并没有充分发展到转向衰落的阶段，仍具有一定发展优势与空间，在创新机制尚未形成、新的主导产业没有形成气候，而旧的主导产业又开始向西部地区转移之

---

① 商务部关于实施"万商西进工程"的通知（商资发〔2006〕530 号）。为全面贯彻落实党中央、国务院关于区域协调发展的战略部署，大力推进国际和东部开放型产业向中西部地区梯度转移，商务部决定实施"万商西进工程"。其主要任务是：采取有效措施，为中西部地区具有区位优势的城市创造条件承接东部地区加工贸易梯度转移；以东部、中西部国家级经济技术开发区和具备条件的中西部省级开发区为载体，加强东中西部互利合作，促进东部地区"腾笼换鸟"、产业优化升级，支持中西部地区"筑巢引凤"，承接国际和东部开放型产业梯度转移；加强东中西投资促进合作，充分发挥国家级开发区在促进产业转移进程中的窗口、示范、辐射和带动作用。

② 张继焦：《中国东部与中西部之间的产业转移影响因素分析》，载《贵州社会科学》2011 年第 1 期。

时，东部可能因为产业空心化而面临失去新的经济增长点的威胁。制造业西移会带来结构性失业的难题。同时东部自身发展不平衡，近年来，为促进本区域协调发展，当地政府均出台了许多有力的政策措施，鼓励本省发达地区产业与资本向不发达地区转移，客观上造成东部省区产业向中西部省区转移的拦截，致使中西部地区承接东部地区产业转移"雷声大，雨点小"。虽然东部产业转移在加快，但许多地区依然不希望制造业过多地向外转移（一些东部省优先鼓励产业向省内欠发达地区转移）。例如，广东省政府于 2005 年 3 月出台了《关于我省山区及东西两翼与珠三角联手推进产业转移的意见（试行）》，其目的是通过珠三角地区与省内欠发达地区共建产业园区，促进劳动密集型产业从珠三角地区向粤北山区和东西两翼转移，实现广东省区域经济的协调发展。江苏省省委则发出"促进南北产业转移，推动共同发展"的号召，并随后发布了《关于加快南北产业转移的意见》，积极引导苏南企业向苏北迁移。这些政策措施对推动省内企业迁移起到了十分重要的作用，但也在一定程度上阻碍了企业的省际或跨大区域转移，使得企业不能在更大范围内寻求最佳区位。这也是东部地区整体转型升级缓慢的重要原因之一。

4.4　总体趋势判断

根据上述分析，结合我国相关产业发展政策，预计未来 5—10 年产业从东部向中西部地区转移的总体趋势将会处于一个加速推进时期，但是不可能全部的产业都向中西部地区转移，具有资源指向性的产业、劳动密集型产业和低端加工制造环节以及部分钢铁、石化等资本密集型产业将会进一步向中西部地区转移，而技术密集型的产业或生产环节将会进一步在东部地区集中。

4.4.1　未来产业转移影响因素分析

（1）区域经济发展水平差异

经济发展水平的区域差异是产业跨区域转移的决定性条件。从世界生产力发展水平的角度来看，国际产业转移的产生取决于世界生产力的发展状况。世界生产力的发展导致了各国产业结构的不断升级，并拉大了国家间（或地区间）的生产力发展差距。这一差距是决定和影响产业转移的根本因素或者一般因素，而其他的如比较成本、要素禀赋等，只是在一般因素的基础上影响某一具体产业转移的特定因素。只要世界生产力发展水平不断提高，只要国家间（或地区间）存在明显的生产力发展差距，那么国际（或地区）产业转移就必将发生。对于我国来讲，东部地区经济发展水平的提高使得其人力资源、土地成本、水电成本以及环境成本等要素成本不断上升，产业发展开始向技术含量高、增加值高、环境污染低的产业转变，并引起一些劳动密集型产业发生转移，即升级型产业转移。未来随着东部地区经济发展水平的进一步提高，这种趋势将不可逆转。同样，针对中西部地区内部，产业转移也将受经济发展水平差异的制约。

（2）区域要素禀赋差异

资源要素禀赋的区域差异将仍是东、中、西三大区域之间产业转移的核心决定因素。企业之所以决定要迁往其他地区，重要的原因是为了寻求其他地区更为有利的生产经营条件，以便降低生产成本，提高销售收入和利润率。有利条件包括便利的交通、低工资和土地成本、规模经济和聚集经济、良好的基础设施、政府优惠政策等，接近能源和原料供应地、实行市场导向战略也是企业迁移时所考虑的重要因素。所以从目前看，影响沿海产业升级型产业转移的基本要素条件开始显现。一是沿海企业生产成本的逐年上升。土地资源越来越少，劳动力成本不断攀升，招工难的现象为数不少。一些企业必须转移到土地资源充足、劳动力资源丰富，工资水平相对较低的地区才有可能获得新的发展和实现升级。二是企业发展面临资源瓶颈。相对来讲，沿海区域性、水质性缺水比次发达地区更为突出，电力紧张局面没有根本缓解，企业缺电停产和限供、限产现象依然突出。制约了企业的正常生产经营。三是企业面临巨大的产业升级压力。沿海企业外向度很高，而其产品在国际分工中却大多数处于价值链和产业链的低端，附加值低。同时一些产业的小、散、低、技术模仿等特点迫使部分企业走转移、换代升级的道路，为部分产业"腾笼换鸟"。

（3）区域产业发展环境

产业发展环境仍将是中西部地区承接产业转移必须解决好的重要内容。产业发展环境包括硬件环境和软件环境。硬件环境包括基础设施、市政设施、生产配套设施以及职工生活设施等条件，软件环境则指当地财税、金融、政府服务、人文素质等条件。一个地区只有软、硬件环境都达到特定要求时，才会吸引产业迁入。近年来，虽然中西部投资环境有了很大改善，但与长三角和珠三角地区相比，仍存在着产业配套不完善、物流成本偏高、企业税负偏重等问题。特别是，对沿海中小型加工贸易企业来说，由于原料和市场主要在海外，因此物流成本将是影响其迁移的一个重要因素。中西部地区远离出海口，如果迁移到中西部地区，势必会增加物流成本。物流成本既包括运输里程增加所带来的运费增加，也包括公路收费项目和中间环节增加带来的成本。因此，进一步优化西部地区产业发展环境是中西部地区承接产业转移的重要任务之一。

（4）政府政策措施

政府政策仍将是我国产业跨区域转移的重要影响因素。虽然改革开放以后，我国社会主义市场经济体制逐步完善，市场机制开始发挥越来越重要的作用，但是政府主导型的经济发展模式并没有得到根本的改变。各级政府不仅仍然控制着土地、资本、能源等主要经济资源的价格，而且还利用权力影响着这些生产要素的流向，并借此深刻影响着各地的经济发展，而对于产业转移来说，在本质上就是生产要素的跨地区流动与重组。因此，政府主导型的发展模式中，它必然要受到政府的深刻影响。目前，虽然东部地区有些地方存在着阻碍本地企业迁出或者鼓励本地企业在省内转移的政策和措施，但是随着中央对产业向中西部地区转移的支持力度进一步加大，包括西部大开发的支持，再加上中西部地区自身产业发展条件的不断改善，一些劳动密集型产业，包括部分资本密集型和技术密集型产业仍将不可避免地向中西部地区迁移。

4.4.2　产业转移总体趋势判断

（1）资源型（能源原材料型）产业将进一步向西部地区转移

根据上述分析，在西部开发的引导和市场驱动的双重作用下，目前我国具有资源指向性的产业，如电力、采掘业等，已经开始加速向西部地区转移。但西部地区仍是我国区域发展的"短板"。随着《西部大开发"十二五"规划的》的批复，西部地区将迎来新一轮的开发热潮。近几年，国家针对西部地区的经济开发区或开发项目明显增加，如关中—天水经济区、甘肃循环经济试验区、柴达木循环经济试验区、成渝经济区、西咸新区等（见表 4-15），另外还批复了一些重大开发项目，如四川桐子林水电站、新加坡—四川创新科技园、新疆奎屯—独山子国家级经济技术开发区、生态畜牧业国家可持续发展试验区、青藏联网工程

（"电力天路"）、特高压输电工程、中国—马来西亚钦州产业园区、喀什与霍尔果斯经济开发区、柴达木循环经济试验区等。国家"十二五"规划纲要明确指出，"统筹规划全国能源开发布局和建设重点，建设山西、鄂尔多斯盆地、内蒙古东部地区、西南地区和新疆五大国家综合能源基地"。可以判断随着国家对西部地区开发投资的加快，西部地区的资源优势将得到进一步的加强，能源、采掘等资源型产业将进一步向西部地区转移。

表 4-15　近几年国务院批复的西部地区有关规划或意见

时　间	名　称	备　注
2009 年 6 月 25 日	《关中—天水经济区发展规划》	
2009 年 12 月 11 日	《关于进一步促进广西经济社会发展的若干意见》	国发〔2009〕42 号
2009 年 12 月 24 日	《甘肃省循环经济总体规划》	国函〔2009〕150 号
2010 年 3 月	《青海省柴达木循环经济试验区总体规划》	
2011 年 3 月	《青藏高原区域生态建设与环境保护规划（2011—2030 年）》	
2011 年 5 月	正式批复《成渝经济区区域规划》	
2011 年 6 月 29 日	《国务院关于进一步促进内蒙古经济社会又好又快发展的若干意见》	
2011 年 6 月 13 日	西咸新区总体规划	
2011 年 7 月 6 日	《"十二五"支持西藏经济社会发展建设项目规划方案》	
2011 年 7 月 11 日	《海南藏族自治州生态畜牧业可持续发展实验区规划》	
2011 年 8 月 9 日	《国务院关于促进牧区又好又快发展的若干意见》	
2011 年 11 月 16 日	《青海三江源国家生态保护综合试验区总体方案》	
2012 年 2 月 13 日	《国务院关于进一步促进贵州经济社会又好又快发展的若干意见》	国发〔2012〕2 号
2012 年 2 月	《西部大开发"十二五"规划》	
2012 年 3 月 18 日	《陕甘宁革命老区振兴规划》	

资料来源：笔者整理。

（2）中部地区承接劳动密集型和资本密集型产业转移的速度将加快

随着沿海地区各种要素成本的攀升、经济转型升级的加快以及环境污染压力的加大，一些传统的具有劳动密集性和一定环境污染的生产加工制造环节将会向中部地区进一步迁移，预计在今后 5—10 年内，"东企中移"仍将会处于一个加速推进的时期。首先，东部与中部地区具备产业转移的发展梯度。2008 年，东部地区人均生产总值已达到 5331 美元，其中深圳、上海、宁波、苏州等均超过 1 万美元，处于工业化后期阶段，而中部地区只有 2565 美元，仍处于工业化初中期阶段。这种巨大的发展梯度为"东企中移"创造了有利条件。其次，中部地区工业、劳动力等生产要素成本相对较低。随着东部地区工业基础的积累，产业用地已经十分紧张，很多省份的工业用地指标远远跟不上需求，造成了土地成本的显著上升，有很多地区开始将用地转向海洋，围海造田在东部沿海地区已经十分普遍，这也反映了东部地区用地的紧张。而中部地区产业用地相对充裕，土地要素成本较低。另外，中部地区人口也相对集中，剩余劳动力丰富，市场发展潜力巨大，这将对沿海企业形成巨大的吸引力。最后，随着近年来开发建设的加快，中部地区铁路、公路、机场、航运、电力、通信等基础设施迅速发展，投资软硬环境明显改善，产业配套能力不断提高。尤其是在皖江城市带、武汉都市圈、长株潭城市群、昌九景地区、中原城市群等，都具备了大规模承接产业转移的良好条件。在江西、安徽等邻近沿海地区，如赣州、鹰潭、上饶、马鞍山等地，随着连接沿海各大城市高速公路的开通，已日益成为沿海企业迁入的重要集聚地。因此，可以预计未来中部地区将主要承接来自东部地区的传统产业，主要为具有劳动密集性的生产环节以及具有一定环境污染的生产加工环节，包括钢铁、化工等传统重工业也将会进一步向中部地区转移。

（3）高端制造业仍将主要集中在东部地区

东部地区产业转型升级将加快。"十二五"规划明确指出，"东部地区应发挥对全国经济发展的重要引领和支撑作用，在更高层次参与国际合作和竞争，着力提高科技创新能力，着力培育产业竞争新优势，加快发展战略性新兴产业、现代服务业和先进制造业"。工业和信息化部制定的最新《产业转移指导目录（2012年本）》（征求意见稿）也指出，"东部沿海经济区是我国主要的产业转出地区之一，在工业转型升级中具有先行示范地位，要积极承接国际先进制造业转移，重点发展先进制造业、现代服务业和战略性新兴产业"。因此，可以肯定东部地区产业升级势在必行，研发、设计等知识型产业和电子、信息、生物、航空等高端制造业将成为东部地区，特别是东部大都市区产业发展的首选。

产业转型升级的加快将促使高端制造业进一步集中。东部地区的产业转型升级一方面会促进知识型产业和高端制造业生产环节在东部地区的集聚水平不断提高，总部经济水平将得到不断提升，产业或产品的技术密集型生产环节在东部地区的集群将进一步加剧。另一方面，东部地区的产业转型升级会进一步提高其产业软环境，经济发展水平、公共服务设施水平、居住水平和生态环境水平的提高将会进一步吸引高素质人才在东部地区的集中，人才优势的加强又会进一步促进知识型产业和高新技术企业在东部地区的集聚。因此，可以预计东部地区将会继续成为知识型产业和高端制造业的集中地。

本章参考文献：

[1] 陈栋生．区域经济学[M]．郑州：河南人民出版社,1993.

[2] 付保宗．中国产业区域转移机制问题研究[M]．北京：中国市场出版社,2008.

[3] 刘红光,刘卫东,刘志高．区域间产业转移定量测度研究[J]．中国工业经济,2011(6).

[4] 刘力,张健．珠三角企业迁移调查与区域产业转移效应分析[J]．国际贸易探索,2008(10).

[5] 罗云毅,周汉麒．工业重心东移与"十二五"期间的区域产业转移和承接[J]．宏观经济研究,2010(1).

[6] 魏后凯,白玫．中国企业迁移的特征、决定因素及发展趋势[J]．发展研究,2009(10).

[7] 刘友金,袁祖凤,易秋平．共生理论视角下集群式产业转移进化博弈分析[J]．系统工程,2012(2).

第5章 我国产业跨区域转移研究[①]

5.1 深刻认识推动我国产业跨区域转移的重要意义

我国进入产业跨区域较快转移的有利时期，东部地区向中西部产业跨区域转移整体上步伐较快，呈现市场扩张型转移和要素约束型转移双重特征。但是，中西部地区区位优势不明显、高素质人才供给不足、要素供给条件日趋紧张、市场容量有限、产业配套能力较弱、软环境相对落后、东部地区地方政府干预产业转移、国家产业政策对区域发展差异性重视不足等因素，在一定程度上制约了东部地区产业向中西部地区继续较快转移的进程。在产业跨区域转移中，需要重视以下问题：产能过剩行业的转移问题、承接产业转移有效性问题、地区间承接产业转移恶性竞争问题、"腾笼换鸟"的悖论问题等。针对以上制约因素和存在的问题，推动我国产业跨区域健康、有序较快转移，要立足于推动区域协调发展和产业结构优化升级，科学发挥市场和政府的作用，建立"以市场为主导，政府政策引导为补充"的转移机制，把握我国产业跨区域转移的现状特征和规律，分行业、分类型推进产业转移，要克服阻碍产业转移的不利因素，探索推动转移新模式和新途径，中西部地区要发挥综合优势，把承接产业转移和培育自身发展能力结合起来，既要扩大产业规模，壮大主导产业，更要优化产业结构。同时，中央政府要发挥对产业跨区域转移的推动和监管作用，地方政府要采取措施积极推动和科学承接产业转移。

改革开放以来，我国经济保持持续高速增长。但与之伴随的是我国区域发展严重失衡、产业发展存在结构性矛盾、经济增长对出口需求依赖过高、就业布局向东

---

① 本章由王云平、盛朝迅、戴宏伟合作完成。

部地区过度集中，这些问题使得我国经济保持较快增长缺乏可持续性。产业跨区域转移，是在全国范围生产要素的重新优化配置，有助于促进我国区域协调发展，促进产业结构优化，扩大国内需求，调整就业布局结构，具有重要的战略意义。

第一，产业跨区域转移有助于中西部地区形成新的经济增长极，促进区域协调发展。

东部地区经济快速发展，得益于在区域内形成若干个经济增长极，如长三角、珠三角、京津冀都市圈等，起到了良好的带动效应。中西部地区经济要加快发展，同样需要培育和打造若干个新的增长极。通过引导东部沿海地区产业，特别是比较先进的制造业向中西部地区转移，可以在中西部地区条件较好的区域，发挥产业、区位、资源、交通、人力资源等综合优势，引进新的要素投入，获取技术溢出、关联带动、观念更新等效应，提升产业技术水平、优化产业结构、壮大产业规模、促进产业和人口集聚，构建多元化的现代产业体系，打造若干个新的增长极，带动中西部地区跨越式发展，最终促进全国区域协调发展。

第二，产业跨区域转移有助于东部地区在更高层次参与全球分工和发挥对全国经济的引领作用，带动全国产业结构优化升级。

东部地区产业发展处于全国"领头羊"地位，在一定程度上引领全国产业发展和结构调整优化的方向。近年来，东部地区瞄准国际市场，积极参与全球分工，技术密集型和资本密集型产业发展迅猛，在技术、人才和资金等方面有了丰厚积累，具备了提升全球产业链分工地位和加快产业结构调整升级的基础条件。与此同时，经过多年发展，长三角、珠三角等东部沿海发达地区土地、劳动力、能源等要素供给趋紧，资源环境压力加大。通过产业跨区域转移，东部地区可以把有限的生产要素用于发展更高端的产业，在更高层次上参与国际合作和竞争，继续发挥对全国经济的引领作用，最终带动全国产业结构优化升级。

第三，产业跨区域转移有助于中西部地区加快工业化和城镇化，促进国内需求扩大。

长期以来，我国经济高速增长主要依靠出口（外需）和投资拉动。但近年来，外需对经济的拉动作用严重减弱，我国经济要继续保持较快增长速度，需要进一步扩大包括消费需求在内的国内需求，而"城镇化是我国最大内需潜力之所在"①。通过产业跨区域转移，可以加速中西部地区工业化进程和城镇化进程，使得中西部地区各项基础设施建设、企业投资保持快速增长，城乡居民收入进一

---

① 李克强在 2012 年 9 月 7 日省部级领导干部推进城镇化建设研讨班学员座谈会上的讲话。

步提高，促进形成旺盛的国内需求，拉动我国经济较快增长。

第四，产业跨区域转移有助于调整我国劳动力就业布局，促进社会和谐稳定发展。

改革开放以来，我国东部沿海地区率先发展，积极承接国际产业转移，创造了大量的就业机会，吸引劳动力向东部沿海地区大规模转移。根据统计，2011年，中西部地区外出农民工 1.085 亿人（在本乡镇地域以外从业 6 个月及以上），其中在长三角地区务工约 2506 万人，占 23.1%，在珠三角约 2180 万人，占20.1%，这些务工人员呈现比较明显的"钟摆式人口流动"特点[①]，由此带来一系列社会问题，如大量人口涌入大城市，使社会治安、社会保障等基本公共服务面临较大挑战；劳动力"候鸟式迁移"形成"春运"等非正常流动，给交通运输带来巨大压力，等等。出现这些问题的根本原因是产业分布不均衡，经济发展差距过大。促进产业向中西部地区转移，将有助于促进中西部地区产业较快发展，增加就业机会，实现大量劳动力在本地就业，促进社会和谐稳定，为经济保持快速增长提供稳定的社会保障。

5.2　我国产业跨区域转移的动因和影响因素分析

5.2.1　我国产业跨区域转移的动因分析

(1) 产业跨区域转移的一般动因

目前关于产业跨区域转移动因的分析一般可以分为两类：一是比较优势因素的变化。比较优势学派认为，产业跨区域转移的动因在于比较优势因素变化导致的边际产业扩张。产业转移与比较优势因素变化密切相关。从国际产业转移的实践看，产业跨区域转移通常是从自身处于比较劣势的产业（本国产品生命周期中处于劣势、衰退阶段或边际产业）开始向外转移，促进产业转移的主要动因是资源和劳动力等要素成本的差异。发达国家劳动力成本上升，导致其丧失比较优势的劳动密集型产业和加工制造环节，从欧、美、日等发达国家向中国、印度、东南亚等发展中国家和地区转移，继而由我国沿海地区向其他地区转移。而资本技术密集型行业则呈现往资本、技术禀赋充裕的发达国家集聚的特征。这是产业结

---

① 杜鹰：《扩大开放 深化合作 开创西部地区承接产业转移工作新局面》，载《中国经贸导刊》2012 年第 28 期。

构与资源禀赋在空间上的耦合，是按动态比较优势发展的客观规律。二是产业集聚。从新经济地理学的角度看，产业转移的动因与产业区位、产业集聚和产业扩散程度密切相关。产业的空间集聚与扩散是集聚力与分散力共同作用、动态均衡的结果，产业转移的动力机制本质上是产业集聚演进过程中所伴随的现象[①]。一般而言，"高集聚、高外向度"产业集群迁移倾向较小，"低集聚、高外向度"和"低集聚、低外向度"产业集群迁移倾向较大。产业跨区域转移发生与否还与集聚租金的存在相关，当集聚租金较高时，企业为追求集聚租金和享受外部性而选择"扎堆"在东部沿海地区，当集聚租金下降时，一些要素开始向其他产业转移，或者迁移到其他地区寻找新的租金源。实际上，从产业集聚的角度看，产业跨区域转移的动力机制本质上是集聚力与分散力之差的区域比较优势，其集聚力主要来自产业的前后向关联效应、溢出效应和劳动力池效应，分散力主要来自市场拥挤效应和资源要素的非完全流动性[②]。

（2）我国产业跨区域转移的动因

与国际产业转移的动因类似，我国产业跨区域转移的动因主要表现在两个方面：一是比较优势因素的变化，主要体现在东部地区土地、劳动力、水、电等要素成本大幅上升倒逼产业转型升级，我国产业跨区域转移势在必行。具体包括资源驱动、成本驱动、市场驱动。资源驱动主要是指在经济高速增长背景下，东部地区各种资源供应日益紧张，驱使企业向资源丰富的中西部地区转移[③]；成本驱动主要是指东部地区企业为降低土地、劳动力成本向土地、劳动力要素成本低廉地区转移；市场驱动主要是指东部地区企业为扩大市场份额向具有较大市场潜力的中西部地区转移。二是产业集聚，随着国家西部大开发、中部崛起、振兴东北等区域协调发展战略的实施，中西部地区产业基础逐渐完善、配套环境不断改善，对产业跨区域转移形成了较强的吸引力，成为我国产业跨区域转移的重要动因。具体包括区位驱动和产业配套驱动。区位驱动主要是指由于产业转移承接地具备的独特的区位条件、地理位置、交通条件等因素形成对产业跨区域转移强大的驱动力；产业配套驱动主要是指产业承接地原有产业基础、配套环境对产业跨

---

① P. Krugman，Scale Economy：*Product Differentiation and Trade Models*，American economic review，1980（2）．

② 李颖、杨慧敏、刘乃全：《新经济地理视角下产业转移的动力机制——以纺织业为例的实证分析》，载《经济管理》2012 年第 3 期。

③ 和整个课题研究一致，本专题主要研究我国产业从东部地区向中西部地区跨区域转移的动因和影响因素。

区域转移的形成的吸引。

　　与此同时，由于我国所处的特殊发展阶段和具体国情，我国产业跨区域转移还具有相异于国际产业转移的特殊动因和影响因素，主要表现在两个方面：一是工业化进程加快，参与国际分工和促进产业结构调整的需要促进我国产业跨区域转移进程加快。目前，我国正处于工业化中期向中后期迈进的关键阶段，我国经济与世界经济的联系日趋紧密，国际制造业中心加速向中国转移，我国正加速融入国际产业分工协作体系，区域之间的分工协调和产业结构调整步伐和节奏也随之加快，促进了我国产业跨区域转移的发生和发展。二是政府主导型经济发展模式和以 GDP 为导向的政绩考核机制在我国产业跨区域转移中起到较为突出的作用，在发展条件、发展阶段相近的区域，政府之间的"锦标赛式"的竞争现象十分普遍，诸如经济特区、经济技术开发区、高新技术开发区、出口加工区、保税区等国家级、省级、地市级的开发区分别制定不同的优惠政策，对促进产业跨区域转移起到较大的影响，同时也有部分区域出现了竞争过于激烈的现象。

　　我国产业跨区域转移与国际产业转移的比较分析见表 5-1。

表 5-1　国际产业转移与国内产业转移的比较分析

	相　同　点	我国的特殊动因和影响因素
国际产业转移	一是基于比较优势的产业转移，如劳动密集型产业转移理论、边际产业扩张理论、产品生命周期理论、产业梯度转移理论，产业和要素之间的势差形成产业转移；	一是工业化进程加快，参与国际分工和促进产业结构调整的需要；二是政府主导型经济发展模式和以 GDP 为导向的政绩考核机制
国内产业转移	二是基于产业集聚的产业转移，产业集聚拉力和推力之间的对比形成产业转移	

资料来源：作者根据相关文献整理。

5.2.2　我国产业跨区域转移的影响因素分析

　　影响因素和动因是一对具有紧密联系的名词。动因是指那些驱使某件事情发生的原因，针对某一主体而言具有一定的主观性；影响因素则是指那些推动这件事得以成功的外部变量，具有较强的客观性。从作用效果看，动因主要是指那些促进事件发生的正向因素，影响因素则有正负之分。学术界在研究产业跨区域转移动因和影响因素时，一般不对二者做明确区分。我们根据研究需要将二者做一个区分，动因主要侧重于较为抽象的因素，影响因素主要侧重于较为具体的因素，但二者的理论基础是一致的。据此，我们可以将我国产业跨区域转移的影响因素归纳为企业层面、制度和政策层面、要素禀赋层面和区位与交易成本层面四个方面。其对产业跨区域转移的影响作用机理见表 5-2。

表 5-2　我国产业跨区域转移的影响因素分类

	企业层面	政府层面	要素禀赋变化	区位与交易成本
转出地	和配套企业一道搬迁 扩大市场份额 提高企业知名度 企业战略 决策者行为	优惠政策结束 政策推动 淘汰落后产业（如广东双转移）	劳动力成本上升 招工难 土地资源紧缺 资源环境约束 融资成本上升 原料成本上升	改变区位条件 引进技术 宏观政策导向和产业转移政策
承接地	和原厂距离近便于生产协作产品配套	政府优惠政策（税收减免、政策奖励等） 完善的基础设施配套 政府运作效率	招工容易 劳动力成本低 土地使用成本低 靠近原料、资源产地 研发能力 资金成本 水、电等能源价格	回乡创业等"回流式转移"； 亲戚朋友介绍 人文环境相近等社会因素 靠近港口、方便出口 市场化、信息化程度

资料来源：作者根据相关文献整理。

（1）要素禀赋变化

要素禀赋变化是导致我国产业跨区域转移的最主要因素之一。一般而言，生产要素是市场主体生产物品和提供服务必须具备的条件，通常是指劳动力、土地、资本等以物质形态而存在的要素。随着科学技术的不断发展，技术、信息、知识等无形要素对生产发展、经济增长的作用越来越显著[①]。

要素禀赋变化影响产业跨区域转移的作用机制主要体现在两个方面：一是要素禀赋赋存的差异，二是要素禀赋价格的差异。要素禀赋赋存的变化主要引致要素密集度发生变化，导致密集使用该要素的行业产出上的变化。从产业跨区域转移的角度看，随着东部地区土地、劳动力价格的上升，东部地区土地、劳动力要

---

① 马子红：《中国区际产业转移与地方政府的政策选择》，人民出版社 2009 年版。

素资源相对稀缺，中西部地区相应要素密集度的相对提升，将会导致东部地区劳动密集型行业向中西部地区转移。

第一，经过多年开发，东部地区可利用土地资源减少乃至紧缺、土地价格上升，促使一些加工制造型企业向中西部地区转移。

土地赋存方面，快速的城市化进程和大量的工业园、科技园，甚至工业镇、工业村的建设，使东部沿海工业用地已非常紧张。以天津滨海新区和江苏省苏州市等地近年来土地利用情况为例，不难发现目前我国东部地区耕地面积大幅减少，建设用地迅速增加，可利用土地资源已非常稀缺。

图 5-1 显示的是 1984—2009 年天津市滨海新区土地利用分布情况，从图中可以发现，1984—2009 年间，天津市滨海新区耕地面积呈现减少的趋势。1984 年耕地面积占全区土地总面积的 35.8%，是全区的第一大土地利用类型，2009 年耕地面积仅占全区土地总面积的 16.8%，变为全区的第三大土地利用类型。而建设用地面积则呈逐年增加的趋势，1984 年建设用地面积占全区用地面积的 9.9%，2009 年已上升至 31.1%，新增建设用地面积占全部用地的 21.2%。其中，2006—2009 年建设用地面积增长幅度最大，增幅为 17.5%，2006—2009 年增幅为 10.6%。

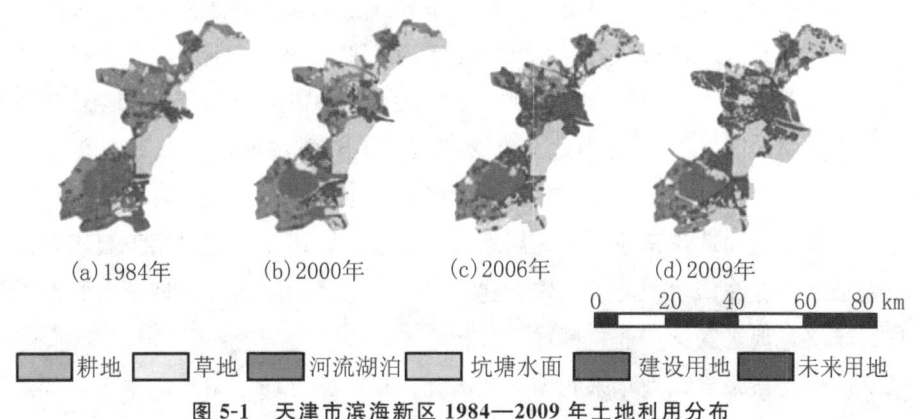

(a) 1984年　　　(b) 2000年　　　(c) 2006年　　　(d) 2009年

0　20　40　60　80 km

■ 耕地　□ 草地　■ 河流湖泊　□ 坑塘水面　■ 建设用地　■ 未来用地

图 5-1　天津市滨海新区 1984—2009 年土地利用分布

资料来源：李娜等：《天津滨海新区——曹妃甸典型地区土地利用演变分析》，《遥感技术与应用》，2012（4）：290—297。

图 5-2 显示的是 1998—2008 年苏州市土地利用类型的剧烈变化情况。不难发现，1998—2008 年，包括城市用地、建制镇用地、独立工矿用地和交通运输用地在内的建设用地面积迅速增加，特别是独立工矿用地增加显著，表明这一时期苏州市工业规模扩张、经济发展加速。

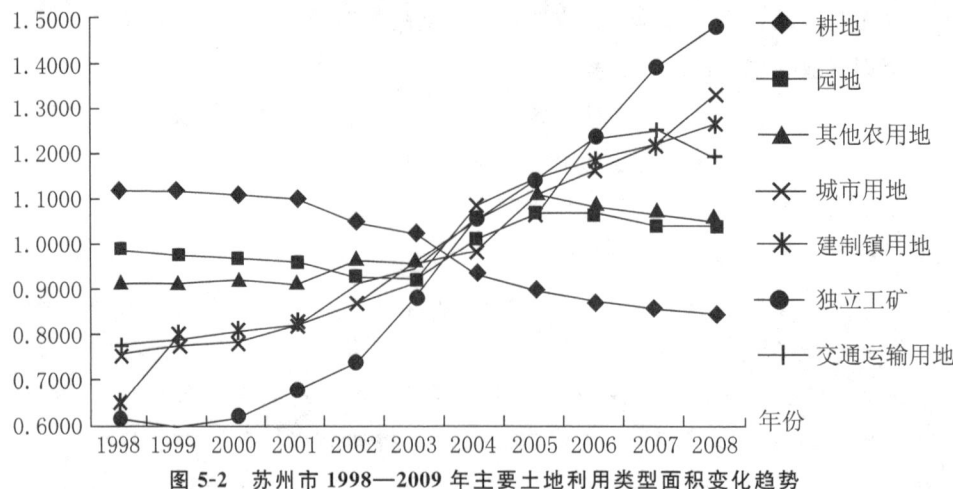

图 5-2　苏州市 1998—2009 年主要土地利用类型面积变化趋势

资料来源：乔伟峰等：《高度城市化区域土地利用结构演化与驱动因素分析——以苏州市为例》，《长江流域资源与环境》，2012（5）：557—565。数据处理方法为归一化处理，即求各地类各年面积与各地类历年面积均方根平均数的比值。

　　同时，由于经济与城市化的高速发展，珠三角大量的农业用地转换为城市用地和工业用地，耕地资源锐减，造成政府在经济发展过程中，面临土地资源不足、供地紧张的局面越来越突出。根据广东省国土资源厅的数据，从"九五"到"十一五"期间，广东建设用地共 6000 多万亩，平均每年用地 46.7 万亩，10 多年来的用地量，是广东有史以来用地总量的 30%。其中珠三角用地强度超过 40%，已远超国际上 30% 的用地强度警戒线。土地资源的高度紧张是倒逼广东开展"双转移"的重要动因。不难看出，经过多年的快速发展，我国东部沿海地区特别是长三角和珠三角地区工业用地已非常紧张，迫使很多对用地要求较高的加工制造型企业在新增产能或投资新建工厂时，选择向中西部土地资源相对充裕的地区转移，促进我国产业跨区域转移。

　　从土地价格来看，近年来我国土地出让价格一路上扬，用地成本上升倒逼一些企业向土地使用成本相对低廉的区域转移。据国土资源部统计，2011 年全年出让国有建设用地面积 33.39 万公顷，出让合同价款 3.15 万亿元，同比分别增长 13.7% 和 14.6%。其中，全国 105 个主要城市工业用地平均价格为 652 元/平方米，同比增长 3.9%。2007 年工业用地价格一度上涨超过 16%，单位用地的成本上升显著。土地资源的稀缺，促使一些东部地区对土地投资强度设定门槛，部分地区已超过 300 万元/亩，而中西部地区对招商引资企业投资强度的要求一般在 20 万元/亩至 100 万元/亩之间，东部地区和中西部地区土地价格和实际获取

成本差异较大，一些中西部地区甚至通过土地补贴等方式实施零地价，促使一些
投资密度低的企业向中西部地区转移（见图 5-3 和图 5-4、表 5-3）。

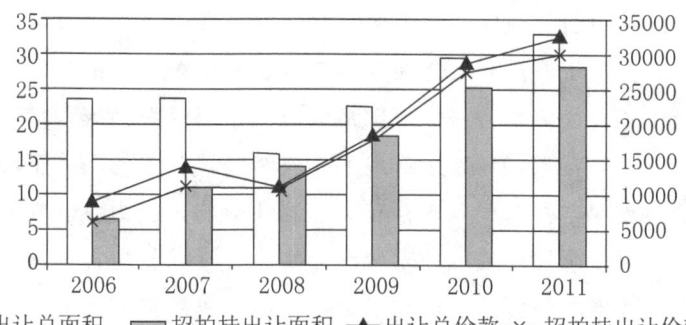

图 5-3　2006—2011 年国有建设用地出让面积及成交价款情况

资料来源：国土资源部。

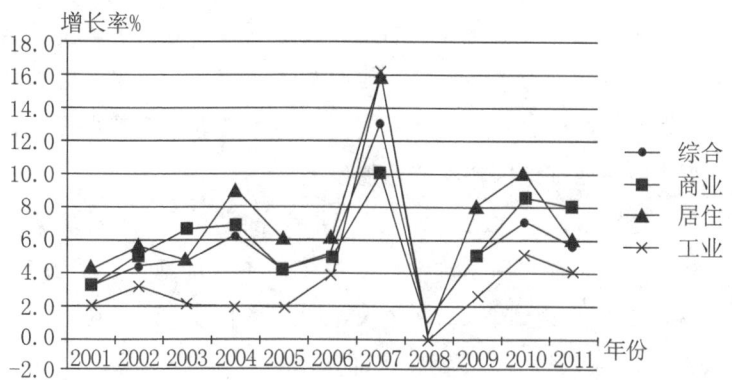

图 5-4　2001—2011 年主要城市监测地价情况

资料来源：国土资源部。

表 5-3　中西部地区土地价格与投资强度差异比较　　单位：元/平方米

	全国重点城市		东　部		中　部		西　部	
	2005 年	2011 年	2005 年	2011 年	2005 年	2011 年	2005 年	2011 年
综合地价	1241	4201	1465	6129	1119	2053	1036	2903
工业地价	—	807		973		583		576
投资强度 （万元/亩）	—	—	200～300		60～150		20～100	

　　注：综合土地价格和工业地价数据来自国土资源部《2005 年全国主要城市地价状况分析报
告》、《2011 年全国主要城市地价状况分析报告》；投资强度数据来自笔者对上海、江苏南京、常
州、无锡、昆山，安徽合肥、芜湖、滁州，湖南长沙、衡阳、郴州，甘肃白银等地的调查。

第二，东部地区农民工流入减少、用工成本上升，"用工荒"、招工难现象日益普遍，促使一些劳动密集型加工制造企业向中西部地区转移。

虽然东部与中西部地区劳动力要素禀赋差异和收入差距是促进产业跨区域转移的动力，但由于改革开放之初我国实施的非均衡增长战略促使东部地区率先发展，吸引了大量劳动力从中西部地区流向东部沿海地区，使东部沿海地区劳动力供给弹性非常大，导致东部地区企业跨区域转移的动力下降。更有学者指出，劳动力流动本身对产业转移有着抑制性影响，认为我国农村剩余劳动力的无限供给导致沿海发达地区外来劳动力实际工资增长缓慢，从而削弱了西部地区相对于东部地区的劳动力比较优势，进而导致东部地区劳动力密集型制造业转移的迟滞[①]。

然而，这种"抑制"只是较短时期的一个现象，大量东进的农民工虽然短时期抑制了东部地区劳动力成本快速攀升的步伐，但是这种"抑制"导致了近年来农民工分享工业化成果、城市化红利的比较收益下降，造成了诸多社会问题。近年来，随着农村剩余劳动力逐渐稀缺，我国劳动力流动、招工、劳动力价格等方面呈现出来的新特征，标志着东部地区廉价劳动力成本优势基本丧失，大规模的劳动密集型产业向中西部地区转移有可能发生。

一是中西部地区一些农民工"回流"，导致东部地区用工难现象凸显。国家统计局数据显示，近年来我国东部地区农民工向中西部地区"回流"态势明显。2011 年全国农民工总量达到 2.5278 亿人，同比增长 4.4%。其中，外出农民工 1.5863 亿人，增长 3.4%。2011 年在东部务工的农民工占农民工总量的 65.4%，比上年降低 1.5 个百分点；在中部务工的占 17.6%，提高 0.7 个百分点；在西部务工占 16.7%，提高 0.8 个百分点。2009 年的变化趋势更为明显，受金融危机影响，当年在东部地区务工的外出农民工比 2008 年减少了 888 万，下降 8.9%；在中部地区务工的外出农民工则比 2008 年增加了 618 万，增长 33.2%，占全国外出农民工人数的比重上升到 17%；在西部地区务工的外出农民工为 2940 万，比上年增加 775 万，增长 35.8%。这种"回流"导致中西部地区向东部地区无限劳动力输送的渠道被阻隔，东部地区劳动密集型企业招工难、用工难的现象越来越突出。一些企业随着劳动力"回流"和迁移的方向，进行跨区域转移。

二是人口结构发生深刻变化，东部地区用工难将成为常态。从第六次人口普查的数据看，虽然 15—59 岁人口的比重较 10 年前上升了 3.36 个百分点，但国

---

① 罗浩：《中国劳动力无限供给与产业区域黏性》，载《中国工业经济》2003 年第 4 期。

家统计局日前公布称，15—64 岁劳动年龄人口的比重自 2002 年以来首次出现下降，2011 年为 74.4%，同比微降 0.1 个百分点。如果考察 18～45 岁青壮年劳动人口占整个人口的比重，应该在前几年就出现了下降的拐点。此外，城市人口也已经超过了农村人口，且农村人口向城市流动的速度明显放慢，2011 年为 828 万人，较过去 10 年明显放慢，农村老龄化问题日益严峻，适龄务农人口大幅减少，农村也出现了"用工荒"。未来一个时期，农村青壮年劳动力向城市转移，特别是向东部地区转移的数量会比较有限。从人口的教育结构来看，2000—2010 年中国新增人口 7348 万，但大学以上学历人口增加将近 7200 万，与新增人口基本接近。换言之，中国过去 10 年新增人口都成了大学生，其他人口几乎没有增长。大学生规模膨胀的同时，高中及以下学历者的比重就相应下降，这也导致了"民工荒"的持续性，进而引发产业跨区域转移的强大动力。

三是农民工工资上升幅度较大，东部地区企业用工成本上升。近年来我国大幅提高最低工资标准，农民工平均收入水平也有较大提升。2011 年全国外出农民工月均收入 2049 元，比上年增长了 21.2%。分区域看，东部地区制造业平均工资达 3000 元/月，相比 2005 年提高了 50% 以上。一些地方除了简单提高工资标准，还扩大了农民工社保的覆盖范围，如上海市决定在 2012 年年底前在全市范围内推行社保，导致企业用工成本比 2011 年上升了 20% 左右，此外，部分新生代农民工对工资、工作环境等要求提高，也推动了企业用工成本的上升。一些企业在成本上升的压力下纷纷向中西部地区转移（见表 5-4）。

表 5-4 近年来部分东部地区省市最低工资标准及增幅

地　区	年份（单位：元/月）			三年累计增幅/%
	2012 年	2011 年	2010 年	
深　圳	1500	1320	1100	27
北　京	1260	1160	960	23.8
天　津	1310	1160	920	29.8
上　海	1450	1280	1120	22.7
江　苏	1320	1140	960	27.2
山　东	1240	1100	920	25.8
浙　江	1310	1310	1100	19

资料来源：新浪网。

第三，东部地区资源环境约束加剧，促使一些对资源、环境和能耗要求较高的企业向中西部地区转移。

长期低成本、高消耗的粗放型发展模式促进东部地区成为引领中国经济发展的重要增长极，但也造成了资源的大量消耗、环境的严重污染和效率低下。资源方面，我国能源资源消耗快速增长，对外国资源依存度不断攀升，重要资源的供给约束进一步凸显，以电力供应为例，江苏、浙江、上海等省市都不同程度地遇到了电力供应不足的问题，甚至出现了多年不见的淡季"电荒"，电力的短缺已成为东部地区产业发展道路上的一道屏障，能源资源的短缺已严重制约了东部地区相关产业的发展，尤其是受能源和矿产资源限制较大的重化工业的发展。而中西部地区特别是湖北、重庆、河南等省份电力和能源相对充裕地区吸引产业转移的能力不断提升。环境方面，由于东部地区和中西部地区环保政策的门槛不同，一些被东部地区淘汰的某些不符合产业政策的产业，如"小电镀""小印染""小钢铁""小水泥"等，被中西部地区以种种优惠政策引进，出现了"产业梯次转移"的现象。2007 年无锡市因蓝藻暴发导致供水危机，无锡市决定在两年内关闭规模以下的化工企业 772 家，这些关停企业迅速被从全国各地涌来的大批招商引资团队吸引至中西部地区重新投资设厂。

（2）企业成长因素

从企业成长的角度看，产业跨区域转移的主要动因有两个：一是市场扩张的需要，二是与配套企业集群式转移，增强产业链上下游之间的协作与配套。

第一，中西部地区现实和潜在市场规模不断增长，吸引沿海经济发达地区市场扩张型产业加速向中西部地区转移。

市场是企业的生命线，市场扩张是企业发展过程中最自然的诉求。世界范围内三次大的产业转移，第一次是日本承接产业转移，第二次是"亚洲四小龙"承接产业转移，第三次是我国沿海地区承接产业转移。固然有边际产业扩张的因素，实现转出国家或地区产业结构调整和升级等动因，开拓产业转移承接国市场也是其对外转移的重要因素之一。特别是发达国家向我国的产业转移，很大程度上是出于占领我国庞大国内市场的需要。同时，随着经济发展和人均收入水平的提高，导致我国东部沿海地区需求结构迅速变化，特别是近年来由于宏观经济形势的变化，使得企业经营的市场压力显著增大，迫使企业通过产业转移的方式来打开市场，寻求有广阔获利空间的市场。相关研究表明（陈建军，2002），市场扩张型的产业转移是现阶段中国的产业转移的主要类型。在其调研的 105 家企业中，有 65％的样本企业把扩大市场销售份额作为其对外扩张和产业转移的主要动机和目标。近年来，一些规模较大的大中型企业向内地、中西部地区的扩张也带有明显的市场扩张动机，比如快速消费品类的娃哈哈、农夫山泉等在全国各地投资设厂，其主要目标就是占领区域市场。上海海立空调压缩机在转移搬迁时有安徽、江西、河南等 5 个省份可以选择，但最后决定转移搬迁至江西南昌，很重要的一个原因在于，江西距离国内主要空调厂商生产地——广东较近，而空调厂商是海立空调压缩机的主要销售对象（当然，企业选择到南昌投资设厂，还综合考虑了劳动力、政策等多个方面的因素）。

近年来，随着我国外需市场的压力增加和我国加工贸易企业的转型，许多出口型企业开始重视国内市场，随着主要市场方向的变化，一些企业开始向中西部地区转移。比如原来我国加工贸易企业主要是以出口为主，其布局主要是以沿海地区为主，随着企业日益重视国内市场、出口转内销步伐的迈进，国内市场特别是中西部地区经济发展，从而促使中西部地区市场规模的扩大，一些企业逐步转为内需型企业，相应地，其向中西部地区转移的可能性也大大增强。

另一方面，国家统计局数据表明，中西部地区的市场规模在扩大，本地市场效应的作用范围从东部地区扩大到中西部地区，中西部地区对东部地区制造业的吸引力增加。2005—2010 年，中西部地区社会消费品零售总额从 27986 亿元增长至 66206 亿元，增长 2.36 倍；亿元以上商品市场交易数目从 1009 个增长到 1707 个，增长 69.2％，比全国平均增速高 20.6 个百分点。从每百户汽车拥有量来看，中部地区同比增长 4.7 倍，西部地区同比增长 4.1 倍，比东部地区增速分别快 130 个百分点和 70 个百分点。从每百户计算机拥有量看，中部地区同比增长 76.3％，西部地区同比增长 89.6％，分别比东部地区快 17.5 个百分点和 30.8 个百分点。中西部地区市场规模的迅速扩大和人均消费水平的提升，促使中西部地区对东部地区产业转移的吸引力不断增强（见表 5-5）。

表 5-5　东部与中西部地区市场规模和主要耐用品消费情况

	全　国		东　部		中　部		西　部	
	2005	2010	2005	2010	2005	2010	2005	2010
社会消费品零售总额（亿元）	67177	156998	39972.8	90792	16405	38874	11581	27333
亿元以上商品交易市场数目（个）	3323	4940	2314	3233	637	1052	372	655

	全　国		东　部		中　部		西　部	
	2005	2010	2005	2010	2005	2010	2005	2010
每百户汽车拥有量（辆）	3.4	13.1	5.3	17.9	1.4	6.6	2.3	9.3
每百户彩电拥有量（台）	134.8	137.4	145.4	147.3	126.2	127.0	125.2	121.3
每百户计算机拥有量（台）	41.5	71.2	54.1	85.9	31.7	55.9	28.8	54.6

资料来源：《中国统计年鉴》（2006—2011）。

第二，与配套企业集群式转移，便于生产协作、产品配套是企业成长过程中开展产业转移的另一重要因素。

根据产业集群理论，由于前后项关联效应机制的存在，具有垂直关联关系的部门之间在空间定位上也是互相依赖和互相影响的。企业在进行区位选择时，不仅要考虑到生产和贸易成本，也要考虑到接近市场。特别是当产业之间存在着垂直关联关系时，上游产业的产品是下游产业的中间投入品，下游产业形成上游产业的市场，产业链上下游之间、企业之间形成紧密的协作与配套关系，促成产业集聚的形成，实现了劳动力市场的共享、知识的外溢和创新等马歇尔外部性，使企业获得巨大的成本节约和很强的市场竞争力。上游产业在下游产业所在区域的集聚也会使下游产业获得成本的节约。一般来说，对于产业承接地而言，如果具备较为完备的产业链上下游配套或相关及辅助产业，也会成为吸引产业跨区域转移的重要因素。相关及辅助产业是指因共用某些技术、共享同样的营销渠道或服务而联系在一起的产业或具有互补性的产业，包括集群所需特定的原材料市场、设备供应市场、动力供应、教育、科研及其转化机制、会展业、物流业及金融服务业等。一方面，完善的产业配套往往使潜在转出区域拥有更多的所有权优势，带来更强的内部化动机，为产业转移提供可能；另一方面，如果潜在转入区域具有良好的产业配套，那么可以为企业对外投资节约大量交易成本，从而大幅度提高使潜在转入区域变为事实转入区域的可能性。

随着经济全球化、一体化的加深；生产要素决定的传统比较优势对产业转移路径的影响程度不断下降，尤其凸显相关及辅助产业状况对产业转移的重要作用。在决定产业转移的因素中，要素禀赋是基础，而相关及辅助产业状况是关键，是产业转移与否和产业转移的方向的重要指针。一般而言，产业转移承接地重点承接产业与本地优势产业有一个较为紧密的对应关系。从表5-6可以看出，我国中西部地区主要省份在承接产业转移时，也会结合承接地原有产业基础情况确定重点承接的产业方向。

表 5-6　我国中西部地区主要省份重点承接产业选择

地　区	重点承接产业	产业基础
安　徽	装备制造、电子信息、化工、建材、轻纺、有色、汽车、家电等	电子信息、家电、汽车（江淮、奇瑞）、装备、有色金属加工、电子材料、纺织、机械等
河　南	电子信息、纺织、物流、机械、能源等	纺织、装备制造、食品工业、有色金属加工等
湖　南	电子信息、服装、家具、装备制造、出口加工业等	能源、原材料、装备制造、食品加工、石化、有色金属加工等
湖　北	汽车、电子、纺织服装、石化、机械、生物医药、农产品加工等	汽车、钢铁、石化、纺织、食品加工、光电子等
山　西	能源、资源、钢铁、机械装备、农产品加工等	煤焦化、钢铁、铸造、玻璃器皿、医药、机械装备等
江　西	能源、汽车、生物、服装、家具、出口加工业等	能源、有色、汽车、生物、纺织服装、农产品加工等
重　庆	电子信息、汽车、新能源、家电、化工等	汽车、装备、化工、材料、消费品制造等
四　川	电子信息、汽车、装备、纺织、新能源、机械制造等	家电、家具、电子信息、建材、机械、纺织服装等
陕　西	电子信息、能源化工、装备制造、生物医药、汽车及零部件、农副产品加工等	装备制造、能源化工、航空航天、有色金属加工、冶金、食品、医药、纺织等

资料来源：作者根据各地"十二五"规划整理。

相关及辅助产业的作用还表现为各种产业发展平台的搭建。如合肥、铜陵分别建立了服装产业创新工业园，九牧王、利郎等众多国内知名服装厂家纷纷签约入住，将其研发和生产基地迁移至此，形成了一定规模的服装加工和产出能力。中国中西部鞋都璧山目前已有来自广东、浙江、上海和中西部1600多家相关制鞋产业入住，年产皮鞋9000多万双，产值达到61.7亿元。湖南湘南承接产业转移示范区变"引凤筑巢"为"筑巢引凤"，2009—2011 年三年累计建设标准厂房 2000 万平方米，使企业从决定投资设厂到建成投产的周期从 2 年缩短为 3 个月，吸引了富士康、欧姆龙、台达电子等众多东部沿海地区的企业入驻，促进了产业转移。

此外，除了同行业集群式"扎堆"的产业转移外，良好的配套环境引来龙头企业的同时，也会带动产业链上下游相关配套产业集群式转移到中西部地区。富士康在衡阳设立的衡阳胜添精密电子有限公司和领航科技（衡阳）有限公司两家企业，在落地生产的同时，还吸引了巨基电子、萤茂科技、欧陆通电子、宏达印刷、松安光电、富创、界龙实业等诸多配套企业落户，初步形成承接产业转移的集群效应。

第三，东部地区原有产业集群形成较强外部性，客观上会造成一部分企业向中西部地区转移滞缓，随着产业发展，环境变化，东部地区集群企业到中西部地区寻求新的集聚区动力增强。

根据产业集群的原理，东部地区在承接国际产业转移和产业发展过程中逐渐形成了各种类型的产业集群，这些产业集群通过分工协作产生较强的集群经济效应，促进集群内知识共享和成本降低，会促使进入集群的企业享受到较高的外部性，而促使集群规模的不断扩大和发展。这在客观上会对产业跨区域转移形成一定的阻滞，企业愿意"扎堆"在东部地区发展，而不愿意转移到不具备产业集群优势的中西部地区。但在东部地区要素成本进一步上升和国际市场需求萎缩等因素的双重倒逼下，一些"高关联、高外向度"的产业集群也开始出现向中西部地区转移的趋势，比如在江浙等地集群化水平较高的纺织行业，也出现向中西部地区转移的趋势。但其跨区域转移一般不会直接把整个行业或龙头企业向中西部转移，而是将与集群配套关系不太紧密的、技术水平一般的环节率先向中西部转移，等配套环境培育比较完善后，再大规模转移搬迁。有的则是因为原先东部地区产业集群到了一定阶段，产生集聚不景气，需要寻求新的聚集区，而向中西部地区转移。

（3）区位与交易成本因素

① 区位因素特别是运输成本是影响我国产业跨区域转移的重要因素

区位因素和交通运输及通信条件影响着区域要素流动的畅通及运输成本的高低，是影响我国产业跨区域转移的重要因素。交通运输设施落后，则要素、商品的流动成本就高，从而阻碍产业的区域转移；相反，交通运输条件越便利，通信设施越发达，越容易促进要素和商品的流动，越有利于吸引企业的迁入。因此，企业在选择产业转移区位时，会重点考虑两大因素：第一，是区位的远近。这一点在近年来我国产业跨区域转移实践上的反映非常明显。以皖江城市带承接产业转移示范区为核心的安徽省承接产业，转移的企业大多来自上海、江苏、浙江等长三角地区，以湘南承接产业转移示范区为主体的湖南省承接产业转移企业则大多来自广东、中国香港等珠三角地区及其邻近的福建、中国台湾等地区，环渤海地区的河北等地近年来则主要对接北京、天津等环渤海地区的产业转移。数据显示，2011 年 1—11 月，皖江城市带承接产业转移示范区引进亿元以上省外投资项目 2884 个，到位资金 2703 亿元，同比增长 61％，占全省 70.3％，其中来自沪苏浙的项目 2661 个，到位资金 2123.9 亿元，占示范区 78.5％，表明受区位条件影响，承接长三角产业转移是皖江城市带承接产业转移的重点。第二，是交通的通达和便利性。以中部地区为例，"十一五"期间，中央提高了中部地区的交通建设项目投资标准，共安排中央投资 1414.09 亿元用于中部地区公路和水运建设。截至 2010 年年底，中部六省公路通车里程达 110.1 万千米，较 2005 年增加了17.2 万千米。武广高铁、郑西高铁建成通车，中部地区交通运输条件大为改观。此外，根据已经披露的铁路建设规划，中部地区是我国未来铁路建设的重点，至2015 年，中国高铁营运里程最长的前 10 个省份中，多数处于中部地区。其中，安徽省"十二五"规划快速客运铁路 2500 千米，占全国规划总里程的 15％。近年来中西部地区交通物流条件的改善，使其越来越多地承接了沿海及全球产业转移。

当然，由于中西部地区在经济发展水平、流通业发展水平和物流基础设施建设等方面和东部地区还有较为显著的差异，因而中西部地区物流成本较高，对产业跨区域转移形成一定的制约。当前，中西部地区还存在物流半径过大、运行成本过高、缺乏规模和成本优势等问题。虽然有部分地区通过政府补贴、取消高速公路收费等方式降低物流成本，但这种做法并不普遍，且主要支持龙头企业，对配套企业帮助不大。同时，东部地区转移到中西部地区的企业以加工制造、原材料和低附加值产品为主，呈现货运量大、运距长、产品价值低等特征，物流成本占利润比重较高。由此，一些东部地区企业转移至中西部地区客观上会产生短时期内物流成本大幅增加的情况，对产业跨区域转移形成一定的阻滞。

② 综合成本优势对产业跨区域转移的影响越来越大

除了地理距离和交通运输条件外，区位因素更多体现的是一种基于区位产生的各种因素的集合，既有多种增长要素的质量和禀赋因素，也有基础设施、法律、文化和宏微观管理等多因素的综合。企业在面临跨区域转移区位选择时，考虑的因素也越来越多，影响其转移的因素也越来越复杂和多元。除了企业比较重视的要素成本、贴近原料产地、贴近产品销售市场、交通运输条件、物流成本等因素的变化外，一些企业正在把包括多重因素的综合成本优势作为自身跨区域转移决策的重要因素。比如深圳一家原来准备转移到正在打造"中国锂都"的江西省宜春市的锂电池生产企业，但在武广高铁开通后，由于考虑到方便总部和分部沟通联系，同时，便于客商参观企业等因素，决定搬迁到湖南郴州。根据该企业负责人的介绍，企业转移搬迁不仅仅考虑到货物的运输成本和贴近原料产地、降低劳动力成本等因素，更多的是考虑包括要素成本、人员流动、信息流动的便利、相关的配套设施和服务等在内的综合成本。相较于一些比较显而易见的劳动力成本等优势，企业更愿意转移搬迁到综合成本优势明显的地区。

此外，人文相近等社会因素也是构成综合成本优势的重要组成部分。课题组在对江西南昌、湖南衡阳等地的调研中发现，一些东部沿海地区企业为方便职工生活和兼顾子女就学，出现了向职工家乡转移的趋势。

（4）制度与政策因素

法律、政策、文化等制度因素对产业区域转移具有重要的影响。政府政策或制度行为可能对产业转移产生正面的影响，也可能产生负面的影响。健全的法律制度保障、优惠的产业政策有利于吸引产业的转移，政府服务效率低下、公共基础设施不健全就会阻碍产业的承接。

① 中央层面出台促进产业跨区域转移的政策措施

一是发布了《国务院关于中西部地区承接产业转移的指导意见》（国发〔2010〕28号文，简称《意见》）。中央在对当前国际、国内产业分工调整形势进行深入分析和对我国东部沿海地区产业向中西部地区转移情况战略把握的基础上出台了该指导意见。《意见》指出，积极承接国内外产业转移，不仅有利于加速中西部地区新型工业化和城镇化进程，促进区域协调发展，而且有利于推动东部沿海地区经济转型升级，在全国范围内优化产业分工格局。要依托中西部地区产业基础和劳动力、资源等优势，通过因地制宜承接发展优势特色产业、促进承接产业集中布局、改善承接产业转移环境、加强资源节约和环境保护、完善承接产业转移体制机制、强化人力资源支撑和就业保障、加强政策支持和引导等政策措施，推动重点产业承接发展，进一步壮大产业规模，加快产业结构调整，培育产业发展新优势，构建现代产业体系。指导意见的出台对进一步指导中西部地区有序承接产业转移，完善合作机制、优化发展环境、规范发展秩序起重要作用。

二是批准了一批国家级承接产业转移示范区。自 2010 年 1 月国务院批准实施《皖江城市带承接产业转移示范区规划》以来，国务院和国家发改委先后批准了广西桂东、重庆沿江、湖南湘南、湖北荆州和晋陕豫黄河金三角等国家级承接产业转移示范区。这些承接产业转移示范区的设立，对于促进优势要素资源集聚，优化承接产业转移示范区发展环境，发挥示范区的综合优势，探索科学承接产业转移的新模式，促进产业承接转移有序开展，为其他区域提供示范，具有重要的意义和引导作用。有利于各地加强政策和规划引导，严格执行产业准入标准，坚决转变传统的产业承接方式，积极优化要素资源配置，加快经济结构的战略性调整步伐，建设科学承接产业转移的示范区，为中西部地区提供大规模承接产业的新模式。

三是区域开发战略。近年来，中央先后提出西部大开发、中部崛起和振兴东北老工业基地等区域开发战略，强大的政策推动和优势对东部沿海地区的产业形成了强大的吸引力。比如为了振兴东北老工业基地，国家明确提出了包括财政、税收、社保等支持老工业基地调整和改造的多项优惠政策。国务院各部门结合各自的职能进行了进一步细化，一些政策已经落到实处，比如按照增值税改革的方向，对东北老工业基地装备制造业等八大行业允许新购进机器设备所含增值税税金予以抵扣；按照所得税改革的方向，实施提高计税工资税前扣除标准等减轻企业税负的有关政策；对部分资源型城市实施城市转型项目扶持；分两次推出 160 项振兴东北重大项目，等等。同时，西部大开发战略的实施也使得国家的政策由向东部倾斜转为支持西部地区的发展。这些政策包括对西部进行重点投资，将三个 70% 的资金（国家财力的 70%，国债的 70%，国外贷款的 70%）投入西部地区；对进入西部的国内外企业实行优惠的财税政策；重点扶持西部地区教育和科技事业的发展，等等。由于和东部地区形成了显著的政策势差，中西部地区对东部地区的产业的吸引力大大增强。更为关键的是，国家加大了改善中西部投资环境的力度，将投入中西部地区的资金主要用于改善中西部地区经济发展的软硬件环境。投资环境的改善，将极大地提升中西部地区的经济素质，增强中西部地区的科技创新能力，降低企业在西部地区的投资成本，提高要素的获利水平。而且，由于这些政策作用的长期性，较之单纯的税收优惠，其对东部地区产业转移的吸引力也更强。因此，西部大开发、中部崛起和振兴东北老工业基地等区域开发战略所形成的政策优势，构成了吸引东部地区产业转移的重要因素。

② 区域层面出台促进产业跨区域转移的政策措施

东部地区较早地意识到产业转移的问题，出台了一些促进产业转移的政策措施，如江苏提出的"振兴苏北"和"促进南北产业转移"的政策措施、广东出台的"腾龙换鸟"和"双转移"政策等。这些政策的出台主要是东部地区在资源、环境和劳动力等综合成本上升的形势下，放弃或转出原来的低端产业环节而转向高端环节，采取异地"转移升级"的现实选择。但这些地方并没有采取直接促进产业从东部向中西部转移的跨区域转移战略，而是积极引导本地产业在省域范围内转移，优化资源配置，促进省域内经济协调发展。比如江苏的产业转移政策主要是引导产业从苏南转向苏北，广东的产业转移政策主要是引导产业从粤东转向粤北和粤西。这些区域内产业协调发展战略在促进省域内产业承接地区加快发展的同时，也有一些企业按照市场发展的要求向中西部地区，甚至东南亚国家转移搬迁，客观上促进了产业跨区域转移的发展。

中西部地区承接产业转移经历了由"自发"到"自觉"的发展过程。譬如中部地区的江西省从 20 世纪 90 年代末就有一些东部地区沿海企业出于开拓中西部地区市场等方面的考虑，陆续向江西转移，到了 21 世纪初政府开始有意识地引导承接产业转移。省委、省政府积极应对新这一轮加工贸易产业大转移的竞争，召开专门的承接产业转移工作会议，研究部署江西承接产业转移的促进政策和扶持措施，出台了一系列优化外商投资和经营环境的地方法规和文件。2003—2007年连续 5 年实际利用外资居中部地区之首。近年来发展势头也不错。湖南省出台了《关于加快承接产业转移发展加工贸易的若干政策措施》（16 条）；《关于支持郴州市承接产业转移先行先试的若干政策措施》；《中共湖南省委、湖南省人民政府关于进一步扩大开放，加快发展开放型经济的决定》（25 条）；省政府《关于加快发展开放型经济的若干政策措施》（38 条）和《中共湖南省委、湖南省人民政府关于推进湘南承接产业转移示范区建设的若干意见》（湘发〔2012〕14 号）等系列优惠政策，着重在产业发展、载体建设、基础设施建设、用地、金融、人才等方面加大支持力度，形成了较为完善的政策支撑体系，对加快承接产业转移起到了重要的促进作用。

③ 目前制度层面仍存在一些不合理的地方

尽管包括中央和地方各个层面出台了一系列促进产业跨区域转移的政策和措施，但目前制度层面仍存在一些制约产业跨区域转移的因素。比如东部地区一些省份的产业转移政策重点在于促进产业在本省范围内转移，优化资源配置，促进省域内经济协调发展，而对于产业跨区域向中西部地区转移主观上不积极，客观上具有含金量的措施也不多。东部沿海地区高新技术企业转移搬迁到中西部地区在质量认证、原产地认证、技术标准、产品检验等方面的程序需要简化；养老金的接续，虽然国家层面出台了相关规定，但在地方上尚没有比较好的实施案例，对于中西部地区吸引在东部沿海地区务工人员回乡创业、就业仍有很大的阻碍；湖南郴州等地仍没有海关，不能达到承接加工贸易快速发展的要求；一些地方出口退税程序烦琐，退税周期要 13—15 个月，比东部地区的 1 个月要长 1 年以上，占用了企业大量的现金流，制约了转移企业的发展。

5.2.3 不同因素影响我国产业跨区域转移的进一步分析①

为进一步了解我国产业跨区域转移的动因和影响因素，课题组设计了产业转移转出地和产业转移承接地两份调查问卷，分别对广东、浙江、江苏等东部沿海地区和安徽、江西、湖南等中西部地区开展问卷调查。

（1）问卷调查的基本情况

调查方式主要采用了问卷调查，辅之深入访谈两种方式。问卷调查，即课题设计了产业转移转出地和产业转移承接地两份调查问卷，分别对广东、浙江、江苏等东部沿海地区和安徽、江西、湖南等中西部地区开展问卷调查。然后将所有回收的调查问卷进行统计、汇总、分析，期间将用到的统计分析方法涵盖但不仅限于平均数、比重、比较分析、定性分析等，最后，在此基础上得出分析结论。此次调查共发放问卷 840 份，实际回收 821 份，有效问卷 792 份，有效率达到 96.5%，符合问卷分析要求。其中转出地有效问卷 416 份，包括杭州 120 份、温州 80 份、苏州 76 份、深圳 36 份、南通 20 份、北京 20 份，其他省市若干。承接地有效问卷 376 份，包括吉林 88 份、江西 110 份、安徽 98 份、河南 20 份，其他省市若干，转出地与承接地有效问卷比例为，1.11∶1。深入访谈，即课题组人员进入抽样企业内部，与企业高层进行面对面的交流，深入了解企业目前的生存状态、对未来发展企业转移战略的思考和谋划等。

① 企业基本情况

统计数据表明，所调研企业成立时间集中在 1992—2009 年（如图 5-5 所示），转出地被调研企业有一半成立在 2002—2006 年，体现出较明显的阶段性。企业涉及 15 大行业，其他行业主要包含新能源、新技术等新兴行业（如图 5-6

_____

① 分析基于调查问卷的结果。问卷统计分析工作主要由中国科学院硕士生高博和中国人民大学博士生王一卉完成。

所示）。转出地行业分布较为均衡；承接地则主要集中在电子信息、化工、机械设备和新兴行业，产业分布受当地主导产业政策的影响显著。

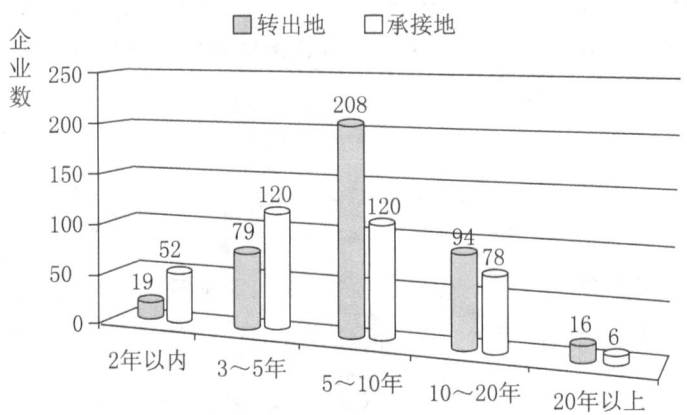

图 5-5　调研企业成立年限

资料来源：课题组问卷调查（经整理）。

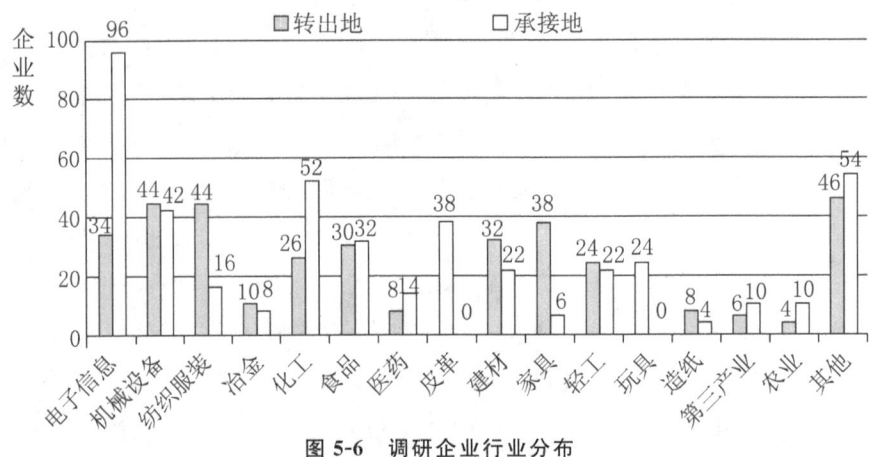

图 5-6　调研企业行业分布

资料来源：课题组问卷调查（经整理）。

从企业规模来看，转出地企业资产在 2000 万以下的企业最多，占比 39.2%，而承接地企业资产在 1 亿～10 亿之间的企业最多，占比 34%（如图 5-7 所示）；从企业所有制来看，民营企业多，承接地占 64.2%，转出地达到了 74%（如图 5-8 所示）；国有企业和上市企业承接地占比略高于转出地。从用工成本来看，转出地员工工资主要集中在 2500～3000 元（如图 5-9 所示）；承接地的企业员工工资主要集中在 2000～2500 元，转出地员工工资超过 2500 元的企业数接近承接地的一倍，总体用工成本略高于承接地。

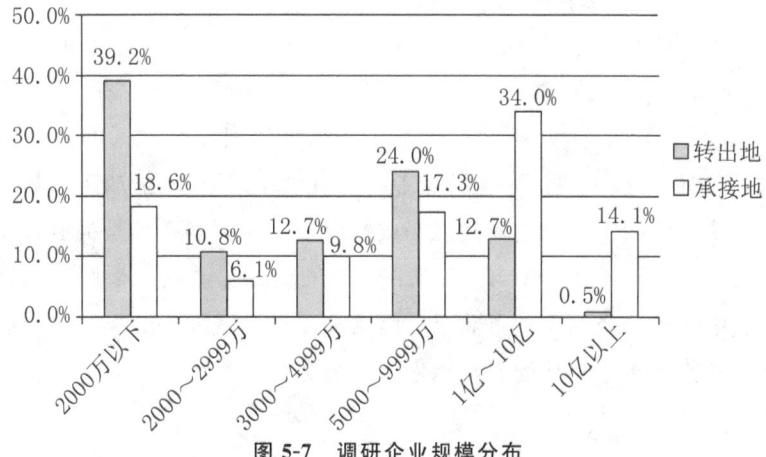

图 5-7　调研企业规模分布

资料来源：课题组问卷调查（经整理）。

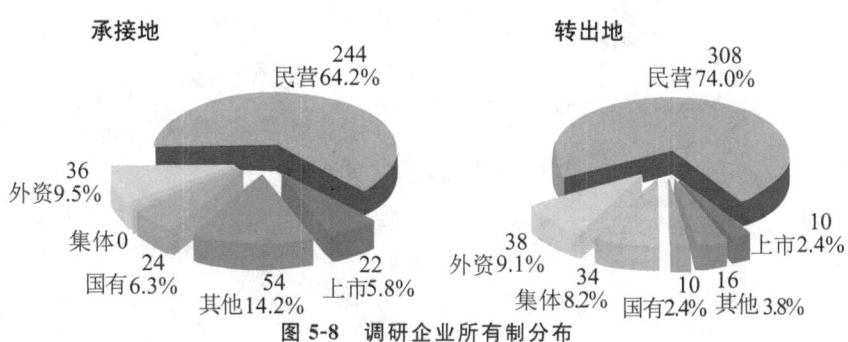

图 5-8　调研企业所有制分布

资料来源：课题组问卷调查（经整理）。

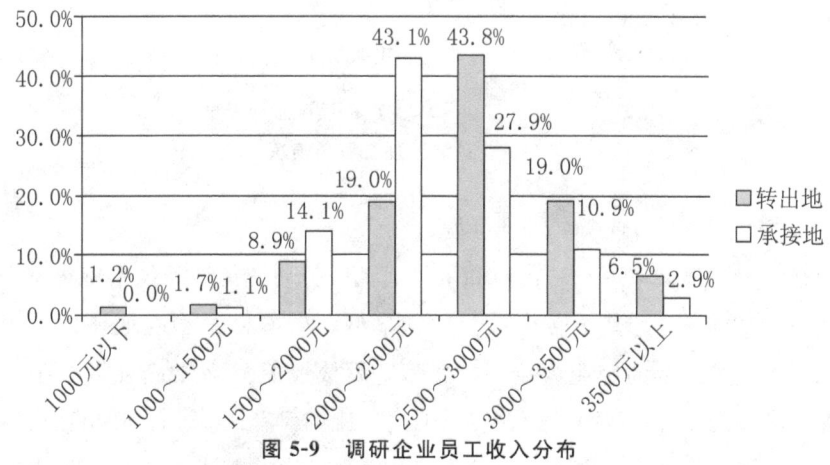

图 5-9　调研企业员工收入分布

资料来源：课题组问卷调查（经整理）。

② 生产、销售、技术与品牌

数据显示，调研企业中转出地多数企业（占比 57%）属于加工贸易企业（如图 5-10 所示），主要从事自主开发自有品牌的 OBM 业务（占比 40.5%）、原厂委托设计加工的 ODM 业务（占比 35.4%）和委托加工的 OEM 业务（占比 35.4%）；承接地的企业将近一半的企业（占比 49.5%）从事加工贸易。与转出地相比，承接地的加工贸易企业发展要成熟得多，绝大多数都是拥有自主开发的自有品牌 OBM 业务（占比 84%）（如图 5-11 所示）。这从一个侧面表明，加工贸易类企业中转出地企业受到企业层面因素和要素禀赋因素的影响比承接地企业更大，企业扩张和产业转移受制约因素的影响更为显著。

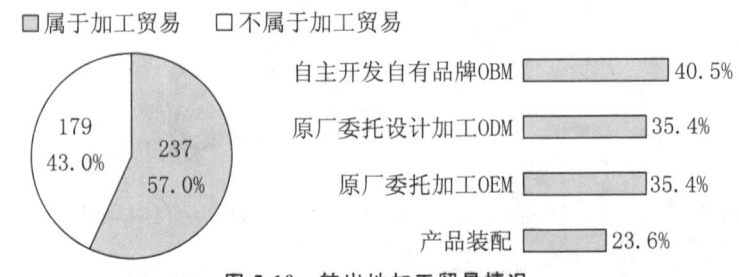

图 5-10　转出地加工贸易情况

资料来源：课题组问卷调查（经整理）。

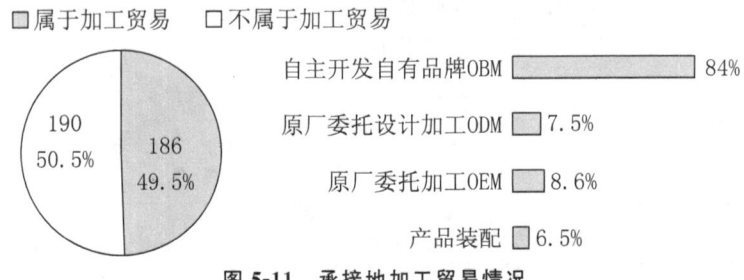

图 5-11　承接地加工贸易情况

资料来源：课题组问卷调查（经整理）。

从企业生产类型来看，转出地和承接地都以劳动密集型和技术密集型企业为主（如图 5-12 所示），其中转出地劳动密集型和资本密集型企业比例高于承接地；承接地超过一半的企业为技术密集型。承接地近 70% 的企业拥有生产链的多个环节（如图 5-13 所示），而在转出地这一比例仅有 44.2%，转出地的企业多数处在其生产链的某一环节，这些企业必须依附于某个产业集群中才能更好地发展，它们与其他企业的关联度更高（如图 5-14 和图 5-15 所示）。

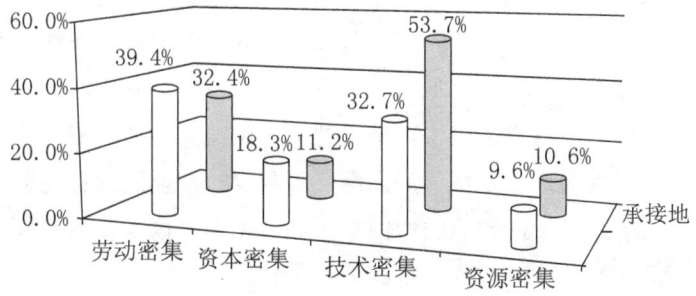

图 5-12　企业生产类型

资料来源：课题组问卷调查（经整理）。

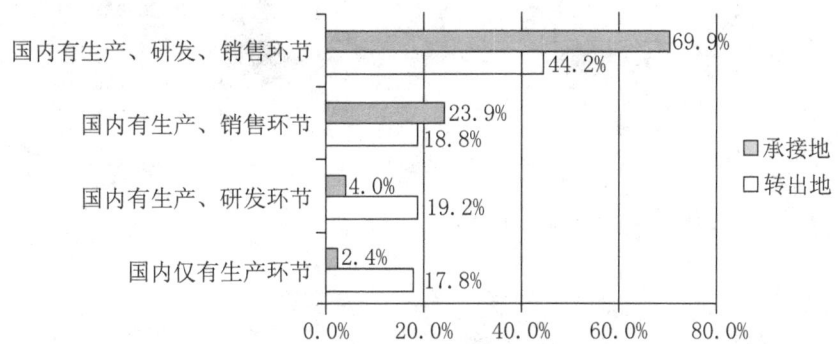

图 5-13　企业生产链情况

资料来源：课题组问卷调查（经整理）。

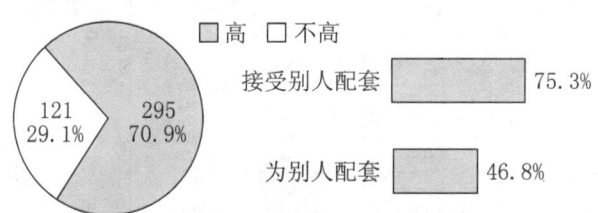

图 5-14　转出地业务关联情况

资料来源：课题组问卷调查（经整理）。

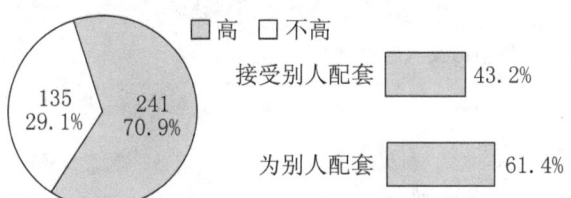

图 5-15　承接地业务关联情况

资料来源：课题组问卷调查（经整理）。

从销售区域来看，调研企业中产品外销的比例很小，超过一半的企业产品外销比例都低于 15％（如图 5-16 所示）。较低的区位和交易成本及当地政策等原因使得省内成为企业最主要的销售地区（如图 5-17 所示）。其次沿海地区、长三角和珠三角地区由于其经济发展较快而带来的的强大购买力使其成为企业销售产品的主要地区；同时因为产业集群、产品配套等因素，产业之间存在着垂直关联关系，上游产业的产品是下游产业的中间投入品，使得省内和沿海、长三角、珠三角地区成为中间产品最主要的流向目的地。

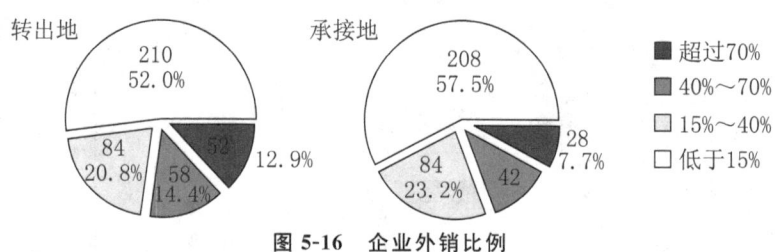

图 5-16　企业外销比例

资料来源：课题组问卷调查（经整理）。

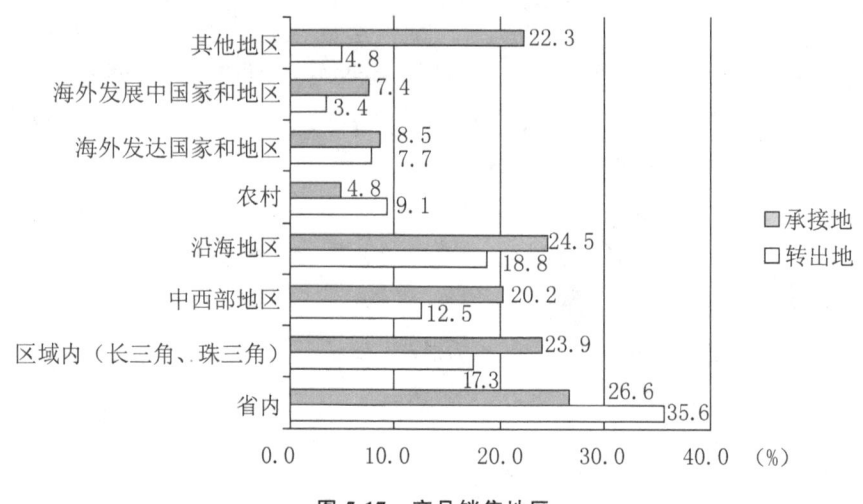

图 5-17　产品销售地区

资料来源：课题组问卷调查（经整理）。

(2) 产业转移

经过统计，转出地被调研企业中有 47.1％的企业已经进行过企业的对外扩张或产业转移（如图 5-18 所示）；在未来 1～2 年内有对外扩张或转移的企业占 30.8％，在 2～5 年内有转移意向的的企业占 28.8％，在长期 5～10 年内有对外扩张或转移的企业占 22.6％。

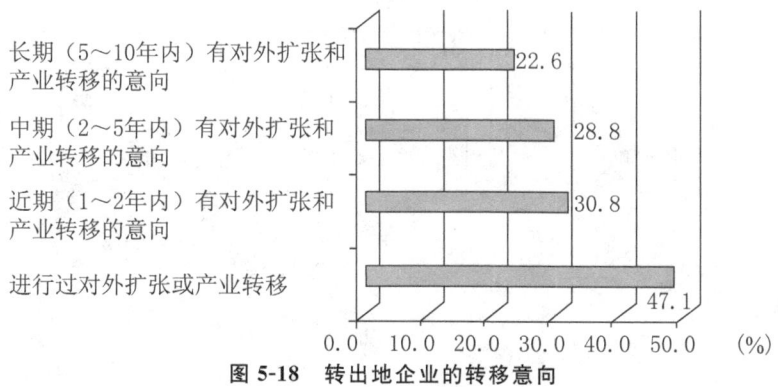

图 5-18　转出地企业的转移意向

资料来源：课题组问卷调查（经整理）。

省内是企业进行扩张或转移的最主要目的地（如图 5-19 和图 5-20 所示）。转出地企业东部发达地区，长三角、珠三角地区占比也较高。这反映出长三角、珠三角产业转出具有一定的地理临近性。珠三角地区产业转出对象主要集中在广西、重庆、四川、贵州等西南地区，而长三角地区转出对象则主要集中在安徽、河北、河南、湖北、江西等中部省份及山东省。承接地企业更多地考虑在企业所在地较临近的地区进行扩张，选择向东部发达地区和长三角、珠三角地区扩张的企业比例较小。承接地企业转移前所在地统计发现（如图 5-21 所示）与前文分析基本相符，主要是来自省内的其他地区，来自中部和东北地区的企业也较多，分别占比 22.9％和 20.7％。

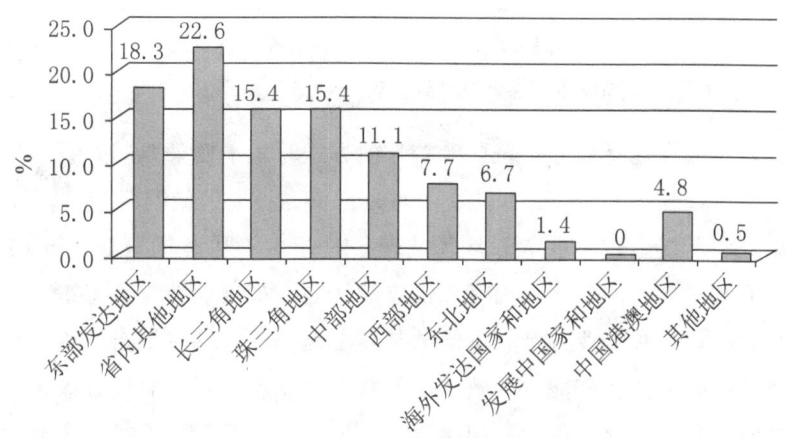

图 5-19　转出地企业转移区位选择意向

资料来源：课题组问卷调查（经整理）。

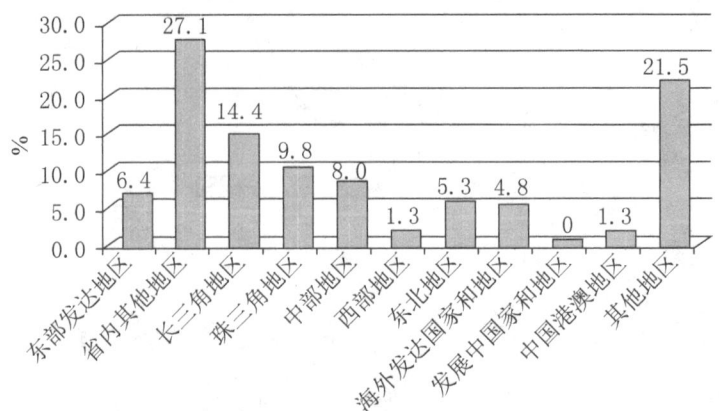

图 5-20　承接地企业转移区位选择意向

资料来源：课题组问卷调查（经整理）。

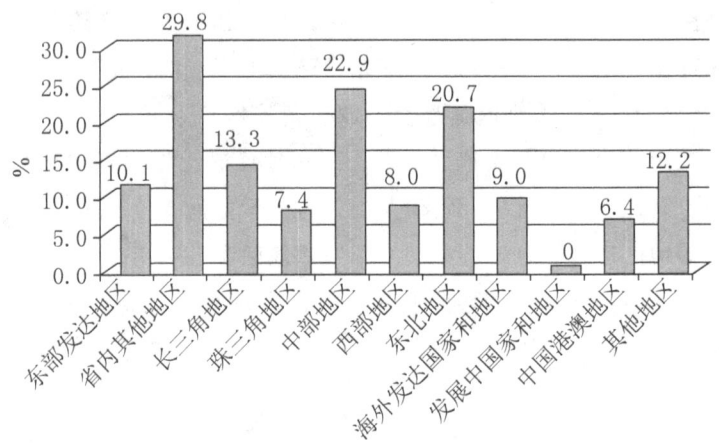

图 5-21　承接地企业转移前所在地

资料来源：课题组问卷调查（经整理）。

被调研企业在选择对外扩张或者转移的方式时，主要采取对外设立生产加工企业的方式（如图 5-22 所示），其次为对外投资和设立营销网络。

转出地和承接地企业在考虑跨区域转移时顾虑不尽相同（如图 5-23 所示）。两地的企业共同担心的是：人力资源供应的问题，承接地缺乏熟练工人；不重视区域竞争力的培育和产业升级。不同的是转出地企业转移时缺乏宏观规划，转移具有盲目性；简单转移产能，导致技术创新能力滞后；同时对地方政策的不确定性和基础设施配套也存在很大的担忧。与转出地企业不同，承接地企业对区域产业配套能力、异地管理成本非常重视。

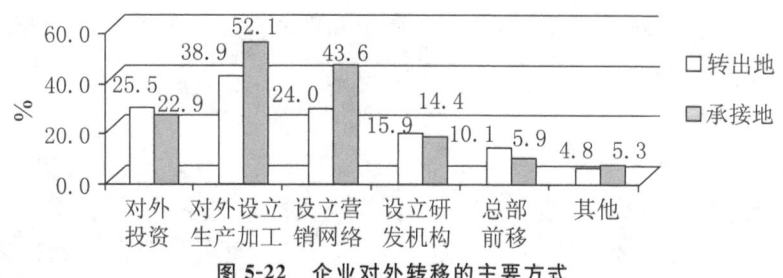

图 5-22　企业对外转移的主要方式

资料来源：课题组问卷调查（经整理）。

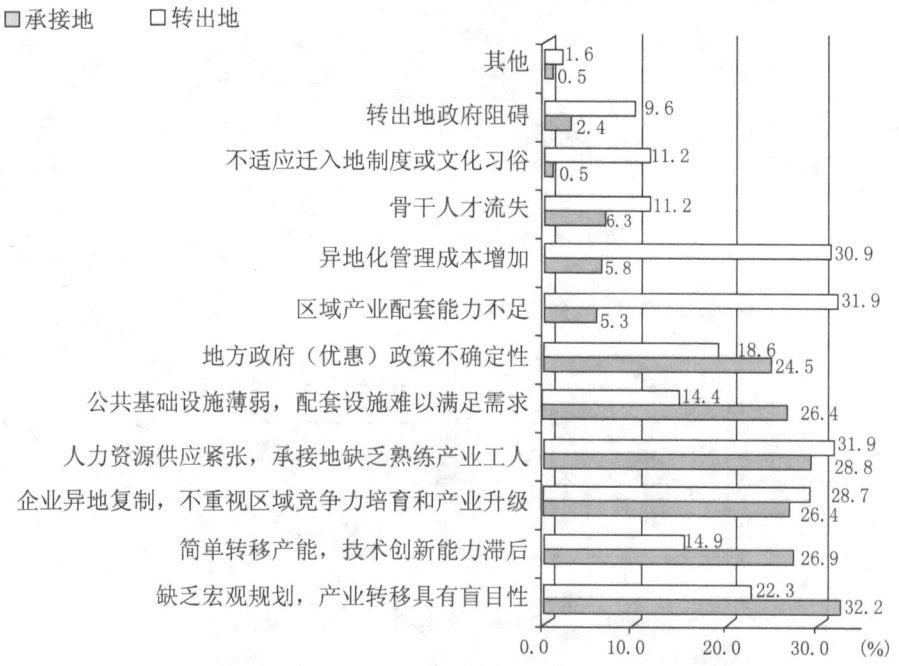

图 5-23　企业跨区转移存在的主要问题

资料来源：课题组问卷调查（经整理）。

关于发生企业扩张或转移的前后对于迁出地（如图 5-24 所示）和迁入地（如图 5-25 所示）的影响，多数企业认为本企业在转移过程中会对当地的税收和就业产生影响；在形成产业集群方面，企业认为自身的转移行为会对当地的产业集群产生影响的比例会随着转移的发生而增高（转出地提高 9.1％，承接地提高 29.8％）。这印证了企业在进行扩张或转移时所关注的主要问题，承接地企业进行扩张或转移时更关注其区域产业配套能力；而对于资源和环境的影响，转出地企业在转移过程中认为会对迁出地和迁入地产生影响的企业数量基本持平，承接地企业则认为发生转移会缓解迁出地的资源和环境压力，而基本不会破坏迁入地的资源和环境。

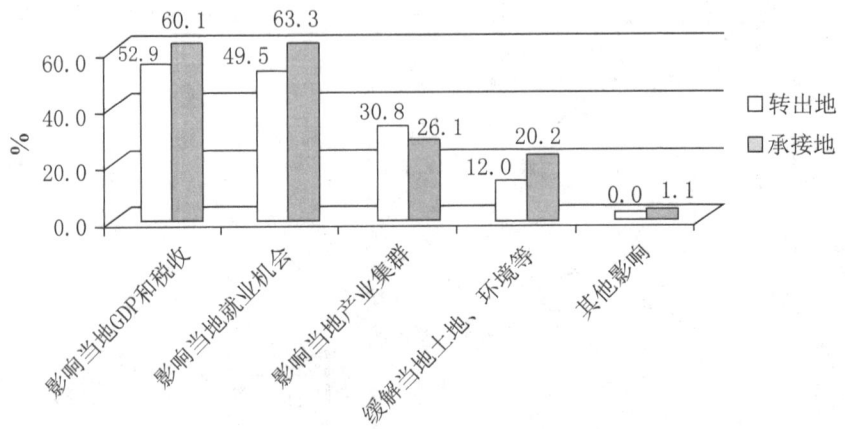

图 5-24　企业迁移对迁入地的影响

资料来源：课题组问卷调查（经整理）。

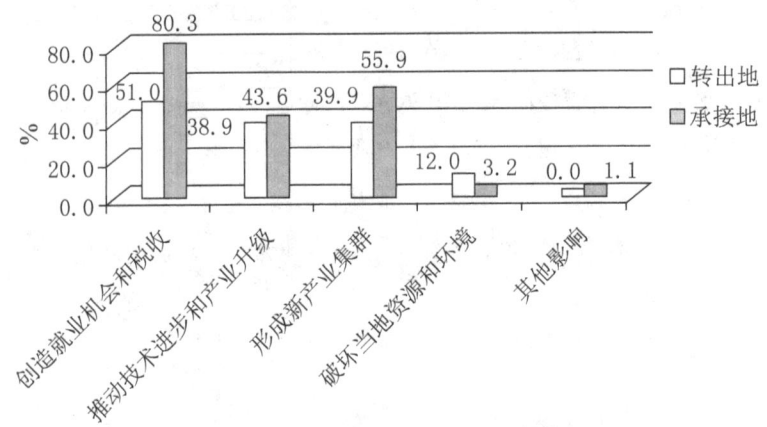

图 5-25　企业迁移对迁入地的影响

资料来源：课题组问卷调查（经整理）。

在企业进行扩张或转移后（如图 5-26 所示），转出地企业比较关注品牌的推广（占比 35.6%）、开拓当地的市场（占比 35.1%）以及产能的扩张（占比 24.0%）；承接地企业更加关注产能扩张（占比 44.7%）、品牌推广（占比 28.7%）和产业链整合（占比 28.2%）。

与前文调查相对应的，企业希望政府采取的促转移措施中（如图 5-27 所示），希望政府能够加强对园区的整体规划占首位，其次是完善基础设施的配套。

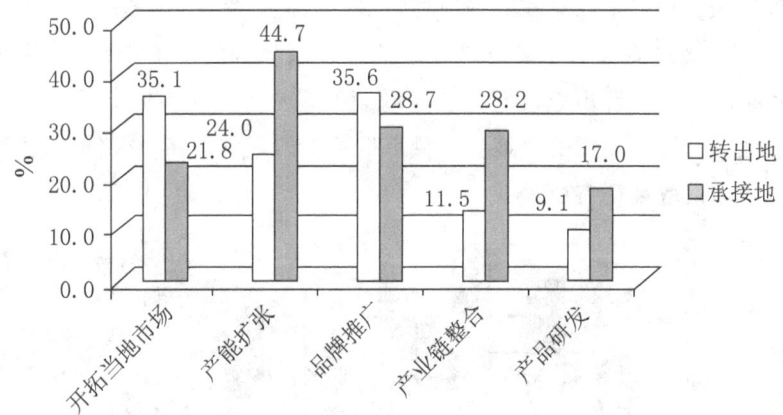

图 5-26　企业进行产业转移后的下一步发展规划

资料来源：课题组问卷调查（经整理）。

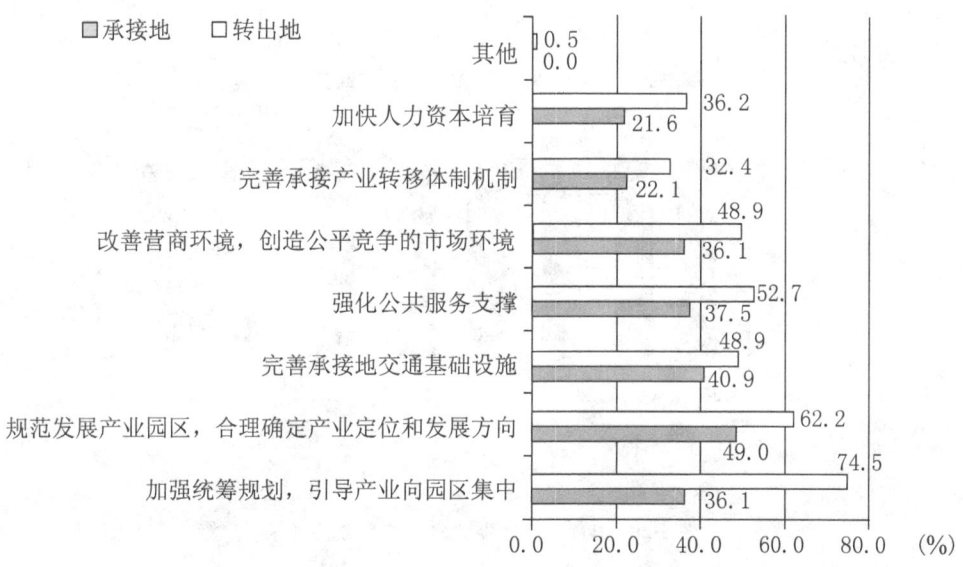

图 5-27　企业希望政府采取的促转移措施

资料来源：课题组问卷调查（经整理）。

由图 5—28（A）和图 5—28（B）我们可以发现，转出地和承接地绝大多数企业对政府促转移政策总体评价较高。其中转出地有 74.1％的企业认为政府政策效果较好；承接地达到了 86.4％。对各类政策的评价中，转出地对税收政策评价较高，有 70.7％的企业认为效果不错，但是值得注意的是，对环境政策表示满意的企业只有不足一半（占比 46.1%），其他政策的满意度在 57%～63% 之间。承接地企业超过半数对政府各项促转移政策的效果表示满意，除了劳动力用工政策有 57.9% 的企业表示满意以外，其他各项政策满意度均在 63% 以上。可以得出承接地相对于转出地政府促转移政策效果更好，更符合企业的发展需求。然而，两地企业对劳动用工政策和项目审批政策的评价均相对较低，这反映出政府在这两方面的政策还有所欠缺。

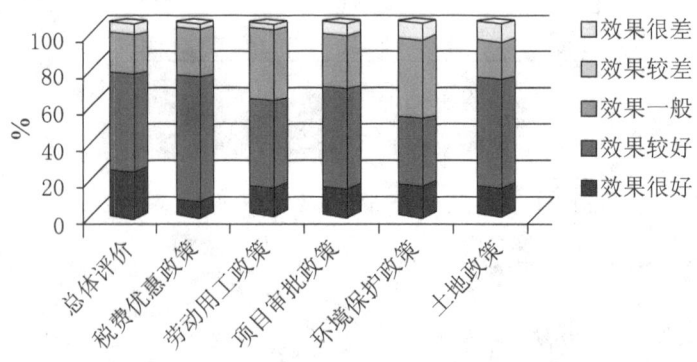

图 5-28（A）　转出地政府促转移政策效果

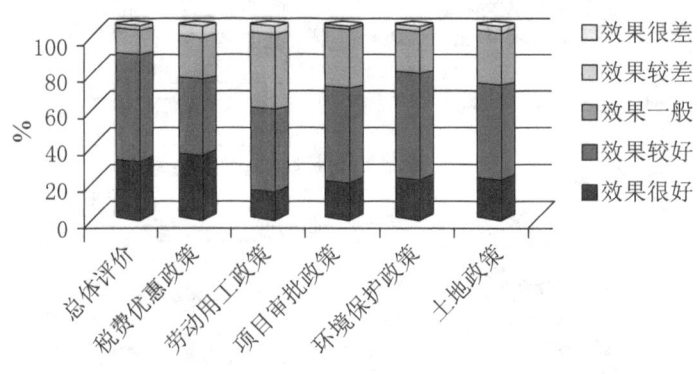

图 5-28（B）　承接地政府促转移政策效果

资料来源：课题组问卷调查（经整理）。

（3）产业转移动因分析

在企业转移动因相关问题统计中，为了降低样本代表性误差，特别是显著的非抽样误差（被调查者不响应而带来的误差），问卷处理时使用了同类比照补缺法，参照同城同行业样本对样本空缺进行了补缺。在问卷分析的过程中，问卷第一个因素"扩大市场份额"占比明显偏高（问卷原始数据中选择"扩大市场份额"的企业占总样本数的 88.9%，高于排在第二位"招工容易"的 63.6%，高出 25.3 个百分点)，经分析认为这是由于问卷设计顺序带来的结构性误差，无法避免。我们使用德尔菲法和对比分析法分析企业转移扩张的动因差异，通过使用相对权重来分析可缩小该误差对分析结论带来的影响。

德尔斐法(又名专家打分法)是就一定的问题请相关领域的专家提出意见或看法，然后将专家的答复意见加以科学地综合、整理、归纳，得到一种比较一致的、可靠性较高的意见。本案中，对广东、浙江、江苏等东部沿海地区和安徽、江西、湖南等中西部地区的超过 17 个行业的 840 家企业进行了调研，回收了 792份有效问卷，收集整理了它们对行业转移的 4 个一级指标、21 个二级指标的意见和看法。

第一步：建立综合评价模型。

任何的判断与评价需要以一定的信息为基础，本书将对调研问卷中每个企业对影响因素认为的重要程度(5 个程度：非常重要、重要、一般、不重要、非常不重要)分别进行赋值(5、4、3、2、1)，将问卷量化以后用对数值的判断来评价该因素重要程度的大小，这些判断用数值表示出来就是判断矩阵。

第二步：根据所收集数据建立判断矩阵。

$$X = \begin{bmatrix} x_{11}, & x_{12}, & \cdots, & x_{1n} \\ x_{21}, & x_{22}, & \cdots, & x_{2n} \\ & \cdots & \\ x_{m_1}, & x_{m_2}, & \cdots, & x_{mn} \end{bmatrix} = (x_{ij})_{m \times n} \tag{5-1}$$

(设有 m 个对象，n 个指标，为所有调研数据第 i 个企业第 j 个指标的原始数据)；

第三步：标准化矩阵。

令 $y_{ij} = \dfrac{x_{ij} - \min_x ij}{\max x_{ij} - \min x_{ij}}$，$1 \leqslant i \leqslant m$，$1 \leqslant j \leqslant n$， $\tag{5-2}$

第四步：计算指标 j 的均值。

第 j 项指标的均值为：

$$\bar{x}_j = \sum_{i=1}^{m} y_{ij} / m \tag{5-3}$$

第五步：计算评价指标权重。

利用和法计算各指标的权重，对指标均值数组

$$W_j = \langle \bar{x}_1, \bar{x}_2, \cdots, \bar{x}_j, \cdots \bar{x}_n \rangle, 1 \leqslant j \leqslant n \tag{5-4}$$

进行归一化，最后可以得到第 j 项指标的权重：

$$w_j = \overline{x}_j / \sum_{j=1}^{n} \overline{x}_j, 1 \leqslant j \leqslant n \tag{5-5}$$

第六步：评价过程及结果。

本书中需要评价的指标为要素禀赋变化、企业成长因素、区位及交易成本因素和制度与政策因素 4 个一级指标和 21 个二级指标（转出地调查其中 16 个二级指标，承接地调查其中 17 个二级指标），由此构建两层次的产业转移动因评价指标体系，并计算其在调查不同指标时的相对权重，见表 5-7。

表 5-7　产业转移动因全部评价指标体系及指标权重　　　　单位：%

目标层	准则层	指　标　层	指标层权重	准则层权重
产业转移动因评价指标体系	要素禀赋	引进技术	5.46	44.40
		招工容易	5.45	
		吸引人才	5.02	
		降低土地使用成本	5.02	
		降低劳动力使用成本	4.94	
		劳动力素质高、技术熟练	4.85	
		融资方面的原因	4.84	
		靠近原材料、资源产地	4.81	
		回乡创业等"回流式转移"	4.01	
	企业成长因素	扩大市场份额	5.65	28.64
		便于生产协作、产品配套	4.90	
		提高企业知名度	4.79	
		与原厂（总部）距离近	4.48	
		扩大出口	4.43	
		便于向海外扩张	4.39	
	区位及交易成本因素	人文环境相近等社会原因	4.20	11.83
		靠近港口、方便出口	4.20	
		亲戚、朋友介绍	3.43	
	制度与政策因素	招商引资等优惠政策	5.30	15.13
		完备的基础配套设施	5.00	
		降低税费负担	4.83	

资料来源：课题组问卷调查（经整理）。

　　由表 5-7 可以看出，全部参与调研的企业中，在向外扩展或转移中，要素禀赋、制度与政策因素的指标权重普遍较高。

　　对 5 个重要程度进行赋值，设非常重要为 100％，重要为 75％，一般为 50％，不重要为 25％，非常不重要为 0％，以此类推。按照公式（5-1～5-3）求得各个因素重要程度的均值，并计算其重要程度百分比，众多因素中（见表 5-8），企业认为最为重要的是扩大市场份额（72.4％），紧随其后的是要素禀赋与制度政策方面的引进技术（62.2％）、招商引资等政策优惠（52.8％）、吸引人才（51.8％）、降低劳动力适用成本（49.7％）和降低土地使用成本（49.5％）。

表 5-8　产业转移动因全部指标重要程度　　　　单位：％

目标层	转 移 动 因 重 要 程 度	重要程度
产业转移动因评价指标	扩大市场份额	72.4
	引进技术	62.2
	招商引资等优惠政策	52.8
	吸引人才	51.8
	降低劳动力使用成本	49.7
	降低土地使用成本	49.5
	完备的基础设施配套	44.0
	招工容易	41.4
	融资方面的原因	41.4
	便于向海外扩张	41.2
	便于生产协作、产品配套	41.1
	提高企业知名度	40.2
	靠近原材料、资源产地	39.1
	人文环境相近等社会原因	38.4
	降低税费负担	38.4
	扩大出口	38.3
	劳动力素质高、技术熟练	35.2
	与原厂（总部）距离近	32.4
	回乡创业等"回流式转移"	28.7
	靠近港口、方便出口	27.2
	亲戚、朋友介绍	12.9

资料来源：课题组问卷调查（经整理）。

① 转出地企业向外跨区域转移的动因和影响因素

对转出地的 16 个指标进行统计，显示转出地企业向外扩张或产业转移最主要考虑的六个因素，按照重要程度大小排序分别是：扩大市场份额（80.5%）、引进技术（62.2%）、降低劳动力成本（52.7%）、吸引人才（51.8%）、招商引资等优惠政策（47.9%）、降低土地使用成本（47.2%）。此外，降低税费负担、融资方面原因、提高企业知名度、完备的基础配套设施、便于向海外扩张、靠近原材料资源产地和便于生产协作也是企业跨区域转移时认为比较重要的因素，重要程度在 40.3%~45.5%。

表 5-9　影响我国东部地区产业向外扩张的主要动因分析　　单位:%

目标层	指　标　层	重要程度
转出地产业转移动因评价指标体系	扩大市场份额	80.5
	引进技术	62.2
	降低劳动力使用成本	52.7
	吸引人才	51.8
	招商引资等优惠政策	47.9
	降低土地使用成本	47.2
	降低税费负担	45.5
	融资方面原因	44.5
	提高企业知名度	44.4
	完备的基础配套设施	41.7
	便于向海外扩张	41.2
	靠近原材料、资源产地	40.3
	便于生产协作	40.3
	与原厂（总部）距离近	39.3
	扩大出口	38.3
	回乡创业等"回流式转移"	35.8

资料来源：课题组问卷调查（经整理）。

　　这些因素和前文的动因分析结果基本一致，其对应关系见表 5-9。扩大市场份额是企业跨区域转移最主要的动因和目标，也是企业成长的需要。紧随其后的是引进技术，也是企业成长和对外扩张的需要。降低劳动力使用成本和降低土地使用成本分别是影响产业跨区域转移的第三和第六大动因。吸引人才紧随其后，是影响产业跨区域转移的第四大动因。招商引资等优惠政策为企业考虑排在第五位的因素，中西部地区招商引资配套政策相比东部地区发展力度大得多，这也是吸引企业前往的重要原因，能为企业发展提供更大的利润空间。融资和降低税费负担分别是影响产业跨区域转移的第七和第八大动因，这些动因表明企业财务成本等要素禀赋变化也是促使产业跨区域转移的主要因素。归纳来看，这些因素都受到制度和政策方面的影响。一些企业转移到承接地可以享受"两免三减半"，甚至"三免三减半""五免五减半"的税收优惠，促使企业从东部地区向中西部地区转移，一些地区还帮助企业修建标准厂房、招工、培训等。这些政策因素有力地促进了产业跨区域转移，一些地方甚至认为这是促进产业跨区域转移的最重要的因素。中部地区一个地级市为了吸引富士康落户，除了为其修建标准厂房外，还提出 15 年税收减半的优惠条件，优惠力度达到 40 亿元。此外，完善的基础配套设施、提高企业知名度、便于生产协作等因素也是促使企业从东部地区向条件比较成熟的中西部地区转移搬迁的重要因素。

　　② 承接地企业向本地转移的动因和影响因素

　　A. 离开原来生产地的原因

　　为了更全面了解产业跨区域转移的动因，我们在承接地企业调查问卷中设置了"贵企业离开原来生产地原因"选项，以便从原生产地和新承接地两方面对比的角度更加全面地呈现产业跨区域转移的动因。

　　从承接地企业的角度看（见表 5-10），其离开原生产地最主要的动因为：土地资源紧张，紧随其后的是劳动力成本上升、资源环境约束、招工难、厂房租金上涨。与转出地企业扩张与转移的想法不同，承接地企业由于转移较早，虽然自 1999 年以来，国家先后实施了西部大开发、东北地区等老工业基地振兴和中部地区崛起战略，但直到 2006 年商务部实施了"万商西进工程"，财政部和国家税务总局在 2007 年 12 月颁布了《关于企业政策性搬迁收入有关企业所得税处理问题的通知》，地方政府促进产业转移的政策才逐步得到完善，掀起了沿海外资企业、加工贸易和开发区西进的高潮，在这个过程之中选择转移或扩张的企业更多考虑了原生产地的土地资源紧张、劳动力成本、环境资源、招工难等当时困扰企业的因素，直到 2009 年金融危机爆发时，这些影响企业转移或扩张的要素禀赋因素发生了很大变化。

表 5-10　承接地企业离开原来生产地的原因权重　　　　单位：%

目标层	指　标　层	指标层权重
承接地企业离开原生产地原因	土地资源紧张	11.85
	劳动力成本上升	11.55
	资源环境约束	11.37
	招工难	10.60
	厂房租金上涨	10.01
	融资成本上升	9.83
	原材料成本上升	9.42
	原生产地优惠政策结束	8.83
	和配套企业一道搬迁	8.35
	原生产地政府推动	8.18

资料来源：课题组问卷调查（经整理）。

B. 向承接地产业转移的原因

对承接地的 17 个指标进行统计（见表 5-11）显示，向承接地产业转移最重要的 7 个因素（重要程度超过 40%），按照重要程度排序分别是扩大市场份额（62.8%）、招商引资等优惠政策（58.6%）、降低土地使用成本（52.3%）、完备的基础配套设施（46.6%）、降低劳动力使用成本（46.1%）、便于生产协作和产品配套（41.9%）和招工容易（41.4%）。

表 5-11　承接地企业向本地转移的动因分析　　　　单位：%

目标层	指　标　层	重要程度
影响承接地承接产业转移的因素	扩大市场份额	62.8
	招商引资等优惠政策	58.6
	降低土地使用成本	52.3
	完备的基础配套设施	46.6
	降低劳动力使用成本	46.1
	便于生产协作和产品配套	41.9
	招工容易	41.4

续　表

目标层	指　标　层	重要程度
影响承接地承接产业转移的因素	人文环境相近等社会原因	38.4
	靠近原材料、资源产地	37.6
	融资方面的原因	37.6
	劳动力素质高、技术熟练	35.2
	提高企业知名度	35.2
	降低税费负担	29.9
	靠近港口、方便出口	27.2
	与原厂（总部）距离近	24.2
	回乡创业等"回流式转移"	20.3
	亲戚、朋友介绍	12.9

资料来源：课题组问卷调查（经整理）。

　　这些因素和东部地区企业向外转移的动因显示出，随着企业成长因素、区位与交易成本因素、要素禀赋变化因素、制度和政策因素的变化，企业在进行产业转移时所考虑的因素权重也会随之发生变化。在影响转出地和承接地产业转移最重要的动因中，转出地企业和承接地企业都认为扩大市场份额、招商引资等优惠政策和吸引人才是影响其产业跨区域转移最重要的因素，除此之外，转出地认为的引进技术因素和承接地认为的靠近原材料、资源产地，劳动力素质高、技术熟练，同属于要素禀赋因素。完善的基础配套设施等政策与制度因素也被认为是促使产业跨区域转移的重要因素。这些因素分别对应理论分析中的企业成长因素、区位与交易成本因素、要素禀赋变化因素、制度和政策因素，较好地契合了理论分析的结果。

表 5-12　承接地和转出地都认为重要的影响因素占比分析　　单位：%

影 响 因 素	转出地	承接地	动因分析结果
扩大市场份额	80.5	62.8	企业成长驱动
招商引资政策	47.9	58.6	优惠政策驱动
降低土地使用成本	47.2	52.3	要素禀赋变化驱动
降低劳动力使用成本	52.7	46.1	
完善的基础配套设施	41.7	46.6	区位及降低成本驱动

资料来源：课题组问卷调查（经整理）。

（4）分行业动因分析

通过分析不同行业跨区域转移的动因不难发现，产业跨区域转移的动因既具有一定的共性，也具有较强的行业差异（见表5-13）。从共性看，除冶金、食品、第三产业分别将靠近原材料资源产地、融资方面原因、招商引资政策作为最重要产业转移因素，化工、造纸行业认为降低劳动力使用成本是影响产业转移的首要因素外，其他行业都认为"扩大市场份额"是影响产业转移的首要因素。从差异性看，除"扩大市场份额"因素外，电子信息、建材行业跨区域转移呈现出较强的"生产协作、产品配套"导向性特征；机械、轻工、农业等行业呈现出"降低劳动力成本"导向性特征；皮革及皮革制品、农业等行业呈现出"靠近原材料产地"导向性特征；机械设备、纺织服装、皮革及皮革制品、建材、家具及其他行业呈现出"优惠政策"导向性特征。

表 5-13 我国产业跨区域转移动因的行业差异　　　　单位：%

行　业	影响该行业跨区域转移的动因（前三项）	所占权重	累计权重
A. 电子信息	扩大市场份额 完备的基础配套设施 便于生产协作、产品配套	7.15 6.57 6.40	21.12
B. 机械设备	扩大市场份额 降低劳动力使用成本 招商引资等优惠政策	6.99 6.82 6.82	20.63
C. 纺织服装	扩大市场份额 融资方面的原因 招商引资等优惠政策	6.70 6.70 6.38	19.78
D. 冶金	靠近原材料、资源产地 融资方面的原因 与原厂（总部）距离近	8.02 7.49 7.49	22.99
E. 化工	降低劳动力使用成本 扩大市场份额 降低土地使用成本	7.18 7.08 7.08	21.34
F. 食品	融资方面的原因 扩大市场份额 与原厂（总部）距离近	7.39 6.77 6.77	20.93

行　　业	影响该行业跨区域转移的动因（前三项）	所占权重	累计权重
G. 医药	扩大市场份额 融资方面的原因 提高企业知名度	7.12 7.12 6.76	21.00
H. 皮革及皮革 制品	扩大市场份额 招商引资等优惠政策 靠近原材料、资源产地	7.46 7.46 6.92	21.84
I. 建材	扩大市场份额 招商引资等优惠政策 便于生产协作、产品配套	7.75 6.85 6.72	21.32
J. 家具	扩大市场份额 招商引资等优惠政策 引进技术	7.71 7.47 7.23	22.41
K. 轻工	扩大市场份额 降低劳动力使用成本 降低土地使用成本	7.20 6.72 6.72	20.65
L. 玩具	扩大市场份额 完备的基础配套设施 引进技术	7.89 7.89 7.89	23.68
M. 造纸	降低劳动力使用成本 融资方面的原因 提高企业知名度	7.75 7.75 6.98	22.48
N. 第三产业	招商引资等优惠政策 完备的基础配套设施 扩大市场份额	7.93 7.32 6.71	21.95
O. 农业	扩大市场份额 靠近原材料、资源产地 降低劳动力使用成本	8.52 8.52 7.39	24.43
P. 其他	扩大市场份额 招商引资等优惠政策 降低土地使用成本	7.61 7.48 6.84	21.94

资料来源：课题组问卷调查（经整理）。

5.2.4 主要结论与政策建议

（1）主要研究结论

本书通过理论和实证研究表明，要素禀赋变化、企业成长因素、区位及交易成本因素、制度与政策因素是影响我国产业跨区域转移的四个主要因素，在企业层面，表现为"降低土地使用成本""招工容易""降低劳动力成本""市场扩张""和配套企业集群式转移""靠近原材料、资源产地""完善的基础配套设施""招商引资政策"等具体目标。各个因素对产业跨区域转移的影响可以归纳如下。

第一，当前我国产业跨区域转移的重要动因是比较优势的变化，东部和中西部地区要素禀赋和价格的变化是导致产业跨区域转移的主要因素。比较优势是我国东部地区承接国际产业转移、促进产业快速发展的重要因素。当前，包括土地、资金、劳动力、原材料等要素禀赋和价格发生重大变化，导致我国东部地区产业发展的环境、成本等压力不断上升，一些企业陷入微利化甚至经营困难的境地，迫切需要通过产业跨区域转移，寻找要素供给相对充沛、要素价格更为相对的区域，降低成本，重塑竞争优势。

第二，以市场份额扩张为特征的企业成长是产业跨区域转移的又一重要动因。无论是处于快速扩张时期的企业继续寻求利润最大化，还是处于瓶颈时期的企业降低成本的需要，其根本出发点都是促进企业更好地发展和成长，这也是我国产业跨区域转移规模、范围和层次在近年来不断提高的内在动力和重要原因。随着经济的发展，东部沿海地区一些企业为实现规模扩张、市场扩张和企业成长的需要加快向中西部地区转移，其主要动因是中西部地区潜在市场规模不断扩大，一些企业通过出口转内销等方式转变经营方式，对国内市场的重视程度逐渐提升。同时，一些行业领先企业在中西部地区"扎堆"，逐渐形成产业集聚，形成规模经济效应，吸引更多配套企业转移集群式转移，也促进了产业跨区域转移的进一步发生、发展。

第三，政府政策和基础设施条件改善是实现我国产业跨区域转移的重要条件。研究发现，虽然各级政府制定的优惠政策不是决定产业跨区域转移的决定性因素，但往往是促成产业跨区域转移得以实现的临门一脚，是产业跨区域转移发生的引爆点。在比较优势、产业集聚等因素既定的情况下，有时候也是企业具体做出产业转移方向选择的重要依据。一些地方政府在实际工作中发现，即使国家不给具体政策，仅授予国家产业转移示范基地的牌子，也会对当地招商引资和吸引产业跨区域转移起到重要的促进作用。此外，国家层面的政策引导对解决产业跨区域转移中出现的问题、引导产业合理有序转移也有比较好的政策效果。

第四，我国产业跨区域转移动因具有较为明显的行业差异和阶段性特征。虽然从本质上来看，我国产业跨区域转移时，企业追求利润最大化和比较优势因素相结合的结果，但从具体行业转移的特征和动因来看，还存在较强的行业差异。行业差异，比如机械行业跨区域转移呈现出较强的"生产协作、产品配套"特征；电子信息、轻工、玩具等行业呈现出"降低劳动力成本"特征；纺织服装、食品、农产品加工等行业呈现出"靠近原材料产地"特征；电子信息、皮革行业呈现出"优惠政策"特征。同时，从产业跨区域转移的阶段特征来看，目前影响我国产业跨区域转移最重要的因素还是比较优势变化，从东部向中西部地区跨区域转移产业的主体依然是劳动密集型产业；但市场规模、产业集聚等因素对我国产业跨区域转移影响的重要性正在逐渐提升，并且这些因素推动的产业转移在质量上和层次上要优于单纯基于比较优势的产业转移，资本密集型产业向中西部地区转移的趋势已经开始显现。

第五，当前还存在一些制约我国产业跨区域转移的因素。总地看来，目前我国已具备产业大规模从东部地区向中西部地区转移的条件，要素禀赋、市场条件、产业集聚、制度和政策等方面的时机也比较成熟，但仍然存在一些制约我国产业跨区域转移的因素。比如东部地区一些企业担心水土不服，主观上缺乏产业跨区域转移的动力和决心；东部地区产业发展形势变化，导致一些原本要转出的企业放慢了产业转移的步伐；一些地方产业转移和产业转型升级结合不紧密，技术创新和产业升级不足，造成污染转移、恶性竞争等问题。

（2）政策建议

探求我国产业跨区域转移的动因和影响因素、了解我国产业跨区域转移的发生机理和作用机制，对于促进我国产业有序跨区域转移具有重要的意义，特别是在当前我国产业跨区域转移出现一定程度的滞缓、恶性竞争、污染转移等较为突出的矛盾的时候，明晰我国产业跨区域转移的动因，对于从国家层面出台有针对性的政策措施具有较强的指导意义。为此，本书有以下几方面建议。

第一，根据东部地区和中西部地区要素禀赋和成本的变化，引导产业有序向中西部地区转移。根据东部地区和中西部地区要素禀赋和成本的变化，发挥大国的组织优势与制度优势，遵循市场规律，注重整体规划，加强分类指导，引导东部地区对土地、资金、原材料、劳动力等要素禀赋要求较高的劳动密集型、资源指向型产业有序向中西部地区转移。特别是要结合主体功能区建设，在全国范围内优化产业分工格局，形成合理的产业分工体系，促进产业有序转移。

第二，适应企业市场扩张和成长需要，积极培育中西部地区本地市场，提升产业发展空间。良好的产业配套能提高企业响应市场的能力，促进转移产业加快落地生根，从而吸引更多产业的转入。要适应企业市场扩张和成长需要，积极培育中西部地区本地市场和产业配套能力，提高企业响应市场的能力，进而提高整个产业的发展水平，提升产业发展空间。

第三，加大技术创新和竞争力培育，促进产业在转移中升级。加大技术创新和竞争力培育，主动参与产品内的全球分工，切入全球价值链的高端。在鼓励沿海地区承接国际产业转移与促进沿海地区产业向中西部地区转移的过程中，通过技术创新进入全球价值链的战略环节，通过产业链向内地延伸，构建以本土企业为主体的国内价值链，并融入全球价值链，促进产业在转移中升级。

第四，完善基础配套设施，加强承接产业转移示范园区建设。坚持基础设施先行，不断完善产业转移承接地道路、交通、港口、信息、电网等基础设施建设。按照"九通一平"标准加强承接产业转移示范园区建设，完善园区配套设施和服务功能，提升园区综合承载能力。按照产城融合的模式，着力引进高等院校、职业院校、中小学、医院、商业、社区服务中心等公共设施，增强服务功能、优化空间布局，把承接产业转移示范园区塑造成富有特色、充满活力的产城融合综合体。

第五，建立地方政府之间协作机制，避免"滑向底层（滑向价值链低端）"的恶性竞争。建立地方政府之间协作机制，避免地方政府之间"为增长"和"超越对手"而陷入"滑向底层"的恶性竞争。发挥不同区域的资源禀赋优势，突出特色，加强区域间的互动合作，突破地区之间产业转移的行政利益阻隔，实现利益共享。在引入东部沿海产业过程中，应建立沿海、内地税收共享机制，中西部地区有关政府部门可按一定比例将税收返还给沿海地区，建立两地产业转移的长效机制。

本节参考文献：

[1] Dieter Ernst, Linsu Kim. Global Production Networks, Knowledge Diffusion, and Local Capability Formation[J]. Research Policy, 2002(31): 8—9.

[2] Kirkegaard, Jacob F. Offshoring, Outsourcing, and Production Relocation: Labor — Market Effects in the OECDCountries and Developing Asia [R]. IIE Working Paper, 2007.

[3] 陈耀，冯超. 贸易成本、本地关联与产业集群迁移[J]. 中国工业经济，2008(3).

[4] 陈建军. 中国现阶段产业区域转移的实证研究——结合浙江105家企业的问卷调查报告的分析[J]. 管理世界，2002(6).

［5］成艾华. 西部地区承接产业转移的路径选择［J］. 重庆工商大学学报,2011(12).

［6］范剑勇. 市场一体化、地区专业化与产业集聚趋势——兼谈对地区差距的影响［J］. 中国社会科学,2004(6).

［7］李小建. 我国产业转移与中原经济崛起［J］. 中州学刊,2004(5).

［8］刘卫东,张国钦,宋周莺. 经济全球化背景下中国经济发展空间格局的演变趋势研究［J］. 地理科学,2007(27).

［9］徐从才,原小能. 产业转移与产业创新［J］. 经济学动态,2004(3).

［10］张公嵬,梁琦. 产业转移与资源的空间配置效应研究［J］. 产业经济评论》,2010,9(3).

［11］张黎黎,马文斌. 国内外产业转移的相关理论及研究综述［J］. 江淮论坛,2010(5).

5.3　我国区际产业转移的效应分析及对策建议

5.3.1　产业转移对各参与方的影响分析及评价指标

随着我国区域经济发展和各地产业升级步伐的加快,区域间的产业转移正快速推进,并成为推动各地经济发展和产业结构优化的重要力量。而与此同时,产业转移诱发新一轮地区间重复建设和恶性竞争、环境问题等风险也日益加大。因此,对近年来我国地区间产业转移的效应进行客观评价,对存在问题及原因进行深入分析,就成为一个重要的研究课题。

张公嵬、梁琦将产业转移效应定义为产业转移所诱发的产业宏观环境改善和微观环境改善共同作用的结果 (张公嵬、梁琦,2010)。其中宏观环境的外部性 (如基础设施改善,政府效率提高,优惠的土地、税收政策,国家投资倾向等) 与微观环境的外部性 (如企业自身效率的提高、竞争效应诱发的行业整体效应的提高、重新诱发新的集聚经济等) 使我国的区域之间的全要素生产率尤其是技术进步呈现出显著差异。产业转移对产业转出地和承接地的影响是非常广泛的,总体来看,我们认为衡量产业转移的效应应当从区域协调发展、地区经济增长、产业结构调整、就业影响、环境影响等几方面展开。

(1) 对区域经济协调发展的影响

产业转移主要通过推动欠发达地区发展、缩小地区差距促进区域间的协调发展。本书主要应用泰尔指数,通过代表性地区分析产业转移对区域协调发展的推动作用。

（2）对地区经济增长的影响

产业转移对各参与方的经济增长会有一定影响，因此在研究中需要考察产业转移对本地经济的影响。我们通过分析部分地区工业企业数量增长率与人均GDP增长率的关联关系，来衡量地区在产业转移过程中产生的经济增长效应。

（3）对产业结构调整的影响

产业转移与区域产业结构调整有着密切的关系。一方面，区际产业转移使发达地区可以更容易地甩掉相对落后产业的包袱，集中人力、财力、物力，发展高附加值、高技术含量的先进产业，从而进一步加快发达地区的产业升级；另一方面，区域产业转移也为欠发达地区承接产业转移、提升产业结构水平带来了机遇，欠发达地区可以以较低的成本引进对自身来说相对先进的产业与技术，以"后发优势"尽快提高产业层次与水平，从而实现产业转移方与被转移方的"双赢"。从区域产业分工的角度而言，一方面，产业转移促进了各地的产业结构优化，并进而推动了各地的经济发展；另一方面，各地产业结构优化与经济发展又反过来会进一步促进产业在地区间的不断转移，最终呈现出"螺旋式"上升的发展格局。

区际产业转移对各地产业结构升级的影响可以从以下两个方面分析。

其一，产业转移对转出地的产业结构升级效应。

随着发达地区的进一步发展，其原有的比较优势会发生变化，其原有产业面临着继续升级或淘汰转移的必然选择。具体来说，产业转移也存在两种可能：一是发达地区保持较高竞争力的产业会出于扩大产能和市场份额的需求，与周围地区的相关企业进行生产环节或产业链上的联合、协作，这会导致产业向周围地区的扩张性转移；二是发达地区不再具有比较优势的产业，出于成本和效率的考虑，会逐步从本地退出，考虑向生产成本更低的周边地区转移，即衰退性产业转移。总体来看，前一类产业转移促进产业结构升级的可能性大些，后一类产业转移对于承接地的影响更多的可能是产业总量的扩张，也可能促进结构升级。

在实证分析中，本书选取部分东部地区，分析制造业企业向中西部地区转移的过程中对经济增长的影响，用工业企业数量增长率以及人均GDP增长率（人均GDP用1995年的CPI进行了不变价处理）的对比来考察产业转移的经济增长效应。

其二，产业转移对承接地产业结构升级效应。

一是，产业结构成长效应。对于欠发达地区已有产业来说，产业转移可以提高其技术水平和装备水平，带动劳动生产率的提高，进而推动传统产业的改造、升级；如果通过转移而建立了新的产业，则意味着该地区产业结构将发生变化，这种变化将有助于区域新的主导产业的形成，从而带动产业结构的优化，提升欠发达地区在区域分工中的地位。同时，任何产业都不是孤立存在的，产业之间往往存在着广泛、复杂的联系，因此新产业的发展将带动与其前向、后向或侧向联系的相关产业发展，从而带动整个区域经济的发展。

二是，要素注入效应。产业转移有助于承接转移地区吸收自身稀缺的资金、技术等先进生产要素。产业转移总是伴随生产要素的转移，一般情况下，欠发达地区相对于发达地区拥有土地、劳动力、原材料等要素的比较优势，资本、技术、知识等要素却极为缺乏。产业转移往往可以给这些地区注入资本、技术、知识等相对稀缺的生产要素，为产业结构的调整准备基础的要素条件，通过培植新兴产业，在承接中创新，促使产业结构的升级。

三是，结构优化升级效应。先进产业的移入，一方面使承接地产业结构中采用先进技术的部门在数量上和比例上增加，从而推动区域产业结构高级化；另一方面，先进产业的移入意味着新的生产函数的导入，这种蕴含新技术的新的生产方式会作为"扩散源"，使原来的相对处于较低层次的产业升级转型，从而促进产业结构向着高级化方向演进。同时，产业转移极大地促进了承接地产业的改组和提高，渐次引发了产业项目、产业链技术比重质的飞跃，推动了区域新的主导产业或支柱产业的形成，进而促进了承接地新一轮产业的转换升级。

（4）对产业集聚的影响

区际产业转移的集聚不仅降低了交易成本，而且结集了创新资源，形成承接地的区域创新优势。由于产业集聚区知识及技术的密集度较高，集聚区企业通过学习与信息交流，促使转移产业的关键技术在集聚区内溢出，有利于提高集聚区产业的人力资本水平、技术吸收能力和自主创新能力。

区际产业转移的集聚效应可以从以下 4 个方面产生影响。

一是，市场效应。产业集聚区不仅集聚了供应商，而且集聚了客商，形成一个规模很大的专业化市场，能够迅速地传递有关市场的、技术的以及其他与竞争有关的各种信息，使得一个行业更为便利地获得配套产业、配套产品的支持以及各种公共物品和基础设施，降低生产成本，提高生产率。

二是，区域创新效应。产业集聚区使创业者更容易发现产品或服务的缺口，受到启发而建立新的企业；集聚区的进入障碍低于其他地区，所需要的设备、技术、投入品以及员工都能在区域内解决，新企业的建立要比其他地区容易得多。

同时，集聚区内的"干中学""用中学"同行业间的"非正式交流"，促进了新的生产方式和消费方式的产生。

三是，技术溢出效应。区际产业转移的技术溢出效应是指在产业转移过程中输出的先进技术被被输入方消化吸收所导致的技术进步，以及技术转移过程中所带来的输入方的经济增长。由发达区域向欠发达区域的产业转移，移入产业的生产水平、技术含量一般都要高于当地产业，将极大地促进承接地产业技术水平的提高，从而使产业的技术溢出效应能够在产业承接地直接发挥作用。

四是，竞争效应。产业集聚加剧了同行业企业间的竞争，促进企业不断地改进管理，以更有效的方式组织生产，通过新观念、新设计、新工艺、新产品等开拓市场，创造新的市场消费取向，以提升区域内产业整体的竞争力。竞争的结果不是一种"零和博弈"，而是一种"正和博弈"，企业的竞争在更高的层次上展开，从而使集聚区内的企业更具竞争优势，通过竞争进入这一行业的前沿地带。

(5) 对就业的影响

一是，对承接地的就业效应。区际产业转移对承接地的就业效应可以分解为就业直接创造效应、就业关联效应、就业质量提高效应三个方面。本书搜集我国中西部一些省份的就业数据、就业人员构成的数据，进行分析说明。

二是，对转出地的就业效应。从短期、静态的角度来看，产业向外转移会减少转出地的就业机会，增加失业压力；但从长期、动态的角度来看，产业转移伴随着转出地产业升级和整体经济竞争力的增强，转出地优势产业的加速扩张和整体经济增长又会创造出新的就业机会。本书以我国沿海某一发达地区或省份为例，搜集相关数据来说明产业转移对转出地的就业效应。

(6) 对环境的影响

产业转移对承接地的环境会产生一定的影响。我们选择地区工业废水、废气、废物排放量增长率与企业数量增长率指标，来衡量中部地区在承接产业转移过程中产生的环境效应。本书的数据主要来源于 2002—2011 年《中国统计年鉴》。

5.3.2 对我国产业跨区域转移效应的实证分析

(1) 产业转移促进了区域协调发展

区际产业转移可以有效缩小地区间的经济发展水平，带动区域经济协调发展，促进区域经济的均衡增长。随着东部地区向外产业转移的推进，其向中西部地区的产业转移和投资逐步增加，从而有力地促进了中西部地区的经济增长。

从区域增长速度来看，从 2007 年开始，中西部省份平均增速超过东部地区。2011 年，湖北 GDP 增速达到 13.8%，重庆 GDP16.4%，而浙江 GDP 只有 9%，广东为 10%，纵观整体数据，中西部地区经济增速明显高于东部地区，而且中西部地区的国内生产总值的占比也在逐步增加。作为拉动经济增长的"三驾马车"之一，投资对中西部经济增长速度的贡献功不可没。以纺织业为例，2012 年 1—7 月中部地区纺织业投资额同比增长 18.7%，占全国的比重达到 30.5%，较去年同期提高 0.5 个百分点；西部地区投资额同比增长 19.7%，占全国的比重达到 8%，较上年同期提高 0.2 个百分点。前 7 个月，中西部地区固定资产投资分别增长 25% 和 24.2%，增速比全国分别高 4.6 和 3.8 个百分点。区际产业转移与区域经济协调发展是相得益彰的，比如当前的家电、电子、轻工从东南沿海地区转移到内陆地区，促进了中西部地区的投资额的增长，从而带动了区域经济的增长速度，缩小了与东部沿海地区的发展差距。

从省份的案例来看，广东省作为区际产业转移的"领头兵"，通过产业转移有效地缩小了区域内的经济发展差距。广东省内 21 个地区分为四个区域：珠三角、东翼、西翼及粤北山区。经过改革开放三十多年，珠三角地区发展成为经济相对发达的地区，而东翼、西翼和粤北山区则仍处于工业发展的初级阶段。近年来，广东省开始进行产业转移以协调区域经济的发展。利用泰勒指数进行分析，说明广东省的区际产业转移缩小了区域间的经济发展差距，从而促进了区际经济的平衡增长。

泰尔指数是由泰勒尔（Theil，1967）研究国家之间的收入差距时首先提出来的，其值越接近零，说明分配越接近平等。计算泰尔指数的公式为：

总体泰尔指数＝组间泰尔指数＋组内泰尔指数

$$T_{\text{theil}} = T_{\text{inter}} + T_{\text{intra}} = \sum \left(\frac{Y_i}{Y}\right) \log\left(\frac{Y_i/Y}{P_i/P}\right) + \sum \left(\frac{Y_i}{Y}\right) \sum \left(\frac{Y_j}{Y}\right) \log\left(\frac{Y_j/Y}{P_j/P}\right)$$

其中，Y_i 为 i 区域 GDP，P_i 为 i 区域人口，Y_j 为 i 区域 j 地区的 GDP，P_j 为 i 区域 j 地区的人口。实际上地区间和地区内的泰尔指数形式完全相同，不同的就是计算地区间差距时，将广东看成一个整体，珠三角、东翼、西翼、粤北山区作为里面的四个区域；而在计算地区内差距时，珠三角、东翼、西翼、粤北山区分别单独成为一个整体，每个区域内包含的市分别作为内部的地区。

　　将广东省 2000—2009 年的相关数据代入公式，经计算得到广东省四大区域内及区域间的泰尔系数，结果如图 5-29 所示。

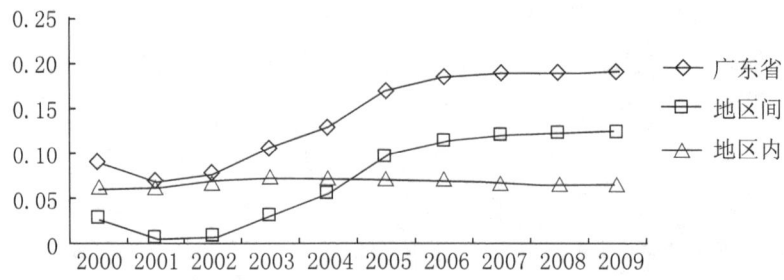

图 5-29　广东省四大区域泰尔指数

　　从图 5-29 中可以看出，2001—2005 年间，总的泰尔系数上升幅度较大，2005年之后，虽然其趋势依然表现为上升，但其幅度明显减小，基本变化不大。由此可以认为，广东省内的区域经济差距有变缓的趋势，而区域内差异一直表现平稳，其值一直在 0.06 左右变化。从泰尔系数看，广东省的区域产业转移在缩小省内四个区域间的经济差距方面起到了一定的积极作用。通过产业转移，拉动了落后地区东西翼和山区制造业的发展，同时加大了各地区相对优势产业的建设。

　　（2）产业转移对当地经济发展具有明显的促进效果

　　根据刘红光等的研究，1997—2007 年，中国产业转移主要发生在东部地区，如东部沿海区域向北部沿海区域转移了 4993 亿元（1997 年价）产值的产业，占1997 年全国总产出的 2.50％，南部沿海区域向北部沿海区域的产业转移占 1997年全国总产出的 1.34％，而中西部地区除了中部地区承接了来自东部沿海区域1.24％的产业转移，较为明显外，西部地区承接产业转移并不明显。因此我们重点对中部六省承接产业转移的情况进行分析。[①]

　　产业转移对当地经济发展具有明显的促进效果。从中部六省（山西、安徽、江西、河南、湖北、湖南）的情况来看，中部地区相比东部地区具有劳动力、土地资源、水、电等生产要素成本较低的优势，相比西部地区又具有基础设施相对完善、经济规模较大、劳动力素质高的区位优势。中部地区由于地缘以及要素禀赋优势，在承接过程中具有独到的优势，中部地区作为承接产业转移的主角起着重要作用。

---

　　① 刘红光等：《区域间产业转移定量测度研究》，载《中国工业经济》2011 年第 6 期。

图 5-30 和表 5-14 反映了中部六省从 2006—2010 年工业企业数量变化情况。从图中可以看出，除了山西省以外，其余五省工业企业的数量都呈现出不同程度的增长，其中，以安徽省的增速最高。图中工业企业的数量变化与当前中部承接产业转移的情况是一致的，安徽皖江承接产业转移示范区是国务院批复的第一批国家级示范区，因此对东部地区企业的吸引力相对较大。另外，由于安徽省在承接产业转移方面的工作开展较早，相对其他五省承接工作更加规范成熟。因此近几年，工业企业增速最快。而晋陕豫黄河金三角示范区起步较晚，加上山西省产业结构偏重于重工业，而轻工业发展又不完善，东部地区主要转移的焦点产业是纺织业和加工贸易业，因此承接产业转移在山西发展相对较慢。

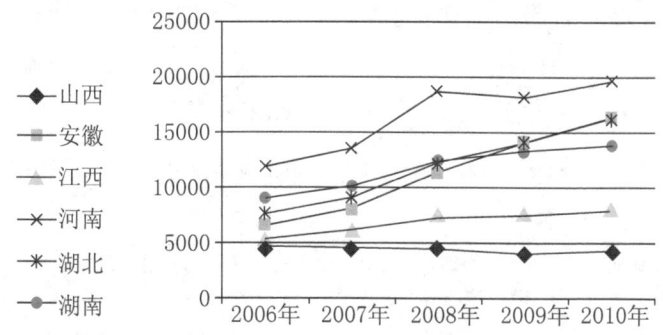

图 5-30　中部六省工业企业数量变化

资料来源：中经网统计数据库。

表 5-14　中部六省工业企业数量变化

年　份	山　西	安　徽	江　西	河　南	湖　北	湖　南
2006	4668	6523	5333	11895	7546	8999
2007	4472	8111	6028	13510	8996	10201
2008	4415	11392	7367	18700	12067	12391
2009	4023	14122	7539	18105	14027	13311
2010	4240	16277	7908	19548	16106	13844

资料来源：中经网统计数据库。

根据钱纳里（1988）的观点，经济增长的过程就是经济结构转变的过程，经济结构的转变又推动经济发展。[①] 从理论上讲，中部承接东部地区制造业企业，能够引进相对中部先进的技术与管理经验，扩大就业，提高地区居民收入，实现经济快速增长，因此经济增长与产业转移有着密切的联系。本书用新增企业数量与人均GDP 的变化情况进一步来分析二者的联系。图 5-31 和表 5-15 反映了 2006—2010 年人均 GDP（人均 GDP 以 1990 年的 CPI 做了不变价处理）和工业企业数量的变化关系。由图 5-32 和表 5-16 可以看到，各省人均 GDP 增速普遍高于工业企业数量增速，尤其在 2010 年，六省人均 GDP 增长速度都超过了工业企业数量增长速度。另外，从数据上来看，各省人均 GDP 增速与工业企业增速相关性并不明显。一个十分重要的原因是，中部开展承接产业转移的时间并不长，企业在迁移初期需要承担大量迁移的额外成本，因此在承接地投入生产的头两年基本上只能实现收支相抵。再加上地方政府为了招商引资，运用大量的财政支出，兴建基础设施，给予迁移企业各类税收优惠政策，这些措施要收到对地方 GDP 拉动的回报不是短期内能实现的。

表 5-15　中部六省人均 GDP 与工业企业增长率比较

年　份	山　西		安　徽		江　西	
	工业企业数量	人均 GDP增长率	工业企业数量	人均 GDP增长率	工业企业数量	人均 GDP增长率
2006	0.051115	−0.08331	0.236119	−0.02595	0.21122	−0.03129
2007	−0.04199	0.146763	0.243446	0.137938	0.130321	0.115932
2008	−0.01275	0.12299	0.404512	0.132711	0.22213	0.103321
2009	−0.08879	0.059547	0.239642	0.143092	0.023347	0.180565
2010	0.05394	0.185433	0.152599	0.234316	0.048945	0.189795
	河　南		湖　北		湖　南	
2006	0.094598	−0.01942	0.107588	−0.03408	0.12179	−0.07938
2007	0.135771	0.140846	0.192155	0.162546	0.13357	0.148688
2008	0.38416	0.143263	0.341374	0.153193	0.214685	0.140314
2009	−0.03182	0.057407	0.162426	0.146589	0.074247	0.17011
2010	0.079702	0.146422	0.148214	0.195749	0.040042	0.17352

资料来源：中经网统计数据库。

---

① ［美］钱纳里、［以］塞尔昆：《发展的型式：1950—1970》（中译本），经济科学出版社 1988 年版。

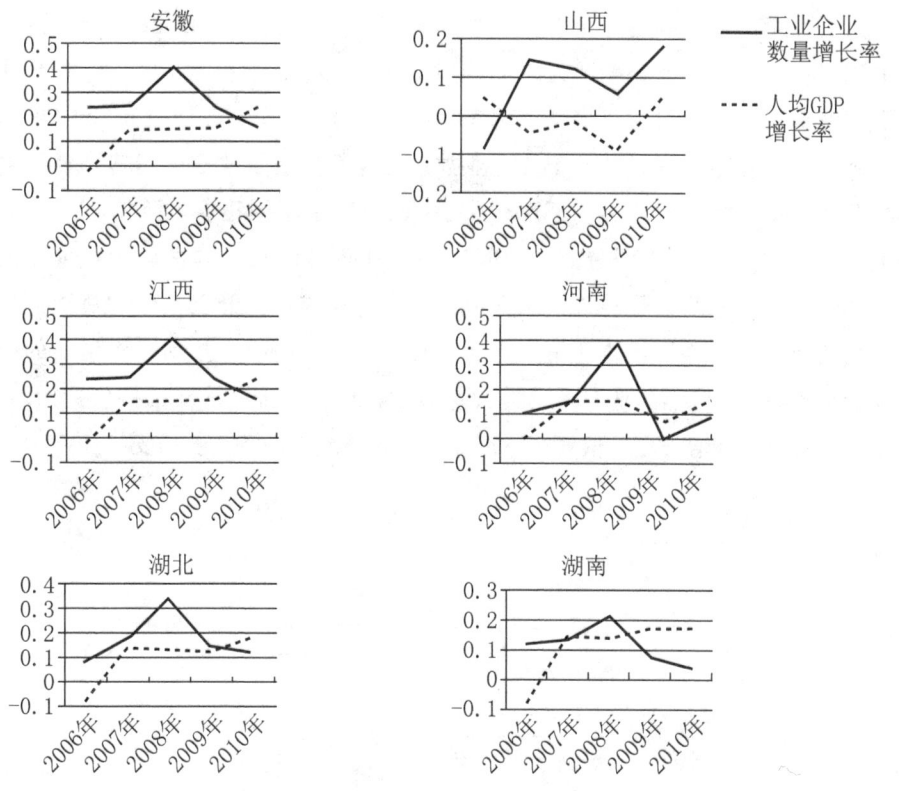

图 5-31　中部六省人均 GDP 与工业企业增长率比较

资料来源：中经网统计数据库。

（3）产业转移的产业结构升级效应比较明显

① 转出地产业结构升级步伐加快

由于东部地区的劳动力、原材料、土地等成本逐年上升，以及外部市场需求不足，东部地区面临着日趋紧迫的产业升级换代的压力。现阶段，东部地区的区位优势不再是廉价的劳动力以及丰富的资源。经过改革开放 30 多年的积累，东部地区的区位优势逐步转变为资本丰裕、技术成熟以及具有一批高素质人才，此时，传统的劳动密集型产业便不应继续作为东部地区的地区主导型产业。因此，目前东部地区亟须大力发展第三产业，加快向中西部地区产业转移的步伐。如果东部地区能借助成本上升的产业转移的推力，成功完成产业升级，实现经济结构的转型，就能够有效地避免产业空心化、经济发展停滞的局面，将经济实力推升到更高的一级水平上。

本书选取北京、上海、广东三个地区作为东部地区向外进行产业转移的代表，分析在东部地区制造业企业向中西部地区转移的过程中对经济增长的影响。本书用工业企业数量增长率及人均 GDP 增长率（人均 GDP 用 1995 年的 CPI 进行了不变价处理）的对比来考查产业转移的经济增长效应。从图 5-32 中可以明显看到，最近几年，三地区的工业企业数量增速都呈现了放缓的趋势，伴随着工业企业数量增速的放缓，人均 GDP 增长率也出现了不同程度的下降，其中北京和上海在 2009 年和 2010 年甚至出现了人均 GDP 负增长。本书认为，可能是由于东部制造型企业的大量转移，东部地区还没有完成产业升级换代的过程，还没有成功培植起拉动经济增长的第三产业，东部地区目前缺乏拉动经济增长的引擎所致。由此看来，既然工业企业已经大量转出，东部地区经济要维持快速的增长，只能寻找新的经济增长点，依靠第三产业作为带动地区经济增长的支柱产业。

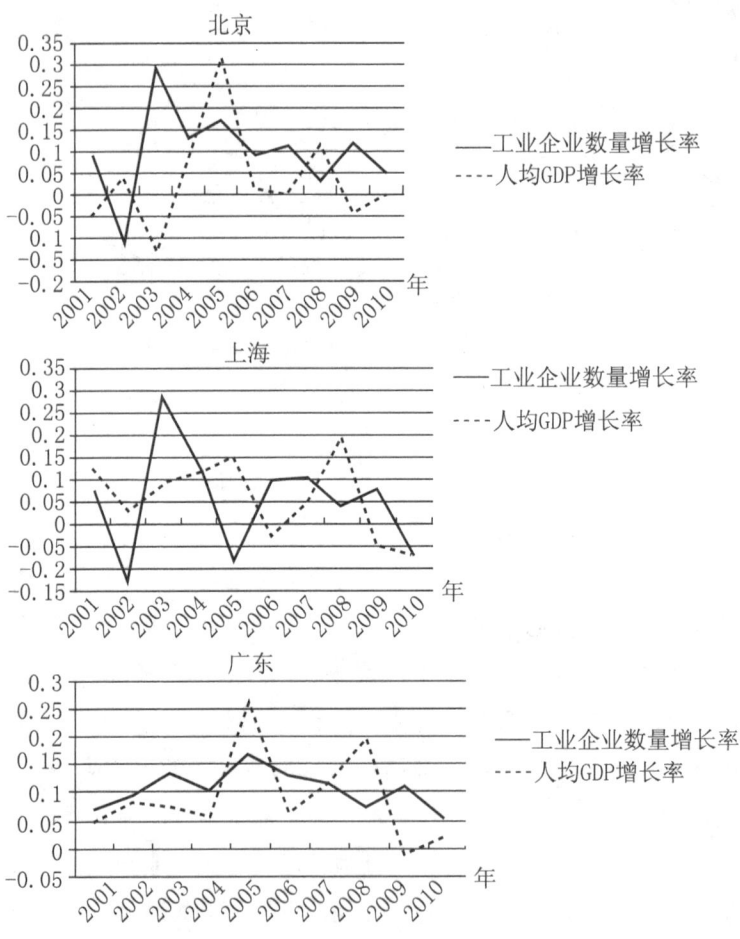

图 5-32　工业企业数量增长率与人均 GDP 增长率比较

资料来源：中经网统计数据库。

表 5-16　工业企业数量增长率与人均 GDP 增长率比较

年　份	北　京		上　海		广　东	
	工业企业数量	人均 GDP增长率	工业企业数量	人均 GDP增长率	工业企业数量	人均 GDP增长率
2001	0.092744	−0.04959	0.075839	0.121696	0.06808	0.049515
2002	−0.11014	0.042848	−0.12872	0.029333	0.093421	0.083912
2003	0.294402	−0.13237	0.286829	0.093801	0.127271	0.076549
2004	0.126191	0.070537	0.136713	0.11619	0.100347	0.056326
2005	0.172298	0.313651	−0.08521	0.15207	0.174944	0.261712
2006	0.091553	0.015625	0.09699	−0.02812	0.122143	0.06233
2007	0.112073	−0.00047	0.103283	0.04603	0.113948	0.112778
2008	0.029809	0.112144	0.039922	0.19652	0.068702	0.196181
2009	0.119155	−0.04572	0.078027	−0.04948	0.108315	−0.0074
2010	0.050039	−0.00087	−0.07056	−0.07324	0.051081	0.022495

资料来源：中经网统计数据库。

关于发达地区向外进行产业转移，一个存在争议的问题是：会否对本地产生"产业空心化"。我们认为，一国或地区"产业空心化"的原因是其新兴产业发展不良，而非向外进行产业转移的必然结果。发达地区向外进行产业转移的根本原因是比较优势和生产成本的变化。也就是说，地区国家向外转移出去的产业往往都已不再适合本国（地区）生产，输出的技术也很少是核心技术、尖端技术，总的来看，也不会影响输出国的技术竞争力。小岛清的边际产业扩张论、弗农的产业生命周期论等研究已证明了这一点。发达国家或地区的产业外移是出于其降低成本、提高利润率的需要，即使没有产业转移，该类产业在本国或地区的生产也会日渐衰微。因此笔者认为，发达地区的"产业空心化"只是其新兴产业发展不良的结果。换言之，发达地区的新兴产业未能及时替代转移出去的产业、提供新的就业机会，才是导致"产业空心化"的根本原因，而绝非产业转移的必然结果。

以广东东莞为例，近三年制造业农民工的工资几乎翻了一倍，人民币升值近20%，原材料价格暴涨，出口退税基本消失，环保标准开始成为硬指标。推出的新《劳动合同法》，更成为"压在骆驼背上的最后一根稻草"。面临着日益严峻的生存环境，东莞地区低附加值的劳动密集型产业不得不向外转移，以寻求更高的利润空间。在目前东莞本地资金和技术密集型企业不多，现代服务业较薄弱，民营经济实力不强，对外依存很高的情况下，很有可能发生"产业空心化"的危险。所以当下，东莞政府正在积极推进产业规模化、产业自主化、产业高级化、产业本土化，将被动接受产业转移转化为主动推动产业转移。

相比之下，苏州昆山在防止"产业空心化"的路上走得更远些。昆山早先是由于台资企业的"抱团"入驻，成了"世界电子工厂"，地区主导产业是以代工为主的加工贸易。但是从 2006 年起，昆山就开始实施一轮被称为"低转高"的转型实践，主动进行产业升级，化"昆山制造"为"昆山创造"。2011 年，昆山的外贸依存度就出现了近 10 年来的历史低点 228.7%，而 2005 年这一数据曾高达 372.8%；与此同时，2011 年昆全市地区生产总值、工业产值却分别比上年增长 15.8%、14.3%，其中，高新技术产业产值 2982.2 亿元，占规模以上工业产值比重达 40.2%。从以上的数据可以看出，昆山正呈现从代工经济转向产业高端的趋势。

② 承接地产业结构升级明显

从中部地区的情况来看，中部地区承接产业转移并不是单纯地将东部地区的企业进行位移，而是根据国家的产业发展规划，对高污染、高耗能企业实行全面监管，对不符合产业政策和环保要求的，限期整改直至淘汰，禁止参与产业转移；对具有发展潜能和前景的企业，鼓励和支持其通过产业转移实现产业升级，全面提升企业的竞争力，提高在产业链中所处位置后再迁入。除此之外，东部地区的制造业原本比中部地区发展更快，管理更规范，市场意识更敏锐，因此在承接的过程中实现了中部地区的产业升级。

产业转移对地方产业升级具有重要的推动作用。我们用工业企业数量增长率和工业产值占 GDP 比重增长率来分析，从图 5-33 和表 5-17 可以看到，在山西、江西、河南三产业转移过程都发挥了产业升级的效应。这三省自 2009 年以后，工业产值增长率与工业企业数量增长率出现了同步增长。说明随着企业的迁入，工业产值占 GDP 的比重逐步加大，推进了地方工业化的进程，带动了中部地区的产业升级。值得一提的是，江西的工业产值占 GDP 比重增速甚至快于工业企业数量增速。本书认为，可能与江西省吸引的企业中，生物医药、新能源等第三产业的比重相对较大有关，所以产业升级效应大于工业企业增速。另外，从目前的数据来看，在安徽、湖北、湖南三省，产业转移与产业升级的相互关联并不强，虽然工业企业数量增速降低，但是工业产值占 GDP 比重增速仍然保持高速增长。这样一个事实说明，在这些区域，推动地方工业化的主要力量并不是产业升级，而是本地工业企业自身的规模扩大、产值增加的作用。

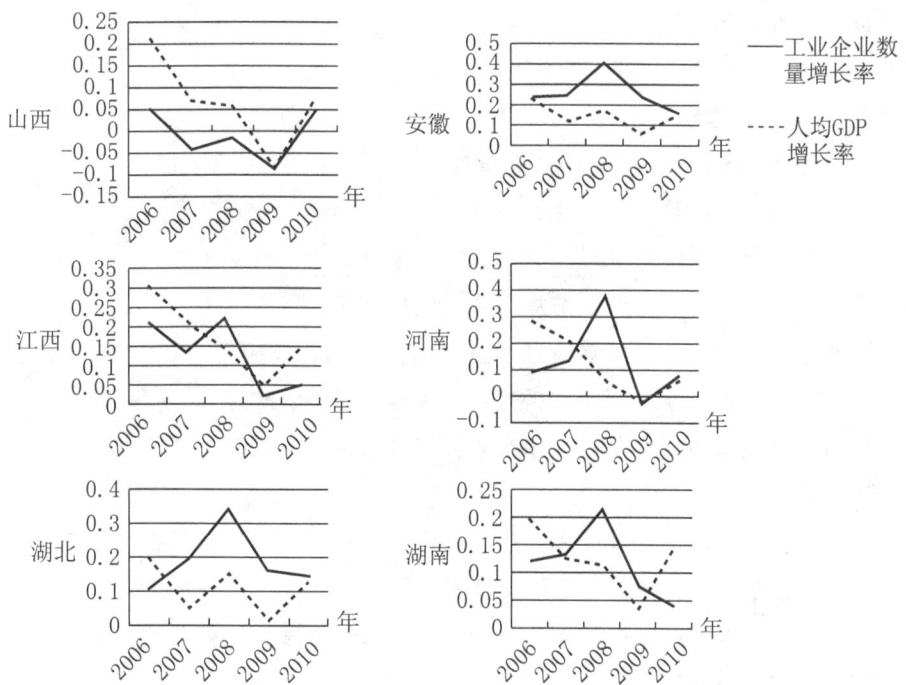

图 5-33 中部六省工业企业数量增长率和工业产值占 GDP 比重增长率
资料来源：中经网统计数据库。

表 5-17 中部六省工业企业数量增长率和工业产值占 GDP 比重增长率

年 份	山 西		安 徽		江 西	
	人均 GDP 增长率	工业企业数量	人均 GDP 增长率	工业企业数量	人均 GDP 增长率	工业企业数量
2006	0.051115	0.211518	0.236119	0.227999	0.21122	0.30553
2007	−0.04199	0.068933	0.243446	0.115301	0.130321	0.212562
2008	−0.01275	0.059454	0.404512	0.168295	0.22213	0.141727
2009	−0.08879	−0.08259	0.239642	0.049106	0.023347	0.048238
2010	0.05394	0.078255	0.152599	0.145635	0.048945	0.149307
	河 南		湖 北		湖 南	
2006	0.094598	0.287843	0.107588	0.197295	0.12179	0.195907
2007	0.135771	0.211985	0.192155	0.051278	0.13357	0.124432
2008	0.38416	0.060846	0.341374	0.154501	0.214685	0.115091
2009	−0.03182	−0.01535	0.162426	0.011275	0.074247	0.034451
2010	0.079702	0.065457	0.148214	0.127496	0.040042	0.145934

资料来源：中经网统计数据库。

以江西省为例，江西省 2006 年各产业的生产总值为 4670.53 亿元，其中第二产业生产总值为 2320.74 亿元（工业 1806.15 亿元、建筑业 514.59 亿元），第三产业 1563.65 亿元（金融业 76.13 亿元），到 2010 年各产业的生产总值为 9451.26 亿元，其中第二产业生产总值为 5122.88 亿元，（工业 4286.76 亿元、建筑业 836.12 亿元），第三产业 3121.4 亿元（金融业 241.49 亿元）。5 年间，江西省的金融业生产总值增长了近 3.2 倍，工业生产总值增长了近 2.4 倍，建筑业生产总值增长了 1.6 倍多，产业结构实现了优化升级。

同时，区际产业转移能够通过产业间的关联带动效应促进产业结构合理化。产业关联指的是各产业之间存在的广泛、复杂而密切的相互依存和制约的联系，包括后向、前向和旁侧关联。区际产业转移对承接地产业的关联带动效应主要体现在三个方面。

一是后向关联效应，即移入产业的结构变化或效率提高会对各种生产要素产生新的投入需求，从而带动其上游产业的发展。

二是前向关联效应，即移入产业的活动能通过削减下游产业的投入成本而促进下游产业的发展。

三是旁侧关联效应，即移入产业对周围地区的社会经济发展所起的作用，如促进技术性和纪律性的劳动力队伍的建立，促进处理法律问题和市场关系的专业服务人员的培训，以及促进建筑业、服务业的发展等。产业的关联带动作用是产业转移的重要功能，它将在很大程度上促进整个产业部门协调能力和关联水平的提高，促进产业结构的合理化，从而推动移入区域整个社会经济的发展。

另外，区际产业转移通过要素注入和观念更新来推动承接地第二产业和第三产业的发展，从而实现产业结构高度化。

第一，要素注入效应。承接地一个显著的特点就是自然资源、劳动力普通要素丰富，而资本、技术、知识等高等要素短缺。区际产业转移往往伴随着大量的资本、技术的转移，也伴随着其他无形要素的进入，具有综合性。资本、技术以及其他无形要素的注入，使承接地迅速积累起相对稀缺的生产要素，发展制造业和服务业，推动产业结构高度化。

第二，观念更新效应。观念落后是承接地自我发展能力欠缺的重要根源，区际产业转移在带来资金、技术、品牌等有形资源的同时，也带来符合市场经济要求的新思想、新观念、新意识和新的管理方式等无形的资源，这些无形资源将对承接地传统观念起着融合、更新、改造作用，改变其原有的自然经济、以农为本的思想，更多地发展制造业、服务业等附加值高的产业，从而推动产业结构高度化。产业转移对承接地产业结构升级的效应如图 5-34 所示。

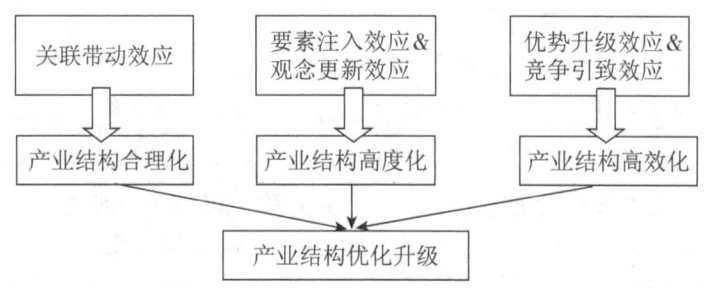

图 5-34　产业转移对承接地产业结构升级效应

（4）促进了承接地的技术创新

东部地区向中部地区产业转移的过程中，由于同类或相近行业的集聚规律，逐渐在承接地形成了新的产业集聚。

区际产业转移的集聚不仅降低交易成本，而且集结创新资源，形成承接地的区域创新优势。由于产业集聚区知识及技术的密集度较高，集聚区企业通过学习与信息交流，促使转移产业的关键技术在集聚区内溢出，有利于提高集聚区产业的人力资本水平、技术吸收能力和自主创新能力。以江西省为例，"十五"计划以来坚持以大开放为主的战略，优化招商引资环境，加快工业园区建设，充分发挥工业园的集聚效应。2000 年江西实际利用外资只有 2.27 亿美元，到 2010 年实际利用外资达 191.6 亿元，比 2000 年增长 80 多倍，比上一年净增 6.8 亿元，增长 3.7%。利用外资规模的稳步扩大，在一定程度上解决了江西建设资金不足的问题，推动了基础设施建设、产业集群发展和产业结构升级，扩大了出口，增加了就业机会。

（5）为承接地创造了大量就业机会

区际产业转移对承接地的就业效应可以分解为：就业直接创造效应、就业关联效应、就业质量提高效应三个方面。

就业直接创造效应。区际产业转移可以有效地促进承接地就业数量的增加，并且有助于承接地经济的发展，从而带动就业机会的增加。在产业转移的过程中，伴随着企业的移入，可以为承接地直接带来新的就业机会。如富士康落户河南郑州，创造的用工需求将不少于 50 万人。此外，产业转移还能够通过带动承接地经济的发展，带动承接地就业量的增加。如我国东部地区向西部地区转移的产业，可以带动西部地区的生产技术水平，促进西部地区劳动生产率的提高、生产成本的下降以及产品质量的改进，随着产品在国内和国际市场上的竞争力的提高和生产、销售规模的扩大，企业和行业就会增加对劳动力的需求量，从而能够在长期内增加承接地的就业需求。

就业关联效应。区际产业转移可以通过促进相关产业的扩张来带动就业的增加。据统计，每一直接就业机会的增加就会带动 1—2 个关联产业就业。就业关联效应主要有 3 条实现途径：其一，移入产业的发展可以通过带动其关联产业的发展而提高关联产业的就业量；其二，产业转移可以作为一种外来的刺激因素，给承接地带来新的资本辐射和需求拉动，从而推动产业扩张和升级及经济的全面发展，由此形成新的、更高层次的就业与投资需求；其三，产业转移可以作为一种新的市场扩张因素，推动承接地的市场深化和需求的提高，使得经济增长方式转型和资源配置效率提高，从而也会带动承接地就业量的增加。

就业质量提高效应。区际产业转移可以通过以下两个方面对承接地产业就业质量提高效应：一方面，移入企业可以通过技能、职业培训等来改善承接地的就业质量；另一方面，移入企业，尤其是一些著名的大型公司一般都有自己的环境保护和劳动保护标准，这些标准一般都高于承接地本地的标准，这也有助于承接地工作条件的提高和工作环境的改进。中部地区在承接产业转移过程中，根据产业升级发展的需要，大力加强职业技能培训工作，逐步形成涵盖就业前培训、在职培训、再就业培训和创业培训在内的多元化技能人才培养和职业技能鉴定体系。湖北省组织城镇工人和农民工各类技能培训 882.4 万人次，安徽省共有 200 万人取得了国家职业资格证书，劳动者技能素质和就业竞争力明显提高，促进了劳动者由体力型向专业型、技能型转变。

5.3.3 产业转移对我国当前经济社会发展存在一定的负面影响

（1）对转出地就业的影响

从短期、静态的角度看，产业向外转移会减少转出地的就业机会，增加失业压力；但从长期、动态的角度看，产业转移伴随着转出地产业升级和整体经济竞争力增强，转出地优势产业的加速扩张和整体经济增长率又会创造出新的就业机会，从而增加就业数量。同时，产业转移也可以明显提高转出地的就业质量。

随着经济的发展，我国东部地区逐步将一些劳动力、资源密集型的"边际产业"向中西部进行转移，这样东部地区的资源和要素可以集中到一些高附加值产业中，如计算机信息业、咨询业、金融业等。因此，在东部地区可能会出现"结构性失业"和"摩擦性失业"的现象，这也是经济发展和结构调整中出现的正常现象。这种现象的出现必然推动部分失业者通过再就业培训或者智力资本的再投资来适应就业层次的高级化发展，从而从整体上推动东部地区就业质量的提高。我国东部地区 2006 年的经济增长率为 16.98%，失业率为 3.3%，2010 年的经济增长率为 17.98%，失业率为 3.2%。从长期来看，区际产业转移并没有减慢我国东部地区的经济增长率，也没有增加失业率，而是随着产业转移资源配置效率的提高，东部地区的经济更好、更快地发展，员工的工资水平和工作环境不断提高和改善，就业质量得以优化。

（2）对个别地区的环境造成了一些负面影响

区际产业转移可以有效地提高资源配置效率，对转出地和承接地产生正的经济福利效应和社会福利效应。然而，区际产业转移过程中也存在不可忽视的负面效应，尤其是对承接地的环境污染、资源浪费和生态破坏。依据以往国际产业转移的经验，产业转移的过程中极易发生只注重转移的数量，不注重转移的质量的现象，东部地区将一些污染产业转移到中部，虽然能暂时对当地 GDP 有拉动作用，但是对当地人民的生活会造成长期的破坏性影响。

例如中部地区在承接东部地区产业转移的同时，环境污染、资源浪费和生态破坏问题也日益突出。山西省有 13 个城市被列入全国 30 个空气污染严重的城市。河南省二氧化硫年排放量居全国第一位，每千美元 GDP 排放污染物的二氧化硫是发达国家的 7 倍多，是江苏、广东、浙江的 1 倍多。湖南省城市酸雨频率高达 76.4%，除一个城市外所有城市都受到酸雨污染。山西省受污染地表河长达 3753 千米，其中劣五类污染河道占 67.2%，主要是煤矸石和矿井废水造成的。河南省几大水系受严重污染河段达 2938 千米。湖北省主要湖泊水库受污染的三类以上水体近 70%。在三峡库区，生活污水集中处理率不到 10%，生活垃圾无害化处理率不到 7%，各支流沿江城镇生活污水和垃圾基本未做处理。湖泊水质趋向于富营养化，污染严重，洞庭湖和鄱阳湖水质分别是 Ⅳ 类和 Ⅴ 类，巢湖水质为 Ⅴ 类，东湖水质为 Ⅴ 类。环境恶化使得中部六省环境污染与事故频频发生。

我们用工业企业数量和工业废气、废水和废物（以下简称工业"三废"）排放量增长率的关系来分析中部地区承接产业转移过程中的污染情况变化。从图 5-35 和表 5-18 来看，首先，工业固体废物的排放量与产业转移的关系不大，即产业转移不会加大工业固体排放量。其次，山西、河南两省工业废气和废水的排放量增速都高于工业企业增速，不能确定工业企业的迁移引发了地区污染加重。再次，江西、湖南两省只有工业废气排放量增速高于工业企业增速，并不能确定在产业转移的过程中对当地环境造成了污染，需要更仔细地考察当地工业企业类型，如果当地迁入企业主要排放污染物是废气，则说明两地在产业转移中，加大了污染，降低了地区居民福利。最后，安徽、湖北两省的工业企业增速高于工业废水、废气排放增速，一定程度上说明两省严格管制环境，限制污染企业的转移，同时在承接转移的过程中更加注意环境治理，营造良好的环境吸引更多的优质企业的入驻。由此看来，中西部在承接东部产业转移过程中，凡是污染十分严重、处理能力不强、处理成本过高的企业与项目，必须采取"拒绝制"，坚决拒绝这些企业与项目的落户。

之所以出现这样的问题，主要有两方面的原因：一是转出地为了实现"腾笼换鸟"和缓解环境压力，有极强的动力借产业转移之机把一些落后产业、污染性企业转移出去；二是一些承接地急于借助投资和项目的增加，拉动本地经济增长，往往忽略了环保标准，导致个别污染性企业的进入。当前的产业转移不能走以往工业化过程中"上项目—污染—治理—再染污—再治理"的老路，应当杜绝政府为了短期利益，而盲目引进危害当地资源环境的高污染企业。一旦污染企业入驻，产生的破坏效应将需要庞大的资金人力去清理。因此，承接地应当把环境效应和治污成本也统一纳入产业转移的成本中，立足长远，严格对拟进入产业和企业进行污染评估，切实执行污染"一票否决"，才能真正起到产业转移拉动当地经济增长的良性效应。

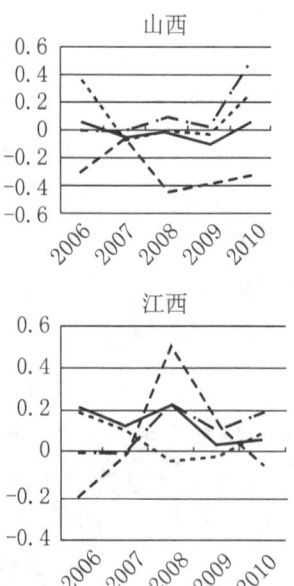

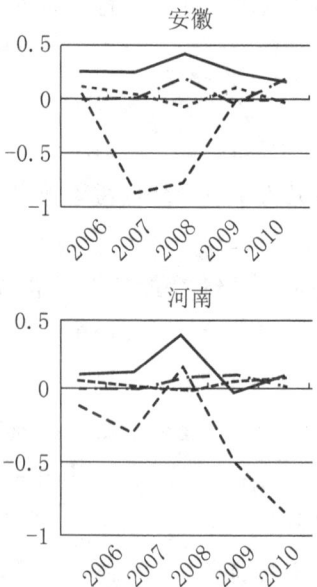

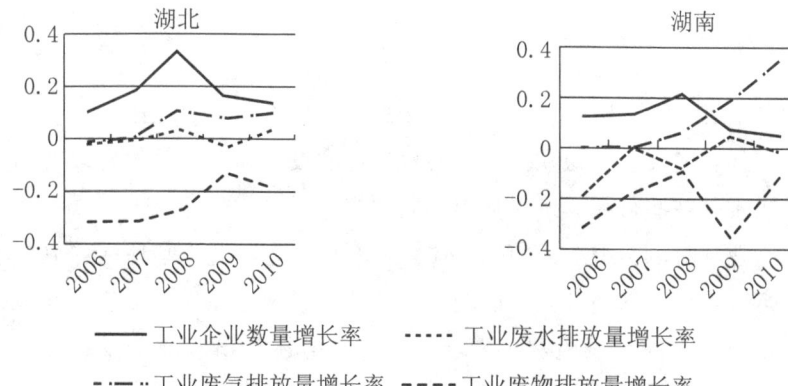

图 5-35 中部六省工业"三废"排放量增长率与工业企业数量增长率

资料来源:中经网统计数据库。

表 5-18 中部六省工业"三废"排放量增长率与工业企业数量增长率

年 份	山 西				安 徽			
	企业数量增长率	废水排放量增长率	废气排放量增长率	固体废物排放量增长率	企业数量增长率	废水排放量增长率	废气排放量增长率	固体废物排放量增长率
2006	0.0511	0.3736	NA	−0.2795	0.2361	0.1045	NA	0.0400
2007	−0.0420	−0.0669	NA	−0.0492	0.2434	0.0490	NA	−0.8547
2008	−0.0127	0.0002	0.0817	−0.4390	0.4045	−0.0890	0.1882	−0.7794
2009	−0.0888	−0.0348	0.0221	−0.3908	0.2396	0.0960	−0.0302	0.0000
2010	0.0539	0.2558	0.4852	−0.3263	0.1526	−0.0336	0.1687	0.0000
	江 西				河 南			
2006	0.2112	0.1872	NA	−0.1925	0.0946	0.0541	NA	−0.1138
2007	0.1303	0.1145	NA	−0.0079	0.1358	0.0322	NA	−0.3111
2008	0.2221	−0.0382	0.2217	0.4944	0.3842	−0.0089	0.0727	0.1894
2009	0.0233	−0.0217	0.1113	0.1369	−0.0318	0.0539	0.0948	−0.5036
2010	0.0489	0.0794	0.1842	−0.0545	0.0797	0.0718	0.0236	−0.8359
	湖 北				湖 南			
2006	0.1076	−0.0139	NA	−0.3097	0.1218	−0.1831	NA	−0.3171
2007	0.1922	−0.0016	NA	−0.3065	0.1336	0.0009	NA	−0.1784
2008	0.3414	0.0295	0.1142	−0.2717	0.2147	−0.0776	0.0556	−0.0879
2009	0.1624	−0.0252	0.0835	−0.1214	0.0742	0.0439	0.1864	−0.3591
2010	0.1482	0.0358	0.1072	−0.1852	0.0400	−0.0082	0.3372	−0.1197

资料来源:中经网统计数据库。

（3）承接地产业发展的可持续性问题

中西部地区作为区际产业转移的承接地，积极承接东部地区的产业转移，取得了明显效果，尤其是在短期内，容易对当地的投资和项目总数有较大幅度的增加。但也出现了一些可持续发展方面的问题。

一是企业"打游击战"的短期效应。如个别企业在进入某地区三五年享受完当地的优惠政策后，即向其他地区转移。导致有些企业进入当地后，当地政府不断给其提供土地、配套设施甚至专项补贴等，但还是担心该企业"吃政策饭"，即过了政策优惠期就转移到其他地区。之所以出现这种情况，是因为目前对领导干部的考核体制和地方政府的政绩观，容易导致区域间对承接产业转移和投资的新一轮竞争，"捡到篮里就是菜"的想法在部分地区很有代表性。

二是移入企业的成长效应不明显。主要有两种情况：第一，部分转移到中西部地区的产业，往往属于该行业产业链的低端，处于"产业生命周期"的末期，即衰退期，本身在国内区域分工和竞争中处于不利的地位，承接地如果移入的是这类企业，注定只会起到昙花一现的短期投资增加效应，无法在当地发展壮大。第二，承接产业转移中出现"泛工业化"倾向与忽视本地比较优势的现象，即一些地区在承接产业转移中片面强调投资额度、企业规模、就业人数、GDP贡献等因素，在本地工业企业快速增加的同时，却忽略了土地利用效率、自身比较优势的发挥、产业升级等问题，会对其可持续发展造成潜在影响。这是因为：第一，一个地区的土地资源是有限的，如果放任一般性加工企业盲目泛滥，会对技术先进、环保的优质企业形成承接转移中的"挤出效应"；第二，过度强调招商引资及其企业的规模、行业、技术，容易诱使地方政府忽视本地产业发展的比较优势，导致引进的产业与本地生产要素和工业体系难以融合，后期成本加大，造成本地电力、运输和劳动力的全面紧张等资源问题。如我们在调研中发现中部某市所属的八个县市区都成立了工业园区，并且都目标明确地在沿着"县工业园区—市工业园区—省级（国家级）承接产业转移产业园区"的模式规划、实施。

三是移入企业与当地经济的耦合问题。转移到中西部的产业会对中西部原有与其相同或相近的产业产生"冲击效应"甚至"挤出效应"，影响制约中西部地区原有产业的发展。这种"冲击效应"，第一是体现在对生产要素争夺方面。转移产业凭借其强大的技术优势、市场优势，提供给要素的收益率比中西部原有产业要高，从而吸引要素的能力较；第二是体现在对市场份额的争夺上。转移产业

生产水平较高、管理体系相对完善，有着较高的劳动生产率及产品质量、较低的
生产销售成本及产品价格，再加上先进的营销理念、完善的营销网络以及高质量
的售后服务，就使中西部原有产业在当地的市场份额逐渐降低。

（4）产业转移对承接地经济发展的拉动效应发挥不够

当前我国产业转移有所提速，但产业转移对于推动区域发展的效应发挥尚不
明显。

一是中西部地区在承接产业转移过程中不同程度地存在着重引轻选、重量轻
质、无序竞争、营商环境不尽如人意等问题。[①] 其中，产业转移规模偏小且分散
转移，移入产业自生和衍生能力十分有限是最主要的问题。产业转移规模偏小，
一方面，在于现存的税收征管体制导致的地区利益保护带来的"滞留"；另一方
面，在于中西部地区空间格局不经济，吸引能力有限。产业转移流向相对分散根
源在于产业承接地的盲目竞争。而规模偏小、分散转移以及承接地产业发展支持
体系滞后，共同导致了产业转移带动效应与衍生能力不足。

二是加工业转移先行与研发环节转移的滞后。总体来看，目前中西部地区承
接的国内外产业转移大都属于加工制造环节的转移，其创新研发并未伴随转移，
因此产业转移对承接地的研发能力及可持续发展的带动作用有限。在我们调研中
发现，这种现象已引起了部分地方政府的注意。

三是产业转移的带动效应与衍生能力缺乏。中西部地区在承接产业转移中除
了大力招商引资外，更重要是逐步加强本地孵化、孕育企业，并促进外来企业扎
根、扩张的能力。这除了基础设施、物流体系、产业配套能力等硬环境以外，还
包括制度、服务、信用（特别是金融市场效率）、法制、文化等软环境。任何一
个经济体如果没有自生能力，仅靠外援推动是不可能长久发展的，而自生能力的
形成关键在于企业家队伍的成长。而良好的软环境是企业家队伍形成的摇篮。张
小蒂等（2009）结合我国不同地区的数据研究发现，企业家数量和当地金融市场
效率、企业家数量与产业集聚程度高度相关。[②] 中西部地区金融市场效率低、融
资成本高以及储蓄投资转换率低是制约企业家形成、无法内生产业集聚的关键所
在。事实上，产业转移对中西部地区的发展仅仅是一种外生推力，中西部地区最
终的发展仍然依赖于经济体内的自生能力。外生推力如何激发自生能力，关键在

---

① 陈耀：《产业资本转移新趋势与中部地区承接策略》，载《中国产业发展观察》2009 年第 5 期。
② 张小蒂等：《融资成本、企业家形成与内生产业集聚：一般分析框架及基于中国不同区域的比较
分析》，载《世界经济》2009 年第 9 期。

于产业转移通过带动效应，前后向、旁侧关联诱发当地企业家队伍形成，衍生出系列配套和相关产业，并在集聚力的作用下，最终走上初、高级循环互动的自我发展道路。因此，产业转移能否形成强大的带动效应和衍生能力取决于两方面，一是转移产业本身是否有较强的前后关联效应，二是产业承接地是否具有良好的产业发展软、硬环境，尤其是是否具有形成企业家队伍的软环境。而这些正是我国中西部地区在承接产业转移时没有充分重视的方面。

（5）配套政策的细化与实施

在调研过程中，许多地区反映，国家相关配套政策的细化及实施力度还不够，许多政策在细化过程中还存在一些问题。一方面，出台的政策没有落实到位，比如实施的税收、租金、水电等优惠政策；另一方面，政策执行不灵活，过分讲程序，没有给投资者创造良好的投资环境，从而使得一些先行、先试措施推行起来还存在一定困难。地方政府反映的问题中，三网融合，建设土地指标、跨区域调剂使用、对地方融资政策如发行债券的支持等问题，具有较强的代表性。

（6）产业转移过程中政府与市场的关系有待进一步理顺

东部地区往往采取延缓甚至阻碍产业向外转移的政策措施，导致本应转移出去的产业"滞留"本地；中西部地区各地政府为了争夺产业转移项目，往往不顾当地实际以及是否适合，纷纷以税收优惠、租金补贴等方式展开恶性竞争，从而使有限的产业转移规模变得更为分散。为何出现"滞留"和"盲目争夺"？背后的根源在于，财税分权与政绩晋升制度下，地方政府对经济介入过深。首先，我国税收体系中，中央政府和地方政府按比例、分类别征收企业增值税。显然，某地集聚的企业越多，该地方财税收入越丰厚，如果产业转移，势必损失大量财税收入。而且，由于政府和地区经济活动关系过于密切，在财政上对某些成规模的产业和大型企业形成依赖，以致政策被产业和企业的既得利益者俘获，一系列补贴、优惠、垄断地位乃至其他保护和制度租金源源不断地流向产业和企业，从而使企业无须创新活动就可获得租金，产业升级被延缓，产业被滞留甚至锁定[1]。其次，即便是东部地区发达省份如广东、浙江，仍然存在相对落后的地区，从省级政府的角度来看，更期望需要转移的产业就近在本省转移，因为更好的经济增

---

① 蔡昉等：《中国产业升级的大国雁阵模型分析》，载《经济研究》2009 年第 9 期。

长业绩是政府官员政治升迁的主要选票。正因为这种地方政府与当地经济活动的高度相关性对政府有强大的诱惑使其人为阻碍产业的跨区转移，即便冒着阻碍和延缓产业升级的风险（地方政府是短视的）。最后，落后地区因为无法自我实现经济的快速增长，而承接产业转移是一种提高经济增长的捷径，各落后地区政府也有强大的动力参与产业承接竞争。

5.3.4 对策建议

（1）中央政府应进一步完善政策，加快解决制约产业转移的相关问题

① 进一步细化促进产业转移的相关政策

要进一步细化和落实国家层面促进产业转移的相关政策，包括支持地方参与产业转移的税收优惠、政策补贴、土地政策等，应尽量细化，便于地方政府具体展开相关工作。如 2012 年 7 月 26 日，工业和信息化部公告发布了《产业转移指导目录（2012 年本）》（以下简称《转移目录》），《转移目录》既体现了区域的特点，又落实到具体产业发展承接载体，指导性强、可操作性强，清晰明了，便于执行。《转移目录》着眼于解决产业转移过程中出现的产业承接地之间盲目竞争、产业无序流动和落后生产能力转移等问题，对建设和完善东、中、西部地区良性互动、分工合理、特色鲜明、优势互补的现代产业体系，促进区域工业经济健康协调、可持续发展具有重要意义。《转移目录》注重坚持"四个结合"的原则：一是国家区域发展战略与地方发展需求相结合，各地发展的重点产业与国家区域规划相衔接，具体发展产品方向体现了地方的需求；二是坚持现有产业基础与比较优势相结合，既依托现有基础加快产业升级，又发挥资源禀赋等优势提出承接发展的方向；三是坚持产业分工与区域协作相结合，主要体现在相邻区域的产业既错位发展，又形成产业链；四是坚持政府引导与市场机制相结合，即突出对方向的指导，不干预具体的产业转移项目，充分尊重市场的主体地位。贯彻落实好《转移目录》，将对推动各地产业有序转移、优化产业布局、促进工业转型升级发挥重要作用，也将有力推进工业经济的又好、又快发展和区域经济的协调可持续发展。

② 正确处理好政府与市场在区域产业转移中的关系

一方面，要充分发挥政府对区域产业转移的规划、引导作用。中央政府按照宏观区域经济层次、综合经济区域层次、特色经济区层次、基本经济区层次完善产业转移规划，避免各地区之间恶性竞争，再次出现产业结构趋同和重复建设。

按照"承接产业转移和差异化发展相结合、承接产业转移与培育内生动力相结合、承接产业转移与结构升级和布局优化相结合、承接产业转移与促进就业增长相结合、承接产业转移与改善发展环境相结合"[①] 的五结合原则，制定中西部地区引进内资产业的指导目录、各类产业转移，主要目的地指导目录，进一步完善《关于禁止向西部转移污染的紧急通知》等指导性方案；同时要充分发挥中西部地区省份承接产业转移的积极性和东部地区省份推动产业转移、实现产业升级的积极性，鼓励各省份通过创新方式实现产业转移与承接，特别是鼓励跨省区产业园区合作共建，把东部产业园区的资金、技术、管理和招商等优势，与中西部地区的土地、劳动力和优惠政策等优势结合起来，引导东部部分传统产业集群中的核心企业与相关配套企业，整体迁移到中西部的产业园区。

另一方面，新一轮的产业转移必须遵循市场规律，坚持市场主导。而市场机制本质上是通过价格机制实现资源、要素的自由流动，从而实现资源的优化配置。目前，我国劳动力要素流动仍不同程度地受到现有户籍制度的阻碍。其一，这种劳动力流动的限制，人为造成了我国中西部地区市场分散，空间格局不经济，进而影响了产业转移的吸引力；其二，广大的农民分散在广袤的环境脆弱区进行原始性生产，也造成了环境的破坏。因而，加快户籍制度和农村土地使用权市场化改革，促进中西部地区城市化建设、城市群建设，实现"移民就业"与"移业就民"相结合，既能充分利用闲置的生产要素发展劳动密集型产业，延长"人口红利"享用期，又能增加中西部地区居民的人均收入，缩小我国区域差异，实现协调发展。

③ 加快税收征管改革，实现跨区域税收共享

从某种意义上讲，跨区域产业转移的最大障碍在于地方政府的地方保护主义，而地方保护主义的根源在于企业税收利益的争夺以及企业对当地 GDP 增长的贡献。在完全切断地方政府与当地经济活动联系不现实的情况下，我们可以探索一些折中的改革。在中央和地方财税分权的税收征管体制下，可以探索"横向分税制"，即如果产业（企业）从 A 地转移到 B 地，那么企业在 B 地创造的税收由中央政府代为统一征收，然后按照 A、B 两地政府事先协商的比例由 A、B 两地政府共同分享。这样可以在一定程度上缓解产业迁出地政府与产业承接地政府之间的利益冲突，减少迁出地政府对产业转移的干预。同时，在考核东部地区政府官员政绩时，应适当淡化对 GDP 指标的关注，可以构建一个涵盖产业结构高

① 陈耀：《产业资本转移新趋势与中部地区承接策略》，载《中国产业发展观察》2009 年第 5 期。

度化、合理化，居民生活质量等多项指标加权的综合指标，从而激励东部地区政府官员主动推进产业结构升级，而不至于通过阻碍产业转移来获得 GDP 的高增长。显然，以上建议的根本目的在于消除地方政府阻碍产业转移的动机，重新恢复市场机制对产业升级、转移的主导作用。

（2）转出地应着力解决"产业空心化"问题与就业问题

① 着力解决"产业空心化"问题

随着东部地区向外产业转移的推进，部分地区产业升级步伐未及时跟进，导致"腾笼换鸟"出现了"笼腾空了"和"老鸟放了"但"新鸟未出现"的尴尬局面。导致这一现象的根本原因，不是产业转移本身的错，因为向外转移的产业都是在本地失去比较优势和发展空间的产业，即使不向外转出，也会在本地逐渐萎缩、消亡。向外转移实质上等于在另一个地区延长了该产业的生命周期，在承接地焕发了新的生机，并延缓了其消亡的过程。

而对于转出地来说，如果在向外进行产业转移的同时没有未雨绸缪，没有提前对产业转出后本地的产业升级问题、接续产业的发展问题进行科学谋划、及时转型，出现所谓"产业空心化"也是意料之中的事。这就要求产业转出地政府在积极推进不再具有比较优势产业，即"腾笼"的同时，及时根据本地比较优势的变化，大力培育本地新的增长点，承接新的先进制造业、高科技产业转移，着力发展生产、生活服务业，以期通过转出落后产能、发展新兴产业真正实现本地产业升级和良性发展。

② 积极促进就业

随着工资成本大幅度提高，东部地区产业结构将向资本密集型和技术密集型产业升级，在加大对熟练劳动力需求的同时，不可避免地会减少部分传统就业岗位。面对严峻的用工形势，东部地区应以科学发展观为指导，将实现率先发展、加快产业结构升级与稳定和扩大就业、缓解用工紧张问题紧密结合起来，努力实现经济增长与促进就业良性互动。

首先，要加快转变经济发展方式，在促进产业结构转型升级中扩大就业和吸纳人才。抓住"十二五"规划实施的有利时机，加快产业结构调整，加快发展金融、物流、旅游、咨询、信息服务等生产性服务业和家政等生活性服务业，进一步发展传统服务业，提高服务业就业比重，稳定和扩大就业规模。在制造业升级的基础上，应推动生产性服务业分离出来，使其成为新兴服务业态，为大学毕业生创造适合的就业岗位。

其次，应从放松准入限制、提供平等的金融服务、给予税收优惠等方面加大支持力度，促进中小企业、微型企业和非公有制经济发展，发挥其扩大就业的功能。

再次，完善就业政策体系，改善就业特别是农民工就业质量和生产生活环境。加快构建城乡统筹的就业政策体系，促进劳动力平等就业。着力优化农民工务工环境，加快落实放宽中小城市和小城镇落户条件的政策，促进农民工在就业地落户安居。健全农民工社会保障制度以及农民工就业、失业登记和监测预警机制。

再其次，加强职业技能培训，提高劳动者就业能力。紧密结合市场需求和就业要求，强化职业培训。统筹推动就业技能培训、岗位技能提升培训和创业培训，探索建立职业技能培训统筹协调机制，逐步形成分工明确、各司其职的工作格局。根据经济发展和就业岗位需要，不断提高培训的针对性和有效性。鼓励企业组织开展职工岗位技能培训，并给予相应补贴。进一步完善培训补贴资金使用和管理制度，严格工作程序，提高使用效率。加强培训管理，整合培训资源，健全社会化职业培训网络。依托一批具有较高培训质量、与就业紧密结合，并能在当地发挥示范带动作用的职业培训机构，建设职业技能实训基地。

最后，加快形成统一规范灵活的人力资源市场。加快人力资源配置领域的改革进程，逐步消除人力资源市场城乡分割、地区分割和身份分割，促进城乡各类劳动者平等就业。加快推进劳动力市场与人才市场的统一和改革进程，建立健全政府部门加强宏观调控和提供公共服务、市场主体公平竞争、中介组织规范服务的市场运行格局，推动形成规范的管理制度和灵活的市场运行机制。建立人力资源市场监测体系，完善人力资源市场信息发布制度。完善人力资源市场监管体系，加快人力资源市场法制化建设。

（3）承接地应进一步完善产业发展支持体系，实现产业承接与产业衍生的良性循环

产业转移是中西部地区经济发展的外力，通过产业转移带动中西部地区经济发展，关键在于将"外力"转化为自我发展的"内力"。而这种转化的成功实现除了对"外力""量"（规模）和"质"（产业关联程度）的要求外，更多地依赖于产业承接地自身的"素质"。因而，未雨绸缪，"练好内功"是产业承接地应该做好的准备。

① 由"招商引资"转为"招商选资"，解决产业转移中的环境污染问题

区际产业转移的承接地，要将资源承载能力、生态环境容量作为承接产业转移的重要依据，加强资源节约和环境保护，将环境污染控制在最低水平。各地在承接产业转移中不能只注重企业的数量，不注重企业的质量。

一方面，产业承接必须符合区域生态环境功能定位，严禁国家明令淘汰的落后生产能力和高耗能、高排放等不符合国家产业政策的项目转入，避免低水平简单复制。全面落实环境影响评价制度，对承接项目的备案或核准严格执行有关能耗、物耗、水耗、环保、土地等标准，做好水资源论证、节能评估审查、职业病危害评价等工作，加强承接产业转移中的环境监测。

另一方面，承接地要加大污染防治和环境保护力度。加强产业园区污染集中治理，建设污染物集中处理设施并保证其正常运行，实现工业废弃物循环利用。大力推行清洁生产，加大企业清洁生产审核力度。严格执行污染物排放总量控制制度，实现污染物稳定达标排放，完善节能减排指标、监测和考核体系，加强对生态系统的保护，着力改善生态环境。

中西部在承接东部产业转移过程中，凡是污染十分严重、处理能力不强、处理成本过高的企业与项目，必须采取"一票否决"，坚决拒绝这些企业与项目的落户。污染严重的化工企业一旦迁入园区，虽然能暂时对当地 GDP 有拉动作用，但是对当地人民的生活会造成长期的破坏性影响。因此，在选择企业承接时，当地政府一定要慎重考虑，最好是承接能带动关联企业协同转移的企业，要突出集聚区内产业的关联度、配套性及功能集合性。例如富士康迁入湖南衡阳市，就带动了几十家的配套企业的共同迁入。选择这样的企业迁入，既形成了产业集群、提高了经济效率，同时也减轻了政府招商引资的负担，由企业自己招商常常是比政府招商更有效的一种方式。

② 切实解决承接地产业的可持续发展问题

区际产业转移的承接地要增强承接能力，根据实际情况和比较优势原则，确定重点培育和发展的优势产业，使产业承接有规划、有目标、有重点地进行，并能与促进区域经济的长远发展有机结合。

首先，区际产业转移承接地要坚持走环保和可持续发展道路。对中西部地区来说，承接产业转移是为了增强本地产业的实力和核心竞争力，绝不是为了实现一般意义上的就业和企业代工。中西部地区地方政府要争取做到承接产业不污染环境、不破坏生态、不浪费资源、不搞低水平重复建设。发展循环经济，实现产业的可持续发展。

其次，改善投资软环境。软环境是区域经济发展的重要要素，也是吸引产业转移的重要砝码，在投资环境较差的条件下，中西部地区拥有的土地资源、劳动力成本等方面的比较优势不再显著，投资环境的"短板效应"成为中西部承接产业转移的最大障碍，改善投资环境是中西部地区在承接产业转移过程中的首要任务。政府要制定长远的发展规划，加强对大型契约经营情况的统计监测，对恶性竞争行为进行治理，建立起公平竞争的市场秩序。

最后，要避免产业在地区间的简单复制。产业转移绝不应该是简单地复制。中西部在承接东部产业转移过程中，应当有选择、有条件地进行产业承接，凡是转移之后产能得不到提升、技术得不到优化、节能降耗水平得不到提高、效益和市场竞争力得不到增强的产业和项目，要一律拒绝承接。要依托中西部地区产业基础和劳动力、资源等优势，发展特色产业，促进产业的本地化，推动重点产业承接发展，进一步壮大产业规模，加快产业结构调整，培育产业发展新优势，构建现代产业体系。国家有关方面在对产业转移项目进行审批时，也必须将此作为是否可以转移的重要标准。否则，不予审批。

③ 继续完善基础设施等硬环境建设

中西部地区交通设施、城市公共设施、物流体系以及相应的产业配套能力等硬环境虽然有了一定程度的改善，但为了适应产业承接和经济腾飞的要求还需要继续加强。交通设施方面，要加大高速公路、高速铁路和大型沿江港口建设，提高城市群内部城市之间交通网络密度，以高速主干线连通各城市群中心城市；城市公共设施方面，应以现代宜居城市的标准加以完善，提高城市品位和生活质量；物流体系建设方面，应建立科学高效的现代物流中心，并鼓励第三方现代物流公司进驻；产业配套能力方面，支持生产性服务企业及现有产业的发展；网络建设方面，要加快信息网络平台建设，构建信息网络无缝对接的信息高速公路网，推进信息资源共享共建。尤其应有意识地促进与可能承接产业相匹配的相关先行产业的发展。

④ 强化区域产业发展服务质量，大力提升金融市场效率

中西部地区相对于东部地区，劣势还表现为产业发展软环境落后，尤其是金融支持体系缺乏，金融市场效率低、融资成本高。因而，一方面，要强化区域产业发展服务质量，特别是地方政府应该树立服务意识，除了给予产业转移相应的优惠政策以外，还应学习东部发达地区政府为企业发展、个人创业提供宽松的环境，不断地尝试制度创新；另一方面，应尽可能地降低融资成本，促进银行部门之间的竞争、增加对私有经济的支持、提高储蓄投资转换率。积极营造促进企业

家形成的良好氛围，鼓励企业家们在产业转移浪潮中发现机会，创造与迁入产业配套的系列企业，提高产业集聚效果，促进产业承接与产业衍生互动循环。

⑤ 强化中部地区政府部门的服务意识，进一步提高管理效率

企业的运行遵从市场规律，迁移所需时间是企业在迁移过程中考虑的一个十分重要的因素，在市场经济的环境下，对于企业而言，时间就是金钱。东部沿海地区经过几十年的改革开放，市场化的发展，当地政府形成了很强的为企业服务的意识。相比于东部，中西部地区的政府办事效率和服务意识还有进一步提高的空间，审批项目复杂且环节多。例如我们在调研中发现，在湖南衡阳的产业转移过程中，很多企业希望能在 3 个月以内完成迁移的各项审批，迁入园区后尽快投产。然而在湖南衡阳市，每一块用地都要上报国土资源部，再经过省政府、市政府，一块用地就要花 8 个月的时间。其他不需要上报国土资源部的地级市也受到了国土资源部的用地年度计划指标的约束，中部地区实际用地需求往往超过年度计划指标，对顺利承接产业转移产生了阻碍。除此之外，企业在中部地区的重新认定申报程序应尽量简化。如已经在东部被认定为高科技类型的某企业，在中部重新认定的时候应简化程序，而不是同普通企业一样，经烦琐的程序重新认证。

由此可见，要顺利承接产业转移，中部地区应加快树立为企业服务的市场经济的意识，转变观念，优化软环境，以免企业转移到中部后水土不服。中西部地区政府应进一步加强以政府效率、服务意识和法治为重点的投资软环境建设，多为投资商提供它们所需要的服务，诸如简便的审批程序和市场准入、减税和金融激励等。积极鼓励、引导建立各类行业协会和相关中介机构，提供国家及各地区政府经济政策、行业发展趋势、商品供需动态、东中西部经济合作主要意向以及备选项目等重要信息。要着力提高围绕当地特色优势的产业配套能力，让投资者在当地就能采购到所需的原材料和外协件，得到所需要的研发设计、标准检测、会计咨询、物流配送、金融保险等服务。

⑥ 承接产业转移要基础设施先行

在转移过程中，企业关心的是迁入园区后能否立刻进行生产，因此，要增强中部地区企业的吸引力，园区应该要首先完善基础设施，修建公路，准备土地安置，园区的配套设施如果不齐全，会严重影响企业的生产。例如迁入中部的欧姆龙企业就反映，园区内的污水处理厂没有建成，企业生产的产品无法通过环评检测，就无法投入市场。故而完善园区的基础设施对招商引资也是十分重要的。另外值得一提的是，高铁对于承接转移有着良好的促进作用。虽然高铁并不运输货

物，但是高铁大大缩短了企业的客户和原料供应商造访企业的时间，所以高铁的连通，增强了中部地区承接产业转移的区位优势。

⑦ 探索由"引凤筑巢"转为"筑巢引凤"的招商模式

虽然中部地区拥有区位、资源等很多优势，但要想在承接产业转移中占得先机，就必须从优化投资环境、落地产业配套载体建设方面下大力气，做到"筑巢引凤"。为了增强中部地区承接产业转移的吸引力，可以改变传统的"引凤筑巢"的模式，由政府首先承担批地、建厂房等较为烦琐的工作，建好厂房以后再招商，使得企业在进入以后能够尽快投产。另外，有些中部地区在承接产业转移时，采用的模式是当地政府先出资买下土地，再出租给企业使用。这样的模式存在一定的风险，企业可能因为政策优惠而被吸引到转移地区，当优惠政策期满以后，就再迁出。目前很多中部地区吸引的企业是"两头在外"，即原料采购和销售产品环节在东部沿海地区，只是将加工环节放在中部的工厂中进行，由此可见，为防止企业"吃政策饭"应当鼓励企业购买土地，加大投资，对在当地的发展做长远打算。

⑧ 在产业转移中进一步推动产业集群

以产业园区为载体，以大型知名企业为龙头，引导转移产业和项目向园区集聚，形成特色鲜明、用地集约的产业集群。关联产业的集群对一个企业的生存至关重要，目前许多企业生产经营都与大量的企业相关，如果一个企业独自迁移到一个地区，是没法生存的。从而，要想让一个企业在中部持久发展下去，必须要通过各种方式，推动与之相关的供应商，合作企业协同迁入，形成供应链的产业集群。对于企业而言，迁往中部运输成本已经加大，那么就需要使采购、生产尽可能能本地化。如上所述，关联企业的集群所能够带来的竞争效应、学习效应、规模效应都是吸引企业迁入的重要因素。例如柳州的低压电器产业，由于选择了合适的集群发展模式，成功举办了"中国电器文化节"，产生了良好的宣传效应，并且获得了中国机械工业联合会授予的"中国电器之都"称号。

本节参考文献：

[1]［美］钱纳里，［以］塞尔昆著. 发展的型式：1950—1970（中译本［M］. 北京：经济科学出版社，1988.

[2] 陈耀. 产业资本转移新趋势与中部地区承接策略[J]. 中国产业发展观察，2009(5).

[3] 张小蒂等. 融资成本、企业家形成与内生产业集聚：一般分析框架及基于中国不同区域的比较分析[J]. 世界经济，2009(9).

[4] 蔡昉等. 中国产业升级的大国雁阵模型分析[J]. 经济研究，2009(9).

［5］龚雪．产业转移的动力机制与福利效应研究［M］．北京：法律出版社，2009．

［6］王全春．产业转移与中部地区产业结构研究［M］．北京：人民出版社，2008．

［7］陈红儿．区际产业转移的内涵、机制、效应［J］．内蒙古社会科学（汉语版），2002(1)．

［8］孙群燕、李婉丹．广东省区际产业转移效应分析［J］．南方经济，2011(12)．

［9］申洪源．本地市场效应对产业转移的区域协调发展研究［J］．区域经济，2011(12)．

［10］石左．产业转移与产业集聚的实证研究——以江西省为例［J］．财政研究，2011(11)．

［11］陈勇．FDI 路径下的国际产业转移与中国的产业承接［M］．大连：东北财经大学出版社，2007．

第三篇
转型发展与国际突破

第6章　基于价值链视角的我国制造业结构调整升级研究

6.1　前人的研究综述：基于价值链研究制造业结构调整升级是一个新的视角

国际上对工业（制造业）结构演变（升级）规律的研究，主要基于产业结构演变和工业化阶段理论，有代表性的研究包括：以霍夫曼定理为代表的重化工业化演变规律，以及日本学者对工业结构演变规律的重化工业化阶段的高加工度化阶段研究等。国内对于工业（制造业）结构调整升级问题的研究，主要是以传统的国际产业结构演变规律为基础，结合我国当前的一些实际问题进行相关研究。刘鹤（1991）、江小涓（1995）、郭克莎（1998）、王珺（2007）等根据产业结构演变（和工业结构演变）规律，或者国际上有关"标准模式"，判断我国所处的工业化阶段、产业结构和工业结构存在的偏差和问题等；周振华（1992）、李悦（1998）、苏东水（2000）、黄继忠（2002）等众多学者从产业（工业）结构合理化和高度化两个方面提出了产业结构优化的评价标准。

根据前人的研究，一个国家的工业化过程实际上就是这个国家的产业结构调整升级过程，而产业结构调整升级中的工业（制造业）结构调整升级的重要内容就是重工业化和高加工度化。毋庸讳言，当前我国已经进入工业化的中后期阶段，重化工业快速增长成为我国工业化的一个重要标志。但资源、环境等因素使得我国走传统的重化工业化道路难以为继，而且我国重化工业和高加工度工业快速增长的背后，是大量的行业出现严重产能过剩问题。与此同时，在当前全球化进程加速的背景下，我国工业（制造业）处于国际分工的非核心地位，从而使得我国经济受制于发达国家和国际跨国公司。未来一段时期，我国工业化继续推进，但传统意义上的重化工业化和高加工度化难以真正实现我国制造业的结构升级，需要重新审视制造业结构演变规律和调整方向，特别是制造业结构升级路径的选择。而基于价值链的视角研究将有助于这个问题的解决。

基于价值链视角的产业结构调整升级研究是一个较新的领域，较早的研究至今也不过 10 余年时间。Gereffi（1995）对发展中国家服装产业的研究开创了产业在价值链上实现升级研究的先河，提出了委托组装（OEA）、委托加工（OEM）、自主设计和加工（ODM）、全球运筹（GL）和自主品牌（OBM）生产等全球环境下产业在价值链上升级的标准。后来者的研究将从 ODM 到 OBM 的升级，归纳为产业的功能型升级，而在此基础上，价值链上的产业升级应该具有更广泛的内容。Kaplinsky 和 Morris（2002）的研究提出了价值链链条内和链条间产业升级的四个方向：流程升级（Process upgrading）、产品升级（Product upgrading）、功能升级（Functional upgrading）和链条升级（Chain upgrading），扩展了价值链中产业升级的方式。国内学者张辉（2006）在 Kaplinsky 和 Morris 的研究基础上，提出了价值链下购买者驱动、生产者驱动和中间型三种不同的产业升级轨迹。

国内学者在 21 世纪后，也逐渐认识到价值链在制造业结构调整升级过程中的导向作用。一大批学者指出了在全球价值链下，发展中国家制造业可能被俘获而无法实施有效调整（刘志彪、张杰等，2007），而纺织服装业（黄永明、何伟、聂鸣等，2006）和个人计算机业（张纪等，2006）等大量从事 OEM 生产的行业受到的关注计算机最多。跨国采购商主导的俘获式全球价值链，严格控制全球产业分工和发展中国家的产业升级，将代工国的相关产业牢牢锁定在低附加值的加工制造环节，使发展中国家制造业陷入"悲惨增长"（卓越、张珉，2008）。

但是，到目前为止，对价值链视角下的产业结构升级研究，还存在三个较明显的缺陷：其一，从推动力的角度确定产业升级的方向，对各个产业自身的特点考虑较少；其二，是基于一个不变的价值链上，对产业升级的静态研究，考虑到价值链本身的变化较少；其三，缺少将前两者结合起来的研究。

6.2　基于价值链特点的制造业分类

我们的研究是从价值链的视角探讨适合我国制造业结构调整升级的方式和路径。首先要解决的问题有两个：制造业分类和价值链自身的形状如何。

6.2.1 制造业分类

从不同角度出发，可以将制造业分成不同类型。自 Baldwin 和 Clark（1997）宣称全球产业分布进入模块时代以来，学者们都希望通过产业模块化的难易程度、具体操作方式对制造业进行分类。其中，藤本隆宏（2005）在模块化概念及理论上创立的产品结构分类方法较为典型（如图 6-1 所示）。藤本隆宏将统合型产品和模块化产品进行了区别：前者的零部件和生产流程、工艺都需要依照产品的特性进行设计，且各零部件之间的适应和调整程度直接决定产品是否能发挥最佳性能；而后者的零部件的联系通道是标准化的，只要简单组合就可以达到产品性能。

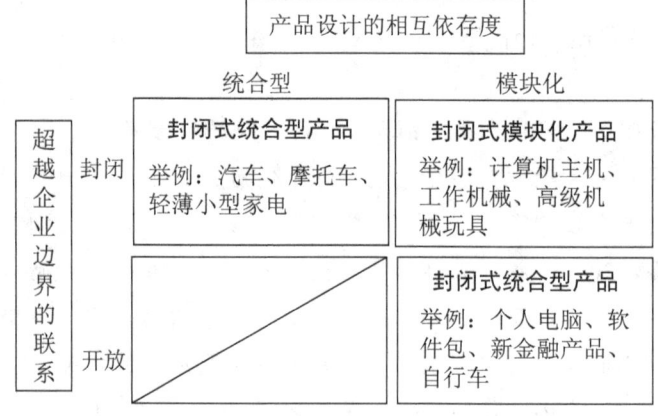

图 6-1　基于产品结构的产品分类

资料来源：藤本隆宏（2005）。

Teece（2006）从产品属性的角度出发，根据生产过程重心的不同，对制造业进行了分类，认为有明显总装阶段的产品要比没有总装阶段的产品对工艺创新有更高的要求，其价值的体现也主要表现在总装环节。根据两类产品的特性，Teece 将前者称为架构类（Structural）产品，后者称为流程类（Process）产品。结合前面的分析，实际上 Teece（2006）是以统合型产品为基础进行的分析，但他并没有对模块化产品进行分析。

需要指出的是，随着新的技术发明、新工艺的使用和新的商业模式的实践，不同制造行业所属的类型可能出现转变。20 世纪 70 年代开始，比较明显的趋势是，架构类和流程类制造业越来越表现出模块化的特征。例如随着发动机、各类电子设备等技术的完善，以及福特式生产方式的广泛运用，汽车制造就从架构类制造业逐渐转变为模块化制造业，如图 6-2 所示。总体来说，各个行业的发展趋势是：对上游技术、设计和下游市场开发要求高的行业更多地表现模块化的特点；生产工序繁杂、产业链条长的行业更多地表现流程化的特点；对组装工艺要求特别高、技术集成度强的行业更多地表现架构化的特点。

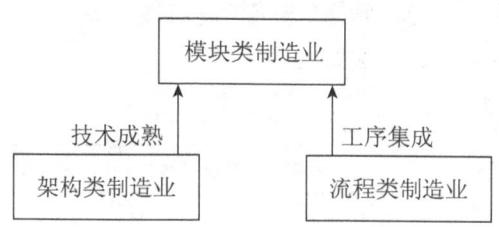

图 6-2　制造业类型的转化

结合藤本隆宏和 Teece 的观点，以及考虑不同行业价值链的分布情况，我们将制造业分为流程类、模块类和架构类三大类。

（1）流程类制造业——价值平均分配

"流程"是指一系列连续有规律的活动，这些活动以确定的方式发生或执行，导致特定结果的实现。生产的流程化强调步骤性和方向性，对于需要多道工序完成制造过程的产品有减少交易成本、节约半成品在环节间停留时间的作用。流程类制造业的生产，主要是完成整个产品生产过程中的一道或几道工序，将上游企业提供的半成品进行进一步的加工，成为下游企业的原件。流程类制造业注重整个工艺流程的配合，任何一点出现问题将影响产品质量。其中以化学行业为代表。

（2）模块类制造业——价值在两头

"模块"是指"半自律性的子系统，通过和其他同样的子系统按照一定的规则相互联系而构成的更加复杂的系统或过程"（青木昌彦，2003）。把复杂的系统分拆成不同模块，并使模块之间通过标准化接口进行信息沟通的动态整合过程就叫作"模块化"。模块类制造业的生产特点是，通过统一的模板和接口，将产品的各种功能部件组装起来，以实现最终产品的使用价值。模块类制造业注重单个零部件或零部件组的性能，一个零件的改进可能显著提高产品质量。其中以计算机行业为代表。

（3）架构类制造业——价值在中间

"架构"是指各个部件集成安装已发挥合成效应的载体或框架。传统的架构类产品主要是需要经过长期学习和培训的技师完成的工艺品，随着制造工艺的提升，以及市场需求对产品精度的要求不断提高，现代的架构类行业需要更多的是精细加工的制造业。架构类制造业的生产过程最为复杂，产品制造需要高标准的组装精度和严格的质量控制。架构类制造业注重各个零部件之间的配合，任何一个零部件的问题都将形成"短板"，影响产品整体性能。其中以机床、飞机行业为代表。不同类型制造业的区别见表 6-1。

表 6-1　制造业分类的比较

	产品品质主要影响	价值链高端	核心竞争力	行业特点	代表行业
模块类	模块的性能、技术含量高低	技术、研发和市场营销	技术、品牌	存在大量 OEM，制造环节竞争激烈	电子计算机
流程类	各个流程之间的匹配	无明显高端	工序匹配、流程衔接	产业聚集明显	化工
架构类	制造工艺、技能	总装制造环节	工艺	制造环节集中度高	飞机

6.2.2　价值链的形状

"价值链"最早由美国学者迈克尔·波特提出，他将企业内外价值增值活动分为包括企业生产、销售、进料后勤、发货后勤、售后服务的基本活动和涉及人事、财务、计划、研究与开发、采购的支持活动两个部分。波特认为，对于单个企业或行业来说，不是在所有的环节都创造价值，而是只有某些特定的价值活动才能为企业带来利润，而这些真正创造价值的经营活动就是价值链上的"战略环节"，在这些环节上保持优势是企业竞争力的来源。在波特之后，学术界和实业界对价值链中各个环节所创造具体价值的大小，或者说价值链在抽象意义上的具体形状进行了进一步的探讨，而其中最著名的是施振荣的"微笑曲线"和中村末广的"武藏曲线"。

（1）OEM 生产模式下的"微笑曲线"

自 20 世纪 70 年代开始，随着全球经济一体化趋势的发展，发达国家、跨国公司开始大量向发展中国家外包产品的制造环节（我国自改革开放以来，也加入到承接贴牌生产的行列），OEM 逐渐成为跨国公司在全球范围最普遍组织生产的方式。OEM 的盛行一方面为发展中国家产业创造进入国际市场、学习管理经验的机遇，但同时也使发展中国家制造企业陷入跨国公司预先设计好的发展路径。OEM 盛行三十余年之后，发展中国家制造业普遍面临拥有规模产量却不能享受规模经济效应，拥有产值却缺少利润，拥有生产权却不掌握产业链，同时，拥有低成本的优势和市场空间正不断缩小的局面（白雪洁，2007）。1992 年，中国台湾宏碁集团的创办人施振荣在《再造宏碁》一书中提出了著名的"微笑曲线"（Smiling Curve）理论，以说明在价值链中研发和营销的利润高于制造，如图 6-3 所示。施振荣认为，产业应该朝"微笑曲线"的两端发展，也就是在左边加强研发创造的智慧财产权，在右边加强客户导向的营销与服务。

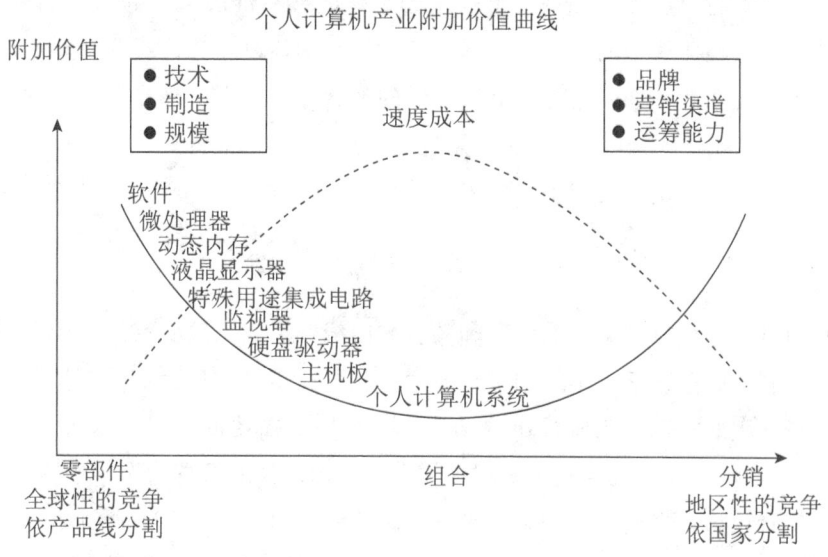

图 6-3　微笑曲线

资料来源：施振荣：《再造宏碁》，上海远东出版社 1996 年版。

"微笑曲线"的提出，有非常鲜明的时代背景。20 世纪末，由于全球制造业竞争的加剧、产品生命周期走到末端等原因，中国台湾等地区中，依靠承接发达国家转移而发展起来的制造业开始成为"微利"产业，地区产业的生存和发展面临巨大的危机。在这样的情况下，不得不对以制造业为中心的产业结构进行调整，其目标是转向具有更大利润空间的研发和营销环节。按照"微笑曲线"的思想，制造类企业应该进行垂直整合，从而改变在价值链中较低的位势。具体的措施包括产品升级、开展多元业务、进行技术研发、重视营销网络建设等。

"微笑曲线"理论虽然很简单，却很务实地指出中国台湾产业未来努力的策略方向：如果只是发展制造业将没有出路，在附加价值的观念指导下，企业体只有不断往附加价值高的区块移动与定位，才能持续发展与永续经营。

（2）高端制造、先进制造催生的"武藏曲线"

武藏曲线是由日本新力索尼（Sony）中村研究所所长中村末广于 2004 年提出。通过对日本制造业进行调查，中村末广发现在诸多制造部门的业务流程中，组装、加工和制造阶段所创造的价值远高于零件、材料和营销、服务的阶段。这一研究结果与"微笑曲线"恰好相反。中村末广借用日本剑圣——宫本武藏曾创的名为"二刀流"的剑术，说明制造企业如果能够根据市场的变化确定出最佳的出货，同时对材料和零部件进行最佳采购，就能够在价值链中处于最高的位势，如果按照"微笑曲线"的形状，以利润高低为纵轴，以业务流程为横轴，就会形成一个拱形的曲线，如同两把刀剑所合成的形状，中村末广称之为"武藏曲线"。2005 年，日本政府发布了《2004 年制造业白皮书》，该报告在日本 400 多家制造业企业进行的广泛调查证明了中村末广的判断。

（3）对"微笑曲线"和"武藏曲线"的补充：价值链曲线位移

我国研究人员对"微笑曲线"和"武藏曲线"二者比较研究的一个基本判断是，中国制造企业缺乏日本式的精细管理，从而在本该发挥特长的制造环节失去竞争优势，因此很难在现阶段出现"武藏曲线"所描述的情况（朱志砺，2005；邓羊格，2007），这种观点基本上和中村末广提出的"武藏曲线"的初衷的一致。但是，笔者认为，在管理之外，行业本身的特点决定着各个环节创造价值的分配，从而影响价值链的形状。这一点可以从日本的《2004 年制造业白皮书》中选择的行业类型得到证实。

进一步而言，无论是"微笑曲线"，还是"武藏曲线"，都只是在一个制造部门特定的发展阶段，对既定价值链形状上不同流程的利润分布描述，并没有考虑整个产业发生变化对整个流程创造价值促进和促退的影响。

在整个行业所创造的价值按照价值链规律在各个环节进行分配之前，行业总价值水平的变化也要对处于价值链中某个环节（比如制造环节）的企业利润水平产生影响。一般来说，决定一个行业价值总量的因素主要包括所处的产品生命周期（Raymond，1966）和市场竞争的状况。此外，还存在影响行业价值总量的因素。技术进步能够增进劳动生产率和原材料价值的转移率，降低生产成本；创新能够开发新的市场，从而对行业价值总量有促进作用；行业危机可能降低行业价值总量，重大的产品质量事故、营销事故，以及外部不可控的偶发事件都会降低需求量，从而引发供过于求，促退行业总价值（见表 6-2）。

表 6-2　行业价值创造总量的决定因素和影响因素

因　　素	决定/影响因素	决定/影响机理	效　　果
决定因素	产品生命周期	处于产品生命周期初期和末期的行业价值链水平低，处于中期的水平高。	
	市场竞争	垄断行业价值链水平高，竞争行业水平低。	
影响因素	技术进步	技术进步促进成本下降。	促　　进
	创　　新	创新满足新的需求，延长产品生命周期。	促　　进
	行业危机	产品质量事故、营销事故，外部偶发事件对需求产生的负面影响。	促　　退

6.3　基于价值链调整升级的制造业结构调整升级的路径分析

6.3.1　我国制造业结构调整升级需要新思路

20 世纪 90 年代以来，我国制造业结构调整升级表现为重化工业化和高加工度化交叠的特征。但研究发现，我国制造业结构调整升级存在一个比较严重的"结构虚高度化"问题（王岳平，2006）。分析其原因，一个关键因素是我国制造业结构调整升级受制于发达国家和国际跨国公司：改革开放以来，我国产业结构（制造业结构）总是处于低水平"跟从"式调整升级。主要表现为发达国家（主要是以跨国公司为主体）向我国产业转移的步伐加快，但发达国家向我国转移的产业主要是在发达国家已经失去竞争优势的劳动密集型产业。这种以制造外包作为主要形式的国际产业转移，对中国在内的发展中国家和地区的制造业发展起到很大的推动作用。向我国转移劳动密集产业和环节的同时，跨国公司根据各个行业的特点，将盈利能力较弱的环节更多地转移到我国，而保留盈利能力强的环节。进行产业转移的不会是整个制造业，而是在价值链中处于低位势的制造环节。因此，在新的国际产业分工趋势下，对于我国来说，就存在两个问题，一是很难继续依靠承接制造业转移发展我国经济，二是通过发展高附加值制造业实现产业升级的空间不断缩小。这对于已近跨入重工业化和高加工度化大门的中国制造业而言，无疑是一个严重的打击——好不容易按照发达国家工业发展的经验建立了工业化中后期发展所必需的制造业体系，但从中能够获得的利益却越来越少，从中能够获得的结构调整和升级的动力也越来越小。

我国政府和理论界一直重视结构调整升级问题，也制定了大量的产业政策来促进结构调整升级，取得的成效并不太明显。结构调整升级需要寻求新的方式和路径，调整升级价值链是我国制造业结构调整升级方向的新选择。

6.3.2 "微笑曲线"对我国基于价值链的制造业调整升级造成的误区

目前，我国理论界对价值链形状比较认同的是"微笑曲线"，即制造环节在整个价值体系中处于最低的位势，位于整个价值链曲线的最低点，如图6-3所示。"微笑曲线"提供了一个制造业企业如何走出困境、摆脱恶性竞争的途径。在"微笑曲线"的指导下，宏碁实现了从一个简单制造企业向开展多元业务的全球著名IT企业的转变。但是，宏碁的成功并不意味着这种结构调整升级的方式适合于所有类型的制造业。如果过分强调"微笑曲线"的功能，对所有的制造业都制定向"微笑曲线"左右转型的发展方向（实际上，我们现在正是这样提倡的），这将陷入一个巨大的误区中，有可能会丧失我们已经获得的在制造环节的优势，不能实现制造业的腾飞。

首先，作为"微笑曲线"的提出者，宏碁集团所属的IT业具有其特殊的产业特点。宏碁集团所从事的计算机等相关硬件装配具有典型的模块化特点，属于模块类制造业，制造环节的主要工作是组装和装配，对工艺水平和质量管理的要求不是很高，整个行业创造价值最多的是技术的研发环节和营销环节，这与"微笑曲线"所描述的形状是一致的。但是，这种经验并不能有效地推广到不具有模块化生产特点的其他行业。

其次，宏碁集团的成功受益于特殊的时代背景。20世纪末到21世纪初是国际分工重新布局，国际产业转移的内容、形式和方向发生重大变化的时期。一方面，虽然制造业的竞争已经进入了白热化的阶段，但宏碁集团的改革仍然面临较为开放的国际技术环境，宏碁集团一系列向"微笑曲线"左侧转移的措施，包括收购国外研发机构、购买先进专利等都取得了很好的效果；另一方面，国际产业转移的重点从简单制造环节向制造、服务和技术研发全方位转换，这为宏碁集团实现在价值链上的跃迁提供了有利的战略机遇。

最后，"微笑曲线"强调的是在既有价值链形状下，制造类企业如何通过业务的调整实现向价值链高端的升级，这背后的寓意实际上是暗示价值链形状本身不会发生变化。但实际上价值链是由产品生命周期和市场竞争强度决定，以及受技术进步、创新和行业危机影响，也就是如前面的分析，价值链的形状和位置都可能发生变化的。制造企业利润率的提高不仅可以依靠在价值链上实现转移，同样可以依靠价值链自身的整体提升。

因此，宏碁集团的经验并不能说明"微笑曲线"是制造业通过价值链提升实现结构调整升级的"万用灵方"。施振荣本人也承认，在化工、半导体等行业存在与"微笑曲线"相反的价值链形状。对于不具有模块化生产特点的制造业，需要寻找新的适合行业特点的结构。

6.3.3　基于价值链的制造业结构升级路径选择

"微笑曲线"的局限性说明制造业在通过价值链提升实现结构调整升级的过程中，要考虑不同类型制造业的特点，从而选择不同的路径。改革开放以来，我国制造业的发展在很大程度上依赖于参与国际代工，承接国外订单生产，OEM成为我国制造领域最为普遍的生产组织方式，针对OEM成为阻碍我国制造领域质量增长的主要障碍，在一段时间里，我国制造业的调整强调从OEM到OBM的调整升级思路方向。虽然我国提出这个制造业结构调整思路也是基于价值链视角考虑，但并没有考虑到制造业行业的差异性，是不完全的。

由于价值链上不同环节创造的价值不同，根据前文对制造业的分类，流程类、模块类和架构类制造业分别在价值链上有不同的表现，可以采取三条路径实现制造业的结构升级，如图6-4所示。

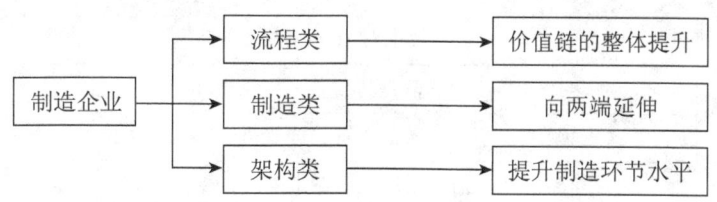

图 6-4　价值链视角下不同类型制造业的结构升级路径

我们按照各个制造行业的特点，将国民经济分类中的 30 个制造业大类分类，见表6-3，并根据前面的制造业分类确定各类型的升级路径。

表 6-3　制造业分类表

制造业类型	国民经济分类编号	具　体　行　业
流程类	13	农副食品加工业
	14	食品制造业
	15	饮料制造业
	16	烟草制品业
	17	纺织业
	20	木材加工及木、竹、藤、棕、草制品业
	22	造纸及纸制品业
	25	石油加工、炼焦及核燃料加工业
	26	化学原料及化学制品制造业
	27	医药制造业
	28	化学纤维制造业
	29	橡胶制品业
	30	塑料制品业
	31	非金属矿物制品业
	32	黑色金属冶炼及压延加工业
	33	有色金属冶炼及压延加工业
	42	工艺品及其他制造业
	43	废弃资源和废旧材料回收加工业
模块类	18	纺织服装、鞋、帽制造业
	19	皮革、毛皮、羽毛（绒）及其制品业
	21	家具制造业
	23	印刷业和记录媒介的复制
	24	文教体育用品制造业
	34	金属制品业
	40	通信设备、计算机及其他电子设备制造业
架构类	35	通用设备制造业
	36	专用设备制造业
	37	交通运输设备制造业
	39	电气机械及器材制造业
	41	仪器仪表及文化、办公用机械制造业

(1) 流程类制造业

　　流程类制造业的产业链上各个环节之间的高度配合是产品品质提升的关键。其结构的升级必须以产业价值链的整体提升为前提，否则会产生"短板效应"，任何一个环节的发展没有跟上步伐，都将影响整个行业升级的效果。换句话说，就是这类行业，其整体技术水平都需要提高，从而得以提高其价值链的整体水平；要通过促进制造企业与上下游企业之间的互动，实现行业价值链各个环节的普遍升级。要通过联盟的形式实现价值链上各个环节在研发、生产和市场运作上实现联动，以提高整个行业的利润水平；要鼓励产业集群的形成。充分发挥行业协会的作用，促成价值链各环节主体在地域上和信息联系上的集中，减少上下游之间的交易成本，降低行业内风险。

专栏 6-1　流程类制造业的调整升级——以中国台湾 LED 产业的发展为例

　　LED（Light Emitting Diode）是半导体材料制成的发光组件，为光电产业的一环。LED 的整个生产流程主要有材料生产和设备制造、磊晶、晶粒制作、封装和应用几个重要环节。各个环节的生产质量都对最终产品的品质产生影响，环节间在技术、工艺上的配合的紧密程度直接决定产业档次，属于典型的流程类制造行业。

　　中国台湾地区的 LED 产业经过 20 余年的发展历程，自 2000 年以后超过美国，产量规模仅次于日本，居全球第二位。目前，中国台湾地区已形成了自设备生产到终端应用完整的产业链，每个环节都以若干优势企业形成产业集群，LED 及 LED 相关企业数量达到 200 余家，如下图所示。

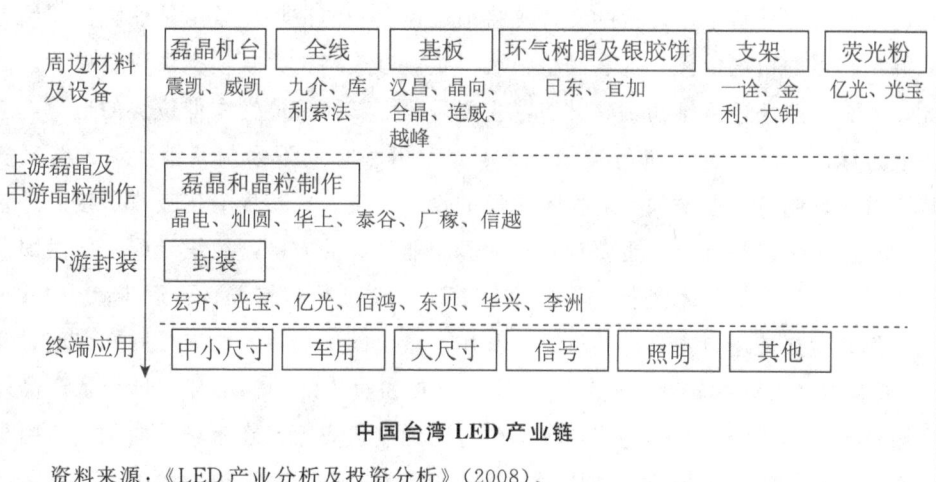

中国台湾 LED 产业链

资料来源：《LED 产业分析及投资分析》（2008）。

中国台湾地区 LED 产业的迅速崛起，磊晶、晶粒制作和封装等制造环节的结构升级起到关键作用。与同时期台湾地区计算机产业选择向上下游进发，实现向"微笑曲线"两端延伸不同的是，LED 制造产业的结构升级更多地强调与上下游之间的联动，以促进整个 LED 产业价值链的提升。首先，与其他国家地区 LED 产业大量环节外包不同的是，中国台湾地区 LED 产业具有非常完善的专业垂直分工，且个个环节都有优秀的掌握核心技术和工艺的企业，这使得中国台湾地区 LED 产业具有较强的弹性，在上游技术或消费市场发生变化时，整个产业链能够在很短的时间内得到调整和适应。这在技术和市场迅速变化的情况下尤为重要；其次，联盟的作用非常明显。中国台湾地区目前已有多个 LED 产业联盟，规模较大的有"LED 照明标准及品质研发联盟"和"车用先进照明联盟"。联盟成员之间通过分享技术和经验，共同开拓市场、提高产品品质，寻求未来消费需求；最后，政府的支持也为 LED 产业发展提供支持。2007 年，中国台湾有关方面颁布"照明节能推动方案"，目标是在中国台湾地区以 LED 灯泡更换传统的白炽灯泡。2008 年，中国台湾又开始推行"LED 道路路灯示范计划"，要求新建消防、办公大楼、街道、交通照明必须使用 LED 产品。这些政策，一方面直接为 LED 产业提供大量需求，同时，也引导普通民众选择在节能上具有显著优势的 LED 产品。

（2）模块类制造业

模块类制造业的模块的装配和组装环节所创造的价值少，制造业仅靠规模的扩大只会造成市场过度竞争和产品同质化的局面。对于企业来说，如果没有品牌、专业化等独特生产要素的支持，将很难在激烈的市场竞争中站住脚。即便是掌握了相当的市场份额，低利润也很难对企业进一步扩大规模提供资金支持。因此，此类制造业进行结构调整升级，主要是改变其在价值链中低位势的地位，应该通过纵向一体化向上进行技术研究、产品开发，向下参与营销活动的路径实现：首先，制造企业要加大对技术研发的投入力度。要积极消化吸收承接的外包生产过程中引进的技术，也要针对行业和企业发展的方向，组织专门的研发团队对未来市场需求的技术进行先期研究。其次，注重品牌培养。要逐步减少 OEM 的比例，生产使用自主品牌的产品，利用产量上的优势逐步树立品牌知名度，实现 OEM 向 OBM 的转变。最后，要鼓励兼并和收购活动，培育一批具备产品研发设计、成套模块生产、超强市场运作能力的制造集团。在市场导向和政府引导的作用下，依托优势企业，加快制造企业向研发和营销环节渗透的力度，逐步改善模块类制造企业低利润率的现状。

专栏 6-2　全球纺织服装产业的结构调整轨迹——模块类制造业的调整升级

纺织服装产业是最古老的制造业部门之一，自 1930 年美国科学家 Carothers 发明尼龙以来，人造纤维逐渐替代自然纤维成为服装生产的主要原材料。"二战"以后，随着各种面料的标准化，纺织服装产业逐步呈现模块化制造业的特点。20 世纪 70 年代以后，OEM 已经成为产业普遍的生产模式，其全球价值链呈典型的"微笑曲线"形状，上游的原料、设计，下游的销售、品牌利润率极高，而处于价值链中间的制造环节利润率却不断下滑（Gereffi，1991）。服装跨公司聚集的发达国家纷纷将产业发展重点放在处于价值链高位势的原材料、设计和销售环节，制造则通过 OEM 大量外包到发展中国家。世界纺织服装产业基本形成欧洲提供设计、美日提供材料、中国和东南亚国家进行加工制造的分工格局。

谭力文等（2008）以 Nike 公司为例，考察了服装产业全球价值链的游走过程。从 1978 年 Nike 第一条生产线运转以来，便不断地将低利润的环节外包出去。到 20 世纪 80 年末，Nike 公司已完成了从服装制造商向服装设计商、品牌经营者的转换。而从 20 世纪 60 年代到 21 世纪初的 40 年时间里，Nike 公司的供应商结构也在发生改变：我国台湾地区是最早承接 Nike 公司 OEM 项目的地区，这些企业从来料加工做起，到 20 世纪 90 年代前后开始为 Nike 公司提供原材料和设计服务，2000 年以后涉足配送服务；我国香港地区供应商企业的发展时间略短，但基本上也是沿着从单一制造到制造、设计、配送综合业务的轨迹发展；我国内地在 1989 年开始大规模承接 Nike 公司的外包项目，但到目前为止，供应商企业的业务基本上只是制造环节，部分优秀企业提供原材料（参见下表）。

Nike 及其供应商全球价值链职能领域的转变

主　体	时　间	环　节							
		设 计	原材料	制 造	进出口	配 送	分 配	营 销	广 告
Nike	1962—1975 年				★	★	★	★	
	1976—1984 年				★	★	★	★	
	1985 年至今	★			★		★	★	★
宝城（中国台湾）	1969—1984 年			★					
	1985—1999 年	★	★	★	★				
	2000 年至今	★	★	★	★	★			

续　表

主　体	时　间	环　节							
		设计	原材料	制造	进出口	配送	分配	营销	广告
联泰 （中国香港）	1983—1988 年			★	★				
	1988 年至今	★	★	★	★	★			
中国内地	1989 年至今	（部分） ★	★	★					

资料来源：谭力文、马海燕、刘林青，2008。

上表说明了全球纺织服装业的结构调整轨迹：由模块类制造业特性所决定，价值链中利润率较高的环节集中于产业链的上游和下游，制造环节创造的价值量少，获得的利润低。因此，各个国家和地区的产业结构调整升级都具有从价值链的中游向上、下游进行业务扩展的特点。

（3）架构类制造业

架构类制造业的制造过程对工艺、技能的要求非常高，各个零部件之间有效地结合才能够发挥作用，制造环节所创造的价值很大，产业价值链呈"倒 U 型"的"武藏曲线"。这类制造业的调整升级要以提升制造企业自身素质为主要目标，不断加强在价值链上的高位位势。相反，如果企业将战略重点放在制造环节之外的技术研发和市场营销上，将失去在价值链上本应占据的有利位势。工艺技能的提高、现场管理的改善，以及机器设备的更有效使用和维护都能够对最终产品的品质提升产生积极作用。为此，具体的做法是：首先，要借助我国制造业大发展的有利时机，为设备制造业（特别是重大装备制造业）的发展创造良好的需求环境。要依托重点工程、重大项目推进设备类产品的国产化，在设备采购上坚持进口替代的基本原则，将内资设备制造业作为主要的供应商。同时，对于合资设备类企业的设立，要以紧缺技术的转让作为审批前提，不断提高产品的国产化比例。其次，要由中央政府牵头组织和实施一批基础知识和共用技术的研发项目。通过攻克紧缺技术和"短板技术"为我国设备类制造业的发展扫清技术障碍。最后，要加强设备类制造企业的生产管理，提高生产效率。特别要注重制造工艺水平的提高，提升产品品质和档次。

专栏 6-3　沈阳机床（集团）的崛起——架构类制造业的调整升级

机床俗称工作母机，是生产机器的机器，机床行业的发展直接反映一个国家制造技术的高低和制造产业的档次。机床的制造过程，特别是现代化的数控机床的制造过程涉及数控系统、伺服电机、传导系统等多个关键组件，任何关键的性能达不到要求，以及各个部件之间不能有效结合都最终对机床产品的品质产生影响，机床行业属于典型的架构类制造业。

沈阳机床作为我国机床行业的骨干企业，自 2001 年开始，通过创新，不断加强在自身能力上的培养，适应了机床数字化的国际趋势，产量不断上升，产品结构不断优化。2008 年，面临金融危机的冲击，全球机床行业普遍萎缩，但沈阳机床却逆势而上，保持了高增长率，在全球机床企业排名中再上升一个位次。

机床属于复杂类产品，所涉及的技术领域和工艺技能较多，如何处理与相关企业、科研机构的关系是机床制造企业发展过程中的难题。沈阳机床在对待上下游的战略上，采取综合的多元化方式：一是对外围非核心技术实行集成创新战略；二是对待边缘技术采取分离外包。例如数控机床设计作为外围技术，不属于核心技术范畴，国外封锁和限制相对不强，它的可交易性较强，沈阳机床充分利用国外这部分资源，实施外围技术的集成创新战略。而对于一些简单的零部件，沈阳机床更多的是采取外包方式。具体形式是形成以沈阳机床为核心的外部协同体系，如下图所示。

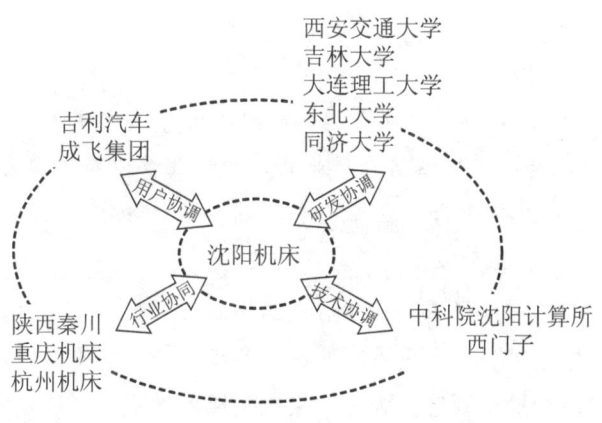

沈阳机床外部协同体系

资料来源：王钦、邓洲、林智（2009）。

用户协同使得用户需求直接渗透到新机床的设计过程中，沈阳机床为上海磁悬浮提供的轨道梁专用加工生产线，以及为奇瑞汽车提供的汽车发动机缸体缸盖加工生产线等产品，就是采取了和机床用户企业共同攻关的产品开发模式；研发协同解决的是扫除企业发展过程中的技术障碍。目前，沈阳机床已和同济、清华、东大、北航、吉大、德国波鸿鲁尔、德国柏林工大等多所国内外大学，以及中科院沈阳计算所、沈阳机电研究设计院等科研机构建立长期合作关系，定点资助这些大学、科研机构在专用机床设计开发、关键功能部件设计、数控系统优化等方面的研究活动；技术协同主要是外购现代机床所需的数控系统。西门子、FIDIA 等数十家企业为沈阳机床生产的数控机床提供各种类型的数控系统。随着沈阳机床产量的扩大、市场占有率的上升，沈阳机床逐渐成为全球最大的数控系统代理商之一，通过广泛采用多家数控产品，通过属下的德国西斯公司完成数控优化，以及与 FIDIA 公司共同研制飞扬数控系统，不但没有被数控企业的技术锁定，反而充分发挥各家优势，为自身创新活动所服务；行业协同指由沈阳机床（集团）牵头，联合国内科研院所、大学院校和同行业企业，整合社会和行业优势资源和力量，通过组建数控机床产业技术创新联盟的方式，对一些竞争前的基础共性技术进行联合研究。在外部协同体系的帮助下，沈阳机床构建形成了一个向上至数控技术开发、向下与用户企业技术改造同步运作，向左右同产业链其他企业形成联盟的外部协同创新网络。不仅如此，沈阳机床坚持提高对创新网络的掌控力，保持始终处于网络的中心地位，从而有效利用外部资源促进企业创新活动，提高企业技术水平。

作为架构类制造业，沈阳机床的发展战略始终坚持以提高自身制造能力为核心，通过外部协同网络解决企业发展所需的技术、市场难题，而并没有盲目地实施"纵向一体化"，分散战略重心。沈阳机床的成功为我国装备制造业的结构调整升级的提示是：架构类制造产业的结构优化要以提升自身制造能力为前提，战略的重点应放在产业或企业内部，外部资源要广泛利用，但绝不能将"纵向一体化"作为企业的发展方向。

本书基于价值链视角提出一个制造业结构调整升级的思路，就是将制造业重新进行分类，根据不同类型提出不同的调整升级途径。架构类以各种设备制造业为主，流程类以各种加工制造业为主，模块类以各种组装制造业为主。流程类制造业的结构调整升级要以整个行业水平的提升为前提；模块类制造业的结构调整升级以提升技术水平和品牌影响力为重点；架构类制造业的结构调整升级要落实到制造企业自身能力的提升上。

　　应该说，本研究还只是提出一个初步的理论分析框架，并没有太多涉及我国制造业各行业的具体情况，特别是和当前我国正在大力发展的战略性新兴产业结合不紧密，需要在下一步研究中进一步深化。

　　正如大多数研究一样，有时候为了研究的需要，类型的划分是绝对的，但实践时往往存在一定的类型特征交叉。正如前面所分析的，新的技术发明、新工艺的使用和新的商业模式的实践，使得不同制造行业所属的类型可能出现转变。而且，有些行业还同时具有模块、流程或者架构类的特征。这也就导致了划分有些行业的类型归属存在一定的困难。本书为了研究的方便，将行业划分为三类有些绝对化，需要在下一步研究中进一步深化。

第7章 我国产业的国际分工地位与比较优势变动分析

7.1 基于要素密集度的我国产业（工业）的分类

从经济学角度看，劳动、资本是构成生产函数的基本要素，相应地，我们根据各要素在产业中的地位，将工业领域划分为劳动密集型行业和资本密集型行业。而技术则是包容在劳动和资本之中的一种生产要素。一般而言，按技术含量的高低，可以划分为技术密集型行业和非技术密集型行业。和前面的要素结合，一个行业或产业既可能是劳动技术密集型行业，也可能是资本技术密集型行业。划分行业标准，可以通过人均固定资产净值年平均余额[①]和研究与试验发展经费投入强度[②]来衡量产业要素密集度变化是否与一国的生产要素禀赋变化相适应。一个产业的人均固定资产净值越高，其资本密集程度越高；研究与试验发展经费投入强度越高，其对技术的依赖程度越高。

在工业行业的要素密集度分类中，考虑到数据的连续性和一致性，本研究的分类对象为，剔除其他矿采选业，电力、蒸汽、热水生产及其供应业以外的其余33 个工业行业。具体而言，分别根据《中国统计年鉴》（2005 年和 2009 年）和第一次、第二次全国经济普查公报计算 2004 年和 2008 年的人均固定资产净值年平均余额[③]和研究与试验发展经费投入强度[④]，并取两个年份数值的平均值，将

[①] 人均固定资产净值年平均余额为某一产业的固定资产净值年平均余额与从业人员之比，主要反映生产投入中的资本－劳动比。

[②] 研究与试验发展经费投入强度为研究与试验发展经费支出与产品销售收入（或主营业务收入）之比，主要反映产业生产对技术研发投入的依赖强度。

[③] 固定资产净值年平均余额按照固定资产投资价格指数调整为1993，不变价格。其中，2004 年为全部国有及规模以上非国有工业企业数据，2008 年为规模以上工业企业数据。

[④] 2004 年研究与试验发展经费投入强度为研究与试验发展经费支出与产品销售收入之比，2008 年研究与试验发展经费投入强度为研究与试验发展经费支出与主营业务收入之比。

工业行业划分为技术密集型产业、中度技术资本密集型产业、中度技术劳动密集型产业、资本密集型产业、中度资本密集型产业和劳动密集型产业六类。为了便于后续分析，将以自然资源为对象的采掘业单列为资源（采掘）型产业。具体分类情况见表 7-1 和表 7-2。

表 7-1　工业行业按要素密集度进行划分的分类标准

行　业　分　类	分　类　标　准
资源（采掘）型产业	依赖于矿产资源开采的产业
技术密集型产业	研发强度大于 2 倍平均
中度技术资本密集型产业	研发强度介于 1 倍和 2 倍平均之间，人均固定资产净值高于 1 倍平均
中度技术劳动密集型产业	研发强度介于 1 倍和 2 倍平均之间，人均固定资产净值低于 1 倍平均
资本密集型产业	人均固定资产净值高于 2 倍平均
中度资本密集型产业	人均固定资产净值介于 1 倍和 2 倍平均之间
劳动密集型产业	研发强度和资本密集程度均低于 1 倍平均

表 7-2　工业行业按要素密集度分类情况

行　业　分　类	分　类　标　准
资源（采掘）业	煤炭采选业、石油和天然气开采业、黑色金属矿采选业、有色金属矿采选业、非金属矿采选业
技术密集型产业	医药制造业
中度技术资本密集型产业	化学原料及化学制品制造业、化学纤维制造业、黑色金属冶炼及压延加工业
中度技术劳动密集型产业	通用设备制造业[①]，专用设备制造业，交通运输设备制造业，电气机械及器材制造业，通信设备、计算机及其他电子设备制造业[②]，仪器仪表及文化、办公用机械制造业，橡胶制品业

①　普通机械制造业统一称为通用设备制造业。
②　电子及通信设备制造业统一称为通信设备、计算机及其他电子设备制造业。

行　业　分　类	分　类　标　准
资本密集型产业	烟草制品业、石油加工、炼焦及核燃料加工业①
中度资本密集型产业	饮料制造业、造纸及纸制品业、有色金属冶炼及压延加工业
劳动密集型产业	农副食品加工业②，食品制造业，纺织业，纺织服装，鞋，帽制造业③，皮革、毛皮、羽毛及其制品业，木材加工及木、竹、藤、棕、草制品业，家具制造业，印刷业和记录媒介的复制业，文教体育用品制造业，塑料制品业，非金属矿物制品业，金属制品业，其他制造业

资料来源：人均固定资产净值年平均余额根据《中国统计年鉴2005》、《中国统计年鉴2009》计算而得；研究与试验发展经费投入强度数据来自于第一次全国经济普查主要数据公报（第二号）和第二次全国经济普查主要数据公报（第二号），具体见附表1和附表2。

7.2　我国出口结构变动和产业内国际分工地位特征

一是出口快速增长和出口结构高度化明显，但是存在结构"虚高"问题。

改革开放以来，我国出口总额快速增长。1980年中国出口额仅为181.2亿美元，到2009年，出口额已经高达7619.5亿美元，2009年出口额是1980年的42倍。在出口快速增长的同时，出口结构呈现高度化趋势，体现在以下方面。

第一，出口总额中，初级产品的比重下降，工业制成品的比重上升。1978年年初级产品出口的比重占50.3%，工业制成品出口比重则占49.7%；到2009年，两者的比重则分别变为5.3%和94.7%。

第二，工业制成品内部出口结构升级。在工业制成品出口中，高新技术产品占出口总额的比重，2000年为14.9%，2005年提高到28.6%，2009年进一步提高到31.4%（见表7-3）。

第三，出口商品技术含量不断提升。根据Rodrik（2006）的研究，中国出口

---

① 石油加工及炼焦业统一称为石油加工、炼焦及核燃料加工业。

② 食品加工业统一称为农副食品加工业。

③ 服装及其他纤维制品制造业统一称为纺织服装、鞋、帽制造业。

品的复杂程度相当于发展水平比中国高 3 倍的国家的出口品的复杂程度[①]。

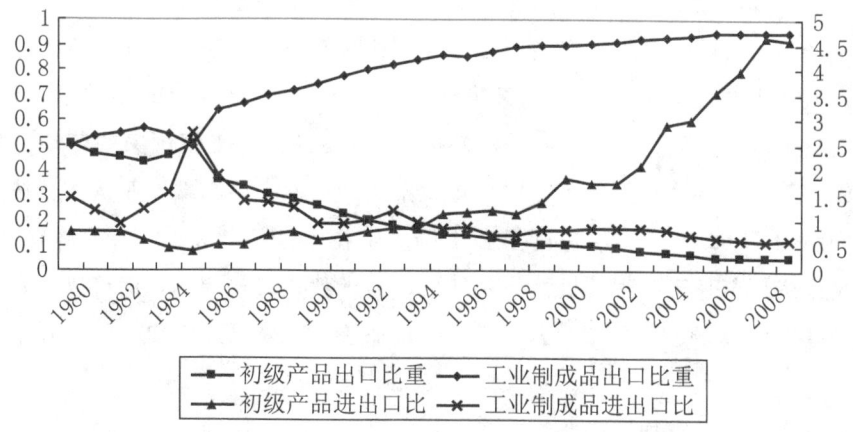

图 7-1　1980—2009 年中国贸易结构的变迁

表 7-3　高技术产品、工业制成品和初级产品的出口贸易额单　单位：亿美元

项　目	1995 年	2000 年	2005 年	2008 年	2009 年
商品出口贸易总额	1488	2492	7620	14307	12016
工业制成品	1273	2237	7129	13527	11385
高技术产品	101	370	2182	4156	3769
初级产品	215	255	490	780	631
比重（合计＝100）					
工业制成品占总额	85.6	89.8	93.6	94.6	94.8
高技术产品占总额	6.8	14.9	28.6	29.0	31.4
初级产品占总额	14.4	10.2	6.4	5.4	5.3

出口结构的"虚高"问题主要体现所谓的"高技术产品出口"比重上升，其实质是大多数产品是属于高技术产业中的劳动密集型或低技术生产环节生产出来

---

①　Rodrik Dani：*What's So Special about China's Exports*，NBER Working Paper，No. 11947，2006；Schott P. K.：*The Relative Sophistication of Chinese Exports*，NBER Working Paper，No. 12173，2006；Xu Bin：*Measure tge Technology Content of China's Exports*，https：//www. researchgate. net/publica-tion/228371162 _ Measuring _ the _ Technology _ Content _ of _ China％27s _ Exports. 转引自王平、钱学锋《从贸易条件改善看技术进步的产业政策导向》，载《中国工业经济》2007 年第 3 期。

的产品。换句话说，尽管从技术形态上，在我国出口商品结构中，高技术产品[①]所占比重上升，低技术产品所占比重下降，但是，比重上升的高技术产品甚至是中技术产品，实际上是承担产品内分工的劳动密集型部门和生产环节所占比重的上升，表面上高度化明显，实际高度化不足。根据 1987—2006 年的数据计算，我国高技术产品（HT）的地位迅速提高，但主要是在低工资国家的劳动密集型加工组装等环节（HT1）类产品的比重大幅增加，而需要高端专业技能、技术和供应网络的 HT2 产品的比重则迅速下降。中技术产品（MT）比重略有提高，主要是生产环节易于分解的机械产品（MT3）的比重稳步提高，而可以更好地反映一国技术深度的自动化产品（MT1）和加工工业产品（MT2）的比重却在下降。

二是我国出口结构和产业结构变动基本保持一致变动性，是以中度劳动密集型行业为主，而且呈现比重不断提高的趋势。

表 7-4　1995—2009 年我国产业（工业）结构（基于要素分类）变动　单位：%

行　　业	1995 年	1998 年	2000 年	2005 年	2007 年	2009 年
资源型行业	13.63	12.51	14.08	13.38	12.62	12.24
技术密集型行业	1.88	2.52	2.81	2.32	2.13	2.32
中度技术资本密集型行业	15.62	13.24	13.34	16.13	15.95	15.18
中度技术劳动密集型行业	24.33	28.92	27.62	28.91	29.06	29.59
资本密集型行业	8.34	3.99	7.64	6.12	5.59	5.14
中度资本密集型行业	6.31	7.64	6.84	6.42	7.54	6.93
劳动密集型行业	29.89	31.18	27.68	26.73	27.12	28.59
合　　计	100	100	100	100	100	100

资料来源：《中国统计年鉴》（1996 年、1999 年、2001 年、2008 年、2010 年）。1995 年数据是独立核算企业；其余年份是规模以上企业，2009 年数据是根据 2007 年的各行业增加值率和 2009 年的总产值推算而来。

[①] 根据国际上通用的按照技术含量测算的出口产品，将高技术产品分为高技术产品、中技术产品、低技术产品。初级产品 PP、资源型产品 RB（包括以农业为基础的产品 RB1 和其他资源性产品 RB2）、低技术产品 LT（包括纺织、服装、鞋类 LT1 和其他 LT2）、中技术产品 MT（包括自动化产品 MT1、加工工业产品 MT2 和机械产品 MT3）、高技术产品 HT（包括电子电器产品 HT1 和其他高技术产品 HT2）。参见王岳平《"十二五"时期我国产业结构调整战略与对策研究》（中国经济学基金 2009 年度重点课题）。

表 7-5 1992—2009 年我国出口结构（基于要素分类）变动   单位：%

行　　业	1992 年	1995 年	1998 年	2000 年	2007 年	2009 年
资源型行业	5.59	3.23	2.27	2.14	0.77	0.63
技术密集型行业	1.18	1.16	0.99	0.76	0.50	0.74
中度技术资本密集型行业	6.17	9.08	6.73	6.06	8.63	6.32
中度技术劳动密集型行业	21.29	27.21	33.64	39.66	53.35	55.68
资本密集型行业	2.12	1.97	1.46	1.59	1.20	1.26
中度资本密集型行业	2.40	2.60	2.57	2.41	2.43	1.85
劳动密集型行业	61.24	54.74	52.35	47.38	33.11	33.53
合　　计	100	100	100	100	100	100

数据显示，我国产业结构变动和我国出口结构变动基本保持一致。表7-4和表7-5显示：无论是国内产业（工业）结构，还是我国的出口结构，中度技术劳动密集型行业已经成为我国的主要产业，而且呈现不断提高的趋势；劳动密集型产业由传统的第一大产业下降到了第二大产业。具体变动趋势是：产业结构变动中，资源型行业所占比重有所下降，技术密集型行业所占比重有所上升；中度技术资本密集型行业波动起伏下降，中度技术劳动密集型行业有所上升；资本密集型行业下降，中度资本密集型行业反复波动中上升；劳动密集型行业波动中下降。出口结构变动中，我国资源型行业出口所占比重下降，技术密集型行业所占比重下降；中度技术资本密集型行业所占比重起伏，中度技术劳动密集型行业所占比重迅速上升；资本密集型行业所占比重有所下降，中度资本密集型行业所占比重下降；劳动密集型行业所占比重下降。

三是我国产业内国际分工地位不断提高，但总体上仍处于产业链低端。

不同角度看产业分工包括不同类型。目前理论界讨论最多的是产业内分工问题。我国产业内分工地位提高主要是指：我国部分产业正在由长期处于外围的产业附加值低、技术含量低、主要是依靠低端劳动力加工的非核心地位向拥有一定技术含量的中高端产业链升级。

由于产业内分工变动的直接数据不可获得，我们通过侧面方式分析我国产业参与全球分工的地位变动情况。我国参与全球分工的重要形式之一是加工贸易。我们可以通过分析加工贸易变动情况，从一个层面反映我国参与全球分工的地位变动情况。加工贸易增值率是衡量一个国家或地区在产品内国际分工的地位和加工贸易给本国所带来的经济利益的重要指标①。数据显示，我国的加工贸易率整体上呈现不断上升的趋势，表明了我国的加工贸易呈现不断升级、产品内国际分工地位不断提高的趋势：2008 年，我国的加工贸易率已经达到了 78.4％，比 1990 年的 35.5％提高了 42.9 个百分点；比 2000 年的 48.7％提高了 29.7 个百分点。

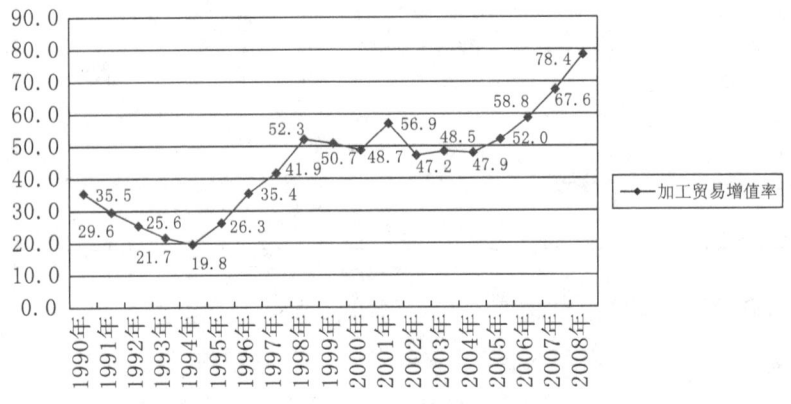

图 7-2　1990—2008 年我国加工贸易率变动情况

但是，整体上看，我国产业还是处于全球产业链的中低端，而且由于发达国家和跨国公司的"低端封锁"，而使得利益分配仍然处于不利地位。改革开放以来，中国各地区特别是沿海发达地区大量地吸收国际跨国公司的直接投资、产业转移和外包订单，劳动密集型的、附加价值较低的、以加工贸易为主的制造业得到迅速成长。这些行业基本都以 OEM 为主，主要集中在劳动密集型产业如纺织、服装、日用品等轻纺工业领域，以及劳动密集型和技术密集型相集合的加工业领域，如家用电器、计算机零部件等领域，处于价值分工链的较低端。发达工业国家所主要从事的价值链位于高附加值的上游部分（研发和主要零部件生产）和下游部分（销售及服务）。以电子信息产品为例，处于上游的美国企业生产高附加值的芯片和软件，其所获取的利润至少要占 60％左右。处于中游的日本和

---

① 加工贸易增值率＝（加工贸易出口值－加工贸易进口值）/加工贸易进口值，反映了生产加工环节的附加值程度。若加工贸易的链比较长，即所需零部件和材料可由国内生产供给或加工过程中技术含量较高，则该增值系数较高；反之则低。

韩国企业生产计算机和一些电子产品中的关键器件，它们的利润要占 20% 左右。而我国企业处于整个电子产业链分工中的底层，只是进行组装和贴牌生产，赚取不到 10% 的利润。我国进入全球分工之初，发达国家倾向于使用价格因素的"结构封锁"（positional block）手段来实施其对我国本土生产体系的控制。随着我国通过技术溢出和技术学习发展到具有一定自身技术创新能力时，发达国家会转向采用非价格因素的"低端封锁"手段[1]，抑制我国本土企业利用国外高端需求市场来提升自主创新能力的途径。

可以通过垂直产业内贸易是属于高品质还是低品质，进一步分析我国产业内产品的国际分工地位。[2] 根据施炳展、李坤望（2008）研究[3]，从整体制造业看，中国 50% 以上为低品质垂直产业内贸易，而且有增加趋势；发达国家 50% 以上为高品质垂直产业内贸易和水平产业内贸易，相对比较稳定。从不同技术类型的制造业看，高技术制造业中，中国仅有 4.4% 为高品质垂直产业内贸易，中低技术制造业中，中国高品质垂直产业内贸易均在 20% 以下，其他发达国家均以高品质垂直产业内贸易和水平产业内贸易为主。从具体的制造业看，中国纺织业 61.2% 为水平产业内贸易，电气制造业和专业及科学设备 80% 左右为低品质垂直产业内贸易；美国在电气制造业和专业及科学设备上的高品质垂直产业内贸易高达 83%。中国制造业国际分工地位总体低下，而且在中高技术产品、资本密集型产品上国际分工地位极为低下，与发达国家有很大差距。

---

① 低端封锁是指发达国家或大型跨国公司利用其先发优势，对发展中国家代工企业或产业采取价格或非价格手段，使其长期处于被动服从地位。如发达国家或跨国公司通过更为严格的产品进口质量、安全、环保进入壁垒及快速变化的产品升级换代要求，迫使代工者持续地进行设备"淘汰"，向发达国家引进更为先进的生产设备。这种手段迫使代工者始终处于大规模固定资产投资时期，代工所创造的利润又以购买发达国家高附加值生产设备的形式被"回收"，将代工企业控制于"代工=微利化=自主创新能力缺失"的循环路径。当发展中国家试图构建自己的独立品牌和自主创新能力的生产体系时，发达国家又转向采用强知识产权保护、专利池策略与国际技术标准体系，来保护本国的高端需求市场。

② 产业内分工主要表现为产品的国际分工，直接体现为产品的全球化生产，从而使得同一产品进出口存在价格差异，如果出口价格高于进口价格，这说明在产品内分工中处于高端，国际分工处于有利地位；如果出口价格低于进口价格，说明在产品内分工中处于低端，国际分工处于不利地位。从垂直产业内贸易形态看，如果出口价格高于进口价格，产业内贸易为高品质垂直产业内贸易，如果出口价格低于进口价格，产业内贸易为低品质垂直产业内贸易。一个国家对外贸易中以高品质垂直产业内贸易为主，说明该国在国际分工中处于有利地位；反之，如果一个国家对外贸易中以低品质垂直产业内贸易为主，那么该国在国际分工中处于不利地位。

③ 施炳展、李坤望：《中国制造业国际分工地位研究——基于产业内贸易形态的跨国比较》，载《世界经济研究》2008 年第 10 期。

7.3 我国比较优势（劣势）产业的结构及变化特征分析

7.3.1 比较优势产业测度的方法

比较优势一定程度反映一个国家或地区参与国际分工的程度和地位。经济学家和统计学家们使用一系列指数来间接计量产业的比较优势。本书选择了显性比较优势（Revealed Comparative Advantage，RCA）作为测度指标。

显性比较优势指数是测度产品出口的比较优势的代表性指标，该指数是美国经济学家贝拉·巴拉萨提出的一个具有较高经济学分析价值的比较优势测度指标，已经被世界银行等国际组织和国内外学者广泛运用。显性比较优势指数的具体数学含义是：一个国家的某种产品的出口额占该产品全球出口的比重与该国全部产品总额占全球出口总额比重的比值。显性比较优势指数的计算公式

$$\mathrm{RCA}_{ij} = \frac{X_{ij}/X_{it}}{X_{wj}/X_{ut}}$$

为了使对比较优势的研究更加细化，本书以 1 为判断产品显性比较优势强弱的分界标准：当 RCA≥1 时，表示该产品具有比较优势；当 RCA<1 时，表示该产品具有比较劣势。

7.3.2 比较优势角度的中国产业结构特征分析

第一，总体上看，我国产业出口保持较强的比较优势态势，但农业比较优势减弱，工业比较优势缓慢提升。

改革开放以来，外向型经济的发展对带动整个国民经济的持续增长有很大的贡献，尤其是 20 世纪 90 年代中期以来，中国出口增长势头日益强劲。从 1995 年到 2009 年，除 1998 年和 2008 年前后受全球性金融危机的影响，出口增长出现波动之外，其余年份几乎都能维持 20% 以上的增长速度，这说明我国产业出口的比较优势较强。

　　我国农业比较优势呈现快速下降态势。我国农业领域的比较优势变化从比较优势转变为比较劣势发生在 21 世纪初期，2001 年农业 RCA 指数为 1.026，到 2002 年则降为 0.958。农业比较优势的下降，主要是我国农业生产滞后造成的；深层次原因是我国农业技术创新低，农业技术推广机制不完善；农业结构调整滞后，农产品整体加工程度低；政府对农业支持力度不够，支农结构不合理，以及中国农业劳动者素质不高，等等[1]。另外更重要的原因是，我国农产品主要还是满足国内需求，出口量不多。以粮食为例，当前我国粮食生产只能达到基本供需平衡。2009 年，我国粮食消费总量为 54500 万吨，粮食产量为 53082 万吨，我国还属于粮食净进口国，粮食出口非常少（如图 7-3 所示）。

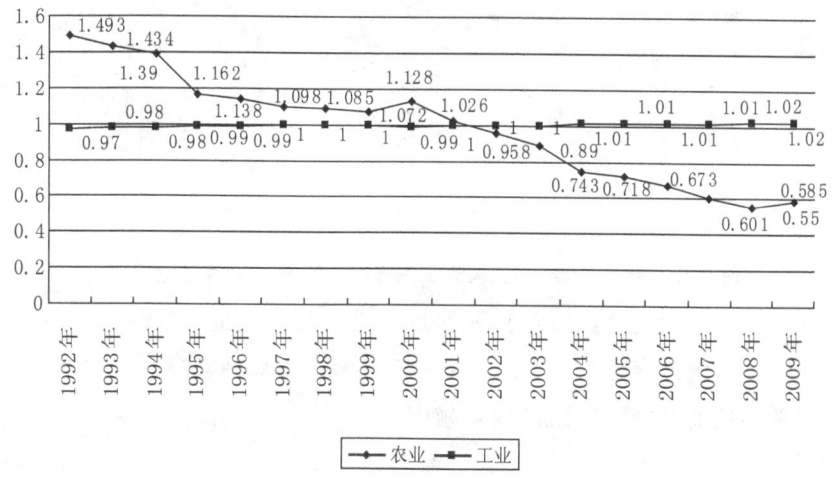

图 7-3　1992—2009 年我国农业、工业 RCA 指数变动情况

　　我国工业比较优势则呈现缓慢上升态势。改革开放以来，特别是进入 20 世纪 90 年代我国推行市场经济体制改革以来，我国充分发挥劳动力低廉的优势，出口低价商品，抢占国际市场，在国际产业竞争中比较优势不断增强，国际市场的总量规模不断扩大，我国逐步成为"世界加工厂"。与此同时，我国资本、技术等生产要素在经济发展中不断提升，我国的要素禀赋结构在发生改变[2]。尽管我国劳动力成本优势在逐步减弱，但我国的工业比较优势并没有减弱，继续保持缓慢提升态势。

---

① 《中国农产品比较优势变动及影响因素研究》，中国农业大学博士论文，2010 年。
② 具体关于要素禀赋的分析可以参见报告《我国动态比较优势因素及其变化趋势研究》。

第二，资源型行业整体上处于比较劣势，而且呈现逐年下降态势。

一方面，我国无论是资源总量，还是人均资源量并不富裕；另一方面，我国正在加快推进工业化进程，国内对资源需求大，国家逐步控制资源产品出口，出口所占生产比重不高。从而造成了我国资源型产业的比较优势 RCA 指数不断下降（如图 7-4 所示）。

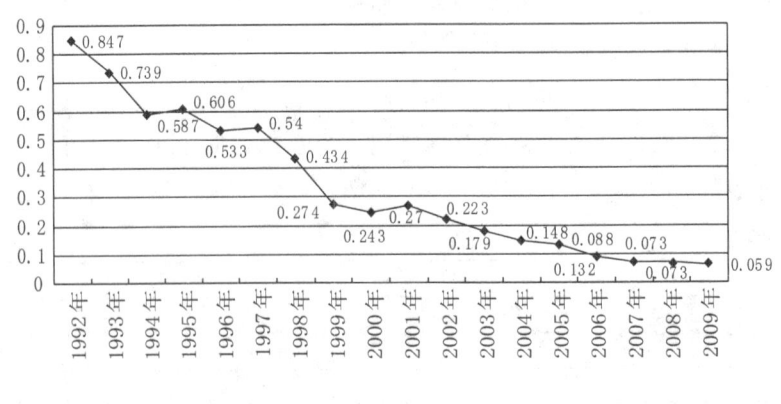

图 7-4　1992—2009 年我国资源采掘型产业 RCA 指数变动情况

我国石油和天然气资源仅占世界石油和天然气资源的 2.34％和 1.20％，这表明我国石油、天然气等初级产品和资源密集型产品都是紧缺资源。目前我国除煤炭以外的主要能矿资源都已高度依赖国际市场。在我国现已探明的 45 种主要矿产资源中，2000 年有 29 种可以保证需求，到 2010 年已下降到 24 种，特别是需求量大的铁、铜、铝等重要矿产资源严重短缺，铁矿石供应的对外依存度已从 1990 年的 7％上升到了 2010 年的 62.3％，石油对外依存度 2010 年上半年已扩大至 55.14％。另外，我国资源开掘技术不高，生产水平落后，也是造成我国出口竞争力不强的一个重要原因。

第三，劳动密集型产业比较优势呈现下降态势，但仍然保持着比较优势状态。

1992 年，我国劳动密集型产业的 RCA 指数高达 2.314，到 2009 年，则下降到 1.657，但总体上仍然保持比较优势状态（如图 7-5 所示）。我国劳动密集型行业比较优势有所下降，可能和近年来，我国劳动力成本不断上升，以及我国的人民币汇率调整、国际贸易保护主义等因素有密切关系。

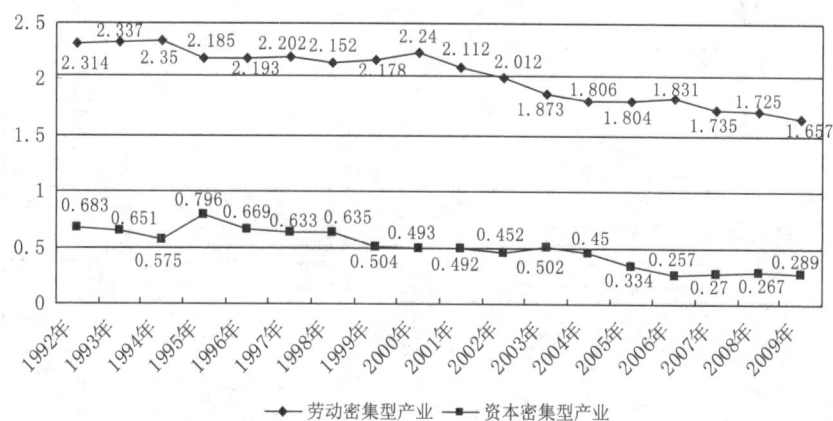

图 7-5　1992—2009 年我国劳动密集型产业、资本密集型产业 RCA 指数变动情况

具体行业中[①]，具有比较优势的行业包括（如图 7-6 和图 7-7 所示）：服装及其他纤维制品制造业、皮革、毛皮、羽绒及其制品业，纺织业，文教体育用品制造业，木材加工及木、竹、藤、棕、草制品业，家具制造业，金属制品业，塑料制品业，非金属矿物制品业九个行业。其中，服装及其他纤维制品制造业，皮革、毛皮、羽绒及其制品业，纺织业，文教体育用品制造业四个行业中，2009年相比 1992 年 RCA 指数有所下降；其余五个行业则有不同程度的上升（塑料制品、非金属矿物制品业的 RCA 指数在 1992 年还处于比较优势以下）。这些行业能够在我国劳动力成本不断上升等负面因素的影响下继续保持比较优势，和这些行业具有规模经济是密切相关的。新贸易理论认为，规模经济和产业集聚是产业比较优势生成的重要原因，如果一国国内在某产业有较大的规模，将会更多地出口该产业的产品。例如，纺织服装行业，2009 年全国已经形成纺织产业集聚地区 164 个，产业集聚区纺织经济已经占到全国纺织经济总量的 70% 以上，而且全国拥有一批在全球有影响的大型纺织企业，产业集中度高，规模经济效益明显。

劳动密集型行业中，具有比较劣势的行业包括（如图 7-7 所示）：农副食品加工业、食品制造业、印刷业和记录媒介复制业等。和农业有关的农副产品食品加工业比较优势呈现下降态势，而且处于比较劣势；食品制造业也处于比较劣势，而且并没有明显改善的趋势。我国食品工业比较优势弱和我国农业落后有密切关系，以及与我国食品工业缺乏大企业、品牌少、产品质量低等有密切关系。

———————————

① 具体行业不对"其他制造业"做分析。

印刷业记录媒介复制业则是在技术水平不断提高、企业规模不断扩大的条件下，尽管还处于比较劣势，但其发展趋势还是向好。

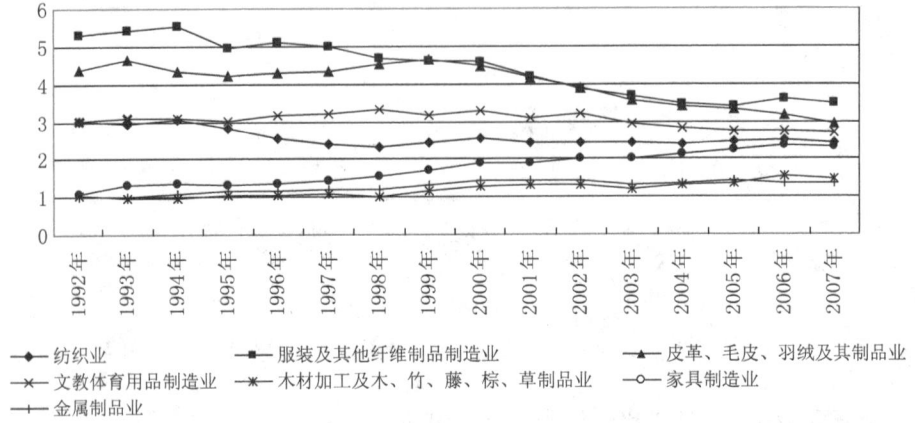

图 7-6　1992—2009 年劳动密集型行业 RCA 指数变动情况（一）

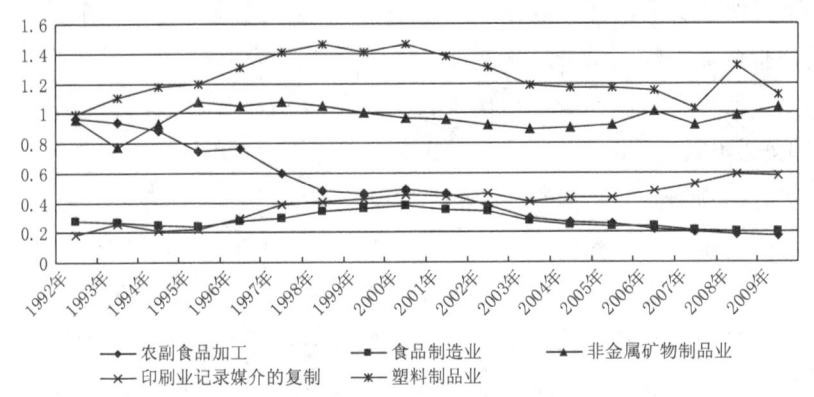

图 7-7　1992—2009 年劳动密集型行业 RCA 指数变动情况（二）

第四，资本密集型产业整体上呈现比较劣势，而且出现下降态势。

数据显示，1992 年资本密集型产业的 RCA 指数为 0.683，到 2009 年则下降到了 0.2679（产业态势如图 7-5 所示）。资本密集型产业的两大行业烟草加工业、石油加工及炼焦业都处于比较劣势，而且趋势日益恶劣。烟草加工业是一个特殊行业，目前大多数烟草主要是国内销售，出口所占生产比重不高，从而导致其数据上的比较劣势。石油加工及炼焦业处于比较劣势，则是由于石油的原因所造成，我国是石油进口大国，随着国际石油价格不断攀升，加上种种原因，我国企业采购石油往往是在高价位下进行，进一步恶化了石油行业的比较劣势。

　　第五，技术密集型产业呈现比较劣势，而且出现下降态势。

　　在我国，从研发投入角度看，只有医药制造业属于技术密集型行业。但现实是，我国医药企业研发投入虽然相比其他行业要高，但和其他大多数行业一样，并没有形成有国际竞争力的企业和产品。当前我国医药企业规模小，还没有形成国际跨国医药企业；药企生产的西药制剂绝大多数为仿制药，创新少，技术含量低。这种状况造成了产品出口靠低价竞争，尽管出口量增幅较大，但出口价格却不断走低。即使有部分个别出口价格激增的商品，也主要是外资企业出口的品牌药，或由于生产该制剂品种的原料药价格增幅较大，导致制剂生产成本提高，不得不提高价格。最终表现为 RCA 指数不断走低，比较劣势进一步恶化（如图 7-8 所示）。

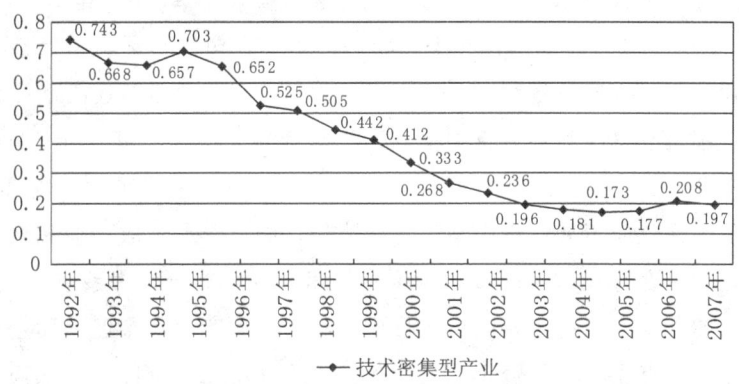

图 7-8　1992—2009 年我国技术密集型产业 RCA 指数变动情况

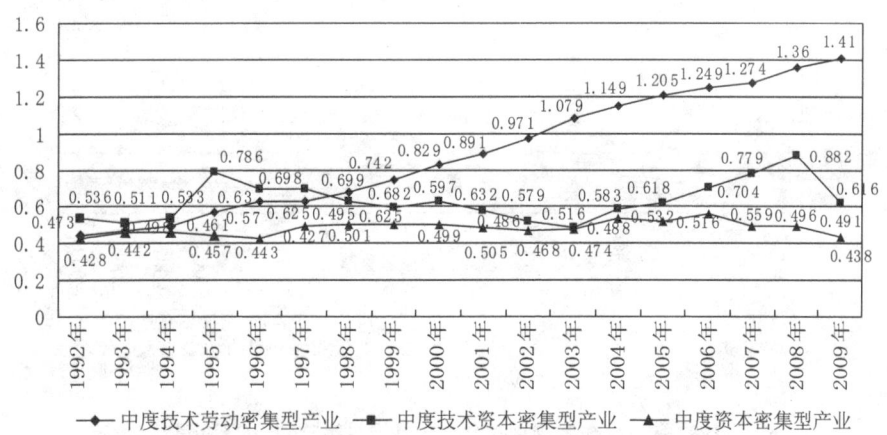

图 7-9　1992—2009 年中度技术劳动密集型产业、中度技术资本密集型产业、中度资本密集型产业 RCA 指数变动情况

第六，中度技术劳动密集型产业由比较劣势向比较优势转变明显；中度技术资本密集型产业起点高于中度技术劳动密集型产业，但一直处于比较劣势状态，而且波动起伏大；中度资本密集型产业起点最低，比较劣势状态比较平稳（如图7-9所示）。

中度技术劳动密集型产业各行业中，可以分为两类（如图7-10所示）：一类是由比较劣势转变为比较优势的行业，包括：电子及通信设备制造业，仪器仪表及文化、办公用机械、制造业、电气机械及器材制造业、橡胶制品业在内的四个行业已经由比较劣势转变为比较优势，其中电子及通信设备制造业的转变最为明显，RCA指数由1992年的0.874上升到2009年的3.193，而相对上升比较平缓的是橡胶制品业，直到2007年RCA指数才超过1，为1.028，到2009年上升到了1.086。另一类则是还处于比较劣势状态的行业，包括普通机械制造业、专用设备制造业、交通运输设备制造业四个行业。但这些行业虽然还处于比较劣势状态，但呈现不断改善的趋势，特别是普通机械制造业，2009年的RCA指数已经达到了0.918，接近了1的临界点。中度技术劳动密集型产业对资金需求不高，单个企业的规模效应不如资本密集型行业明显，而且容易形成产业集聚区。改革开放以来，我国在这些行业通过利用国外技术外溢，充分发挥我国劳动力优势，和前面分析的劳动密集型行业类似，形成了相当多的产业集聚区。而且这些行业是外资进入的重点领域，外资企业将产品打入国际市场具有优势，从而大大提高了这些行业的比较优势。

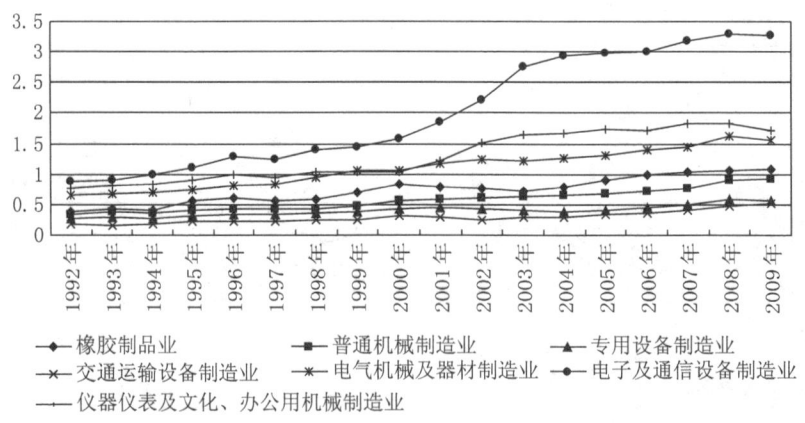

图7-10　1992—2009年我国中度技术劳动密集型产业RCA指数变动情况

中度技术资本密集型产业各行业则都是处于比较劣势状态（如图7-11所示）。其中，饮料制造业呈现明显的比较劣势恶化态势。这可能一方面和我国饮料企业缺乏大型企业、大品牌有关系，另一方面则是和人们生活水平的不断提高，我国国内市场需求扩大，从而产品出口比重不高有关系。而与之相反的是，造纸及纸制品业则呈现了改善的态势。造纸业比较劣势的改善，应该和我国在改革开放中逐步形成了一批大型造纸企业有密切关系。而有色金属冶炼及压延加工业的比较劣势也存在比较大的波动状态，没有改善的迹象。有色金属业的这种状况和该产业中长期存在的矿产资源勘查滞后导致资源短缺、产业集中度低，造成产能过剩、经济增长方式粗放、节能减排任务艰巨等问题有关[①]，另一方面则是与我国国内市场需求旺盛，从而产品出口所占比重不高有密切关系。

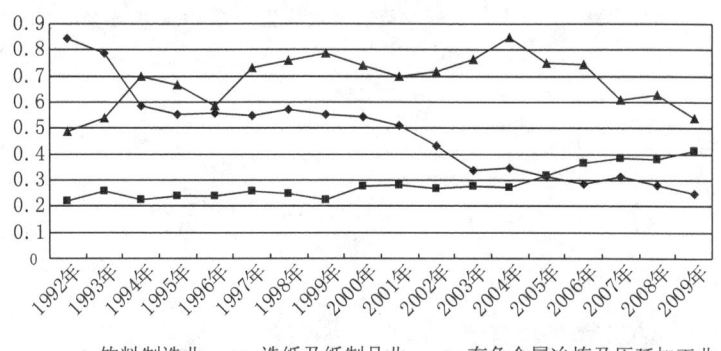

图 7-11 1992—2009 年我国中度技术资本密集型产业 RCA 指数变动情况

中度资本密集型产业起点最低，比较劣势状态比较平稳。但中度资本密集型产业各行业表现不一（如图 7-12 所示），化学原料及化学制品制造业的比较劣势处于比较平稳状态，和我国本行业的企业规模不大有关系，和我国处于工业化中期，国内对本行业产品需求大、出口比重小也有密切关系。而化学纤维制造业作为受服装业影响的上游产业，一方面，受我国服装业发展迅速的影响，继续为国内服装业提供原料；另一方面，近年来，随着产能过剩问题的严重，企业出口的动力增加，而且通过资本的不断积累，形成了一批大企业，产业竞争力也在不断提高，出口有所增加，比较劣势不断改善。黑色金属冶炼及压延加工业则起伏比较大，一方面和我国铁矿石资源进口有密切关系，另一方面也和我国处于工业化中期，重化工业产品的国内需求旺盛，从而出口所占比重小有密切关系。

① 张其仔主编：《产业蓝皮书：中国产业竞争力报告》(2010)，社会科学文献出版社 2010 年版。

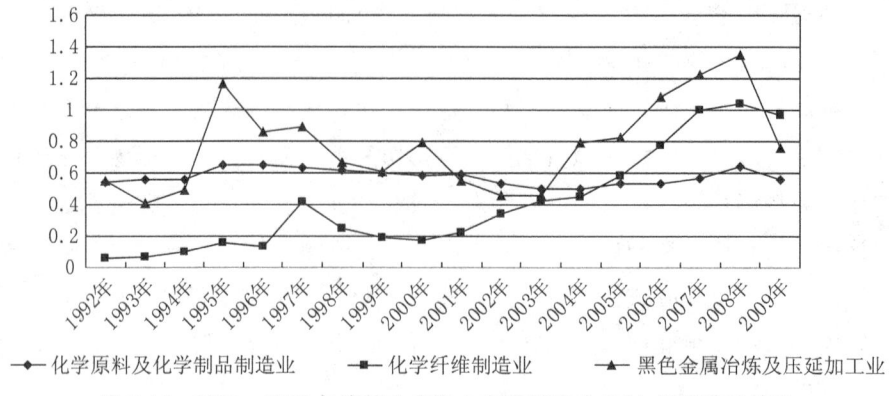

图 7-12　1992—2009 年我国中度资本密集型产业 RCA 指数变动情况

7.3.3　小结及启示

（1）各比较优势产业分类

通过对上述几个指标进行综合比较分析，综合判断如下：

总体上看，我国产业出口具有保持较强的比较优势态势，但农业比较优势减弱，工业比较优势缓慢提升。分行业看，资源型行业整体上处于比较劣势，而且呈现逐年下降态势；劳动密集型产业比较优势呈现下降态势，但仍然保持着比较优势状态；资本密集型产业整体上呈现比较劣势，而且出现下降态势；技术密集型产业呈现比较劣势，而且出现下降态势；中度技术劳动密集型产业由比较劣势向比较优势转变明显；中度技术资本密集型产业起点高于中度技术劳动密集型产业，但一直处于比较劣势状态，而且波动起伏大；中度资本密集型产业起点最低，比较劣势状态比较平稳。

随着我国对外开放程度的加深和产业结构的不断调整，不同要素禀赋产业的出口额占总出口额的比重也在发生着变化。具体可以将我国主要产业划分为以下几种类型。

第一种是处于比较优势状态的行业。基本上属于劳动密集型行业，包括服装及其他纤维制品制造、皮革毛皮羽绒及其制品业、纺织业、文教体育用品制造业、木材加工及竹藤棕草制品业、家具制造业、金属制品业。

第二种是由比较劣势转变为比较优势的行业。包括：①少量劳动密集型行业。塑料制品业、非金属矿物制品业。②中度技术劳动密集型产业。电子及通信设备制造业、仪器仪表及文化、办公用机械制造业，电气机械及器材制造业、橡胶制品业。

第三种是处于比较劣势的行业。包括：①劳动密集型行业。农副食品加工业、食品制造业、印刷业和记录媒介复制业等。②资本密集型行业。烟草加工业、石油加工及炼焦业；技术密集型行业；医药制造业。③中度技术劳动密集型产业。普通机械制造业、专用设备制造业、交通运输设备制造业四个行业。④中度技术资本密集型产业。饮料制造业、造纸及纸制品业、有色金属冶炼及压延加工业。⑤中度资本密集型产业。化学原料及化学制品制造业、化学纤维制造业、黑色金属冶炼及压延加工业。需要指出的是，我国的黑色金属冶炼及压延加工业已经具备了较强的国际竞争力，但由于我国国内黑色金属冶炼及压延加工业（钢铁）的需求旺盛，产品更多的是满足国内市场，从而在数据上表现的比较优势指数并不高。

（2）我国比较优势产业的结构变动趋势将受到各因素变动的影响

影响我国比较优势产业的结构变动因素包括了产业生命周期、资源、技术。而这些因素也在不断变化之中，从而我国未来的比较优势产业将发生改变。但不同因素对我国比较优势产业影响存在一定的差异。表现为：一是我国资源禀赋并不富足，从而我国资源性行业的比较优势难以得到提升。二是我国劳动力成本日益上升，如果没有出现其他抵消劳动力成本上升的因素，劳动密集型产业的比较优势将逐步下降。三是我国部分行业已经形成了规模经济，包括形成了一批大型企业、企业规模扩大，以及形成了一批产业集聚区，从而促进了产业比较优势的提升，其中，产业集聚区最为明显的是劳动密集型产业，这也一定程度上抵消了我国劳动力成本上升所造成的比较优势下降的压力。四是技术进步对我国产业比较优势提升不太明显。这是由于我国大多数产业缺乏核心技术和自主知识产权，我国的部分中度技术劳动密集型行业，也只是通过加工制造环节参与国际分工，从事加工贸易，以贴牌方式出口，其产品附加值普遍偏低，比较优势难以持续，更难以提升。五是宏观环境影响我国产业比较优势。主要包括：贸易保护主义下的各种贸易壁垒限制中国的产品出口，使得中国产品的比较优势降低；人民币升值将使那些固守静态比较优势的产业丧失比较优势；"节能减排"等政策使得高耗能和高污染产业受到挤压，原有的比较优势也将降低，等等。六是产业的生命周期影响产业的比较优势。我国处于工业化中期，大多数资本密集型行业处于需求旺盛的生命周期，而劳动密集型行业则在国内市场趋于饱和。因此，劳动密集型行业的大出口动力强大，加上其他因素（如前面分析的），从而成为出口的主力军，也是我国比较优势明显的主要产业。

第8章 我国产业突破跨国公司产业链控制研究

经济全球化对世界经济带来的一个深刻变化是，以全球为版图配置资源，世界正在经历史无前例的大规模再分工，不仅表现为国际分工的数量迅速增加，国际贸易的快速增长，同时国际分工的模式也出现了重要变化——从产业间的全球分工发展到产业内的全球分工，再演变为企业内的全球分工。尤其是20世纪90年代以来，以信息技术发展为动力的新一轮产业转移与国际分工正在兴起，并表现出了高技术、高附加值的高端化倾向，且垂直专业化分工增长迅速。我国作为一个正在快速发展中的大国，拥有很多其他国家产业发展无可比拟的优势，是全球产业再分工体系中最为重要的参与者之一，是跨国公司进行产业全球化布局的重要东道国，越来越多的跨国公司在我国设立研发、生产制造和营销机构，加快各类生产要素向我国流动，对我国产业结构和竞争力带来巨大影响。当前，我国产业正处于转型升级的关键时期，重点产业调整振兴、战略性新兴产业的加快培育发展对于未来我国产业竞争力的提升有着极其深远的意义。在这样的国际产业变迁和本土产业发展的背景下，研究跨国公司对我国产业链的控制现状、方式，以及突破跨国公司对我国产业链的控制，对于我国未来产业国际竞争力的提升有着极为重大的现实价值。

8.1 跨国公司对我国产业控制的研究综述

随着我国对外开放程度的不断加大，我国引进的外资规模在不断增加。到2010年，我国累计非金融领域实际利用外资突破了1万亿美元。外资的引进，对促进我国经济发展、改善我国的就业状况、提高我国产业的技术水平等多个方面均带来积极作用，但是，随着外资特别是跨国公司大规模的进入，外资对我国产业控制的问题日益突出。近年来在我国汽车工业、电子信息产业、高新技术产业等关系国计民生的重要产业中，跨国公司通过关键技术控制、重要资源定价权控制、关键产业链环节控制等方式，对我国产业链的控制范围广化、控制程度深化、控制方式多样化，对我国的产业安全形成了一定的威胁。在这种背景下，跨国公司对我国产业链控制的问题引起了国内学术界的关注。国内学者针对跨国公司与我国产业链之间的关系进行了诸多研究。按照研究内容的侧重点，这些研究大致可做如下三类细分。

8.1.1　跨国公司对产业链控制的行业研究

我国学者通过行业案例研究，考察了跨国公司对我国产业链的控制策略、过程与实际后果。如赵明（2007）和邓家琼（2010）以转基因大豆为例，研究了跨国种子公司如何控制全球大豆产业链，并细致分析了国际粮商控制转基因大豆育种、种植、贸易、加工及下游产业的过程；宋亚非（2006）分析了我国装备制造业应对跨国公司并购的策略；曹秋菊（2007）研究了跨国公司对我国煤炭产业链的控制；乔梁（2008）分析了跨国公司控制我国汽车产业的策略；倪洪兴和刘武兵（2011）分析了改革开放以来，我国农业对外开放后，我国小农业直接面临国外大农场、中小企业直接面临国际资本的竞争，给农业产业安全带来了严重挑战；苏末末（2011）研究了汽车行业跨国公司在生产和销售环节提高合资企业的实际控股权，不断占据零部件和销售等汽车产业链的两个高附加、值环节；陈宝明（2006）就国有企业改制时期，跨国公司并购龙头企业加紧对我国产业的控制，削弱我国产业创新能力的现状表示出了忧虑，并提出加强产业政策引导、加强反垄断审查和调整地方国有资产所有者利益的建议。

这些研究对考察跨国公司对我国产业链的控制策略、后果等提供了重要素材，其局限性在于，缺乏整体而全面的把握，提出的政策建议也具有明显的行业特征，未能提出系统性的政策建议。

8.1.2　跨国公司对我国产业链控制的策略分析

从跨国公司在我国的策略类型来看，大致可以区分三类策略：FDI 投资、外包策略和并购。王志乐（2007）归纳了跨国公司经营战略调整的新趋势，特别指出了跨国公司打造全球产业链与我国产业之间的关联。邵永恒等（2011）分析了国际金融危机后，跨国公司对我国投资战略在行业（产业）、区域、投资方式和投资活动等方面的调整，并研究了跨国公司在华投资战略调整对我国产业发展的影响。彭露（2009）研究了在跨国公司主导的国际产业链布局中，我国出口贸易模式处于产业价值链的低端。王东杰（2009）研究了跨国公司的并购行为对我国产业安全造成的影响，是跨国公司通过并购我国企业，控制我国产业链的代表性研究。

肖武岭（2009）关注跨国公司为了控制技术标准的制定权，高度重视 R&D（技术开发）投入，尤其是关系到技术标准制定的基础研究领域。为了保持在技术标准上的主导权，世界上许多知名的跨国公司每年都不惜投入巨资从事 R&D 活动，这也正是它们长期保持强大的竞争能力的一个重要原因。据统计，跨国公司 R&D 投入一般占到销售收入的 5% 以上，部分高科技企业甚至达到 15%—20%。例如，世界软件业巨头微软公司 2002 年的 R&D 经费为 46.6 亿美元，2003 年增长到 69 亿美元，而 2004 则上升到 77.8 亿美元，占该公司当年销售额的 21%；而世界芯片制造的主导企业英特尔公司 2003 年和 2004 年 R&D 支出则达到 44 亿美元和 48 亿美元。朗迅公司规定每年用其总收入的 12% 左右作为其分支机构贝尔实验室的科研经费，而其中的 10% 是投入到对基础研究的支持上。此外，跨国公司不仅独立地进行大量的 R&D 投资，而且对一些 R&D 开支巨大、风险很高的产业，特别是在信息技术、生物技术、航空航天、新材料等高新技术产业，还通过组建研发战略联盟进行标准的开发与制定。

8.1.3 我国产业和企业如何应对跨国公司经营带来的影响研究

桑百川（2003）较早提出了在跨国公司生产、营销、研发和管理本土化的趋势下，中资企业通过加入跨国公司战略联盟和控制跨国公司的技术内敛效应，提高中资企业技术开发自主创新能力，促进世界制造业加快向国内转移。王志乐（2007）提出本土企业要通过向跨国公司"学习"、整合全球资源、优化产业组织等方式应对跨国公司的全球经营。与第一类研究类似，这类研究同样没有全面分析跨国公司对我国产业链的实际控制状况。

此外，还有一类研究重在分析跨国公司给我国产业带来的实际效果。这类研究主要通过计量分析方法，实证分析了 FDI 的技术外溢性，是 FDI 研究中主要的研究问题，虽在总体上研究了 FDI 对我国产业的影响，但针对跨国公司对我国产业链的控制情况，缺乏重要的机制和过程研究。

综上，目前与跨国公司产业链控制相关的理论研究，尤其是对跨国公司对我国产业链控制的研究存在着如下三方面的不足：第一，诸多研究集中于单个或少数几个产业层面的案例研究，对于跨国公司对我国产业链控制缺乏较为全面而深入的把握；第二，大样本的研究虽然可以在一定程度克服上述案例研究的不足，但是主要围绕着跨国公司的技术溢出性，研究视角过于狭隘，更为严重的缺陷在于，这类研究对于跨国公司产业链控制的手段和机制缺乏深入的解释，局限于结果的分析；第三，针对跨国公司对我国产业链控制的政策建议，大都是围绕着具体产业而展开，缺乏系统性的考量，难以从根本上为突破跨国公司对我国产业控制提供有效的思路。本书在研究跨国公司对我国产业链控制时，力图吸收案例研究和总体研究的优点，克服两种研究思路的不足。

8.2　跨国公司对我国产业链控制的总体情况

由于产业链价值分布和我国企业在产业链所处地位具有较为鲜明的产业差异，跨国公司对我国产业链控制情况也表现出较为明显的产业异质性，即在不同的产业选择性地使用不同的控制方式。在产业链上游资源类和大宗商品产业，外国主要是通过定价权的控制来加强对我国产业链的控制；在产业链中间制造环节，外国则综合使用技术、研发、资本和所有权等手段，全方位地加紧对我国制造业的控制；在产业链下游环节，外国则通过强化品牌、技术标准等手段加快对我国产业链的控制。总体上看，跨国公司对我国产业链控制有增强的趋势。

8.3　跨国公司对我国产业链控制的新动向与程度

近年来，外资尤其是跨国公司通过不断收购产业龙头企业，加紧对我国进行产业链控制。在控制方式上多种手段并用，既包括产业链附加值高的研发环节和市场控制，获取产业高端环节的高附加值，也包括企业股权和产业资产控制，分享企业和产业发展带来的利润，并且各种控制方式都出现了较为明显的强化。在产业领域方面，除了在传统制造业领域加强产业链控制，在采矿业、电力、燃气及水的生产和供应业等资源能源类领域，以及电子信息、金融保险、生物医药等新兴产业领域，跨国公司对我国产业链控制的程度也在不断强化，手段也呈现出多样化趋势。

从跨国公司对我国产业链控制不断加强的原因来看，主要原因是与我国产业竞争力不强，在国际产业分工体系中普遍处于较低地位密切相关。如：在制造业领域，一方面，我国参与国际产业分工的主要优势在于，利用低成本的要素和环境成本支撑巨大的产能，产业发展层次低，缺乏核心技术设备的自主开发能力，严重依赖跨国公司的技术引进，容易受到跨国公司核心技术限制政策的控制；另一方面，由于产业组织不合理，缺乏本土具有国际竞争力的龙头企业整合产业资源，而跨国公司凭借资本和品牌优势，加大对我国制成品国际和国内市场渠道的控制，抑制我国制造业的发展。再如：在资源和能源领域，由于我国逐步减少国有垄断经营，不断放开投资领域，降低投资门槛，也迅速成为跨国公司新的投资领域，产业控制程度急速上升。虽然目前跨国公司控制这些产业的绝对水平尚不高，但是鉴于资源和能源在产业结构中的基础地位，如果放任跨国公司继续提高控制程度，那么未来极可能成为跨国公司控制我国产业链的新手段。

8.3.1 对我国产业链上游研发环节控制不断增强

加强专利控制。自1999年以来，跨国公司对我国工业拥有专利的控制程度[①]呈上升趋势，并且从2005年起上升幅度有所增加，2007年已达32.29%，2008年略有下降。其中，跨国公司对采矿业拥有专利的控制程度从2006年开始呈逐年上升趋势，且增加幅度较大，在2008年达到6.51%；但是对制造业拥有专利的控制程度自1999年以来呈现波动上升的趋势，2007年达到33.16%。逐步提升研发投入。自2003年以来，跨国公司对我国工业的研发费用控制程度[②]呈现波动性上升的趋势，从2003年的22.7%上升至2007年的29.1%，到2008年小幅下降，其中，在跨国公司研发费用控制程度最高的制造业，自2003年以来，除2005年略有下降外，其他各年均呈现稳定上升的趋势，控制度在24%～31%之间。对工业新产品产值的控制力度迅速增加。自1999年以来，跨国公司对我国工业的新产品产值控制度[③]较高，在31%～42%之间，并且呈现持续上升的趋势。从工业的细分行业情况看，1999—2007年，跨国公司对我国采矿业的新产品产值控制度几乎为0，但2008年大幅增长至39.76%；相似的，1999—2006

---

① 外资拥有专利控制度=（外资工业企业拥有发明专利数/全部工业企业拥有发明专利数）×100%
② 外资研发费用控制度=（外资工业企业研发费用总额/全部工业企业研发费用总额）×100%
③ 外资新产品产值控制度=（外资工业企业新产品产值/全部工业企业新产品产值）×100%

年，跨国公司对我国电力、燃气及水的生产和供应业的新产品产值控制度在0～7％之间波动，2007 年直线上升至 31.75％，2008 年回落到 10％左右。1999—2008 年跨国公司对制造业新产品产值控制程度呈现波动上升趋势，保持在 30％～42％之间。这与跨国公司长期以来以技术占据我国市场的策略密切相关。

8.3.2　对我国产业链下游的市场环节控制不断增强

从市场控制度指标来看，1999—2004 年，跨国公司对我国工业的市场控制程度①稳步上升，2003—2007 年，跨国公司对我国工业的市场控制程度均在 30％以上。在采矿业、制造业，电力、燃气及水的生产和供应业 3 个细分行业中，跨国公司对采矿业的市场控制程度最低，且市场控制度比较稳定，均保持在 5％以下。但是，1999—2009 年，跨国公司对采矿业的市场控制度从 0.76％上升到4.02％，上升态势非常明显。跨国公司对电力、燃气及水的生产和供应业的市场控制程度也较低。1999—2000 年，跨国公司对该行业的市场控制度从 0.64％上升到 9.96％，自 2001 年开始基本在 10％的水平上下波动，2005 年控制度最高，为 11.42％。制造业是工业中最主要的、包含大类行业最多的门类，也是跨国公司市场控制程度最高的门类。1999—2006 年，跨国公司对制造业的市场控制度基本呈现上升的态势，近年来跨国公司对我国制造业的市场控制度基本在 30％以上，2005—2007 年三年更是达到 35％以上，超过了一般行业市场控制度的警戒线。

在第三产业中，除了电信、传媒、金融、医疗等管制领域外，跨国公司对其他开放的盈利较高领域的控制逐渐加强，2005—2006 年跨国公司对我国第三产业控制度均在 10％以下，2007—2009 年三年内，跨国公司对我国重点产业领域的控制程度不断提高，分别为 10.3％、11.4％和 11.6％。2005—2009 年间，跨国公司对我国第三产业的股权控制度逐年走高。尽管总体比例不高，但跨国公司控股或入股的均是我国第三产业分行业内的优质企业或者龙头企业，因此，跨国公司对我国第三产业的实际影响力不容小觑。

---

① 外资市场控制度＝（外资企业销售收入/全部工业企业销售收入）×100％

8.3.3　对我国产业的企业股权控制稳步上升

自 1999 年以来，跨国公司对我国工业的股权控制度[①]稳步上升，并且从 2006 年以后基本稳定在 27% 左右，接近 30% 的惯例安全控制线。跨国公司对采矿业的股权控制程度从 1999—2009 年呈波动性上升的趋势，其控制度保持在 5% 以下。跨国公司对电力、燃气及水的生产和供应业的股权控制程度也较低，但增长极为迅速，2000 年环比从 0.34% 上升至 11.25%，2000—2004 年平稳上升，2005 年之后基本维持在 11% 的水平上。制造业是跨国公司股权控制程度最高的门类，1999—2009 年 11 年间，跨国公司对我国制造业的股权控制程度基本在 27% 以上，2003 年以后，该指标均超过 30%，并在 2006 年达到最高值 34.57%，尽管 2007—2009 年略有下降，但仍高于 30%。

8.3.4　对我国产业规模的控制不断加强

从资产控制程度来看，跨国公司对我国产业领域的总资产控制度[②]呈现上升趋势。1999—2009 年，跨国公司对制造业总资产控制度的变动情况与跨国公司对工业总资产控制度的变动情况基本一致，从 1999 年的 23.21% 上升至 2007 年的 33.48%，2008 年和 2009 年略有下降，分别为 32.06% 和 30.84%。1999—2007 年，跨国公司对我国工业的固定资产控制程度[③]呈直线上升趋势，从 1999 年的 18.75% 上升至 2007 年的 24.71%。跨国公司对制造业固定资产控制度的变化趋势与外资对工业固定资产控制度的变化趋势大体一致，从 1999 年的 23.08% 上升至 2007 年的 34.16%，2008 年和 2009 年略有下降，分别为 33.31% 和 30.77%。

8.3.5　通过品牌、技术标准等手段强化对我国产业链关键环节的控制

跨国公司在进入我国后，采用各种营销手段宣传推广自己的品牌，借以打压

[①]　外资股权控制制度＝（外资工业企业所有者权益/全部工业企业所有者权益）×100%
[②]　外资总资产控制制度＝（外资工业企业总资产/全部工业企业总资产）×100%
[③]　外资固定资产净值控制制度＝（外资工业企业固定资产净值/全部工业企业固定资产净值）×100%

本土品牌在消费者心目中的地位，一些民族品牌在强大的压力下，自动放弃自主品牌，自愿被并购而为跨国公司贴牌加工。我国的"霞飞"化妆品和"香雪海"电器系列，在面临跨国公司并购时均将自己的品牌卖掉，沦为外商的加工厂。而对于我国一些价值较大的知名品牌，跨国公司先通过低价买进其品牌使用权，再将其控制甚至封存，然后用自己的品牌取而代之，以达到扼杀我国民族品牌、消除潜在竞争对手的目的。"扬子"冰箱以 9600 万元的低价将品牌使用权卖给了德国西门子之后，"扬子"品牌被冰封。在医药行业，目前在我国最畅销的 50 种药品中有 40 种是外国品牌药。进口药品从 1987 年进口丹麦胰岛素开始，至今已有 100 多个国家共 500 多个种类、1000 多个药物获得进口药品许可证，跨国药企对华品牌控制愈演愈烈。相比之下，我国生产的绝大多数是仿制药和医用敷料、耗材等，难以应付跨国药企的品牌攻势。

8.3.6　加紧对我国部分产业的定价权控制

凭借雄厚的资本优势，近年来，跨国公司加快了对我国农业加工业等关键环节的介入，并以此为手段，加紧对我国部分产业定价权的控制。据统计，截至 2009 年年底，外资垄断了我国 80％的进口大豆资源，食用植物油的外资市场占有份额就达到了 85％，果蔬加工达到 30％，饲料加工 23.6％，肉类加工 22％。虽然我国大量进口大豆、棉花、羊毛等农产品，是全球最主要的买家，但我国没有掌握相应的定价话语权。这就造成在国际农产品价格走低时，对国内生产的打压非常明显，在国际农产品价格高涨时，我们又不得不支付国外企业高额的垄断利润。

总体来看，近年来，跨国公司对我国产业链的控制呈上升趋势。表 8-1 显示，2009 年外国资产对我国制造业行业的总体控制度非常高，平均控制水平达到 30.5％，已经触及产业安全警戒线。在电子信息产业、高技术产业两大高端产业，跨国公司平均控制度分别高达 63.1％和 53.7％，其控制度甚至已经超过本土企业的行业控制度，且市场控制度、新产品产值控制度、总资产控制度等几项规模和创新能力核心指标都较高，高端产业被跨国公司牢牢控制。不仅如此，在轻工、纺织等消费品工业领域，跨国公司的控制度分别为 38.0％和 26.8％，股权成为这两个行业的主要控制方式。在汽车、机械制造两大装备工业领域，跨国公司的平均控制力均在 28％以上，触及产业安全警戒线。

表 8-1　2009 年跨国公司对我国主要制造业行业控制程度　　　单位：%

行业/控制度	市场控制度	股权控制度	研发费用控制度	拥有发明专利控制度	新产品产值控制度	总资产控制度	固定资产净值控制度	行业平均
汽车	29.4	38.0	25.0	—	—	23.7	26.1	28.4
钢铁	12.4	9.5	—	10.8	—	10.0	9.9	10.5
纺织	27.7	36.3	8.3	23.9	28.1	32.2	31.0	26.8
机械制造	28.1	33.4	24.0	26.4	27.1	30.3	32.2	28.8
建材	15.0	21.6	25.2	30.7	28.0	20.7	21.9	23.3
石化	18.9	17.6	13.6	11.0	25.6	18.8	19.0	17.8
轻工	32.0	38.8	39.8	38.8	40.9	38.6	37.0	38.0
有色金属	13.8	16.7	14.5	9.7	13.5	16.1	17.0	14.5
电子信息	77.5	63.4	47.4	38.9	76.3	65.8	72.9	63.1
高技术产业	65.7	—	36.9	47.5	56.9	61.5	—	53.7
控制方式平均	32.0	30.6	26.1	26.4	37.0	31.8	29.7	30.5

注：计算"研发费用控制度""拥有发明专利控制度"和"新产品产值控制度"三个指标使用的是 2008 年统计数据。

资料来源：根据李孟刚（2011）整理。

从控制方式来看，市场控制、股权控制、研发控制和资产控制程度都非常高，显示出跨国公司充分利用各种控制手段对我国主要制造业行业施加控制。平均而言，新产品产值控制度、市场控制度、总资产控制度和股权控制度均超过30%，表明跨国公司对我国主要制造业的控制方式多样、控制程度深，严重危及我国工业安全。

王苏生等（2008）整理了跨国公司对我国装备制造业的技术控制和股权控制情况，以及装备制造业重要企业受跨国公司控制情况。2000—2005 年跨国公司对我国制造业的股权控制率逐年增加，5 年内剧增 10 个百分点。跨国公司在装备制造业 7 个行业主要企业中所占比重全部在 20%以上，其中，通信设备、计算机及其他电子设备制造业所占比率最高，达到了 56.5%。根据王苏生等（2008）

的研究分析，在我国的装备制造业市场，跨国公司占有较高的市场份额，尤其是通信设备、计算机及其他电子设备制造业和仪器仪表及文化、办公用机械制造业，跨国公司占领了市场的大半壁江山见表（见表 8-2 至表 8-4）。

表 8-2　我国装备制造业重要企业受跨国公司控制比率　　　　单位：家

行　业	细分行业数	企业总数	外资企业数	外资企业所占比例（%）
金属制品业	23	230	59	25.65
通用设备制造业	31	310	83	26.77
专用设备制造业	46	460	111	24.13
交通运输设备制造业	18	180	40	22.22
电器机械及器材制造业	28	280	106	37.86
通信设备、计算机及其他电子设备制造业	20	200	113	56.5
仪器仪表及文化、办公用机械制造业	19	190	73	38.42

注：行业后括号中数字表示细分行业数。

资料来源：根据王苏生等（2008）整理。

表 8-3　外资企业在我国装备制造业市场的占有率

行　业	工业企业销售收入（亿元）	外资工业企业销售收入（亿元）	比例（%）
金属制品业	6394.35	2359.27	36.9
通用设备制造业	101097.83	2900.76	28.44
专用设备制造业	5932.97	1526.71	25.73
交通运输设备制造业	15562.6	6739.6	43.31
电器机械及器材制造业	13363.92	5077.56	37.99
通信设备、计算机及其他电子设备制造业	26844.02	22423.2	83.53
仪器仪表及文化、办公用机械制造业	2735	1832.07	66.99

资料来源：《中国统计年鉴》相关年份。

表 8-4　外资对我国汽车产业的控制度　　　　　　　　　单位：%

年　份	外资市场控制度	外资股权控制度	外资研发费用控制度	外资总资产控制度	固定资产净值控制度
2000	28.5	28.5	36.3	20.8	23.7
2001	30.6	37	37	22.1	22.1
2002	24.7	31.5	20.8	20.8	20.8
2003	28.3	28.3	25.2	20.5	20.5
2004	30.5	25.4	25.2	18.8	18.8
2005	34.9	43.4	34.9	26.2	26.2
2006	40.5	40.5	28.5	31.4	31.4
2007	31.4	42.6	31.4	22.5	22.5
2008	30.3	38	22.5	26.1	26.1
2009	26.1	—	26.1	26.1	26.1
平均值	30.58	35.02	28.79	23.53	23.82

资料来源：根据李孟刚（2011）整理。

8.4　跨国公司控制我国产业链对我国的影响

8.4.1　对我国经济发展方式转变的影响

跨国公司向我国产业链渗透和加强控制，对我国经济发展方式转变的影响既有积极的一面，也有不利的一面。其中，有利影响主要表现在如下几个方面：第一，是推动我国企业不断培养自身优势，进而促进国家整体产业升级，从而对我国经济发展方式转变带来积极影响；第二，要求我国企业更加关注人力资源的质量与层次提升；第三，要求我国企业建立科学有效的市场法律环境，引导、保障我国市场经济有效运转。

同时也必须注意到，跨国公司主导下的全球价值链分工造成各国在分享全球化所带来的利益和承担的代价方面的巨大差异。我国作为一个发展中国家，长期处于全球价值链分工的低端，这必然加重我国产业升级的难度，不利于我国经济发展方式的转变，不利影响主要体现在以下几个方面：第一，跨国公司主导的全

球价值链分工体系中各独立企业之间的利益分配极不均衡，导致我国产业升级难
度越来越大，阻碍经济发展方式转变；第二，全球价值链分工条件下，企业利益
与国家、社会利益相分离，不利于我国产业升级，影响我国经济发展方式的转
变；第三，全球价值链分工体系主要由来自发达国家的跨国公司所控制，发展中
国家对产业高度的战略控制力下降，不利于我国经济发展方式的主动转变；第
四，全球价值链分工条件下，面对各种市场障碍和人才竞争，我国企业自主创新
发展的难度加大，不利于我国经济发展方式的转变。

8.4.2　对我国产业发展造成的不利影响

第一，阻碍产业结构调整与升级，强化本土企业锁定于国际分工低端的角
色。跨国公司对产业链的控制、对内资的挤压与地方政府缺乏警惕性、不恰当作
为是密切相关的，仅仅关注短期经济目标，忽视了产业结构调整升级这一重要目
标。赋予跨国公司不适当的超国民待遇，国内企业因为没有同等的优惠政策面临
不公平竞争而举步维艰；跨国合作谈判的主体时常由我国企业与跨国公司变成我
国政府（主要是地方政府）与跨国公司，地方政府通过向外商转让企业的国有产
权，将本不明确的国有产权变成事实上的地方政府产权或归地方收益的产权；部
门自成体系，造成行业分割，专业化生产和分工协作难以进行，企业资产存量重
组（兼并、收购）受到条块分割的旧体制以及地方保护主义的严重阻碍，国内生
产商难以形成国际竞争力；地区层次上的经济结构趋同化，造成"规模不经济"
条件下的恶性竞争，国内企业之间高价争原料、价格战、广告战，竞争手段日益
残酷，行业整体利润下降，行业整体素质下降，且跨国公司合资、收购的供给
增多。

第二，抑制产业创新和技术能力成长，抑制向产业链高附加值环节的攀升。
自主科技创新能力不足涉及多方面的原因，例如 R&D 投入低、科技成果转化率
低、科技成果转化机制僵化等。这些表面因素背后的深层原因是，整个经济系统
对技术的需求是弱的。这与地方政府的示范效应是分不开的。各级引资主体——
地方政府真正感兴趣的不是外资背后的技术和管理，更不是外部技术对内部技术
的溢出扩散效应，而是外资本身。因为利用外资带来最直接的收益是 GDP 数字
的快速膨胀，这正好迎合了政绩追求。外资直接带来的 GDP 数字增长远远快于
培育国内企业自己的具有核心竞争力的生产能力，所以各级政府不愿意培育投资
周期长、风险高的技术创新项目；在为吸引外资竞相奉献优惠的土地、税收等政

策扶持的同时，忽视了为国内民间资本投资高风险、低回报的技术创新项目创造公平竞争的市场环境。[①]

第三，弱化我国产业竞争力的提升，加剧产业发展风险。主要有外部因素和内部因素两个方面。外部威胁包括外国投资、外国商品倾销、国外对华产品反倾销、金融全球化、科技进步等。内部因素则主要是制度环境[②]、产业周期波动和我国"产业空心化"[③]等。受到这些因素的影响，外国对我国产业持续发展造成了严重威胁。跨国公司通过中方销售渠道推广自己的品牌，排挤和削弱我国民族品牌影响力，对我国市场和资源的争夺态势进一步加强，跨国公司可利用其优势产品和垄断地位操纵市场、获取高额利润，从而将大量财富转移至国外。跨国公司并购逐渐转向我国重点行业的龙头企业，下一步是信息服务、金融等领域。跨国公司择优部分进行并购，把劣质资产留给中方公司，这将从根本上动摇我国部分产业的根基，弱化我国产业竞争力。尤其是对经济安全有重大影响的主导产业或支柱产业，如装备制造、微电子、轿车、石化等对国民经济具有较高关联性、带动性的行业，如被国外供应商或权术持有者控制，则会对我国整体产业体系的安全性造成严重威胁。

第四，放大宏观经济波动。长期以来，各界非常关注所有制结构对国家经济控制力的影响，对内外资结构对国家经济控制力的影响却关注不够。构成我国经济参与主体的跨国公司，它们不仅受到我国市场的调控，更受到世界市场的调控。而且这些企业最终控制权不在我国，而是属于投资者的母国。虽然跨国公司与内资企业对我国的GDP、就业的贡献区别不大，但从企业最终控制权看来，这些跨国公司根植性差，一旦国际和国内的经济形势发生变化，它们就会根据自身利益选择退出，放大经济波动。东南亚经济危机期间，大量出走的外资正是这类无根的企业。加工贸易行业、劳动密集型的外资企业，大都属于流动性强的无根企业。

---

① 商务部国际贸易经济研究院跨国公司研究中心发布的《2005跨国公司在中国报告》对"市场换技术"的开发战略提出追问和质疑，认为FDI带来的国外科技对本土原有的科技产生挤出效应。2003年科技部研究室委托的关于跨国公司研究的报告指出"合资陷阱阻碍了我国汽车工业自主开发道路的发展"。由于引进新产品的主导权被外方掌握，所以合资企业不可能违背合资方母公司的利益在合资企业中进行创新活动，由此造成了原有企业研发力量大量流失。据科学技术促进发展研究中心有关专家调查，彩电、计算机、DVD和手机，这四种产品的关键技术的知识产权多数在外国企业的手中。我国高新技术产品出口增长很快，每年都在40%以上，看起来好像我国已成为科技大国，但高新技术产品出口中，90%来自加工贸易，85%来自外资企业。国内企业由于缺乏核心技术，不得不承受跨国公司高额专利的盘剥。

② 例如不适当的政府规制对产业发展的负面影响远大于其他外部因素（景玉琴，2005）。

③ 蒋志敏和李梦刚（2007）指出，由于技术要素的"空心化"，造成我国"产业空心化"，并逐渐向产业链上下游延伸。近年来，劳动力要素的空心化日渐明显，进一步加剧了我国产业的"空心化"。

第五，加剧国际贸易摩擦。从出口结构来看，外资企业出口占总出口的比重，连续多年超过 50%。加工贸易出口占总出口的比重也超过 50%。相当多的国内企业走向国际市场必须要贴洋牌、挂洋牌。以纺织行业为例，现在我国是世界上纺织品贸易的最大顺差国，同时也是高技术产品的贸易顺差最大国。但是高技术产品的出口有 95% 是加工贸易，90% 是外商投资企业。事实上，我国承担巨大的贸易摩擦的压力，出口赢利的大部分却留向了外商投资企业的母国。我国已然处于国际贸易摩擦的中心地带。国外每 7 起反倾销案件中就有 1 起涉及我国，我国已连续 11 年成为全球遭受反倾销最多的国家。2009 年有 19 个国家和地区对我国产品发起 101 起贸易救济调查，这是自 2002 年以来，我国接受贸易救济调查首次超过 100 起，涉案总额高达 116.8 亿美元。

专栏 8-1　跨国公司控制产业链的优势

一般认为，企业产业链控制力存在于任何形式的产业链中，只要存在上下游企业或者存在分工与合作关系，总会有企业能按照自身的优势掌握产业链中的关键环节，进而获得产业链控制力。具有产业链控制力的企业比一般的企业具有更多的优势。

第一，在产业链的价值分配中占据主动权，能够获得产业链中更多的增值份额（有时被视为评价产业链控制力的指标）。因为产业链控制力是建立在企业自身独特的优势上，所以，与其他企业合作时具有主动权。假如上游企业具有产业链控制力，那么上游企业就具有产品的定价权，其他下游企业需要向上游企业支付更多的成本。假如下游企业具有产业链控制力，那么可以通过自身的优势向供应商压低价格，进而获得更大的利益。另一方面，产业链中越是核心环节，越是能够创造更多的价值，使得具有产业链控制力的企业在这一环节获得更多的增值份额。

第二，能够消除资产专用性的风险。一般来说，产业链各环节专业化分工协作特点明显，产业链各环节前后衔接及相互依赖程度较高。每个环节因为生产的需要或多或少都有专用性资产，具有产业链控制力的企业由于其核心优势建立在一些品牌、市场渠道的控制上，其专有性资产较少，可以减少由技术更新所导致的专有性资产的风险。

第三，能够避免"低端锁定"的问题。在产业链分工中，如果企业长期处于产业链中的制造、加工、组装等低端、低附加值的环节，企业就会形成"依赖性"的生产方式，不愿去创新产品和加大企业研发投入，最后被具有产业链控制力的企业牢牢锁定；相反，具有产业链控制力的企业能够主动掌握关键资源来对企业进行控制。

第四，能够解决创新受约束的问题。创新是企业持续发展的动力。长期以来，我国很多中小企业作为跨国公司的相关配套协作企业，长期由跨国公司提供技术、信息支持。后果是我国很多中小企业在技术、设计等方面缺乏自主权，在创新意识方面只能被动地接受，自主性的创新意识逐渐淡薄，对外界的技术依赖性增强，极大地削弱了企业的创新意识和创新能力。如果企业主动实施产业链控制，那么企业能够在一定程度上改变这种创新受约束的局面。

资料来源：根据卢伟平硕士论文《全球价值链分工中我国企业产业链控制力研究》等有关资料整理。

8.5 跨国公司对我国产业链控制的主要方式和典型案例

如上文所述，跨国公司对我国产业链控制的各种主要控制手段都在不断强化。在具体产业链控制时，通常会综合使用多种控制手段，强化对产业链的整体控制。其中，通过资本控制加强股权控制成为跨国公司实施技术控制和市场控制的重要条件。下面，我们通过一些具体案例分析跨国公司对我国产业链控制的方式和方法。这些案例，既涉及我国的一些战略性领域（汽车产业、铁矿石等关键资源性产业），也涉及一般的竞争性产业（日用品、平板电视）。

8.5.1 以直接股权加强产业链关键环节：汽车产业

在产业链的企业合作过程中，上下游企业经常会要求控股，其控股的实质是对企业的控制，进而实现其整个产业链的控制。因为一旦企业被控制，其材料的选购、产品的销售定价、企业的财务处理等方面完全处于被控制中。一般来说，股权控制的表现形式有绝对多数股权控制、相对多数股权控制、第一大股东控制、49＋2控制等形式。为了防止关键技术在我国扩散，许多跨国公司以绝对控制的形式进入我国，而且企业中较高层的管理和技术人员基本上来自跨国公司母公司。它们还会在技术转让方面附加种种条件，甚至以高、精、尖技术为砝码，迫使国内合作企业让出控制权，从而实现其对企业的控制。此外，控股关系还有可能将战略伙伴关系变更为母子关系，将我国合资企业完全纳入跨国公司的全球网络之中，成为其中的一个环节。

专栏 8-2　跨国公司对我国汽车产业的控制

本案例以汽车产业为例，分析跨国公司对我国工业制造业的控制。跨国公司在我国汽车产业上游的研发设计、零部件，中游的生产制造（组装），下游的营销和售后市场等环节建立起了相当的控制力。按照汽车产业链的附加值分布规律，目前我国汽车产业主要分工于附加值最低的组装制造活动。

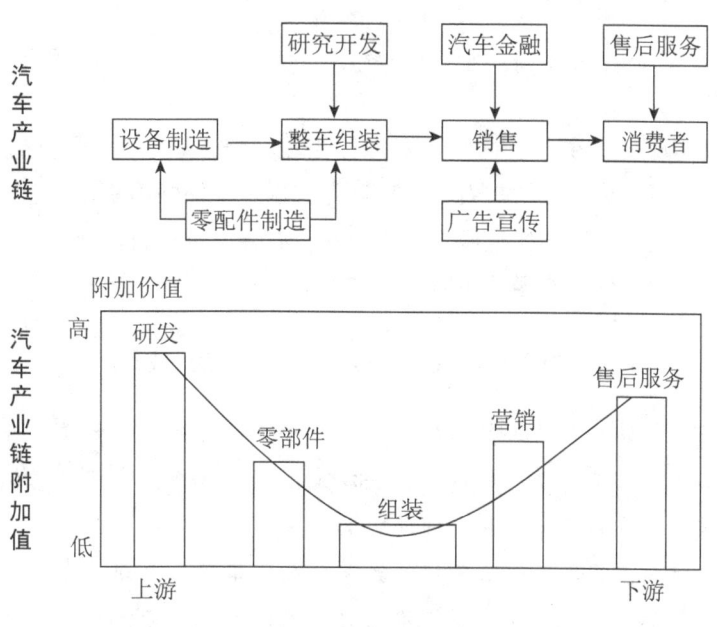

汽车产业链和产业链附加值

跨国公司对我国汽车产业链的不同环节，综合采用了不同的控制方式，即在加工制造环节以直接控制为主，而在加工制造的上下游环节，从主要进行间接控制渐进至全面控制。汽车制造环节属于汽车产业链的中端，其上游联结汽车的设计、研发、设备制造，下游联结汽车的营销与售后服务、金融支撑等相关市场活动。控制了汽车制造这一中间环节，就能够间接控制其他环节。因此，在汽车制造环节，跨国汽车巨头加快了在中国的投资步伐，积极鼓吹投资自由化，在全行业生产能力严重过剩的情况下依然坚持扩张，期冀迅速实现对汽车制造业的所有权控制。跨国公司如此迅速地在我国汽车制造业进行大规模扩张，目的就是通过股权方式的直接控制，获取在该领域的支配地位，可以更加顺利地推行垄断性的控制策略。

在汽车产业链的其他环节，跨国汽车巨头主要不是采用股权投资的直接控制方式，而是借助其优势地位及潜规则来影响上游产业和下游产业的发展，以间接控制方式确保自己在汽车产业链中的赢利能力的稳固和持久，特别是对下游产业，这一间接控制表现得尤为明显，而且日益显性化。例如，奥迪、奔驰、雷克萨斯的渠道控制及相应的金融服务。

资料来源：根据《中国汽车报》相关资料整理。

8.5.2　以定价权机制控制关键资源：铁矿石和稀土定价机制比较

定价权体现企业在产业链中的资源控制权，善于整合的企业将更具相对优势。跨国铁矿石巨头变更铁矿石定价机制，控制我国钢铁等重要原材料工业，而我国作为全球最大的稀土储藏国和出口国却没有稀土定价权。通过比较这两种重要资源的定价权，分析跨国公司对我国产业的控制。

专栏 8-3　铁矿石与稀土定价权比较

铁矿石是钢铁工业的主要原料，也是一种重要的战略性资源。在钢铁工业中，铁矿石占钢铁工业生产成本的一半以上。铁矿石价格的稳定对钢铁工业的发展具有举足轻重的意义。受资源禀赋的影响，我国钢铁工业所需的铁矿石一半以上需要进口。国际铁矿石价格的变化对我国钢铁工业国际竞争力的影响显著。然而在国际市场上，铁矿石价格的波动不仅体现国际铁矿石供需关系的变化，而且进一步反映国际铁矿石市场上买卖双方的谈判能力，以及国际资源定价权差异。铁矿石谈判中各方实力对比，集中体现在产业集中度、资源占有量和矿山控制力三个方面，反映谈判主体的企业能力。以淡水河谷、必和必拓、力拓为代表的上游矿业公司垄断着全球 70% 以上的铁矿石贸易，具有较高的垄断地位。凭借着对国际铁矿石市场的垄断优势，3 大矿业巨头通过控制产量降低现货市场供应，抬高现货矿供应价格，以此蓄积提高长协价的压力，在谈判中占据主动地位，牢牢把握着铁矿石定价的话语权。钢铁企业可以缩小产能、降低需求，向上游矿业企业施压，但由于其刚性需求的存在，在谈判中处于不利地位。如果铁矿石价格上涨不能传导至下游产品市场，中游钢铁企业的利润空间将严重受到挤压，且影响钢铁企业的正常生产。由于铁矿石价格上涨，近年来我国钢铁行业的利润空间被大大压缩，国内钢铁企业已经沦落到为国际 3 大矿业巨头"打工"的地位。

与铁矿石相似，稀土也是重要的工业战略资源。我国稀土储量和开采量占全球大部分，但并没有牢牢掌握稀土的国际定价权。由于稀土产业链下游开发应用能力不足，稀土资源过度开发，管理模式粗放，私采、盗采严重；产业集中度低，低小、散乱现象严重，长期低价竞争；行业公共平台培育不足，信息沟通不足。我国以低廉的价格将稀土初级产品卖至外国，又以高价买回高端产品，产业链附加值关键环节把握严重不足。

资料来源：根据《中国冶金报》相关报道整理。

8.5.3　以关键技术控制抑制技术赶超——平板电视

在参与产业链分工的企业中，具有产业链控制力的跨国企业通常用技术手段来控制产业链中的关键环节或关键节点。跨国公司为了保持在产业链中的控制地位，不会轻易转让技术，严格控制技术的扩散或者收取高昂的技术转让费，具体表现在以下几个方面：第一，转让一些在发达国家市场比较成熟的技术。它们以直接投资或者技术许可的方式，将成熟技术转移到我国，然后利用我国廉价的生产要素资源和巨大的市场需求，延长成熟技术的生命周期。第二，跨国公司控制关键技术。跨国公司基于产业链合作的关系会转移一些市场上较为成熟的技术，但是对其最为先进的技术会进行严密的监控，以防扩散。为了防止技术扩散和抑制我国企业的价值链升级，跨国公司把一些高端技术的研发机构放在国外，把参与合作的企业只是当做生产场所，然后根据其战略，有步骤、有重点地向海外扩散一些技术。通过控制技术转让的方式、范围和速度，达到协调一致的战略以及研发的规模经济。在合资企业中，这种有控制的技术转让增强了跨国公司在合作过程中的议价能力，从而控制与其合作的企业朝着自己的战略方向发展。

专栏 8-4　平板电视关键技术

作为最早进入国际市场的产业之一，彩电一直是我国企业的骄傲，然而这个一度辉煌的产业在平板（等离子、液晶）电视逐步取代显像管电视成为市场主流的背景下盛况不再。由于体积轻薄、清晰度高，平板电视正越来越成为消费者青睐的对象。平板电视的一个特点是，面板所占的地位非常关键，成本能够达到整机的 80%。平板电视的关键技术和主要利润都集中于面板制造，由于我国缺失核心生产技术，90% 的面板都依赖进口。国际面板厂商实行垂直整合，垄断市场并获取高额利润。以韩国三星和 LG 为首的跨国公司平板企业正在密谋我国市场，通过与我国整机企业结成同盟，提供面板和液晶模组，来控制我国企业的上游。另外，则在彩电终端销售市场，通过价格战抢占市场，在跨国公司的围攻下，我国彩电企业的命运多舛。

国内彩电厂商长期靠贴牌形式向海外输出产品，自主品牌产品缺失，只能赚取微薄的加工费。现在，由于中国台湾地区 OEM 厂商的竞争，大陆彩电企业靠贴牌生产出口的比例也在下降。

资料来源：根据中研网 2007 年 9 月 12 日有关报道整理。

8.5.4 "洋"品牌和民族品牌双管齐下加强市场控制——日用品

在日用品市场中，由于直接面对终端消费市场，品牌控制成为跨国公司对我国产业链控制的主要手段。跨国公司控制了我国大部分的化妆品和饮料行业，归纳起来，跨国公司对产业链的控制方式通常是有针对性地获取本土知名品牌的企业股权，不仅坐享品牌无形价值、控制市场渠道，而且使用"洋"品牌取代民族品牌，直至本土品牌市场控制力消亡。

专栏 8-5 跨国公司对我国日用品的控制

随着强生、欧莱雅、联合利华等国际品牌一波波地强势收购，民族日化品牌被各个击破，日化用品产业被跨国公司牢牢控制。2008 年 7 月 31 日，美国强生（中国）投资有限公司宣称，已完成对北京大宝化妆品有限公司的收购，使之成为强生旗下的一家全资子公司。这是继羽西、小护士、丁家宜等品牌之后，又一起我国化妆品公司被跨国公司控制。类似的，1996 年，沙市日化与德国美洁时公司合资，"活力 28"品牌由合资公司使用，现在"活力 28"这个知名品牌已难觅其踪。2003 年 12 月，法国欧莱雅集团全资收购了小护士，随后该品牌被业界认为遭到"雪藏"，取而代之的是欧莱雅旗下的卡尼尔品牌。如今，欧莱雅虽声称小护士发展良好，但业界均称大不如前。2007 年：德国拜尔斯道夫以 3.17 亿欧元购入丝宝国际集团旗下丝宝日化 85% 的股份，至此宣告在我国洗发市场独领风骚的"舒蕾""美涛"等丝宝四大日化品牌正式成为跨国公司品牌。最近，创立于法国的科蒂集团与国内护肤品公司丁家宜宣布，双方达成了股份购买协议，曾经家喻户晓的丁家宜又被外企收入囊中。

与日用化妆品相似，我国的饮料产业和食用油产业中主要民族企业也相继被跨国公司并购，或者跨国公司增持企业股份，有些民族品牌在市场上消失，取而代之于跨国公司品牌，或者仍然使用民族品牌分享较大市场份额和盈利。

资料来源：根据中经专网（http：//ibe.cei.gov.cn/）有关资料整理。

8.6　突破跨国公司产业链控制的思路

如前所述，跨国公司对我国产业链的控制，都或多或少地对我国产业的持续健康发展产生了一定的影响。因此，突破跨国公司对我国产业链的控制，是我国产业发展的一项重要任务。但是，从现实条件看，要在短期内全面突破跨国公司对我国产业链的控制是不现实的。因此，突破跨国公司的产业链控制，应该分清轻重缓急。当务之急是要在关系我国国计民生、影响产业安全的电子信息产业、汽车工业、装备制造业、医药产业等战略性领域首先突破跨国公司的产业链控制。而要突破跨国公司对我国战略性领域的产业链控制，除了建立起必要的评估和预警机制，更为重要的是帮助内资企业持续健康发展，提升我国产业竞争力。为此，政府部门需要采取多种措施协助内资企业突破跨国公司主导的产业链控制。

（1）积极开拓国内市场，努力培育本土高端要素

随着我国经济高速增长，日益增长的消费和多层次的需求结构为本土企业设计研发能力的培养、品牌和营销渠道的建设提供了广阔的市场空间。对于加入全球生产网络不深或者处于价值链低端的多数本土企业，应在出口导向和开拓国内市场之间重新权衡，在积极扩大产品出口的同时，努力开拓国内市场，培养本土高级要素，培育贴近本土的设计研发能力和营销渠道。本土企业应避免还没有培育自己的高级要素，就急于加入全球价值链特别是其中的底端环节。

（2）采取灵活措施，激励本土企业自主创新

核心技术缺失是我国企业失去产业链主导力的重要原因。在跨国公司主导产业链中，本土企业的升级和收益分配地位的改变，最终必须依靠本土企业高级要素的培养和自主创新、消化吸收能力的提高以及本土企业网络的协力作用。实践证明，企业创新能力难以单纯依靠引进外资或"市场换技术"的途径获取。在当前主流本土企业处于价值链创造和分配的低端，日益微薄的利润难以支持企业自主创新能力的培养。这就要求政府灵活运用直接补贴、税收优惠、贴息、价格、

资金和利率等手段，鼓励和扶持某些已有一定实力的本土企业提高研发水平和创建品牌，增强技术垄断和品牌垄断能力。同时打破企业、高校及科研单位等创新主体间的分割，加强彼此间的交流合作，整合区域经济资源，构建区域创新体系。通过以上扶持与激励政策的实施，促进区域高级要素的快速增加，提升本土企业技术升级能力。

（3）调整引进外资策略，促进本土关联

长期以来，各地政府为了吸引外资，不惜在用地审批、信贷、税收等方面给予外资企业"超国民待遇"，给本土企业造成了极为不公平的环境，不利于企业之间的平等竞争，很多内资企业输在了起点上。在改革开放之初，通过这种方式在解决资金不足问题方面起到了一定积极作用。但是面对愈演愈烈的外资收购潮，为了保护民族产业不会丧失主权，为了维护战略性产业领域的安全，应该取消对外资的"超国民待遇"，为国内外企业创造一个平等竞争、高效发展的经济社会环境。为此，第一，在行政体制方面，应该取消将引进外资多少作为考核干部政绩大小的标准；第二，应该依法查处、追诉相关机构在引进外资过程中推波助澜、内部交易、商业贿赂行为及其造成的严重后果；第三，在税收、贷款等方面应该对中、外资采取同样的标准；第四，要保护中小企业、民营企业，消除各种歧视，创造和维护公平竞争的市场环境，增强国内企业可持续盈利能力和软实力；第五，必须改变以往只重数量不重质量的引资方式。把引进外资的重点放在产业前后关联程度高、技术含量高、能带动当地企业发展和升级的项目，发展先进制造业和生产者服务业。地区之间应相互协调，引进适合本土区已有产业基础的外来资本，形成地区之间的互补性分工。尤其是要加强公共平台建设，加强共性技术开发和信息沟通，打造全产业链，控制关键要素的定价权。

（4）促进本土配套企业适度集中，提高当地企业谈判能力

在价值链下游环节的核心企业已经形成寡头垄断的情况下，上游本土配套企业适当的集中，不仅能够减少恶性竞争，而且有利于提高对跨国公司的谈判能力。当前，本土配套企业由于发展时间太短，尚未发展出具有实力的大企业，且遭受下游企业压榨，限制了内资企业的发展能力，使本土企业发展难以摆脱恶性循环。因此，有必要促进本土配套业集中度的提高，比如鼓励配套业中的兼并、重组和互相持股，通过增加单个企业的市场份额，与跨国公司主导企业的买方势力相抗衡，逐步改变价值链分配完全由跨国公司主导的局面。

（5）充分利用跨国公司间的竞争实现升级

在竞争不激烈的下游市场，跨国公司为保持技术优势，总是在技术转移方面有所保留，作为以后以提供先进技术要求东道国和企业做出各种利益让步的筹码。政府应通过规制国内市场竞争，培育良好的竞争环境，利用下游跨国公司之间的竞争迫使跨国公司转移高技术、新产品，进而提高跨国公司的技术溢出效应。要尽可能引进多家跨国公司投资，形成相互竞争的市场氛围，以竞争环境促进技术溢出效应的发挥。在拥有多个下游客户的情况下，即使某些下游厂商试图实施纵向压榨，本土企业也可以转向其他客户供应产品。本土配套企业还可以通过产品的多样化，供应不同层次的客户，摆脱单个跨国采购商的挤压和控制。

（6）提高外部治理效率，为本土企业升级创造良好的制度环境

研究表明，来自价值链外部的治理能够降低价值链内部治理的成本。明确的外部治理规则有利于企业达成产品质量共识，减少交易中的讨价还价和审核的成本，提高价值链中企业的运行效率。非歧视性的政策和公平竞争的市场环境是企业创新和持续发展不可或缺的因素。加强价值链外部治理，提高外部治理效率，必须建立在政府加快职能转变、创造良好的外部制度环境的基础上。这个制度环境，不仅包括政府机构以立法的形式制定规则，如劳动环境保障、产品质量标准、卫生标准等，还应该包括行业协会等民间组织制定的行业标准等。这些外部制度环境的建立，有利于企业关于产品规格、质量标准等达成共识，有利于企业间非正式的技术交流和技术转让，有利于弥补当地企业和外来投资企业之间的技术能力差距，促进当地企业的技术消化、吸收、改进和技术再创新。

（7）利用产业集群的多价值链优势，促进本土企业加速升级

Bazan and Navas-Aleman（2003）的研究表明，产业集群中的企业往往加入几个不同的价值链，不同价值链治理对集群中企业的升级产生不同的影响，如品牌主导企业占主导地位的准等级制价值链、国内市场形成的网络型或市场型价值链。利用代工企业所从事的多种业务之间的协同作用，有利于实现企业的升级。对本土供应商来说，在产业集群中加入多条价值链，一方面可以利用现有的技术和生产能力实现规模经济和范围经济，另一方面还可以避免升级对主要客户构成竞争威胁，从而有利于功能型和链条型升级的进行。

（8）大力发展战略性新兴产业，重构产业链格局

伴随新经济与新技术的不断涌现，世界经济将会不断诞生新的行业，在新兴产业中会不断涌现新产业与新技术，势必对现有产业链格局带来本质性变化，也为我国企业改变产业链位置不断提供新机遇。新兴行业作为刚刚诞生的行业，内外资企业间差异尚不大，相关产业链条并不完善，技术发展趋势存在变数，市场运用方向也是不断变化，而且新兴行业决定着国家经济的兴衰，哪个国家掌握了新兴行业的制高点，哪个国家也必将诞生一批世界级的企业，而新兴行业的产业布局相对空白，有利于各企业提前布局和针对性地设计。

（9）加快产业安全保护立法进程

美国在 2007 年 7 月颁布的《外国投资安全法》，将军事和国防工业、银行业、通信业、交通业、自然资源开发业、能源和动力等行业纳入威胁美国国家安全的关键领域。从法律上确认了国家安全委员会的合法性，扩大了成员构成，其成员几乎囊括了美国所有核心部门的高官要员，其地位明显进一步加强。该法明确了外国投资委员会对交易审查的四道程序、调查和审查的具体时间，该法要求财政部和负责审查的牵头部门高级负责官员须向国会保证，通过外国投资委员会审查的交易已不存在威胁国家安全问题。我国如果能早日借鉴制定《外国投资安全法》，有的关系到经济命脉的行业就不会落入跨国公司之手。鉴于目前跨国公司已控制了我国一些经济命脉，因此，抓紧制定《外国投资安全法》和尽快建立国家安全委员会，以确保我国政治、经济和金融安全已是当务之急。此外，还要制定适当的配套措施，适当保护国内特定产业。对金融服务业、高技术产业、汽车产业、重点农产品产业等，要协调运用准入和许可证管理，加强合法保护。要制定适当的配套措施，与保留的补贴项目相协调，适当保护国内产业特别是关系国计民生的重点产业。要充分利用国际通行规则，依法合理地运用贸易救济手段，维护贸易秩序和环境，维护国内重点产业的安全，特别是民族产业。

第四篇

典型产业和典型区域分析

第 9 章　典型产业分析

9.1　电影产业发展的现状特征研究

电影业分为电影事业和电影产业。电影产品具有很强的感染力，往往与意识形态紧密联系，深刻地影响着人们的思维和生活，是一个很好的宣传工具。从一个国家的角度看，为了宣传本民族的价值观和意识形态，国家应该大力支持，这部分应该属于电影事业特性；电影产品还可以通过进入市场、产品交换，形成商品价值，产生经济效益，形成电影产业①。

国际金融危机以来，国家先后出台了《文化产业振兴规划》（2009 年颁布）、《关于促进电影产业繁荣发展的指导意见》（2010 年颁布）、《关于金融支持文化产业振兴和发展繁荣的指导意见》（2010 年颁布）等一系列支持包括电影产业在内的文化产业发展政策，作为文化产业重要组成部分的电影产业拥有大发展的良好机遇。深入研究电影产业对我国经济发展的作用，以及电影产业发展存在的问题，提出相应的对策建议，对于加快我国电影产业发展，促进我国经济又好、又快发展具有重要的理论和实践意义。

9.1.1　电影产业的性质

(1) 电影产业的内涵和范围

根据国家统计局颁布的《国民经济行业分类》（2008 修订版），电影产业属于文化、体育和娱乐业。从统计分类看，电影产业和广播、电视和音像业放在一个种类，说明电影产业和广播、电视和音像的联系密切（见表 9-1）。

---

① 当然，从严格意义上来说，电影产业和电影事业是难以完全分开的。

表 9-1 电影产业的分类归属

代 码				类别名称	说 明
门 类	大 类	中 类	小 类		
				文化、体育和娱乐业	本类包括 88—92 大类
	89			电影（广播、电视和音像业）	指对广播、电视、电影、录音、录像内容的制作、编导、主持、播出、放映等活动。不包括广播电视信号的传输和接收活动
		893		电影	指电影的制作、发行和放映活动
			8931	电影制作与发行	指电影的制片、制作、监制、发行等活动
			8932	电影放映	指专业电影院以及设在娱乐场所独立（或相对独立）的电影放映场所的活动

目前部分国家对电影业的内涵已经突破了传统的电影业范围，《美国电影产业年鉴》（2001—2002）把电影业看作一个由多个产业组成的产业群体，包括了电影制片厂和相应的服务业、销售和租赁渠道、影院和录像租赁渠道；德国经济研究院则把电影业的内涵界定为四个部分，即电影和录像生产、广播和电视节目生产、电影发行、录像节目供应商和电影院。本章关于电影的统计数据按照国家统计分类标准计算，从产业链角度分析大电影产业，大电影产业就不完全等同于统计意义上的电影产业，还包括后电影产品，即电影产业除了其最重要的产品影片以外，产业链中还包括制片、发行、放映以及后产品开发等环节。

（2）电影产业的特性

第一，电影产业是具有战略意义的文化产业，对国民经济和社会发展的影响大。

近年来，随着人们生活水平的不断提高，包括电影产业在内的文化产业正在全面融入社会生活，对人们精神文化生活影响重大，人们通过观看电影以及和它相关的产品来获取精神生活的满足，人们的价值观、日常生活消费观和消费方式等都将受到电影元素的影响。"十六大"报告明确指出："发展文化产业是市场经济条件下繁荣社会主义先进文化、满足人民群众精神文化需求的重要途径。"

与此同时，电影产业的经济意义日益突显。发达国家的电影产业对国民经济的贡献重大，在有些国家如美国，电影产业成为国家的支柱产业[①]；我国电影产业虽然对国民经济的作用还有限，但增长潜力大，对国民经济的作用也日益重要。当前我国已经进入了经济发展新阶段。随着我国不断落实科学发展观，推进经济发展方式的转变，需要培育新兴产业来保持国民经济可持续快速发展。电影产业作为低能耗、低污染的现代服务业，将在未来我国经济发展中发挥战略性作用。我国政府在制定抵御 2008 年国际金融危机冲击的战略举措中，出台了一系列产业振兴规划，其中包括了 2009 年颁布的《文化产业振兴规划》，实际上已经突出了包括电影产业在内的文化产业在我国经济发展中的战略地位。

第二，电影产品是信息产品，电影属于技术和智力密集型产业。

电影产业的产品具有信息产品的特点，因为对于电影产品本身，人们并不是从物质上来消费影片的，而是在消费后，仅仅把对它的记忆带走[②]。电影产业是一种低能耗的智力产业，电影产业主要依赖非物质形态的文化与智力资源，在不消耗或很少消耗物质资源或能源的条件下，实现大规模的经济产出，拉动经济增长，对于经济社会发展具有独特贡献。电影产品生产的初始成本较高，但它的产品复制和传播成本很低，其销售与传播的规模越大，效益就会越大。与物质产品的收益规律不同，电影产品呈现边际收益递增规律。

第三，电影产业具有高风险特性，由少数影片支撑票房是电影市场的规律。

电影产业属于高风险产业，由于其投资模式是不能进行产品需求调研以及不能被准确预测的，因此电影产业的收益规律是少数影片撑起票房，而很多影片是最终亏损的。以美国为例，美国六大主流制片公司每年都是靠一部或很少的几部电影来获利。从电影票房结构来看，2004 年美国国内电影票房收入超过 5000 万美元的影片共 19 部，总票房 18.21 亿美元，占总票房的 19%，其中票房收入过亿的影片 3 部，占总票房的 9%。而其他发行的 464 部影片的平均票房仅为 1660 万美元。而且，名导演、名演员都未必是票房的保证。因为观众的喜好难测，谁也无法预测某部电影甚至某类题材电影未来所能产生的现金流。一般来说，如果将宣传和分账等因素考虑进去，一部美国电影在销售收入达到投资两倍的时候开始盈利。每十部电影中，一般有一部盈利较多，两部略微盈利，三部盈亏均衡，

---

① 具体的数据可以参见后文。
② ［美］巴里·利特曼：《大电影产业》，尹鸿等译，清华大学出版社 2005 年版。

四部亏损，而四部亏损片中，一部亏损较少，两部亏损一多半，还有一部血本无归。以好莱坞成本最高的八部电影为例，有三部血本无归，三部微利，只有两部大赚。

第四，电影产品具有准公共产品特性，电影业需要政府支持和加强管制。

电影作为一种特殊的精神产品，其经济属性是准公共产品，具有强烈的外部性，体现在两个方面：共同消费和外部利益。其一，共同消费指的是消费者在观看电影产品时，没有消耗或者减损产品本身。因此，也就不会影响该产品在另外一个市场上的消费。增加一份进入另外市场的产品副本的费用，与原创版本的研发生产成本相比是非常低的。由于电影产品的上述特性，电影行业的健康发展必须受到知识产权法的高度保护，否则电影产业将难以维持。生产一部电影，需要很高的成本，但同时电影一旦生产出来，再复制一份的边际成本是很低的。当电影制作成 DVD 光盘时，复制一份 DVD 光盘的成本更低。如果在网络上下载电影，则几乎是没有成本的。如果没有知识产权法的保护，街上盗版光碟泛滥成灾，人们都去购买，那么电影产业要想维持下去是很艰难的。其二，外部利益指的是影视产品对消费者以外的人产生的利益，也即电影产业的外部性。比如说在政府干预下，电影产品能起到传播正确价值观、加强社会责任感以及提升公民素质和民族认同感的作用。为此，需要政府加强电影产品管制，正确引导人们的价值观和宣传社会文化。

（3）影响电影产业发展的因素

① 直接影响因素

直接影响电影产业发展的因素可以从供给和需求两个方面分析。需求方面的因素是指人们对电影产品的消费需求。供给方面的因素包括技术、人才、资金等因素。目前对电影业发展影响大的技术是数字技术。数字技术可以大大提高电影产品的音像质量，不断创造出令人炫目的收视效果，而且能够对电影生产的流程进行变革。视频点播技术等新技术可以使得电影制片商越过传统的发行商和放映商，把电影直接传输给终端用户，大大减少流通环节的成本。在技术不断进步的推动下，电影业可以依托整合性的技术平台与其他产业开展竞争和合作，如电视业、网络视频等。借助数字技术，电影多媒体、新媒体市场正逐步得到深度开发。形成以电影节目为龙头，借助形式多样的技术手段，通过各种增值服务构成的产业链，极大地拓展了电影市场空间。而人才、资金则影响着电影产业能否实现规模扩大，电影产品质量能否提高。

② 间接或综合因素

间接或综合因素主要是指间接或综合影响电影产品消费和需求的因素，包括文化、经济发展阶段、国家政策、经济全球化等因素。经济发展阶段一方面决定着人们的收入水平，从而影响了人们对电影产品的消费需求，另一方面则影响到产业发展资金的供给能力。文化也对电影产品内容产生两个方面的影响：文化因素影响电影的消费观念和电影生产的内容。有的国家的人们喜欢看电影，而有的国家的人们可能喜欢旅游；有的国家人们喜欢看悲剧，而有的则可能喜欢看喜剧，诸如此类，这是一个文化消费观。与此同时，文化因素又影响电影产品的素材和电影拍摄的艺术方式。国家政策则是通过影响产业发展的供给和需求两个方面，从而起到影响电影产业发展的作用。经济全球化则是推动电影产品多样化、实现电影市场广阔化、促进电影技术先进化等。

9.1.2 电影产业对国民经济拉动的作用机制

第一，直接对国民经济增长做出重大贡献。以电影产业为代表的文化产业的发展已经成为世界潮流，在各国经济发展中具有越来越重要的地位。目前许多发达国家的文化产业不仅在发展速度上超过传统产业，而且在产业发展规模上已经成为国家的支柱产业。美国文化产业的产值占到其 GDP 的 20%，其总量几乎相当于中国的国内生产总值，而日本文化产业产值在其 GDP 中的比重也达到了 22%[①]。其中，电影产业对美国 GDP 的贡献重大。2009 年，美国电影业年收入达到了 364.8 亿美元，是仅次于航空、汽车和计算机的第四大产业。日本电影产业近年来的年度票房保持在 20 亿美元左右，整个电影产业链带来的收入也逾百亿美元，对其经济增长有着不可忽视的影响。欧洲电影市场则以英国、法国、德国等国电影为旗帜，对文化产业以及国民经济产生着重要的影响[②]。

第二，通过产业链方式或产业关联方式带动国民经济增长。电影产业通过电影后续产品开发形成产业链或者发展相关产业而带动国民经济增长[③]。数据显

---

① 中漫网：《文化的产业视角——对话北京大学文化产业研究院教授王齐国》，2007 年 8 月 6 日。

② 世界各主要电影出产国的电影产业产值情况可参见分报告《我国电影产业市场结构与市场绩效》。

③ 音像产品的开发和上市，虽然是对影院放映票房收入的重要补充，但如果上市时间把握不好，也会对影片放映带来负面影响。莱蔓与温伯格（lehmann and Weinberg）利用一个双渠道模型，探讨了电影产品从影院渠道到进入录像渠道的最佳时间。

示，美国电影产业的收入主要来源不是电影的放映票房，而是票房以外的后电影产品的开发以及影像制品的收入。根据美国电影业协会的预测，美国电影综合收入一般是票房收入的三到四倍。[①] 电影企业的市场发展不局限于产业内发展，一方面，通过序列发行而涉足电视、录像、网络等行业；另一方面，通过对相关市场的开发，进入其他产业，共同构成电影产业链，直接带动了后电影产品发展[②]。电影后产品开发是将影片品牌化向所有可能渗透的行业做延伸，可以包括利用影片形象促销各种日用消费品和玩具产品、贴片广告，服装道具拍卖，做外景地旅游开发乃至建立主题公园等。后电影产品的开发带动了旅游业、电子游戏业、图书出版业、音像制品业、广告业、玩具/服装/装饰品/食品/纪念品/文具/体育用品业等产业的发展。另外，电影产业通过延伸价值链，加上与新媒介技术融合，拉动了金融业、证券业、电信和其他信息传输服务业、商务服务业发展，同时影院建设还带动了建筑业、餐饮业，电力、热力的生产和供应业等行业的发展。

第三，创造需求和增强国家软实力，间接引导国民经济发展。一是通过电影中的各种时尚元素，引导和促进消费增长。特别是对于年轻人，容易对电影中的时尚元素进行模仿，从穿着、消费等方面引导需求。二是电影产业通过国际贸易提高本国的软实力。电影产品国际贸易不仅可以获取经济利益，同时也是在向全世界传播本国文化价值、培养国际的文化认同、增强本国文化的国际影响力，对于提升国家的软实力具有长期深远的影响。而这种软实力，从经济角度讲，就是培养国际上的消费需求，对本国产品的认同，从而为一个国家产品"走出去"创造条件。

---

① 美国众多电影院发展经历也表明，如果影院仅仅是以票房收入为利润来源，那么许多影院早就关门了，美国影院赢利的一个主要来源是销售饮料、小食品以及其他电影后产品。对于这部分收入，影院不需要与制片商或者发行商进行分成。当然，影院如果要获得副产品或者后产品方面的销售收入，必须以较高的观众人次为基础。影片制作完成后，除了在影院放映外，还可以在电视上播放，制作成 VCD、DVD 租售，制作成影片的原声音乐 CD，制作成广播剧，每一种视听消费方式的存在，都意味着存在一个市场利润空间。由于纯粹依靠电影院放映能够赢利的影片很少，更多的制片商和发行商把影院的放映看做是一部影片的宣传活动或者广告运动，为音像制品、电视播映等做准备。

② 后电影产品与电影的相关性在于，这些商品的外形或内容，能够使消费者联想到特定电影的情节、人物、场景、音乐等，从而在琳琅满目的商品中，消费者能够轻易识别出那些与电影相关的商品。后电影产品还继承了电影中相关元素的知名度和美誉度，增强了消费者对产品的理解和好感。电影巨额资金的促销和宣传在无形中也带动了后电影产品的营销。

第四，在经济危机特别是经济萧条时期发挥反周期调节作用。历史经验表明[1]，经济危机或萧条时期，往往正是包括电影产业在内的文化产业得以发展与繁荣的机遇期。在深度调整阶段，经济会出现短时期的低增长与高失业，社会消费心理将发生一些变化，基于经济前景的预期，大宗的固定资产支出会被压缩，而文化娱乐方面的消费与投入会增加。包括电影在内的文化娱乐可以给经济震荡中的人们一种精神的安顿、慰藉与希望。在经济高速增长之后的调整萧条时期，人们的物质消费会抑制，而精神消费会膨胀。人们需要通过娱乐来缓解精神压力，需要通过对现实的反思与生活方式的反思来调整心态，通过文化艺术对未来的描述来增加希望、增强信心。虽然经济萧条也会带来文化投资的压缩，但同样会促进成本低但内容更富创意的产品大量涌现，从而降低文化消费门槛，增强对民众文化消费的吸引力。从文化艺术生产的角度来看，经济危机和萧条时期可以激发出更为丰富的内容灵感与形式创新，正如中国古人所谓的"文章憎命达""诗穷而后工"。

9.1.3 电影产业对我国国民经济发展的拉动作用

(1) 产业发展迅速，但对国民经济增长的直接作用还有限

产业发展迅速体现在：一是产业产量和收入大幅增长。自 2003 年开始，中国电影产量便以连续超过两位数增幅高速增长，2008 年增幅第一次出现减缓，2009 年则再次大幅增长，电影产量达 456 部，比 2008 年增加 12.3%。与此同时，电影票房收入持续增长。2009 年电影总票房高达 62.06 亿元比 2008 年43.41 亿元增加了 43%，电影综合收入则从 2004 年的 36.7 亿元增长到 2009 年

---

① 1930 年年初，正值美国经济大萧条时期，美国好莱坞创造了美国娱乐业的巨大繁荣，同时也为美国走出经济大萧条做出了独特的贡献。在那个年代，美国涌现出了大量艺术经典作品，比如卓别林的小人物影片、诙谐有趣的"猫和老鼠"、秀兰·邓波儿主演的电影"微笑天使"等，成为美国人逃避现实的"疗伤"良药。在美国经济最糟糕的 1929 年，借助演艺业繁荣的局面，好莱坞顺势举行了第一届奥斯卡颁奖礼，每张门票售价 10 美元，奥斯卡成为迄今在影响力和商业效益方面最成功的电影节庆活动之一。2008 年，美国影院业联合会主席菲安指出："在过去的几十年里，美国遭遇了 7 次经济不景气。但是在这 7 次里头，多达 5 次，电影票房反而强烈地攀升上去。"在灰色压抑的经济萧条时期，以电影为代表的文化娱乐活动让美国人能轻松地消磨艰难时光、获得暂时的精神庇护，使得娱乐业有了巨大的市场消费需求。另外，韩国在 1997 年金融危机期间发展以电影产业为代表的文化产业成为一个重要的战略选择。1997 年亚洲金融危机之前，好莱坞电影占据了韩国电影 80% 以上的市场份额。到 2004 年本土电影的票房比重达到了 62%。

的 106.65 亿元。二是大量资本进入电影产业。电影产业迅速发展,加之政府的政策支持,更多的资本投入电影产业,多元投资局面初步形成。特别是华谊兄弟创业板在 2009 年 10 月顺利上市,标志着中国电影企业开拓了一个新的融资渠道,开始通过证券市场进行融资。三是院线与影院建设增长迅速,中小城市影院建设迎来快速发展期。自 2002 年开始实施院线制以来,影院建设速度不断提升,银幕数量由 2002 年的 1581 块增加到 2009 年的 4723 块。院线规模与影院建设继续快速发展。2009 年,全国院线范围内新增影院 142 家,总数达到 1687 家;新增银幕 626 块,平均每天增加 1.7 块,全国银幕总数达到 4723 块。四是组建了一批大型影视集团,电影产业集中程度不断提高。2004 年以潇湘电影制片厂为主体组建的潇湘电影集团在长沙正式成立后,我国已经形成七大电影集团互相合作、竞争的格局。与此同时,北京新画面、华谊兄弟太合影视公司、北大华亿影视文化公司、世纪英雄影视投资公司、东方神龙影业公司、广东巨星影视公司等已经成为中国电影制作行业最活跃的力量。随着大型影视集团的发展,我国电影产业的市场集中度不断提高。研究表明,我国电影产业的生产制作阶段垄断程度较高,我国电影发行市场中的集中度指标 CR4 高达 92%,HHI 值为 3179。电影放映环节市场集中度偏低些,但集中度也在不断提高,2009 年中国十大院线票房合计有 47.96 亿元,约占全国总票房的 77.3%[1]。五是电影产业科技进步显著,包括:胶片影片摄制、洗印加工技术质量稳步提高;数字技术、计算机技术在电影制片、发行、放映等各个领域得到应用;影院设计及装修施工、影院放映机、功放音箱、银幕、座椅、装饰材料、流动放映服务器等设备、设施,基本由国产品牌占据主角,而且我国电影设备已从最初的单纯仿制发展到自主研发、自创品牌,并开始逐步打入国际市场参与竞争。

但是,目前我国电影业的发展还不足,对国民经济的拉动作用还有限。根据我国 2007 年投入产出表[2]计算,电影(广播、电视和音像业)最终需求的增加对国民经济的促进作用明显,远远高于传统的产业如农业、批发零售业等,也高于旅游业;但是,作为我国大力发展的新兴文化产业,电影(广播、电视和音像业)的感应系数很低,说明电影(广播、电视和音像业)的供给推动作用很大,但是发展不足,与旅游业相比都差得较远,说明对国民经济的支持作用不够。实际上,近年来我国电影产业发展迅速,但和发达国家电影产业比较,我国电影产

---

[1] 参见报告《我国电影产业市场结构和市场绩效》。

[2] 具体计算参见报告《电影产业对国民经济拉动的作用机制》。由于我国投入产出表没有将电影和广播、电视和音像业分开统计计算,本报告的计算数据中,电影对其他产业的带动作用会更小些。

业的总体规模占 GDP 的比重还显得非常小。数据显示，我国 2009 年的国内票房收入 62.06 亿元人民币，综合收入为 106.65 亿元，占第三产业比重仅为 0.075％，对 GDP 的贡献率仅为 0.032％，对 GDP 的拉动率为 0.0028％，是第三产业中一个并不太重要的行业；[①] 与之对比的是，美国电影产业 2008 年综合收入高达 364.8 亿美元，成为美国国民经济中仅次于航空、汽车和计算机的第四大产业，2001—2009 年的 9 年间，每年对 GDP 的贡献率高达 0.27％[②]。

（2）电影产业通过产业链和产业关联，对其他产业发挥一定的带动作用

我国电影对其他产业的拉动作用，主要是通过产业链和产业关联的方式来实现的。20 世纪 90 年代开始，我国电影业开始和国际电影产业发展趋势看齐，不断延伸产业链，除了纵向一体化整合外，产业上游也开始分化出影视后期制作、影视器材及相关产品、演员经纪，产业下游又向电视业渗透，延长了产业价值链；进入 21 世纪以来，我国电影产业链呈现出了电影制片、影院放映、海外市场、出版、主题公园、音像制品、电视播映等多元结构支撑电影产业发展的趋势。

我国电影产业对产业的拉动作用包括两个方面：一是作为消耗其他产业的中间产业，拉动后向关联产业发展；二是作为为其他产业服务的产业，推动其他产业发展。根据 2007 年我国投入产出表计算，我国电影产业对前后关联产业具有重要的带动作用。

① 拉动后向关联产业发展[③]。可以通过直接消耗系数[④]和完全消耗系数[⑤]计算其拉动作用。

---

① 参见报告《电影产业对国民经济拉动的作用机制》。产业贡献率指各产业增加值量与国内生产总值增量之比；产业拉动率指国内生产总值增长速度与各产业贡献率之乘积。

② 见报告《电影产业与工业化的关联性分析》。

③ 从投入角度考虑，影视业的生产过程需要其他产业部门的多种投入要素，中间消耗量越大，说明影视业与该产业的关联度越大、对这些产业的需求影响越明显，需求拉动就越大。影视业与其后向关联产业之间的关联效应可以从直接关联和完全关联两方面分析。

④ 直接关联是某产业在生产运行过程中与其他产业的直接技术经济联系程度，反映该产业因直接消耗而对其他产业产生的拉动和影响作用。直接关联的程度可以用直接消耗系数和直接分配系数来度量。直接消耗系数度量了某产业部门对其他产业部门的直接消耗关系，也称投入系数。电影（广播、电视和音像业）的直接消耗系数越大，说明影视业对其他产业的直接需求越多，直接关联效应越明显。

⑤ 完全消耗系数是投入产出分析的另一个基本系数，是一个从投入角度分析产业之间的直接和间接技术经济联系的指标。一个产业或部门在生产过程中的直接消耗和全部的间接消耗之和构成了该产业的完全消耗，完全消耗系数的经济含义是，某产业单位产值的最终产品或服务对另一个产业产品或服务的完全消耗量。完全消耗系数越大，说明产业之间的后向完全关联越大，即一个产业的发展对另一个产业需求拉动作用越大。

直接消耗系数的计算结果表明，135 个产业部门中有 12 个产业部门与电影（广播、电视和音像业）有较密切直接后向联系。电影（广播、电视和音像业）产出 1 万元产品和服务，需要直接投入电影（广播、电视和音像业）542 元、专用化学品制造业 417 元，纺织服装、鞋、帽制造业 412 元，印刷业和纪录媒介的复制业 390 元，商务服务业 335 元，住宿业 310.7 元，餐饮业 258 元，建筑业 172 元，其他服务业 167 元，电信和其他信息传输服务业 139 元，金属制品业 113 元。说明电影（广播、电视和音像业）的发展需要较多的电影（广播、电视和音像）、专用化学品制造业纺织服装、鞋、帽制造业，印刷业和纪录媒介的复制业、建筑业、批发零售业的直接投入，同时也需要商务服务、电信和其他信息传输服务业等部门提供必要的相关服务，电影（广播、电视和音像业）对这些产业产生了直接拉动作用。同时发现电影（广播、电视和音像业）内部存在强有力的拉动关系。

完全消耗系数计算结果表明，135 个产业部门中有 24 个部门与电影（广播、电视和音像业）有较密切完全后向联系。电影（广播、电视和音像业）产出 1 万元最终产品和服务，需要完全（即直接和间接地）投入电力、热力的生产和供应业 998 元、专用化学产品制造业 738 元、石油及核燃料加工业 726 元、电影（广播、电视和音像业）586 元、基础化学原料制造业 548 元、商务服务业 546 元、印刷业和纪录媒介的复制业 517 元。说明电影（广播、电视和音像业）的发展需要这些行业较多的投入，也就是对这些行业的发展起到了较强的完全（即直接和间接的）拉动作用，同时对银行业、证券业、商务服务业、电信和其他信息传输服务业等产业的完全后向关联作用也较明显。

比较后向直接关联和后向完全关联的计算结果，可以发现：一是有些产业与电影（广播、电视和音像业）没有直接关联关系，但却有完全关联关系，如农、林、牧、渔业和石油开采加工业等，它们虽与电影（广播、电视和音像业）无直接关联，但却与电影（广播、电视和音像业）直接关联的产业有关联，于是产生了间接联系。二是相对于直接后向关联，电影（广播、电视和音像业）的完全关联产业数量多、关联强度大，说明了电影（广播、电视和音像业）有较强的间接拉动能力。三是直接投入品主要有专用化学品制造业、纺织服装、鞋、帽制造业、印刷业和纪录媒介的复制业、商务服务业、住宿业、餐饮业、建筑业、其他服务业、电信和其他信息传输服务业，而完全投入还包括电力和热力的生产供应业、批发和零售贸易业、石油及核燃料加工业、银行业、证券业、造纸及纸制品业、农业、软饮料及精制茶加工业的产品或服务，说明了电影（广播、电视和音像业）的发展除了需直接投入和涵盖的产业有关的服务业，还有制造业。四是电影（广播、电视和音像业）内部的投入产出联系密切，说明了电影（广播、电视和音像业）之间具有较密切的消耗分配的产业联系。

以上这些特点说明，电影（广播、电视和音像业）对其后向关联产业的间接拉动作用不可忽视，电影（广播、电视和音像业）的产业关联大，对国民经济波及面广。

② 推动前向关联产业发展。[①] 可以通过直接分配系数[②]和完全分配系数[③]计算其推动作用。

直接分配系数计算结果表明，135 个产业部门中有 18 个部门与电影（广播、电视和音像业）有密切直接前向联系。电影（广播、电视和音像业）产出 1 万元产品和服务，其中将作为中间品投入到电影（广播、电视和音像业）542.8 元，投入到娱乐业 78 元、住宿业 65 元、体育业 48 元、邮政业 26 元、保险业 22 元等。说明这些产业部门的发展需要电影（广播、电视和音像业）的产品和服务作为生产投入品，电影（广播、电视和音像业）对这些产业产生不同程度的推动作用。但重要的一点是，电影（广播、电视和音像业）内存在较强的前向产业关联性和推动性。

完全分配系数计算结果表明，135 个产业部门中有 18 个部门与电影（广播、电视和音像业）有密切完全前向联系。电影（广播、电视和音像业）1 万元产出中将完全地（直接或间接地）重新投入到电影（广播、电视和音像业）586 元，娱乐业 90.5 元，投入到住宿业 79 元，体育业 66 元，水生产和供应业 27 元，文化艺术业 27 元，雷达及广播设备制造业 25 元，航空运输业 25 元，通信设备制

---

① 前向关联是指某产业对那些将本产业的产品或服务作为投入品或生产资料的产业的影响。从供给看，电影（广播、电视和音像业）作为一种要素提供给其他产业，其他产业的生产过程中直接或间接地消耗电影（广播、电视和音像业）提供的产品或服务。因此，在电影（广播、电视和音像业）与其他产业的投入产出关系中，电影（广播、电视和音像业）产品或服务在各个产业投入中的份额直接反映了电影（广播、电视和音像业）与其前向关联产业的关联作用。投入份额越大，说明电影（广播、电视和音像业）对其他产业的推动作用和供给影响作用越大，产业之间的依存关系越密切。

② 电影（广播、电视和音像业）与其前向关联产业的直接关联可用直接分配系数表示，直接分配系数是从产出角度分析产业之间直接技术经济联系的指标，其含义是某产业或部门产品分配给另一个产业或部门作为中间产品直接使用的价值占该产品总产品的比例。电影（广播、电视和音像业）的直接分配系数越大，说明其他产业对电影（广播、电视和音像业）的直接需求越大，电影（广播、电视和音像业）的直接供给推动作用越明显。

③ 完全分配系数是一个从产出方向分析产业之间的直接和间接技术经济联系的指标，其经济含义是，某产业或部门每一个单位增加值通过直接或间接联系需要向另一个产业或部门提供的分配量。电影（广播、电视和音像业）的完全分配系数越大，说明电影（广播、电视和音像业）对其他产业的推动作用越大，产业之间的前向完全关联程度越大。

造业 25 元，公共管理和社会组织 24 元，电力、热力的生产和供应业 21 元，纺织服装、鞋、帽制造业 21 元，软饮料及精制茶加工业 18.9 元，针织品、编织品及其制品制造业 17.5 元。电影（广播、电视和音像业）提供的产品和服务被直接和间接投入到这些行业中，对这些行业产生了推动作用，这种推动作用由直接需求和产业网络中的间接需求产生。

通过以上数据得出电影（广播、电视和音像业）自身的投入产出联系紧密，万元产出中有 586 元又直接重新投入到电影（广播、电视和音像业）中，这与后向联系结果一致。

需要指出的是，电影（广播、电视和音像业）的后向关联作用明显强于前向作用，这与电影（广播、电视和音像业）属于第三产业的特性有关[①]。

（3）电影产业国际化程度不断提高，对提高我国国际软实力发挥一定作用

近年来一批优秀国产影片借助国际电影发行公司的实力和行销，成功打入国外主流电影市场，中国电影对国际市场的开拓也有了新拓展。此外，海外一些华语电视媒体也陆续出现，电影频道在广电总局的推动下建设"海外销售中心"等。这些对于中国电影产业的国际化和市场的国际化，提高我国国际软实力都具有一定的意义。

但是，总体上看，中国电影在当今世界影坛上处于弱势地位。表现为：多数国产影片对于海外市场缺乏吸引力；目前我国内地制片发行公司都缺乏有效的海外营销渠道。目前，具有海外发行销售能力的影片仅仅局限在张艺谋、陈凯歌这样具有国际知名度的导演的作品上。多数都采取了简单的海外版权买断的发行方式，之后如何发行操作都是海外发行方的事情。相对目前中国电影的低成本投入而言，全球分账的模式较之区域分割式的买断对资金的回收有更大的保障，但是目前只有少数电影在吸取经验教训的基础上采取了全球分账的模式。2009 年的海外收入也仅达到国内总票房的 45%。在每年度不断提升的海外收益中，处在票房前几位的是每年 10 余部的中外合拍大片，这些影片在投资阶段就通过海外资本的介入和各方发行渠道的责权明确解决了海外发行的问题。另外还有二三十部通过获得国外电影节奖项进入小众化的艺术院线、电视播音、录像带等市场终端，剩下的大部分影片都无缘进入海外市场，国产影片进入国际市场仍然是一大

---

① 见报告《电影产业对国民经济拉动的作用机制》。

难题和瓶颈。而在海外市场有不错业绩的是贴有中国功夫和传统文化标签的武侠片。可见中国电影的海外影响力还非常有限，仅靠少数大片出口支撑。反而由境外运作的"中国元素"影片，像《功夫熊猫》等获得国内市场的高回报与社会好评。这里就涉及一个文化创意与文化价值认知的问题。作为文化产业的电影产业，通过合作，开拓多元的盈利模式，来推进电影产业又好、又快发展。如果要问鼎国际电影市场，提升国际竞争力，要求其产品具有"普世原则"，主题立意上实现民族文化资源与人类共同终极命题的结合，得到境外消费者的认同。

与之对比的是，海外电影尤其是分账引进的美国大片在中国市场却占有很大一块市场份额。各种类型的影片都能在中国市场屡试不爽，《2012》《特种部队》在中国所取得的票房成绩均占据了其海外市场的第一名，一部《阿凡达》就贡献票房 13.12 亿元。2009 年，进口片就斩获 27 亿元，占中国内地票房总额的44%。国外电影大肆进入我国市场，也从另一个方面说明了我国电影的竞争力偏弱，在国际影坛地位不高。

9.1.4 我国电影产业发展存在的问题、面临的挑战和制约因素

（1）电影产品质量有待进一步提高

虽然我国电影发行总量在不断增加，但是首发影片、具有市场运作空间的影片，包括分账发行的进口影片相对于中国潜在的电影市场而言仍是严重不足。每年引进的 20 多部国外分账发行的新片，由于数量少，为了追求利益最大化，往往类型、品种单一，没有充分考虑观众趣味、观众类型和观众年龄上的差距，盲目根据国外电影票房进行引进，忽视了我国电影观众的特点和需求，使得我国进口电影的数量虽然逐年增加，但与电影市场的扩展并不完全同步。国产影片中，2009 年，能够进入电影院上映的国产片只有 83 部；2008 年，406 部国产片中上映的也只有 80 部左右。国产 100 部左右的影片，真正具有市场价值的影片则不足 20 部。诸多的电影院里充斥着较多内容重复的所谓大片，导演为投市场所好，也只有拍摄古装片、搞笑片等时下主流的商业电影，观众很难看到其他类型的电影。相对的，那些小成本制作的，甚至不乏艺术性、思想性较高的影片被淹没在众多不曾谋面的影片中，潜伏的创作者只有被动等待某个投资人慧眼识才方有出头之日。国内电影市场只能依靠 20 部左右的进口分账影片、10 部左右的中外合拍为主的国产影片支撑全年。呈现 20% 的影片占有 80% 的票房的局面。20～30

部市场主流影片的数量根本无法满足市场特别是多厅影院的需要，产品供应的多样性和连续性都不足。另外，很多电影作品在追求商业价值最大化的同时，忽略了文化价值，电影文化的进步和电影艺术创新的步伐比较缓慢。内容和质量都过硬的影片数量有限，影片整体质量有待大幅度的提高。我国人均看电影的次数低的原因是多方面的，针对北京地区观众的一次调查中，观众认为内地电影不景气的最主要原因是影片质量低劣①。

(2) 我国电影产业链虽有所拓展，但电影产业链条短，发行放映和后期
　　开发环节薄弱

产业链是一个由上、中、下游的核心企业构成的整体，其中任何一方出现问题都会影响其他环节的运转，降低产业的整体价值。目前，我国电影产业链在市场化和产业化过程中存在整体不协调和部分环节缺失的问题。

一是制片的技术、构思、影像效果上都有待进步。制片位于电影产业上游，是整个产业价值链形成的基础。近年来，我国电影产量连续创新高。2009 年全年仅故事片就高达 456 部，较 2008 年增长了 50 部。虽然数量上有很大的增长，但是很少有在艺术、内容上叫好又叫座的影片。

二是电影发行放映作为产业链的流通环节，目前的放映体系还有问题：①城市院线发展不均衡。新型的现代化多厅影院主要集中在大中城市，而中小城市二级市场的建设与发展速度相对滞后，有些地区甚至出现电影放映盲区。②院线排片比例严重失衡。那些所谓的大片都排到了档期上，而众多在艺术上有着很高价值的小众电影被排除在院线放映表之外。③档期选择保守。暑期、节日等成了大片扎堆上映的时间，档期化已深入人心，但档期的选择呈现保守单调的态势，成熟的档期市场份额趋向饱和，而新兴档期又没能很好地开发利用。

三是电影产业的资金回收基本还是以票房为主（电影票房收入占到总收入的80%），多数电影产品的后开发和相关开发环节薄弱。当前我国的电影音像版权、小说出版等简单的后产品开发为偏少，电影的海外电影销售、各电影频道广告收入增幅缓慢，没有实现多种产业多环节的产品开发，也没有实现"多元网状"影片价值开发的市场结构，后电影产品的生命周期和盈利空间相对有限，电影产业链的"头大尾短"的畸形形状依然存在。与之对比的是，从 1980 年代以来，美

---

① 见报告《我国电影产业的增长空间研究》。

国电影业早就形成了一种"大电影产业"的概念，票房收入只占电影产业总收入的 30%，其余的经济效益都是由后产品创造的。其产业链延伸至图书、服装、玩具、音像制品、广告、电视、网络及主题公园等领域，电影产业占美国 GDP 的比重接近 1%，成为其综合国力不可忽视的重要组成部分。[①]

（3）面临挑战

一是进口大片的冲击。目前我国国外大片进口增加，将在电影市场中占据更大的利润份额，对国产片的生存（质量、票房收入）形成冲击。西方影视产品的进口为我们吸收借鉴国外优秀文化成果提供了便利。但国际上影视产品依赖质量优势或技术进步在中国影视市场上达到一定数量的规模优势以后，我们所赖以"守住"影视阵地的"把关人"作用将呈现"空壳化"趋势。如今，在西欧国家如英国、法国等都已对美国影视文化产品对本土文化的渗透表现出高度的警惕，并已经采取了相应的抵制措施，我们同样需要对这种文化的入侵给予高度的重视。

二是受替代产品挑战。随着娱乐方式的多样化，很大一部分观众已经把关注点从电影转向了其他娱乐行业。作为提供精神文化消费产品的电影企业，其替代的竞争者有很多，可以分为两类：一类是视觉直接替代产品，比如电视节目、影碟、录像、网络（视频）等；另一类是更为宽泛的娱乐场所如酒吧、迪厅等。这些替代者均构成了与电影行业的竞争。

（4）电影消费环境恶劣

① 侵权盗版、市场无序问题严重。

近年来，尽管国家打击盗版的力度在不断增强，但是目前在一些地区盗版问题仍然严重。[②] 人们除了可以轻易地在公开的市场上买到盗版业者自行发行的非授权影碟产品外，其他各类侵权和市场无序现象也很严重：一是盗版业者贩卖非授权商品或是侵权行为是常见的现象。二是随着互联网技术的普及和发展，各种网络侵权盗版现象开始出现。目前，网络下载已经成为盗版影视音像产品的重要渠道。未来一些涉嫌盗版的视频网站甚至可以屏蔽搜索引擎的收录，然后通过大量的视频导航网站分析盗版电影和电视剧，这种手段将让网络监管工作更加难以

---

① 见美国电影协会《2007 年美国电影市场调查报告》。

② 2007 年 4 月 10 日，美国在世贸组织对中国的电影、音乐、软件和书籍盗版行为提出两项申诉。

进行。目前全国有 300 多个网站在进行电影侵权行为，最严重的一家竟非法下载了数万部电影。随便注册一个网站，花一点点钱就可以向电影公司买一个版权。当不计其数的观众在网上收看盗版电影时，电影投资人的收益却为零。三是正版音像制品提前开发问题严重。正版音像制品提前开发原本是为了和盗版音像制品抢时间，但由此引发的种种后果却给正在发育中的院线市场提出了新的难题。它们认为现在打压电影票房最严重的，不是盗版影碟，而是正版影碟。

② 缺乏评论家引导消费评价制度。

电影娱乐消费方式是最自主的个体消费，培育观众、引导观众的电影消费是产业健康发展的基础。我国市场缺乏这样一个环节，行业没有评论家引导的电影文化消费制度。这也是为什么国内电影市场出现的一部电影的票房与观众口碑不同步、专家的评论与观众的感受不同步的原因。因此，真正的优秀作品即使得到佳评，观众也难以相信其真实性了，当前需要用优秀的作品和真实客观的电影宣传评论来重建观众对国产电影的认同和信任。

③ 农村电影市场在新模式下仍处于探索阶段。

近几年，随着农村电影放映工程纳入国家公共服务体系，以地级市为中心，以数字院线为纽带，以电影的数字化放映为龙头，公共服务与市场服务相结合的农村电影发行放映新体系正在逐步建立。农村有巨大的观众群体，已具备 14 亿元的规模。但是在这种"政府买服务，群众受实惠"的模式下，激活农村电影市场，离不开市场主体企业的经营和市场运作。农村电影市场的发展空间在于增值服务，通过各种放映方式的灵活结合及公益放映与商业放映、免费放映与收费放映、流动放映与固定放映，通过贴片广告、与企业联盟、商业赞助活动等探索开辟盈利点和创收渠道。目前一些代表性的企业如河南新华农村院线公司、台州市农村数字电影院线有限公司等，正在进行积极探索。

（5）电影监管体制落后

一是我国缺乏电影分级制度。我国的《电影审查暂行规定》并不是严格的电影分级制度，条款都是原则性的定性条款，一般送审的片子需要"过五关，斩六将"，但究竟应该如何定性、如何判断等并没有明确的阐述。可以说为电影审查笼罩上了浓重的"行政命令"和"家长式管理"的意味。计划经济体制下"大锅饭"意识所派生出来的审定标准要求电影产品"老少皆宜"，随着电影产业化进程的加快，电影产品多样化，观众层面多元化，这样的标准显然不能适应了。没有电影分级制，创作者只能无奈地对未成年人和成年人"一视同仁"。结果是成年人不满足，未成年人看不懂。现行制度下使创作者无法在法律允许下，创作更多的、适合国内外市场的电影产品，满足不同阶层、不同年龄人群对电影文化的需要。

二是电影产业缺乏立法。实践证明，没有法律保护的电影作品，没有法律维护制作者的权益，电影业是无法发展的。电影行业发展应该有明确的收益人，电影产业改革最大的收益人应该就是投资人，因为整个项目中投资人风险最大、付出最多。目前我国电影发行体制落后，没有市场的良性循环，票房不能正常回收到投资者手中。这些问题都需要有强制性的法律加以规范。

（6）银幕数量偏少

虽然我国是世界上影院市场增长最快的国家，但是现在的银幕数量还远不能满足市场需求。在我国电影产量持续走高的同时，进入院线上映的影片数量却一直没有提高，大多数影片依然无法进入影院上映。2009 年院线放映国产影片约130 部，约 326 部影片没能在影院放映。这表明，电影产量与上映数量的矛盾依然存在，中国电影产业在数量和质量的平衡上仍与电影强国有较大差距。造成该矛盾的重要原因是，中国的银幕数量依然太少，不能形成足够的放映空间以容纳更多的影片。随着中国银幕数量的快速增加，当银幕数量达到一定数量之后，院线之间的差异化排片与市场细分便会自然形成，届时，不同影片都会找到自己的市场空间与放映空间，电影产量与上映数量之间的矛盾可能得到基本解决。

参照美国、韩国的银幕数量和人口比例，美国人口是中国的四分之一，而银幕数是中国的 8.7 倍；韩国的总人口只有 4900 万，2007 年的电影银幕为 2058块，而我国 2007 年银幕数是 3527 块。相比之下，我国的银幕数如果达到 4 万块左右才比较合理。虽然我国政府和电影企业界加大对现代多厅影院和银幕配置的建设，但据影院统计数据显示：国内新影院中的规模尚不算大，银幕数在 10 厅（张）以上的影院不到 10%，大多数多厅影院在 5～8 厅左右，远远跟不上制片增长的速度。2008 年中国电影制片产量居于全球第三，而影院与银幕数却相差较大。尤其在电影黄金档期，由于多厅影院匮乏，电影的票房产出受到制约。北京每新建一块银幕由当地政府贴补 50 万元，在促进银幕数量增加的同时，电影票价也在降低。而且，目前我国的银幕基本上集中于大城市，中国 300 多个二级城市几乎都没有可供大片放映的电影院，也就是说，有好几亿观众无法看到国产大片。二级市场和农村市场存在巨大空缺。

（7）高端人才缺乏

电影产业既需要单一的专业型人才，又需要复合型人才。既需要艺术创作、制片等方面的人才，也需要经纪人、经营管理等方面的人才。然而目前我国专业人才的缺乏严重阻碍了电影产业的发展：一是缺乏适应电影产业化发展需要的企业经营管理人才。特别是了解国内外影视产业发展，精通媒体经营、融资投资、市场营销的管理人才紧缺，如职业经理人、职业会计师、职业审计师以及懂得资本运营、财务管理、媒介推广、项目策划与市场开发管理、广告经营等方面的人才。二是缺乏推动电影行业科技发展的"学科带头人"，以及适应新技术发展的高级技术人才。以往要使制作精良只有拿到国外去加工，导致后期制作成本居高不下。三是紧缺既懂艺术又懂技术的高素质复合型人才；四是缺乏对外传播经营人才。五是缺乏好的电影剧本写作人才。当前我国电影质量不高，一个重要原因是电影剧本差，缺乏创意。六是缺乏导演人才。在当前这个以"大投资、大制作、大营销、大市场"为特征的中国式大片时代，能跟大片联系在一起的只有 3 位导演的名字——张艺谋、冯小刚、陈凯歌。不管是资本还是市场，都没有中国大陆青年导演的位置。虽偶有宁浩、陆川等年轻导演在市场上取得好的口碑和票房，但也只能尴尬地生存在大导演和大片的夹缝中。在目前国内电影人才中，优秀的青年摄影师、音乐师、美术、武术等指导人才确实存在着"青黄不接、一将难求"的情况。而我国电影学科办学中绝大部分专业都以理论研究为主，对于导演、表演、动画等应用类研究方向办学机构较少。导致电影市场后备力量严重不足。

（8）电影投融资方式还不够成熟，投资主体过散

从整个价值链来看，每个价值单元都是成本所在，电影制作的每个环节都和资金脱不了关系。因此，充足的资金是电影的保证。目前我国电影产业的融资渠道主要有海内外企业投资、风险投资、广告投入、版权销售、个人融资、政府出资、间接赞助和电影基金赞助等。虽然相较以前，目前的融资渠道已经多元化很多了，但是与其他国家相比，融资的方式还是比较单一、传统，而且一些新的融资方式如私募基金、网络融资、银行贷款等还处于探索阶段，还不够成熟。例如银行贷款，已经放宽了很多，后续就是要更加规范地运作，包括让专业的担保、让监理机构进来，使用合理化，才能使产业逐步壮大。

2009 年的 404 部影片中，投资主体就有 200 多个公司，而且还不是固定的 200

多个，每年都在变化。另外投资主体过多也是中国电影产业非常不健全的表现。以美国为例，美国的制片商集中在八大公司手中，另外再加些独立制片商，这就必然要求保证专业的质量、要有一批专业化的队伍、专业化的操作和流水线的作业了。相对的，中国外包式的制作、粗制滥造、班底不过硬的制片商占到了多数。

9.1.5　我国电影产业的增长空间

（1）我国已经到了电影产业快速增长阶段

第一，我国国民经济发展进入新阶段，人们对电影等文化产品的消费需求大幅增加。改革开放以来，我国国民经济保持快速发展，2009 年我国的 GDP 达到335353 亿元，人均 GDP 超过 3000 美元。国际经验表明，在人均 GDP 超过 3000美元的阶段，消费者对精神文化产品的需求将会大幅度增长。目前我国城镇居民可支配收入由 2003 年的 8472.2 元上升到 2009 年的 17175 元，在恩格尔系数下降的同时，城镇居民用于文化、娱乐、服务类支的出比例也由 1995 年的 9.36%上升到 2009 年的 11.92%。

目前市场对文化的需求主要局限在通俗和流行的层次上，从而电影作为大众文化的代表，在这种国情背景下，其发展便有了得天独厚的优势，这是我国电影产业发展的巨大拉动力。据国家统计局预测，中国居民未来 10 年的家庭收入支出中，文化娱乐支出将占 14.7%，自我消费发展支出将占 22.9%。由于电影已经成为现代社会精神文化生活的重要组成部分，因此城乡居民对电影需求必然会大量增加。电影越来越成为人民群众日常生活不可缺少的重要组成部分。

第二，我国的政策氛围有助于电影产业加快发展。从党的"十六大"开始，国家日益重视包括电影产业在内的文化产业发展，"十六大"报告指出："发展文化产业是市场经济条件下繁荣社会主义文化、满足人民群众精神文化需求的重要途径。完善文化产业政策，支持文化产业发展，增强我国文化产业的整体实力和竞争力。"特别是近年来，国家出台了一系列加快包括电影产业在内的文化产业发展的政策。国际金融危机以来，国家先后出台了《文化产业振兴规划》（2009年颁布）、《关于促进电影产业繁荣发展的指导意见》（2010 年颁布）、《关于金融支持文化产业振兴和发展繁荣的指导意见》（2010 年颁布）等一系列支持包括电影产业在内的文化产业发展的政策，作为文化产业重要组成部分的电影产业面临大发展的良好机遇。

第三，世界经济一体化加速，有助于我国学习国外先进经验和引进国际大片，开拓国际市场。入世后，特别是近年来，国际巨型传媒集团正逐步进入中国市场，采取各种方式扩大生存空间。开辟了中国电影学习借鉴国外先进经验的新渠道，也拓展了中国电影对外交流的发展空间，有利于弘扬中国文化，并在世界范围内传播，有利于同世界各国的文化交流。2010 年美国大片 3D 电影《阿凡达》进入中国市场，获得巨大票房收入，中国电影界意识到中国 3D 电影的落后，并判断 3D 电影将成为未来电影业的新的增长点，加快了在这方面的银幕投入和电影拍摄。

第四，数字化和网络新技术为电影产业大发展提供新机遇。数字电影的发展，将有助于建立面向市场，满足公众放映市场、社会公益性需要和家庭个性化需求的多种服务、运营体系，可满足市场多元化、多层次要求，在强化规范市场经营的基础上，扩大市场规模。网络化将使得数字电影的放映范围更加广阔。

借助数字技术，电影多媒体、新媒体市场正逐步得到深度开发。在传统城市影院、电视、家庭音像之外，社区、农村流动放映、特种电影放映，以及利用互联网、移动终端等形式的商业细分应用模式开始出现，并逐步受到市场的关注和青睐。形成以电影节目为龙头，借助形式多样的技术手段，通过各种增值服务构成的产业链，极大地拓展了电影市场空间。特别值得一提的是，随着数字电影技术的日趋成熟和数字影院规模的不断扩大，近年来国际上推出了数字立体（3D）电影并得以快速发展，已成为近期电影行业的热门话题。借助数字放映技术，数字立体电影比传统胶片立体电影的放映具有画面清晰、稳定、无明显重影、与普通数字放映设备相兼容等众多优点，从而给观众以特殊的观影体验和新的视觉享受，并有望成为电影产业发展的新增长点。

(2) 我国电影产业增长空间广阔

① 中国电影在国内票房的市场增长空间

可以参照世界各国电影消费状况，初步预测未来十年我国电影票房收入增长空间。

其一，以世界平均水平和发展中国家作为参照。研究发现，1994—1998 年世界人均看电影的次数为 1.4 次，发展中国家平均为 1.1 次，中国为 0.1 次。我国现在的人均观影次数只是 1994—1998 年世界人均观影的 1.4 次的 10% 左右，发展中国家平均次数的 12%①。从理论上分析，我国电影的国内市场有很大的增

---

① 见报告《我国电影产业的增长空间》。

长空间。对我国电影市场 2010—2020 年间进行预测，如果我国人均看电影的次数达到发展中国家平均 1.1 次的水平，以我国人口 13.2129 亿（2007 年数字），每张电影票按在中小城市普通影片的零售价格在 10 元左右计算，那么我国未来 10 年电影票房年收入将会达到 145.34 亿元，比 2009 年的 62.06 亿元增加 83 亿元。如果我国人均看电影的次数达到世界人均平均 1.4 次的水平，那么我国未来 10 年电影票房年收入将达到 184.98 亿元，比 2009 年增加 122.92 亿元。而在我国每人每年拿出 10 元去看 1.1～1.4 次电影，从支付能力上是不成问题的。

其二，以发达国家作为参照。与美国等发达国家相比，中国电影票房收入的发展空间更大。目前世界电影市场的格局是美国一家独大，在市场规模上远远领先于其他国家。位于第二梯队的英、法、日等国，虽然其电影市场的规模一直稳步扩大，但在电影产量、票房总额等指标上，尚与美国有一个数量级的差距。据权威机构美国电影协会（MPAA）提供的数据表明，2007 年美国电影业的票房总额高达 96.27 亿美元，比 1991 年的 48 亿美元增长了一倍。年观影人次自 1990 年突破 10 亿人次以来，2007 年的观影总人次已经达到 14.1 亿，平均每人每年走进电影院观看电影 4.6 次。目前，英、日的电影市场规模基本在同一发展水平。其票房总额在 16 亿～18 亿美元左右。2007 年都已经达到 18 亿美元。未来 10 年如果我国达到平均每人年看电影 3 次，我国的电影业将有 400 亿元左右的票房市场。

其三，以韩国作为参照。与法、英、日等世界电影市场上的第二集团相比，韩国电影市场的规模及各项指标都还有一定差距，但是其电影业的发展之路，对我们更有借鉴意义。在韩国电影业崛起的过程中，其国产电影的市场份额在迅速增加：1993 年只占 15.9％，9 年后的 2001 年超过 50％。在这一时期，尽管其国产影片的数量几乎不到进口影片总数的五分之一，但却赢得市场上一半左右的票房。这充分说明，即使当前处在外国电影使民族电影面临前所未有的竞争压力的形势下，但只要民族电影质量过硬，还是拥有巨大的市场空间。韩国电影观众对电影的热情也急剧增长，观众人数成倍增长。1998 年，韩国电影总观众人数仅有 0.5 亿，发展到 2007 年已经高达 1.58 亿人次，相对于韩国总人口 4900 万的基数，人均观影已经达到每年 3 次以上。

综上所述，以每张电影票 10 元计算，未来 10 年我国人均看电影的次数如果达到发展中国家平均 1.1 次的水平，那么我国国内电影票房收入将有 145 亿元；如果达到世界人均平均 1.4 次的水平，将有 185 亿元的收入；如果达到发达国家和韩国的平均每人年看电影 3 次的水平，那么将有 400 亿元的收入。

② 中国电影在国外市场的增长空间

目前全球电影票房收入以美国市场为主。以 2007 年为例，全球电影票房总收入超过了 400 亿美元，其中近一半的收入来自美国电影市场，中国电影的票房收入仅占全球票房 1‰ 多的市场份额。对美国在电影市场的国际贸易优势，学者们进行的经济学解释是[①]：第一，美国有广阔国内市场规模的优势，在国际贸易中，由于文化折扣[②]和共同消费特征，国内市场的大小对影视产品的竞争力至关重要。国内市场大会使影视产品在国内较为容易收回成本，在出口时降低价格，具有价格的竞争力。第二，英语是世界上最大的语言市场，这便利了美国产品的销售，特别是在一些发展中国家会英语的多是国家精英，经济收入较高，购买力强。第三，美国产业有雄厚的资金，能网罗全球的人才。第四，好莱坞体系的明星体制和巨大的推广预算，帮助了美国在影院播映的电影生产方面占据主导地位。

可以预测，随着产业的国际化程度不断提升，中国电影在国际市场上存在着较大的增长空间。与美国的上述优势条件相比照，在第一条和第二条，中国在世界名列前茅。中国有 6000 多万海外华人，形成了海外华人文化圈。目前国外学习汉语的人数已经超过 5000 万，加之，历史上中国文化对周边国家（特别是日本、韩国、朝鲜、越南等国）有很大的影响（所谓汉字文化圈），以及正在形成的东南亚自由贸易区，这些都是中国影视产品走向世界的有利条件。第三、第四条我们是可以通过改革得以改进的。近些年来，韩国电影出口额快速增长。1999 年韩国电影的出口额总共 596.9219 万美元，2006 年韩国电影的出口额为 2451 万美元，比 1999 年增加了 5 倍。中国电影的出口也由 2003 年的 5.5 亿元上升为 2009 年的 27.7 亿元，增加了 5 倍。说明中国的电影在海外有巨大的发展空间。

选取目前我国总票房中的构成比例，国内票房占 60%，海外票房占 40%，根据上面对我国未来 10 年国内票房收入的预测数据，推算海外市场票房收入。到 2020 年我国国内票房年收入可达到 145 亿元，预测海外票房年收入潜力可达到 96 亿元，整个电影票房年收入可达到 240 亿元左右；如果达到发达国家平均每人每年看电影 3 次的水平，那么将有 400 亿元的国内票房年收入时，海外年收入有可能达到 260 亿元。

随着我国电影的市场化推进、产业化改革、国际化迈进，电影产业的国际竞

---

① ［英］考林·霍斯金斯等著：《全球电视和电影：产业经济学导论》，刘丰海等译，新华出版社 2004 年版，第 53—69 页。

② cultural discount，又译成文化贴现，指生产于一国文化中的电视节目和电影，在出口到外国时，由于两国文化的差异，对外国观众的吸引力就会减退。

争力将不断提升，电影出口规模也必将大幅上升，在借鉴和实践好莱坞电影全球营销的经验中，如果未来十年能达到美国的总票房构成比例（国内票房占40%，海外占60%），按平均每人年看电影3次，到2020年中国电影就有400亿元的年国内票房收入，海外收入将有可能达到600亿元。

③ 来自后电影产品收入的增长空间

在许多发达国家，影片本身有"火车头"效应，多达70%的收入可能来自后电影产业。对于正在走产业化道路的中国电影业来说，后电影产品的开发能够给电影带来巨大的利润和增长空间，对于电影产业的发展意义重大。所谓后电影产业，指的是电影除票房收入以外，因电影而产生的并与之密切相关的所有产业，包括：随片广告、录像带、VCD、DVD等音像制品；有线电视和非影院的传播方式如在家庭影院观看HBO，在线点播VOD，飞机、火车、汽车等公共场合放映时的收费；电影品牌衍生的玩具、服装、电子游戏、特色旅游，等等，总之囊括了所有与电影内容相关的产品和收益。

A. 来自电视传送的电影收入。据国家广电总局统计，全国共有1181个电视频道。央视市场研究股份有限公司（CTR）在全国监测的700多个电视频道中，以播映电影作品为主的电视频道有82个。根据中国电影版权保护协会（以下简称"协会"）3年来对其中68个频道实行监测的结果显示，这些频道每年使用电影作品5万部（次）以上。据了解，未被监测的非影视频道（如娱乐频道、都市频道）和地（市）级以下的电视台，每年播映的电影作品更多。假设播映国产影片占50%，播映权使用费按1万元/部（次）计算，如果能将播映权使用费统统收回来，那么可以收益几个亿。2008年中国电视观众达12.68亿，综合人口覆盖率96%。电影通过电视传送，特别是正在快速发展的付费电视业务将拥有广阔的用户资源。另外来自电影频道的广告费收入，未来十年将会有30亿～50亿的收入。

B. 通过互联网的电影收入。据中国互联网信息中心发布的《中国互联网发展状况统计报告》显示，截至2009年年底，中国网民数量为3.84亿，其中网络视频的用户数量已超过2.68亿，这其中70%多的网民在线观看或下载电影。如果这些网民每年只看1部国产电影，每次收费3元，每年网络票房就可能超过5亿元。但实际上，在网上观影的年轻人，每年观看数十部、上百部的绝非少数。据中国电影版权保护协会通过问卷调查统计，18～35岁的年轻人群，每年在网上在线观看和下载电影的人均数为32.6部。据统计，目前全国18～35岁网民数量达1.518亿。如每人每观看一次影片收费1元，网络传播权使用费将高达50亿元。据了解，中国网民中2.33亿使用手机上网，随着3G手机的发展，通过手机观看电影的比例必将大大增加。电影作品的网络传播权使用费随之也将有大幅度上升。

C. 电影产业链延伸的产品收入。随着中国版权保护有关法律的出台，电影产业链的拓展延伸，来自电影产业链延伸的产品收入将存在一个巨大的市场。随片广告、音像制品、图书、电子游戏、玩具、服装、特色旅游开发将带来可观的收入。

综上所述，未来十年如果我国后电影产品得到充分开发利用，收入达到电影产业总收入的 70%，那么，以电影票房收入空间为 240 亿元推算，后电影收入有可能达到 560 亿元，电影产业在第三产业增加值的份额会达到 1%。

9.1.6　国外电影产业发展的经验

(1) 以大企业为核心，促进电影产业纵向一体化

美国目前电影业是由少数主流电影制片公司和数量众多、规模不等的独立制片公司组成。美国好莱坞主要电影公司不仅拥有自己的制片公司，而且拥有自己的发行公司。可以说，美国各大电影公司的主要业务与其说是制片，不如说是强大的发行业务。制片、发行一体化的电影公司与独立制片公司相比，具有更大的灵活性，既可以发行自己生产的制片，也可以投资参与其他公司的制片制作，从而获取对这些影片的发行权。从近百年大多数独立制片公司的发展来看，其最终命运不是破产，就是被大的公司集团收购。

美国各大电影公司的纵向一体化战略具体表现为两种形式：一是通过投资关系形成紧密型纵向一体化，即为公司内部制作的影片或公司投资的影片提供发行服务；二是通过市场交易，为其他独立制片公司投资的影片提供发行服务，从而形成较为松散的契约型纵向一体化。大公司的功能逐步发生转变，从纵向业务的资产型一体化，逐渐转为合同型一体化，即利用雄厚的资金实力和强大的发行能力，成为众多电影项目的投资商和集成商。其许多电影项目并不采取内部制作方式，而是采用外包方式，这样既减少了风险，也保证了产品的多样性和创新性。

美国制片与发行一体化有利于提高制片/发行公司相对于影院的讨价还价能力，也加强了美国影片在全球市场的拓展能力。

(2) 电影产业以拍摄大片为突破点，大力发展电影产业链

从近几年国内外电影票房统计数据可以看出，票房排行榜的前几位影片成为

票房收入的主要贡献者。这说明电影市场已经成为"大片市场"。大片的界定，目前还没有统一的标准。但有人通过各国的影片比较分析[①]，大片都有共同的元素，如宏大的主题、有影响力的明星、有冲击力的奇观效果。这类影片不仅是单纯的影片，而且波及许多媒体，成为电视、报纸、杂志广为宣传的重大媒体事件，同时，它们不仅能够在本国产生影响，而且能够影响到全球许多国家。这些影片不仅可以广为发行，而且可以为企业带来更多的后产品开发，如向电视、音像、旅游、网络、玩具、饮料等行业进行渗透。

（3）以影片分级为基础，明确影片市场定位

目前，世界许多国家根据目标观众的不同年龄阶段对电影产品分级制。美国电影分级制度将电影分成 G、PG、PG-13、R、NC17 五级；加拿大把电影分为三大类；韩国也把电影分为 5 个等级[②]。对电影产品进行分级，可以使电影产品接近自己的目标观众和市场，又使得每个电影产品能够明确自己的竞争对手是谁，获取最大的票房收入，而且能够提高影片的多样性，减少影片的经营风险。而且，影片的分级能够规范影片管理，使影片的制作、发行和放映有法可依，避免影片摄制完成后遭遇夭折的厄运。

（4）适度开放市场和扶持本国电影产业发展相结合

美国电影业是世界上最发达的，它不害怕和世界上其他国家的竞争。美国政府的作用主要是维持一个自由竞争的环境。但由于美国电影过于强大，其他国家为了赶超，政府对电影产业发展的政策支持更为明显，主要采取适度开放国内市场和扶持本国电影产业发展相结合的政策导向。

法国通过国家电影中心对电影生产进行宏观调控。法国政府从电影票抽取11％的税金形成两个主要的资助基金：自动资金和选择资金。前者自动返还给制作者，和票房直接挂钩；后者主要是票房预付款制度，即国家电影中心预先支付给制片人影片预算的一部分资金。如果影片可以赢利，制片人则需要将所借资金还给国家电影中心；如果影片失败，制片人则不必还钱，从而解决了电影制作的资金困难。

韩国电影产业政策的扶持表现为：一是电影融资支持。政府把电影业从服务业中重新划分为制造业，使得制片商能够从银行获取贷款资金；成立了几个投资

---

① 高红岩：《中国电影企业发展战略研究》，北京大学出版社 2007 年版，第 108 页。

② 具体阶段划分可以参考高红岩《中国电影企业发展战略研究》，北京大学出版社 2007 年版，第114—115 页。

基金管理机构，为韩国电影企业引进好莱坞先进制作技术、促进国内影院建设提供充足资金。一般的商业电影可以申请无息或者低利率贷款。政府从融资、市场推广、税收优惠、放映配额等方面对企业发展进行服务。二是鼓励本国企业和外国企业进行技术合作。韩国电影公司与美国"梦工厂"合作，大大提升了韩国民族电影技术水平和制作水准。三是支持民族电影业发展。在发行和放映方面，政府制定了极为严格的振兴民族电影的有利措施。规定每家影院在一年内放映本国电影的天数不得少于 126 天。积极鼓励本国电影参加国际电影节，政府协助本国电影开拓国外市场。四是设立专门的机构支持电影业发展。设立了电影振兴委员会，其主要资金来源为电影票税收及政府预算，政府为电影振兴委员会提供电影辅助金，主要发放对象是电影学院的学生和进行独立电影制作的导演，用以进行实验短片、纪录片和艺术独立电影的制作，资金无须归还。

印度从 20 世纪 90 年代开始制定了一系列推动印度电影产业发展的政策法规。政府鼓励私人或私立电影公司投资拍片；政府授予电影行业在娱乐行业中正式的"行业性"地位，能够获得来自印度银行和其他公司实体的大量资金；对电影产品出口的收入免征税收，等等。

9.1.7 加快我国电影产业发展的对策建议

(1) 明确电影产业发展思路，积极实施"三大"战略

第一，实施"大电影"产业战略，不断突破电影产业链薄弱环节。我国目前发展和关注的重点都放在了制片、发行和放映这三个环节上，对于前期的开发和后期相关产品的开发力度和关注度都不够。而且目前我国发行和放映一体化，使得中国制片企业作为供应方，处于较弱的竞争地位，不利于中国电影的市场推广，尤其是不利于弱小的制片、企业的市场发行和放映。要鼓励制片发行一体化，而弱化发行、放映一体化。

还要鼓励电影与其他产业的融合：鼓励和旅游业的融合。电影旅游业大体可以分为从低到高的三个层面，即影片外景地或旅游景区、电影拍摄基地或影视城、电影节或主题公园。如果准确定位产业融合中的价值链，认真培养各个层面的竞争优势，三个层面的电影旅游产业均能获得令人满意的赢利空间和不可限量的发展机遇。鼓励电影网络游戏、手机电影、音乐电影等融合型产业的发展，鼓励电影与广告业的跨领域整合。要把电影频道建设成为国产电影包装和市场推广

的渠道，以及成为国产电影循环利用和放映的平台之一。

第二，实施大企业战略，以大企业为龙头推进行业重组。一是通过多媒体重组发展"多媒体"集团。要借鉴西方近年来通过一系列兼并、重组、联合形成的跨媒体、跨行业、跨区域、跨国界的大型广电传媒集团的经验，采用省与中央、省与省、广播与电视、电视与报业、电影与电视等方式建立大企业集团。从世界广播影视业的发展来看，单一产业无法应对激烈的竞争。国外传媒集团几乎涵盖了所有媒体产业类型及其相关行业，是真正意义上的跨媒体、跨行业的综合传媒集团。二是以优势企业为龙头，优化企业间的组织结构，组建影视产业集团；可以区域中心的电视台为主，组建电影产业集团；也可以有实力的电影制片厂为龙头，组建电影产业集团。还可以大的制片机构为主，组建专业电影与电视节目制作公司或组建若干家较大的独立的制片机构。三是扶持和重点建设若干家实力强、有发展前途的电影龙头企业，鼓励其通过资本运作的方式扩大企业规模。四是对现有大型国有影视集团深入进行股份制改革。在此基础上，支持有实力的大型电影集团进行产业间的垂直整合，实现制片、发行、放映一条龙和影、视、录一体化的经营格局。

第三，鼓励实施"大开放、大制作"战略，不断提高我国电影的国际影响力。要鼓励通过国际联合制作，打入国际电影市场，提升中国电影业的国际化水平。近年来国际合拍影片的成功也证明了这一点。要在挖掘我国传统文化的基础上，积极寻找国际化的电影题材，借鉴高科技手段和市场化运营模式，从不同的渠道走出去。

要推动国产影片进入国际主流电影市场，支持电影企业、电影作品参与国际电影节展和交易市场，努力增强国际影响力。关键是我国电影产品要做好国际定位，首先拓展中国香港、东南亚华语市场，进而逐步进入欧美影院。应当积极参与国际间的电影交流活动，尤其是利用参加戛纳电影节、米兰电影市场和柏林电影市场等重大国际电影市场活动的机会，宣传和推销国产影片，使优秀影片走出国门、走向世界，为民族电影赢得国际声誉。

（2）创新改善政府监管体系，为电影产业发展提供政策保障

第一，积极探索新形势下党的领导、政府管理和企业运作的相互关系。我国对电影业的领导主要体现在总揽全局、协调各方，管大政方针，管电影的导向，管干部。政府的主要职责是负责根据本国民族习惯、政治制度，对电影的内容进行审查；维护电影业的正常运作，如打击盗版。要转变电影产业只能是舆论宣传工具的观念，区分公益性和商业性电影，实现"抓监管、放管理"。

　　第二，改革电影立项、审查制度。应该积极探索制定符合中国国情的影片分级制度和"分类制"。电影分级制度要协调对电影创作和观赏自由的要求与社会保护儿童免受危害的需要之间的矛盾，要借鉴和参考国外的经验与模式，也要从自身的大众道德来考虑，不能完全照搬。电影分类制应该包括类型化创作、类型化产品、类型化市场、类型化营销等方面，其实质是更好地配置和发掘现有的创作资源和艺术生产力资源，达到创作类型的多样化。中国类型电影，不能"生吞活剥"地照搬西方经典类型电影理论，或者手持西方经典类型电影理论的法则来套中国类型电影；同样也绝对不能完全离开西方经典类型电影理论的基本法则而独创一套跟谁也不沾边的理论、话语，天马行空独来独往。要严格市场准入制度，严格执行电影生产、发行、播映和网络公司传输影视节目审查许可制度，建立重大节目生产审查制度。要继续做好电影题材规划，认真贯彻执行国外电影进口与播放管理规定，认真开展电影及影视节目制作机构的年检、年审工作。推行中央和地方两级政府管理机构审查制度。让电影审查与市场更加贴近，提高审查效率。除了将审查权下放外，国家电影审查制度仍需要进一步解放思想，制定出宽松、合理、明确的审查制度和标准。用更科学、合理的法律制度为电影业发展创造更健康的环境，让电影艺术家充分享受法律赋予的创作自由。

　　第三，加快电影立法。加快电影立法，加强依法行政，为信息、电视、电影产业融合提供法律保障。《电影法》既要鼓励竞争，又要防止市场权力滥用，要从所有制成分、市场覆盖范围和规模、技术指标、产业链格局、内容规范、公共利益的保障和维护等各个方面，完善各项政策法规。

　　第四，健全知识产权保护体系，加大对侵权盗版的打击力度，建立合理有效的市场管理机构和体系。在打击盗版上，应明确出版、广电、文化部门等各个部门的权责，互相配合，发挥各自最大的能力，对市场进行行之有效的规范和管理。要加强宣传知识产权保护的重要性，培养消费者知识产权意识。针对日益严重的网络侵权的现象，应该建议司法机关降低网络侵权的立案门槛，可以由政府主管部门、行业代表、法律界人士组成的创意产业侵权行为认定委员会，强化对网络侵权的界定，逐步建立起一套完整、清晰、严格的网络侵权标准，并修订《著作权法》中有关网络侵权的处罚条款，加大惩罚力度。要探索国际上新兴的"版权开放"[①] 新思路。电影产业属于典型的超低边际成本扩大再生产行业，完

---

　　① "版权开放"的模式，就是通过放弃"版权"原有意义上的"所有权利益"，把拥有的知识版权开放给所有人自由地传播和使用。但是，"版权开放"模式保留了知识版权拥有者的"版权开发权"。版权拥有者可以通过在版权作品上附加其他商品广告等方式开发版权的附加价值。

全契合"版权开放"模式的特点。对于非商业大片类的大多数电影产品，尤其适合进行"版权开放"模式的经验探索。在这方面政府主管部门可以利用官方信用力量发挥政策的推动作用。

第五，加快影视产品市场和生产要素市场建设。要发展电影市场中介组织，繁荣产品流通交易，着力建好全国性的影视节目交易中心，重点办好中国广播影视博览会和相关广播影视节展。

第六，完善电影产业优惠政策，进一步落实好国家扶持电影产业的现有政策。要对公益性电影加大投入，加强重点项目扶持，确保国家重点影片拍摄；对于艺术类电影加大一定支持力度，维持其生存和发展。包括对国家鼓励的重点影片、少数民族影片、农村影片（包括农村实用科教片）、儿童影片和动画片等加大长期扶持的力度，采取政府采购、订购等形式对其进行资助和补贴，确保重点影片的创作生产。在影院的新建与改建、积极放映国产影片等方面，都应该在贷款、税收等方面给予扶植和优惠。鼓励兴办高新技术文化电影，鼓励、引导社会资本投资于高新技术电影产业。要全面推进农村电影"2131工程"，农村电影要确立"政府扶持、市场运作、社会参与、有偿服务"的发展思路，加快推进市场化、现代化进程。要大力实施电影"走出去"工程，支持国产影片参加国际性电影节展；积极推进电影频道的境外落地工作。要鼓励提升电影技术含量，在电影制作、放映等方面全面推进数字化和网络化。

(3) 建立以市场为导向的多元投资主体的电影投融资体制，为电影产业发展提供有效资金支撑

要建立"以市场为导向、以国有资本为引导、以民营和国际资本为主"的融资机制。① 一是鼓励金融机构加大对电影企业的金融支持力度。积极引导和鼓励金融机构拓展适合电影产业发展的融资方式和配套金融服务；对符合信贷条件的电影企业，金融机构要合理确定贷款期限和利率，提高服务质量和效率。金融机构拓展适合电影产业发展的融资方式和配套金融服务的措施。二是鼓励各地探索建立电影风险投资机制，充分利用中小企业创业、发展等投资基金支持电影风险投资。三是支持具备条件的电影企业通过发行企业债券、短期融资券、中期票据和利用银行贷款等多种融资手段，多方面拓宽融资渠道，扩大规模，壮大实力。加大力度推动符合条件的国有和国有控股电影企业重组上市。四是鼓励电影产业

---

① 王东、王爽：《我国电影产业融资方式发展研究》，载《北京电影学院学报》2009年第1期。

外国有大中型企业投资电影产业。应该降低市场准入门槛，实行许可证制度，鼓励一切有实力、有条件的国有大中型企业进入电影制片、发行、放映领域。应该鼓励符合条件的电影系统外国有单位资本合资或独资拍摄影片、发行销售国产影片、加入院线或独资组建院线、改建电影院。五是进一步鼓励民营资本进入电影产业。对于国有电影企业能够享受的各种优惠待遇和扶植政策以及政府补贴，应同样让民营电影企业享受。在电影产业中形成以国有资本为主导的混合经济结构和各类投资主体平等竞争、共同发展的市场格局。六是放宽外资进入限制。允许境外制片机构同境内国有电影制片单位合资组建由中方控股的影片制作公司，在适当的条件下允许外资控股甚至允许外商独资电影制作公司存在。允许境外公司以合资形式成立影院建设公司或改建电影院，外资比例可达 75％。鼓励与高科技捆绑在一起的外资进入电影产业。在现有开放条件下，应当鼓励拥有先进影视技术的外资进入，优先审批将高科技成果与资金共同注入国内的合资项目，以带动我国电影产业的技术进步。

（4）完善电影人才培养机制，为电影产业发展提供智力保障

要在教育、培训、实践环节进行针对性的引导和投入。对有潜质的导演，要从资金、荣誉上给予扶持、肯定。要大力支持影视专业院校的发展，加快优秀演员的培养。招生环节应当改变过去轻文化素质、重专业水平的招生模式，应当提高电影和艺术类招生中对于文化水平的要求。影视院校要设立培养电影产业经营管理人才的院系或课程。

要切实加强产业人才培养规划，有计划、有组织地开展人才培养工作。重点加强广播影视高级经营管理人才的培养，定期和不定期地组织影视企业（集团）的高级经营管理人员和专业骨干进行各种培训学习，为培养和造就影视产业领域优秀的企业家创造条件。对于大型电影集团年轻的经营者，政府应组织其前往发达国家学习，使其成为了解国际市场发展状况和游戏规则的人才。

9.2　我国机械制造业跨区域产业转移的现状特征研究①

近年来，在东部地区成本上升"推力"和中西部地区比较优势"拉力"的共同作用下，我国机械制造业的梯度转移现象逐渐增多。然而，由于体制、机制等

———————————

① 本部分由周维富、王云平合作完成。

多方面的原因，目前我国机械制造业跨区际的产业转移规模还比较有限，转移效率和效果还有待提高，存在的问题还比较突出。未来一段时期，继续推进机械制造业向中西部有序转移，对于加快我国机械制造业的结构调整、促进产业合理布局、增强产业竞争力有着极为重大的现实意义。

9.2.1 机械制造业的产业布局

（1）布局现状

改革开放以来，凭借优越的区位条件和经济发展的先行优势，我国东部沿海地区机械制造业获得了长足发展，并极大地改变了国内机械制造业的产业版图和产业布局，使我国机械制造业在总体上形成了东部主导、中西部相对落后的产业分布格局。

① 机械制造业产业布局重心偏向东部沿海地区，中西部地区占比低

从东、中、西三大区域来看，我国机械制造业存在明显的梯度分布现象，东部与中西部之间梯度明显。2010 年，我国规模以上机械制造企业实现总产值236995.96 亿元，东、中、西部分别占比 76.4％、15.2％和 8.4％，东部地区所占比重远超中西部地区。在机械制造业的 7 个子行业中，东部地区的占比都在60％以上，尤其是电子及通信设备制造行业，占比高达 92.6％，中部地区各子行业平均占比在 15％左右，占比最高的也仅为 25.33％，西部地区占比则基本都在 5％～10％之间（见表 9-2 和图 9-1）。即便是占比最低的交通运输设备制造业（64.71％），东部占比也是中西部占比之和的近两倍，东部有明显的集聚优势。

表 9-2 三大区域 2010 年机械制造业产值占全国产值的比重　　单位：％

区　　域	机械制造业	金属制品	通用设备	专用设备	电子及通信设备	交通运输设备	电气机械及器材	仪器仪表及文化、办公用机械制造业
东　部	76.4	81.11	77.02	67.16	92.6	64.71	80.08	85.03
中　部	15.2	13.81	15.77	25.33	4.08	24.87	14.39	10.35
西　部	8.4	5.08	7.21	7.51	3.32	10.42	5.53	4.62

資料来源：作者计算。原始数据见北京华通人商用信息有限公司开发的中国统计数据应用支持系统，其中各省各子行业 2010 年的产值。表 9-2、表 9-3 和表 9-4 数据来源同此表。

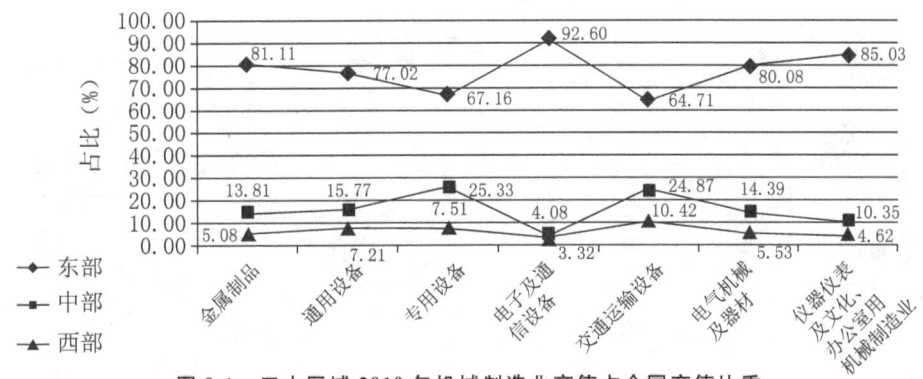

图 9-1　三大区域 2010 年机械制造业产值占全国产值比重

资料来源：根据表 9-1 所得。

② 长三角地区大多子行业明显占优，珠三角与环渤海地区占比各有高低

在东部沿海地区中，长三角地区的机械制造业具有明显的规模优势，珠三角与环渤海地区的规模相对较小。2010 年，在我国机械制造业总产值中，长三角的占比为 32.99%，珠三角与环渤海地区的占比分别为 17.99% 和 23.75%，长三角的所占比重比珠三角高 15 个百分点，比环渤海地区高 9.24 个百分点。在机械制造业的7 个子行业中，除了专用设备制造业外，长三角地区各个子行业的全国占比都是最高的，占比最低的交通运输设备制造业也达到了 26.22%，表现出明显的规模优势和集聚优势。而环渤海地区则在专用设备制造业中占据领先的位置，占比 30.99%，通用设备和交通运输设备制造业也几乎与长三角地区比肩，在电子及通信设备和仪器仪表及文化、办公用机械制造业方面则相对落后。这表明，环渤海地区具有较强的传统机械制造优势，而在现代机械制造业方面则有所欠缺。珠三角地区的电子及通信设备制造业占比 34.98%，稍低于长三角地区的 38.06%，金属制品、电气机械及器材和仪器仪表及文化、办公用机械制造业与环渤海地区相近（见表 9-3 和图 9-2）。总的来看，长三角地区机械制造业的规模优势明显，环渤海地区以传统机械制造业见长，珠三角地区偏向高技术子行业，如电子及通信设备制造业等。

表 9-3　三大经济区 2010 年机械制造业产值占全国产值的比重　单位：%

经济区	机械制造业	金属制品	通用设备	专用设备	电子及通信设备	交通运输设备	电气机械及器材	仪器仪表及文化、办公用机械制造业
长三角	32.99	31.89	35.17	26.58	38.06	26.22	35.55	43.92
珠三角	17.99	20.33	5.43	6.81	34.98	9.34	21.58	21.89
环渤海	23.75	26.8	34.56	30.99	15	25.17	20.44	15.48

资料来源：同表 9-2。

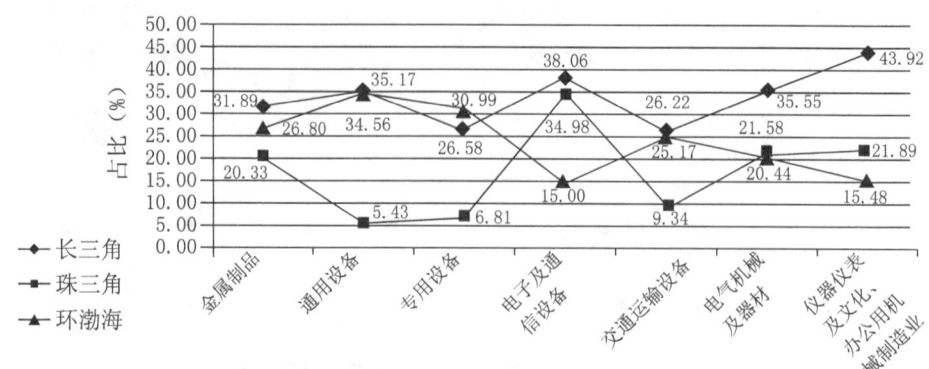

图 9-2　三大经济区 2010 年机械制造业产值占全国产值比重

资料来源：根据表 9-2 所得。

③ 东部地区几大省市机械制造业高度集聚

在机械制造业的省际布局中，广东、江苏、山东、浙江等省份所占比重高，集聚优势明显。其中，江苏和广东在电子及通信设备等机械制造方面处于明显的优势地位，山东在传统机械制造业方面占有更高比例，浙江机械制造业各子行业发展相对均衡。具体来看，广东省的电子及其通信设备制造业 2010 年占全国的比重达到了 34.98%，超过了三分之一，金属制品、电器机械及器材和仪器仪表及文化、办公用机械制造业分别达到了 20.33%、21.58% 和 21.89%，而传统的机械制造业则相对弱些，比重在 5%—10% 的水平。江苏省各子行业发展相对均衡，仅交通运输设备制造业占比为 11.64%，其余子行业占比均高于 15%，其中，电子及通信设备、电气机械及器材、仪器仪表及文化、办公用机械制造业占比分别达到了 23.53%、20.19% 和 26.93%。山东省的通用设备制造业和专用设备制造业分别占比 16.80% 和 14.55%，金属制品、交通运输设备和电气机械及器材制造业占比处于 9.5% 到 10% 之间。浙江省的金属制品、通用设备、电气机械及器材、仪器仪表及文化、办公用机械制造业的占比都在 10% 左右（见表 9-4 和图 9-3）。

表 9-4　各省市区 2010 年机械制造业产值占全国产值的比重　　　单位:%

地　区	金属制品	通用设备	专用设备	电子及通信设备	交通运输设备	电气机械及器材	仪器仪表及文化、办公用机械制造业
北　京	1.16	1.56	2.33	4.06	3.93	1.61	3.56
天　津	3.37	2.07	2.34	3.13	3.47	1.53	2.36
河　北	5.47	3.38	3.46	0.50	2.37	2.89	1.15

续　表

地　区	金属制品	通用设备	专用设备	电子及通信设备	交通运输设备	电气机械及器材	仪器仪表及文化、办公用机械制造业
山　西	0.24	0.65	1.71	0.23	0.41	0.21	0.29
内蒙古	0.77	0.47	1.03	0.10	0.51	0.43	0.05
辽　宁	6.19	10.29	7.29	1.59	5.19	4.12	2.91
吉　林	0.88	0.78	1.30	0.13	7.50	0.38	0.47
黑龙江	0.37	1.29	1.50	0.03	0.69	0.40	0.40
上　海	4.50	6.82	5.00	10.96	8.07	4.53	5.54
江　苏	17.60	17.60	15.41	23.53	11.64	20.19	26.93
浙　江	9.79	10.75	6.18	3.57	6.51	10.84	11.45
安　徽	2.48	2.55	2.44	0.54	3.18	4.60	1.44
福　建	2.23	1.77	2.23	4.20	1.87	2.22	3.37
江　西	1.27	0.71	0.81	0.69	1.30	2.11	0.88
山　东	9.83	16.80	14.55	5.63	9.70	9.86	5.45
河　南	3.09	4.66	7.51	0.36	2.51	2.66	2.85
湖　北	2.68	2.27	1.66	1.42	6.95	1.85	1.02
湖　南	2.03	2.40	7.38	0.58	1.81	1.75	2.95
广　东	20.33	5.43	6.81	34.98	9.34	21.58	21.89
广　西	0.52	0.53	1.57	0.41	2.42	0.64	0.42
海　南	0.12	0.02	0.01	0.04	0.20	0.07	0.01
重　庆	0.80	1.25	1.02	0.41	5.24	1.16	1.77
四　川	2.68	4.28	3.61	2.33	2.27	1.80	0.99
贵　州	0.21	0.09	0.17	0.08	0.26	0.17	0.14
云　南	0.24	0.21	0.31	0.02	0.27	0.18	0.25
西　藏	0.00	0.00	0.00	0.00	0.00	0.00	0.00
陕　西	0.38	0.99	1.85	0.41	2.31	0.94	1.23
甘　肃	0.37	0.17	0.31	0.04	0.05	0.53	0.04
青　海	0.04	0.06	0.01	0.00	0.01	0.02	0.02
宁　夏	0.12	0.12	0.15	0.00	0.00	0.12	0.15
新　疆	0.24	0.04	0.10	0.03	0.02	0.60	0.02

资料来源：同表 9-2。

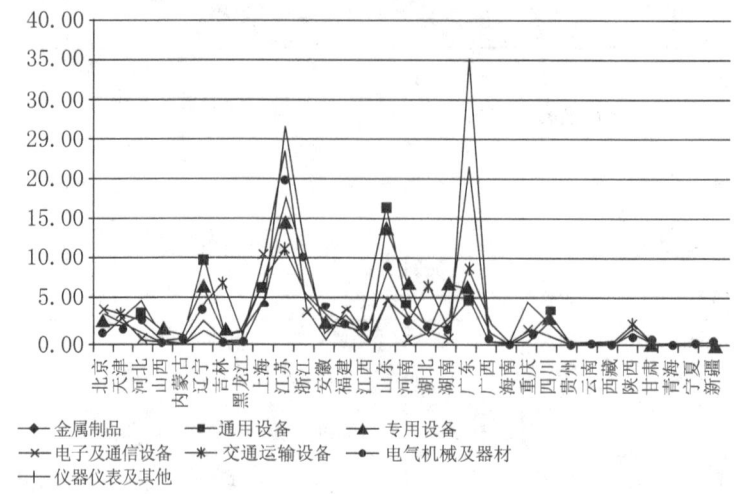

图 9-3　各省市区 2010 年机械制造业产值占全国产值比重

资料来源：根据表 9-3 所得。

从行业的地区集中度来看，7 个子行业的前四位省市集中度（CR₄）值是较高的，尤其是电子及通信设备制造业，2010 年的 CR₄ 高达 75.10%。其中，该行业的第一集聚地为广东，占行业份额的 34.98%；第二集聚地为江苏，占行业份额的 23.53%；前两个集聚地的市场份额遥遥领先于第三集聚地上海的 10.96%，以及第四集聚地山东的 5.63%，呈现出广东、江苏两省独大的局面。交通运输设备制造业的 CR₄ 指数最小，为 38.75%，说明该行业的集聚水平相对较低；同时位于前 4 位的省市所占比重差距不大，说明该行业的区域分布较为均衡。其他子行业的 CR₄ 值都在 50%—60% 之间，说明各子行业排名前四的省份的集中度比较高（见表 9-5）。与此同时，7 个子行业产值占比排名前四的省份中，出现次数最多的也是江苏、广东、山东和浙江等省份。2006—2010 年各省市出现在行业前 4 位的频次（最高位 35 次），四大省份分别出现 35 次、27 次、29 次和 22 次。这说明，我国机械制造业各子行业主要集聚在江苏、广东、山东和浙江等沿海省份。

表 9-5　2010 年机械制造业各子行业产值规模前 4 位省市的集中度（CR₄）　单位：%

行业名称	1		2		3		4		CR₄
	省份	产值占比	省份	产值占比	省份	产值占比	省份	产值占比	
金属制品	广东	20.33	江苏	17.60	山东	9.83	浙江	9.79	57.55
通用设备制造	江苏	17.60	山东	16.80	浙江	10.75	辽宁	10.29	55.44
专用设备制造	江苏	15.41	山东	14.55	河南	7.51	湖南	7.38	44.85

续　表

行业名称	1		2		3		4		CR₄
	省份	产值占比	省份	产值占比	省份	产值占比	省份	产值占比	
交通运输设备	江苏	11.64	山东	9.70	广东	9.34	上海	8.07	38.75
电气机械及器材	广东	21.58	江苏	20.19	浙江	10.84	山东	9.86	62.47
电子及通信设备	广东	34.98	江苏	23.53	上海	10.96	山东	5.63	75.10
仪器仪表及文化、办公用机械制造业	江苏	26.92	广东	21.89	浙江	11.45	山东	5.45	65.71

资料来源：同表 9-2。

（2）布局的特点

由于地理位置、交通运输、要素条件以及历史传统等方面原因，我国的机械制造业在布局上呈现出区域梯度性、空间集聚性、要素趋向性和政策导向性特点。

一是区域梯度性。如前所述，我国机械制造业在东、中、西部三大区域的分布基本上保持着 70%—85%、10%—20% 和 5%—10% 的比例，具有较为明显的梯度性。从地区和省际的角度来说，也存在梯度性。长三角、珠三角及环渤海地区，相对于其周围的地区，也具有鲜明的梯度性。广东和江苏等具有高度产业集聚性的省份，以及机械制造产业集聚性弱得多的四川和陕西等省份，都与其周围省市区之间具有梯度性，只是前者要比后者的梯度更加鲜明。

二是空间集聚性。我国机械制造业的空间集聚性体现在：首先，我国机械制造业主要集聚于东部沿海地区，空间集聚特性鲜明，各子行业金属制品、通用设备、专用设备、电子及通信设备、交通运输设备、电气机械及器材以及仪器仪表及文化、办公用机械制造业在全国产值中的占比分别高达 81.11%、77.02%、67.16%、92.60%、64.71%、80.08% 和 85.03%。其次，长三角、珠三角和环渤海地区是我国机械制造业在东部地区的主要集聚地，聚集了大量的机械制造企业。三大地区 7 个子行业的区域集中度分别为 79.02%、75.16%、64.38%、88.04%、60.73%、77.57%、81.29%，表现出布局上的高度集中。最后，广东和江苏等省份，也表现出高度的集聚性，如江苏一省，各子行业在全国产值中的占比分别为 17.60%、17.60%、15.41%、23.53%、11.64%、20.19%、26.93%。

三是历史遗留与政策导向性。东部地区的专用设备和交通运输设备制造业两个子行业分别占比 67.16% 和 64.71%，明显要弱于其他子行业，而相应地，中部地区这两个子行业的占比分别为 25.33％ 和 24.87％，这是中部仅有的两个占比超过 20％ 的子行业，西部这两个子行业的占比也是所有子行业中最高的。河南、湖南和四川，湖北和重庆分别是这两个子行业在中西部地区的主要集聚地。这样的格局无疑与 20 世纪六七十年代的"大小三线"建设有着密不可分的关系。当时的布局态势促成了重庆机械制造基地的形成以及湘西、鄂西重机械厂等的建成与发展。东北老工业基地也带有明显的历史烙印。辽宁在通用、专用以及交通运输设备等传统制造业方面有较强的竞争优势，吉林的交通运输设备制造业明显强于其他子行业，这一现象也与历史和新中国成立之初国家的产业布局政策有着很大的关系。

这样的布局现状与特点，是与东部地区的先发优势和承接国际机械制造业产业转移的区位优势相适应的，但随着我国东部地区土地、劳动力等成本的上升，以及中西部地区上述方面比较优势的日益凸显、产业配套等能力的提升，早期形成的东部主导、中西部相对落后的机械制造产业分布格局就难以满足产业结构升级的需要，反而影响了资源的有效配置，加之国际市场的萎缩，更多机械制造企业将目标放在了国内市场，尤其是有待开发的中西部地区，这样就出现了产销地不一致的现象，所以说，现有的机械制造业的布局是不合理的，需要推动机械制造业产业转移。

9.2.2　机械制造业产业转移的现状和特点

(1) 产业转移现状

进入 21 世纪以来，特别是近年来，在中西部地区基础设施条件不断完善，东部地区劳动力等要素成本逐渐上升和新一轮西部大开发、东北振兴与中部崛起等国家战略的共同推动下，我国机械制造业的地区比较优势发生了重大变化，东部沿海地区机械制造业发展的比较优势逐渐弱化，中西部地区机械制造业发展的比较优势逐渐提升，机械制造业跨区域产业转移现象开始出现并形成了较大规模。在这个过程中，东部地区成为产业转移的主要转出区，中部地区成为产业转移的主要承接地，西部地区承接产业转移的步伐也在加快。数据显示，从"十五"末的 2005 年到"十一五"末的 2010 年，中部地区机械制造业总产值由 9006 亿元增加到 36714 亿元，年均增长 32.2％，比同期东部地区的年均增速快 5 个百分点；西部地区机械制造业总产值由 4166 亿元增加到 15473 亿元，年均增长

30.7%，比同期东部地区快 3.5 个百分点。到"十一五"末，东、中、西部地区机械制造业总产值占全国机械制造业总产值的比重分别为 76.4%、15.2% 和 8.4%。与"十五"末期相比，东部地区在全国的占比下降了 6.08 个百分点，中、西部地区则分别上升了 4.59 和 1.49 个百分点（见表 9-5）。但是，截至"十一五"末期，东部地区机械制造业总产值占全国的比重仍然超过 3/4，这表明，虽然土地、劳动等生产要素成本优势促使机械制造业向中西部地区转移，但东部地区完善的产业配套条件和机械制造业出口依存度高的特点决定了东部地区在机械制造业发展方面仍然具有绝对的竞争优势，机械制造业大规模的跨区域产业转移尚未出现，部分子行业还出现了向具有技术优势的东部地区集聚的趋势。总的来说，迄今为止，我国机械制造业尚未出现大规模的产业转移，转移规模相对较小。

2011 年以来，我国机械制造业的产业转移又出现了许多新的动向。依托于优越的区位优势和自身特色，中部地区在承接产业转移的过程中的地位日益突出。一方面，国家对于中部地区承接产业转移也更加重视，中部地区迎来了前所未有的机遇。国务院制定出台的《皖江城市带承接产业转移示范区规划》，把安徽省安庆市的发展摆上重要位置，明确提出将安庆建设成为"带动皖西南、辐射皖赣鄂交界地区的区域中心城市"，成为皖江城市带 3 大产业组团之一、皖江地区 6 大综合交通枢纽之一。2011 年 11 月 11 日，工业和信息化部部长苗圩到郑州经济技术开发区调研，先后视察了郑州三晖电气股份有限公司、河南省联合磨料磨具有限公司以及郑州市钻石精密制造有限公司，这三家企业分别从事电能计量仪器仪表研制、生产，超硬材料、超精密研磨抛光材料研发生产与经营，超硬材料刀具产品的生产。在调研过程中，苗圩指出，这三家企业都很重视研发投入并注重技术的应用，从而赢得了较高的行业利润。同时强调，随着沿海地区招工难、商务成本高、土地短缺等问题的出现，现在到了中西部地区大发展的时候。内地有相对丰富的劳动力资源和优越的投资环境，一部分工厂要陆续从沿海向内陆转移。河南处在联结东西部地区的位置，再加上劳动力丰富，有着承接产业转移的巨大优势，现在是河南承接沿海地区产业转移的最好时机。另一方面，中部地区省份也正努力抓住时机承接东部地区的机械制造业的产业转移。河南、安徽以及江西等省份，都纷纷加大了承接产业转移的力度和配套措施，吸引东部企业的落户。在 2011 年 7 月，安徽省安庆市委书记接受记者采访，就如何承接产业转移展开了论述。其提出了科学承接、合作承接、配套承接、创新承接以及绿色承接五个方面的承接方式，针对不同的产业提出了适当承接转移之法。还有中部地区的其他部分省份也提出了要加大机械制造业的产业配套能力，满足该行业较高的配套要求。

三大区域在我国机械制造业中的占比变动情况见表 9-6。

表 9-6 三大区域在我国机械制造业中的占比变动情况 单位:%

行 业	地 区	2005 年	2010 年	占比变动
机械制造业	东 部	84.06	77.98	−6.08
	中 部	10.90	15.49	4.59
	西 部	5.04	6.53	1.49
金属制品	东 部	88.52	81.11	−7.41
	中 部	8.37	13.81	5.44
	西 部	3.10	5.08	1.97
通用设备制造	东 部	81.51	77.02	−4.50
	中 部	12.56	15.77	3.21
	西 部	5.92	7.21	1.29
专用设备制造	东 部	73.65	67.16	−6.49
	中 部	19.41	25.33	5.92
	西 部	6.94	7.52	0.57
交通运输设备制造	东 部	64.58	64.71	0.14
	中 部	24.64	24.87	0.23
	西 部	10.78	10.42	−0.36
电器机械及其器材制造	东 部	86.73	80.08	−6.65
	中 部	8.99	14.39	5.40
	西 部	4.28	5.53	1.25
电子及通信设备制造	东 部	95.65	92.60	−3.05
	中 部	2.44	4.08	1.64
	西 部	1.91	3.32	1.41
仪器仪表及其他制造	东 部	90.28	85.03	−5.25
	中 部	5.88	10.35	4.47
	西 部	3.84	4.62	0.77

资料来源：作者计算。原始数据见北京华通人商用信息有限公司开发的中国统计数据应用支持系统，其中各省各子行业 2005 年和 2010 年的产值。

从反映未来产业增长的近三年投资指标看，2008—2010 年，东、中、西部机械制造业固定资产净值分别增长 59.2％、59.5％和 33.7％，未来几年我国机械制造业的产业转移步伐将进一步加快，同时随着中西部地区产业综合配套能力的提高和东部地区产业结构的升级，发生产业转移的结构层次将逐渐由劳动密集型为主向资本密集型和技术密集型过渡，转移的形式也会由生产性环节延伸到其他环节。在此过渡过程中，我国中部地区将发挥着越来越重要的作用。

（2）产业转移的特点

① 总体产业转移规模一般，各子行业转移规模不一

2005 年，东、中和西部地区机械制造业总产值分别为 69463 亿元、9006 亿元和 4166 亿元，2010 年分别提高到 184808 亿元、36714 亿元和 15473 亿元。整个"十一五"期间，东、中、西部地区机械制造业年均增速分别为 27.2％、32.2％和 30.7％，中西部地区增速明显快于东部地区。从占比来看，2010 年，东、中和西部地区机械制造业总产值占全国机械制造业总产值的占比分别为 77.98％、15.49％和 6.53％，东部较 2005 年下降 6.08 个百分点，中、西部地区较 2005 年分别上升 4.59 和 1.49 个百分点（如图 9-4 所示）。整个"十一五"期间，东部地区机械制造业的占比年均下降 1.22 个百分点，而中、西部地区的占比年均则分别上升 0.92 和 0.30 个百分点。从各子行业来看，金属制品业、专用设备制造业和电气机械及器材制造业的转移速度明显快于通用设备制造业、交通运输设备制造业、电子及通信设备制造业、仪器仪表及文化、办公用机械制造业，也快于整个机械制造业。数据显示，"十一五"期间东部地区的金属制品业、专用设备制造业和电气机械及器材制造业的占比分别下降了 7.41、6.49 和 6.65 个百分点，明显快于整个机械制造业 6.08 个百分点的下降速度；而通用设备制造业、交通运输设备制造业、电子及通信设备制造业、仪器仪表及文化、办公用机械制造业的占比分别只下降了 4.50、0.14、3.05 和 5.25 个百分点，转移速度明显低于整个机械制造业 6.08 个百分点的下降速度。

② 产业转移空间特点表现出明显的梯度性和近域性

从转移的空间特点看，我国机械制造业跨区域产业转移具有较为明显的梯度性和近域性。产业转移的梯度性表现在：在跨区域转移过程中，东部地区的机械制造业并不是以同样的规模和速度向中、西部地区转移，中部地区承接产业转移的规模明显要高于西部地区，中部地区与西部地区在承接产业转移的规模和速度上存在明显的梯度差。数据显示，"十一五"期间，东部地区机械制造业的占比年均下降了 1.22 个百分点，中部地区年均提高了 0.92 个百分点，而西部地区年

均只提高 0.3 个百分点。同时，我国机械制造业的产业转移在空间上还具有近域性，即就近转移的特性。以长三角地区为例，2005 年以来，长三角地区的浙江省各机械制造业各子行业的占比明显下降，与此同时，其近邻安徽省各子行业则在明显上升。较之 2005 年，2010 年浙江省金属制品业、通用设备制造业、专用设备制造业、交通运输设备制造业、电气机械及器材制造业、电子及通信设备制造业分别下降了 3.01、4.59、2.12、1.37、2.07 和 0.29 个百分点，仅仪器仪表及文化办公用品制造业就上升了 0.57 个百分点，而安徽省 7 个子行业分别上升了 0.99、1.12、1.07、0.73、1.56、0.23 和 0.63 个百分点，两地的产值占比变动表现出较高的相关性，根据计算，二者的产业结构相似系数为 0.62。另外，环渤海地区机械制造业的转移和承接也表现出了一定的近域性特点，其中，山东与安徽、天津与山西均表现出明显的转移与承接转移的关系，其产业结构相似系数分别为 0.66 和 0.57。

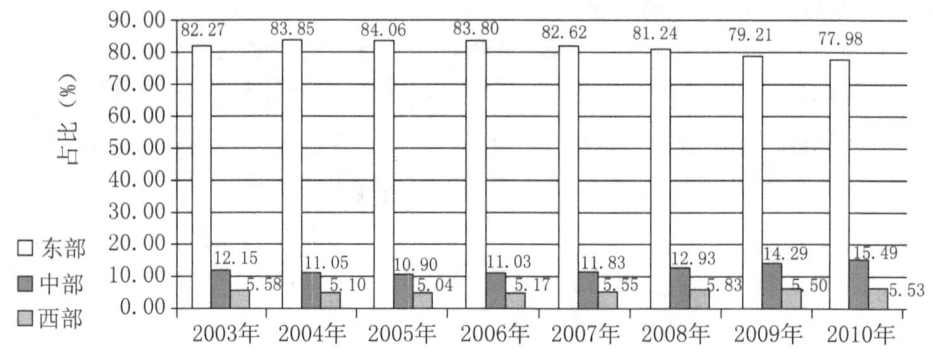

图 9-4　三大区域在我国机械制造业中的占比变化趋势

资料来源：作者计算。原始数据见北京华通人商用信息有限公司开发的中国统计数据应用支持系统，其中各省各子行业 2003 年、2004 年、2005 年、2006 年、2007 年、2008 年、2009 年、2010 年的产值。

③ 产业转移结构层次以劳动密集型为主，呈现非均衡转移趋势

从产业转移的内部结构来看，我国机械制造业呈现非均衡的转移态势。一方面，具有较高技术和重工业基地优势的东北和长江沿线地区，在承接产业转移方面具有很大优势；另一方面，由于具有较高的技术优势，一些技术密集型机械制造业如电气机械及器材制造业在东部地区仍有较强的竞争力和比较优势，这些行业的跨区际转移规模相对较小，速度相对较慢，使得产业转移在行业结构上出现不均衡状态。与 2005 年相比，2010 年，河北、内蒙古、辽宁、吉林、安徽、江西、河南、湖北、湖南和四川的金属制品业占比都上升了 0.5 个百分点以上，其

中，辽宁上升了 2.7 个百分点，安徽、湖北和湖南也上升了 1 个百分点左右，而同期东部地区的上海、浙江和广东则分别出现了 4.52、3.01 和 2.05 个百分点的降幅（见表 9-7）。与此同时，通用设备制造业在河北、辽宁、安徽、山东、河南、湖南和四川等省市出现了较大幅度的占比上升，其中，辽宁占比提高了 4.12 个百分点，上海和浙江则分别出现了 4.77 和 4.58 个百分点的降幅。专用机械制造业的变动则呈现明显的梯度转移现象，北京、上海、浙江、山东和广东等省市出现了较大幅度的下降，而吉林、安徽、湖南和四川则分别上升了 0.71、1.07、4.28 和 1.11 个百分点。电子及通信设备制造业出现了向长三角以及环渤海地区部分省市集聚的现象，其中江苏和山东的占比分别上升 3.97 和 1.56 个百分点，其他省份如江西、湖北和四川出现一定幅度的上升。电气机械及器材制造业和仪器仪表及文化、办公用机械制造业也出现较为明显的继续向东部集聚的现象。相比之下，交通运输设备制造业没有出现明显的产业转移，仅出现东部地区省份间的转移。

表 9-7　2005—2010 年各省市区机械制造业各子行业占比变化情况　单位：%

地　区	金属制品	通用设备	专用设备	电子及通信设备	交通运输设备	电气机械及器材	仪器仪表及其文化、办公用机械制造业
北京市	−0.67	−0.68	−1.48	−1.28	0.01	−2.52	−2.13
天津市	−0.31	−0.12	0.34	−0.26	−0.87	−2.86	0.52
河北省	0.80	0.72	0.04	0.23	0.98	0.29	0.43
山西省	−0.33	−0.55	−0.47	0.11	0.06	0.17	−0.07
内蒙古自治区	0.61	0.30	−0.42	0.22	0.37	−0.15	0.05
辽宁省	2.70	4.12	2.10	0.40	1.24	0.28	1.06
吉林省	0.61	0.37	0.71	−0.83	0.20	0.07	0.35
黑龙江省	−0.05	−0.92	−0.17	−0.77	−0.19	−0.02	−0.03
上海市	−4.52	−4.77	−1.50	−0.79	−2.68	−1.76	−4.52
江苏省	0.07	−0.64	1.25	2.70	5.13	3.97	10.45
浙江省	−3.01	−4.59	−2.12	−1.37	−2.07	−0.29	0.57
安徽省	0.99	1.12	1.07	0.73	1.56	0.23	0.63
福建省	−0.36	0.24	−0.48	−0.04	−0.30	−0.57	−0.41

地　　区	金属制品	通用设备	专用设备	电子及通信设备	交通运输设备	电气机械及器材	仪器仪表及其文化、办公用机械制造业
江西省	0.60	0.30	0.35	−0.11	1.37	0.48	0.34
山东省	−0.28	1.81	−2.65	1.45	−2.69	1.56	0.18
河南省	1.02	1.31	0.17	0.50	0.68	0.05	1.51
湖北省	0.96	0.16	0.40	0.10	0.70	0.57	−0.43
湖南省	1.03	1.12	4.28	0.27	0.65	0.26	2.11
广东省	−2.05	−0.77	−2.04	−0.79	−5.67	−1.44	−11.57
广西壮族自治区	0.34	0.17	0.06	0.28	0.26	0.29	0.20
海南省	−0.12	0.02	−0.02	−0.40	0.00	0.02	0.01
重庆市	0.28	0.24	−0.09	−0.19	0.32	0.30	0.25
四川省	1.46	1.36	1.11	−0.27	0.29	1.17	0.37
贵州省	−0.07	−0.03	−0.09	−0.17	−0.12	−0.02	0.00
云南省	0.07	0.00	−0.16	−0.12	−0.07	−0.01	0.02
陕西省	0.07	−0.12	−0.01	0.43	0.02	−0.06	0.22
甘肃省	0.22	−0.03	−0.16	−0.02	0.29	0.01	−0.05
青海省	−0.05	−0.04	0.01	0.00	0.01	0.00	0.02
宁夏回族自治区	−0.03	−0.06	−0.05	0.00	0.09	0.00	−0.05
新疆维吾尔自治区	0.02	−0.03	0.01	−0.02	0.41	0.03	−0.01

注：西藏地区统计数据不全，未计算在内，但其数据量较小，对统计结果影响甚微。

资料来源：同表 9-6。

④ **产业转移形式以生产性转移为主，其他环节转移相对较少**

我国机械制造业的产业转移，总体以生产性转移为主，各子行业呈现出多样化的特性。从表 9-8 可以看出，我国珠三角地区产业转移的形式分整体转移、生产环节转移、部分服务职能转移以及市场开拓型投资等，在所调查的企业中，分别占比为 9.8％、44.7％、20.6％和 18.4％。这从一定程度上说明，我国机械制造业的转移形式主要发生在生产性环节，研发等环节的转移相对较少。在承接地，这些转移的企业主要是在新市场设立营销部门、在新市场直接生产投资和参股或并购当地企业，说明多数企业是从自身发展战略出发，或是拓展发展空间，或是优化资源的空间配置效率，选择具有比较优势的区域转移部分产能，很少选择具有较高风险的整体转移，且在承接地的建设也多在生产领域。相比之下，处于长三角地区的上海，产业转移更多的是采用经济、技术合作的形式。这种形式可以通过和乡镇企业之间的技术协作和技术转移，获得某种利益驱动和竞争机制，在推动产业转移的同时，促进上海地区的产业结构升级。由于各子行业要素需求的差异以及自身特性等，各子行业在转移形式上各有侧重。金属制品业转移集中于生产环节，对于东部地区的资本仍存在着一定的依赖性，而电子及通信设备制造以及仪器仪表及机械文化办公用机械制造业等对技术的高度依赖性，决定了其仍存在东部的集聚特性，仅有部分技术要求较低的产业链向中西部地区转移。

表 9-8　珠三角地区企业迁移模式　　　　　　　　　单位：%

迁 移 方 式	企业比重
整体迁移	9.8
原有生产领域规模扩张	25.8
部分生产环节的外地迁移	18.9
向新的生产领域拓展投资	18.4
部分服务职能（营销、研发）外地拓展	20.6

注：其中，所调查的企业数量，制造业所占的比重为 53.1%。

资料来源：刘力、张建：《珠三角企业迁移调查与区域产业转移效应分析》，载《国际经济探索》2008 年第 10 期。

⑤ 市场扩张型转移特征明显

从产业转移的动因来看，近年来我国机械制造业的产业转移带有明显的市场扩张性，进行产业转移的子行业大多以接近市场、开拓市场为目标，市场扩张型产业转移的特征明显。根据对我国浙江、江西等地企业产业转移的实证研究发现，企业对产业转移对象区域的选择与其产品的市场分布之间有很高的相关性，即现阶段我国机械制造业的产业转移在很大程度上是一种市场扩张型的产业转移，产业转移的对象区域选择往往与企业市场的开拓或者巩固有较大的关系。我国专用设备制造业的龙头企业三一重工股份有限公司，推行产业转移的主要原因就是市场扩张。为了不断扩大自身在机械行业的市场份额，三一重工在全国的产业布局发生了巨大的变化，2007 年，三一重工通过定向增发募集资金，全资收购了北京三一重工，从而确立了集团在桩基业务上的市场地位。2008 年，三一重工定向增发收购三一重机，到 2009 年年底成功完成收购，使三一重工牢牢抓住了国内挖掘机市场扩张的机遇，迅速崛起，集团全部挖掘机生产基地及部分工程机械业务搬迁至昆山产业园，使昆山产业园成为我国沿海一带最大的工程机械制造中心之一；2010 年，三一重工又收购湖南汽车与三一汽车，延伸了产业链，实现了关联企业的布局，确保了工程机械混凝土搅拌车辆底盘等部件的有效供应。到目前为止，通过扩张型的产业转移，三一重工在国内已建成上海、北京、沈阳、昆山、长沙五大产业基地，实现了机械制造由一般化向专业化、单一化向多元化的转变，在较短时间内成长为涵盖混凝土机械、挖掘机、起重机等多产品线业务的多元化的国际知名公司。另外，以交通运输设备制造业为主的比亚迪，其产业转移同样透出明显的市场扩张特性。

9.2.3 产业转移存在的问题

（1）产业转移存在的问题

第一，转移行业以劳动密集型和部分技术密集型为主，结构层次不高。2005 年以来，我国机械制造业 7 个子行业中产业转移较多的主要是金属制品业、通用设备制造业、专用设备制造业、电气机械及器材制造业和仪器仪表及文化、办公用机械制造业。较之交通运输设备制造业和电子及通信设备制造业，上述 5 个子行业技术壁垒都相对较低，其中，金属制品业和电气机械及其器材制造业具有明显的劳动密集型和资源密集型的特点。2005—2010 年，技术密集型的交通运输设备制造业东、中、西部占比基本没有变化，仅有江苏和山东变化相对较大，分别出现了 2.7 个百分点和 1.45 个百分点的上升比例。2005—2010 年间东部地区电子及通信设备制造业年均占比下降比例仅为 0.6%，2010 年年末东部地区占比仍高达 92.60%。在此期间，电气机械及其器材制造业、仪器仪表及文化办公用机械制造业和电子及通信设备制造业还出现了向东部部分省市集聚的趋势。如：2005—2010 年间，河北、辽宁和江苏的电器机械及器材制造业产值占比分别上升了 1.24、5.13 和 1.56 个百分点，而中西部上升比例只有 0.5 个百分点左右；江苏省的仪器仪表及文化、办公用机械制造业产值占比上升高达 10.45%，中西部上升最高的湖南省仅为 2.11%；电子及通信设备制造行业出现占比上升最多的省份是东部地区的江苏省、山东省，上升比例分别为 3.97%、1.56%。总之，当前我国机械制造业的跨区域产业转移主要集中在劳动密集型和资源密集型的机械制造业和技术密集型机械制造业中的劳动密集度高和技术依赖程度低的生产环节，产业转移的层次不高。

第二，产业转移并未给部分省份带来经济效益的改善和产业结构的升级。机械制造业转移的初衷是产业转出地和承接地实现双赢，即产业转移的进行应伴随着承接地经济效益的改善和转出地产业结构的升级。但是，从实际情况来看，我国机械制造业企业的迁出和迁入并未带来预期的经济效益改善和产业结构升级的效果，产业转移较多的部分省份行业销售利润率上升水平远低于行业平均水平。以金属制品业为例，2005—2010 年，我国金属制品业东部两个主要产业迁出省市上海和浙江，产值占比分别下降了 4.52 和 3.01 个百分点，但是，上述两省市金属制品业的销售利润率仅分别上升了 0.20％和 0.31％，远低于全国行业平均水平的 2.04％，并且上述两省市的销售利润率也分别由 2005 年的高出行业平均水平的 2 个百分点变为 2010 年的略低于行业平均水平。这说明，一方面，伴随着产业的移出，转移地区并未出现金属制品业的产业结构升级和经济效益的较大改观；另一方面，我国金属制品业还停留在技术层次的低端，发展模式容易复制转移却面临着较大的升级难题。如交通运输设备制造业，该行业两个主要迁入省份山东和安徽 2005—2010 年间销售利润率虽然分别上升 2.63 和 2.81 个百分点，明显低于同期该行业全国平均 4.55％的上升速度。又如电子及通信设备制造业，该行业的主要迁出地北京和上海 2005 年和 2010 年的销售利润率明显低于该行业的全国平均水平，重要迁入地江西出现销售利润率下降现象（见表 9-9）。

表 9-9　2005—2010 年部分省份机械制造业的占比和销售利润率变化情况　　单位:％

		全国	北京	天津	辽宁	上海	江苏	浙江	安徽	江西	山东	广东
金属制品	占比变化					4.52		3.01				
	销售利润率变化	2.04				0.20		0.31				
通用设备	占比变化					−4.77		−4.59			0.02	
	销售利润率变化	1.75				−0.56		0.26			0.90	
专用设备制造	占比变化		−1.48				1.25	−2.12			−2.65	−2.04
	销售利润率变化	3.23	1.46				2.85	0.82			2.74	1.54
交通运输设备	占比变化								0.73		1.45	
	销售利润率变化	4.55							2.63		2.81	
电气机械	占比变化					1.24	−2.68	5.13			−2.69	
	销售利润率变化	2.60				2.28	0.12	1.76			1.85	

续　表

		全国	北京	天津	辽宁	上海	江苏	浙江	安徽	江西	山东	广东
电子通信设备	占比变化		−2.52			−1.76				0.48	1.56	
	销售利润率变化	1.89	0.11			0.79				−0.26	1.18	
仪器仪表	占比变化		−2.13	0.52				0.57				
	销售利润率变化	2.87	1.42	1.01				2.05				

资料来源：作者计算。原始数据见北京华通人商用信息有限公司开发的中国统计数据应用支持系统，其中各省各子行业 2005 年和 2010 年的销售利润率。

（2）问题的主要原因

我国机械制造业跨区域产业转移过程中存在上述种种问题，其主要原因有以下几点。

一是产业自主创新能力弱。我国机械制造业产业自主创新能力弱，产业总体技术水平不高。这一方面导致我国机械制造业的产品性能差，产品结构绝大部分是通用型、中低档产品；高技术产品的自主开发能力差、空白多，关键高技术机械制造和零部件技术都需要从国外进口；另一方面，自主创新能力弱致使我国机械制造业长期处于世界产业链的中低端，经济效益偏低，劳动生产率和工业增加值水平远低于发达国家水平，且长期以来出口的产品多处于价值链的低端，缺乏技术含量，高性能产品则需要进口。对于整体机械制造水平较高的东部地区来说，自主创新能力弱使东部地区难以自发形成技术上明显的梯度优势，并且阻碍了产业结构的升级，不利于形成对中低端产业的"挤出效应"，以促进产业的转移。同时，自主创新能力弱还导致产业转移的层次偏低，难以起到对承接地的良好经济带动作用，影响了产业转移的效果。对于产业转移承接地的中西部地区来说，自主创新能力弱导致承接地产业链的配套能力不足，尤其是一些技术密集型产业，降低了转移企业的积极性，也影响了产业转移的质量。另外，中西部地区产业自主创新能力弱，不利于形成承接转移的良好环境氛围，进而对东部地区企业形成反向激励作用。企业出于长远发展考虑不愿转移到这样的地区，这就间接影响了我国机械制造业的产业转移。

二是转移成本太高。企业要从一个地区转移到另外一个地区，需要重新选址建造厂房，需要搬迁或重新购置生产设备，工程大、成本高、周期长。再考虑到不能正常生产的机会成本，代价更高。机械制造业的特点之一就是各种生产用的设备多数为成套的重型设备，成本较高。若是采用设备搬迁的方式，则会带来巨大的运输成本，同时还有设备的拆迁、运输和再安装这一时段对于转移企业带来的损失；若是设立新厂，必然会购进大量的新设备，新设备的购置也将是巨大的成本。成本的另一个重要部分是人力资本成本，尤其是高端技术人才。由于区位方面的原因，我国中西部地区教育和人才培养方面要明显差于我国的东部地区。而且，由于物质生活条件的差异，中西部地区相对优秀的人才大量流失，使得我国中西部地区人才相对匮乏。而机械制造业有着明显的技术依赖的特点，对于专业技术人才更是有着较高的要求。由于中西部地区专业技术人才的培养或者引进往往需要花费比东部地区更高的成本，这也将在很大程度上影响机械制造业中高技术部分产业的转移。另外，中部地区交通道路建设等基础设施不完善等原因加大了物流成本，这也是潜在的转移成本之一。总之，机械制造业产业转移较高的转移成本，影响了我国机械制造业产业转移的规模和结构层次。

三是中、西部地区产业配套条件尚不完善。一方面，中西部地区的路网、电网、通信网等基础设施同东部相比还有很大的差距，中西部企业对先进地区的先进管理经验接受能力和意识较差，竞争意识不强，市场机制也有待完善。当前，与东部相比，中西部地区的基础设施条件仍然是一个"短板"，公路系统"通而不达"，水路缺乏合理的利用，航空与铁路运输发展缓慢，使用不合理，同时电力信息等基础设施建设和科教文卫社会基础设施整体滞后于东部发达地区，并且差距还在拉大。这些基础配套条件的质量关系到企业生产的便利性和物流成本等，最终将影响企业总体的市场竞争力。中西部地区不完善的基础设施条件，影响了东部地区产业转移的积极性，放缓了我国机械制造业产业转移的步伐。另一方面，中西部地区产业基础差、产业链配套能力低。机械制造业是产业链长、产业链配套要求高的产业，产业转移承接地区的产业链配套的缺失是导致产业转移效果不佳、规模不大的重要原因。当前，我国中西部地区承接东部机械制造业产业转移时，多是依托于自身要素成本方面的优势，提供土地及税收方面的优惠政策，单纯地创造一般化的外部条件，极少关注机械制造业产业链的配套，没能很好结合当地具有优势的机械制造上游产业，承接相应的产业转移，没能形成与配套企业相互衔接、关联企业紧密对接的完整产业链。许多机械制造业企业反映，转移企业难以找到合适的配套企业，一些当地的产品或原料又常常达不到转移企业的要求，企业所需的零配件仍需要到东部地区或国外采购。这必然增加企业负担，抵消承接地企业土地、资源、劳动力等成本方面的优势。

四是制度、政策环境仍需优化。首先，国家制定的产业政策缺乏针对性。一方面政策主要集中在基础设施建设、道路交通建设和开发区平台建设等基础设施方面，另一方面税收等方面的优惠政策偏于一般化，没有针对机械制造业的优惠政策，对东部企业吸引力不够，影响了我国东部地区产业转移的速度和规模。其次，缺少产业链配套方面的政策。相比于一般产业，机械制造业的产业链较长，产业链配套要求较高，需要地方政府在承接相应机械制造业的同时，出台相关政策，整合承接地的资源和各种优势条件，扶持所承接产业相关联的上下游企业的发展，满足产业链配套的要求。但是，产业链配套方面政策尚未引起足够的重视，政策不到位，影响了中西部地区产业承接能力，阻碍了机械制造业的产业转移，同时也影响了已转移企业的未来发展。两次，政策落实不到位。有些政府对承诺的税收减免或者财政补贴不予兑现，有关出口退税方面的政策也落实不到位，打击了许多转移后企业的积极性，将产生一些负面效应，对下一步的产业转移进程带来不利影响。最后，目前的产业转移政策侧重于推动产业转移，后续跟进不足。许多地方政府大力承接具有高产值、高税收效应的机械制造业，但转移后政府在技术支持、区域人才培养以及融资优惠等方面的后续政策跟进不足，不利于转移企业的长远发展。这影响了机械制造业产业转移政策的有效性，也影响了未来产业转移的进程。

9.2.4　推动机械制造业有序健康转移的政策建议

在当前国内外形势下，推进我国机械制造业向中西部有序转移，对于加快结构调整、促进产业合理布局、增强机械制造业整体竞争力尤为必要。国家有关部门应从战略角度出发，统筹规划国内机械制造业发展，与地方政府一起根据地区资源优势和产业发展基础，确定地区主导产业和潜在特色产业，根据产业链不同环节发展的要求，发挥行政与市场结合的作用，引导机械制造业在全国范围内合理流动，并对亟待发展的企业或产业项目给予政策支持。

（1）完善机械制造业创新体制机制，提高东部地区企业自主创新能力

技术进步将有助于形成东、中、西部间的技术梯度和促进东部地区机械制造业结构的升级，进而推动我国机械制造业的产业转移，而自主创新能力不足是我国机械制造业企业的普遍现状，改变这一现状，需要完善我国现有的机械制造业的创新体制机制，提高东部地区的企业自主创新能力。第一，必须发挥政府的引导作用，调动各方力量，集中社会资源，力求突破。第二，要形成有效的创新体系，包括采用法律的形式保护企业协作关系的现代化；采取投资减免税或补贴等方式，加速机械制造业设备的改造和新技术的研发；实施强制性和补偿性的特别折旧制度来加速机械制造产品更新换代等。第三，要加强国家级技术创新平台建

设，充分发挥产学研相结合研发模式的优势，建设一批国家重点实验室和工程研究机构。第四，要注重产业链的协同创新，如通过调整下游产品的出口政策，对国内市场实施一定程度的保护和借助反垄断法，约束跨国公司可能限制本土企业竞争的行为等措施推动产业链的协调创新。第五，要加快培育紧缺人才，夯实创新人才基石，如鼓励高校和科研院所围绕机械制造业重点开设各种相关专业，同时可以通过建设职业教育学院，培养专业化人才，并注重在岗工人的再培训，提高现有技术工人的职业能力。

（2）提高中西部地区机械制造业产业配套能力

中西部地区机械制造业产业配套能力的高低直接关系到产业转移"拉力"的大小，也将影响到转移的后续进程。产业配套主要分两个方面，一个是基础条件配套，另一个是产业链相关配套。基础条件方面，要注重当地基础配套条件的建设，完善道路网、信息通信网以及各种基础配套设施，提高物流以及获取信息的便利性，并改善周边地区的投资环境和政务环境，为承接的企业提高优质的配套服务，吸引更多机械制造业企业的加盟，同时，还应该注重培养和引进技术型人才，为高端机械制造的落户提供必要的人力资本支持。产业链配套方面，首先，必须明确自身在机械制造业方面所具有的优势，结合我国机械制造业特点，选择好承接转移的具体子行业。其次，应加强与移出地相关企业的交流，进行合理化的分工，提高产业链配套效率。比如，东部沿海地区可以根据中西部当地相应的基础产品等的配套能力，将机械制造业产业链上的部分环节，采取建立生产基地、外包等方式转移到中西部省区，这样既可以保证转移的有效性，又可以实现良好的区域化分工。最后，随着各种配套条件的完善，逐步实现机械制造业整个产业链的转移，在中西部地区建立起完善的机械制造业链条，完成全产业链转移。

（3）明确机械制造业区际分工，发挥各自集聚优势

当前，我国机械制造业产业转移是大势所趋，但我国机械制造业的总体特点是，技术层次普遍还较低，具有巨大的升级空间，且在未来很长一段时间内仍将继续支撑我国经济的发展。我国东部地区在一段时间之内仍将在我国的机械制造业的产值占比中占据主导地位，所以我们应该立足于东、中、西部各自整体的优势和特点，进行合理化的区际分工，明确东、中、西部地区重点发展的子行业或行业的某些环节，这样既可以避免无序和无效的产业转移，又可以避免承接地工业园区等的大量类型全、水平低的重复建设行为，不至于造成产能过剩，减少社

会资源的浪费，还可以发挥集聚效应，最终形成几个全国性的机械制造基地。东部地区应有重点、有选择地吸收大型跨国公司和先进加工制造业进驻，在引进技术消化吸收的基础上形成自主创新能力，从加工组装和零部件制造阶段逐级向核心部件及芯片制造阶段、研究与开发阶段升级。同时依托区域优势，选择有较好基础或国内制造能力尚很薄弱但技术含量高、附加价值大、带动作用强的产业进行重点支持，并促进劳动密集型和部分技术密集型子行业向中西部地区的转移。中部地区应成为"辐射西部的前哨"和"承接东部产业转移的基地"，一方面，要大力发展与东部的经济技术合作，吸引东部技术、人才、资金和管理等先进生产要素，积极承接东部沿海地区的产业转移；另一方面，需制定"西进"规划，为西部开发做好物质技术准备。西部地区应把西部地区的资源优势与老工业基地的技术优势、产业优势相结合，把劳动和资源优势凝聚到附加值高的产品中去，同时应当破除地区和部门分割，致力于军民结合，使自身国防军工和科研力量集中的优势得到充分发挥。最后，中西部作为产业转移的承接地，应做好统筹监管工作，严格做好区域内规划和审批工作，避免低水平重复建设和产能过剩现象的出现。一旦发现，应采取严厉措施加以治理。

（4）实施有利于机械制造业健康有序转移的财税政策

税收政策的有效实施，将会促进机械制造业的产业转移。首先，应该充分发挥各项财政政策的作用，以企业为主体，以技术进步为支撑，积极发展高新技术机械制造业和新兴机械制造业，促进机械制造业产业结构的优化升级，进而促进产业转移的推进。具体措施可概括为：应通过加大技术改造财政投入，提高企业技术水平，支持企业的创新与改造，逐步实现重要行业关键技术从引进和消化为主，转向自主开发为主，优化技术结构和产品结构，提高东中西部的技术梯度，促进产业转移；通过财政贴息、税收优惠、银行信贷等手段，带动企业增加科研投入，提高企业科技转化为生产力的能力；加速增值税从生产型向消费型的转型改革，提高企业购买固定资产进项税额的抵税比例，促进企业加强技术改造以及采用新技术。其次，对于发生转移的不同子行业实行差别化的税收政策或者税收援助，促进机械制造业的产业转移。比如，对集成电路、计算机及网络产品、移动通信设备和光通信设备、测量与自动控制装置及系统、数控机床与数控系统、电子专用设备等高技术、高风险机械制造应实行差别化的税收政策，而对于那些社会效益和用户经济效益巨大但自身无利或者微利的农业机械制造、重型机械制造，应由国家给予适度的减免税援助。

本节参考文献：

[1] 王福君.区域比较优势与辽宁机械制造业升级研究[M].北京:中国经济出版社,2010.

[2] 上海财经大学产业经济研究中心.2010 年中国产业发展报告——中国机械制造业的发展现状、环境与政策[M].上海:上海财经大学出版社,2010.

[3] 崔万田.中国机械制造业发展研究[M].北京:经济管理出版社,2004.

[4] 马子红.中国区际产业转移与地方政府的政策选择[M].北京:人民出版社,2009.

[5] 李松志.珠江三角洲产业转移研究[M].北京:中国社会科学出版社,2008.

[6] 江世银.四川承接产业转移　推动产业结构优化升级[M].北京:经济管理出版社,2010.

[7] 戴安兰.近十年我国机械制造业转移路径的实证研究[D].兰州大学硕士学位论文,2007.

[8] 巩前胜,仲伟周.我国机械制造业的集聚水平与区域分布特征[J].区域经济,2012(5).

[9] 李松志,杨杰.国内产业转移研究综述[J].商业研究,2008(2).

[10] 王雯,孙秀芳.我国机械制造业发展现状及其产品出口状况分析[J].机电产品开发与创新,2008(5).

[11] 白金兰.区际产业转移的态势与路径研究——以四川承接东部地区产业转移为例[D].四川省社会科学院硕士学位论文,2008.

[12] 王子龙.中国装备制造业系统演化与评价研究[D].南京航空航天大学博士学位论文,2007.

[13] 王忠平,王怀宇.区际产业转移形成的动力研究[J].大连理工大学学报,2007(3).

[14] 杨玉寅.关于安徽省承接长三角产业转移的几点思考[J].黑龙江对外经贸,2009(8).

[15] 刘力,张健.珠三角企业迁移调查与区域产业转移效应分析[J].国际经济探索,2008(10).

9.3　我国电子信息产业跨区域转移的现状特征研究①

我国电子信息产业正在经历新一轮的跨区域转移，表现出明显的价值链梯度转移特征，即长、珠三角等东部发达地区保留技术含量较高、附加值较多的产业链中端和高端环节，而技术含量低、附加值少的加工组装等劳动密集型低端环节向中西部地区转移。对此，建议在厘清政府与市场功能边界的基础上，加强宏观规划和引导，协调中央、地方、企业各方力量，共同促进电子信息产业的理性有序转移，力争在全球电子信息产业调整中占据有利地位。

近年来，伴随"西部大开发""中部崛起"战略的实施以及我国东部地区要素成本上升压力加大、西部地区产业配套环境不断完善，电子信息产业的发展呈

———————————

　① 本节内容由姜江主笔完成。

现出由东向西、由沿海向内陆逐步推进、梯度转移的趋势。对此，有观点认为，我国电子信息产业分布格局正在经历新一时期的演变，有可能实现由新中国成立初期的"点线"布局，到改革开放以来逐渐形成的以沿海及中心城市为核心，到下一阶段的"以中西部地区为制造中心、中心城市为研发创新中心"的总体空间格局。也有观点认为，未来 10 年我国电子信息制造业的发展重心将由沿海地区全面转移到以重庆、郑州、武汉、长沙为代表的中西部地区。还有观点认为，在相当长一段时期内，东部地区仍然是我国电子信息产业发展的核心区域，中西部地区仅能凭借其土地、劳动力等成本优势承接电子信息产业的部分劳动密集型环节的转移。为此，分析我国电子信息产业跨区域转移的现状和动因暴露出来的主要问题，提出引导产业理性转移、科学布局，从而推动产业快速健康发展的对策建议，对于理论和现实都有十分重要的意义。

9.3.1 现状和特征

第一，全球电子信息产业转移向纵深发展，国际分工越来越呈现价值链分工的态势。

从 20 世纪 80 年代以来，全球电子信息产业主要经历了几次大的跨区域转移：一是从美国转移到日本、韩国，在承接产业转移过程中，日本、韩国通过加强技术引进的消化吸收和再创新，实现了电子信息产业的崛起；二是从日本、韩国转移到中国台湾地区，主要领域包括计算机和手机代工、平板显示器等；三是从中国台湾地区向中国大陆的珠三角、长三角、京津等东部沿海地区转移。在经历了从美国到日韩、从日韩到中国台湾地区、从中国台湾地区到中国大陆等几次比较大规模的产业转移后，目前，电子信息产业已经基本形成了以价值链分工为主的纵向垂直一体化产业结构，即美、日、英、德等发达国家凭借技术、资金、标准、人才等优势，主导全球电子信息产业分工格局，处于价值链技术密集的高端；韩国、新加坡、中国台湾地区、印度处于价值链资本和劳动密集的中端环节；中国内地以及其他一些发展中国家主要依靠劳动力、土地等要素成本优势，处于劳动密集的低端环节[1]。

近年来，随着电子信息产业进入转型升级时期，特别是受国际金融危机的影响，全球电子信息产业转移进一步加快。一方面，电子信息制造业继续向发

---

[1] 于凌宇：《世界电子信息产业新局势与我国应对新举措》，载《中国电源博览》2010 年第 107 期。

展中国家转移，中国由于劳动力成本低、产业配套条件好等因素，仍然是全球电子信息产业转移的重要承接地。同时，随着中国生产要素成本的提高，电子信息产业制造业呈现向越南、马来西亚、墨西哥、印度等劳动力成本更低的国家转移的趋势；另一方面，电子信息产业转移呈现由制造向研发、结算中心等上下游延伸的趋势，电子信息产业、服务业向中国等发展中国家转移的步伐加快。

第二，我国电子信息产业转移呈现价值链梯度分工的特点，劳动密集型的组装加工环节向中西部地区转移，研发、销售等高附加值环节在东部发达地区植根发展。

近年来，由于我国东部沿海地区要素成本快速上升、资源环境压力加大，国内电子信息产业分工格局也正在经历新一轮调整。在这轮调整中，一个突出的特点就是，价值链分工的趋势更加清晰，即以电子信息设备组装加工、代工生产为主的劳动力密集环节加速向中西部地区转移，而芯片设计、软件研发、新兴信息服务等高端环节仍主要布局在东部发达地区。

具体来看，中西部地区伴随 IBM、惠普、东芝、戴尔、富士康、宏碁等众多大型电子信息制造企业纷纷落户发展，以重庆、武汉、郑州、长沙、合肥为重心城市的新发展格局正在加快形成。而以往作为全国最核心电子信息产业基地的东部沿海地区，经历了 30 余年的快速发展之后，基本度过了以低成本要素驱动经济规模扩张发展的阶段，进入了产业转型升级、更加依靠效率驱动和创新驱动的转型发展期。以北京、上海、深圳、广州、东莞、杭州为代表的中心城市，一方面加快传统电子信息产业的转型升级步伐，不断向价值链两端延伸，以发展高附加值、高技术含量的产品和技术为主；另一方面，也加快发展以云计算、物联网为代表的新一代信息技术，力争在全球信息产业新一轮科技竞争中抢占先机。

第三，中西部地区积极承接产业转移，正在形成以重庆、武汉、郑州、长沙、合肥等中心城市为重心的新发展格局。

中西部地区电子信息产业在我国具有特殊的战略地位和独特的发展优势，不仅是全国最重要的军工电子产业基地，还集聚了武汉、西安、长沙等若干在光电、软件领域具有特殊优势的产业基地。尽管如此，受制于研发体系分散、产业链条不完整、产业配套条件弱、投资环境差等因素，中西部地区电子信息产业整体规模偏小，总体发展水平在全国一直处于比较落后的地位。在这种背景下，近年来中西部以全国电子信息产业格局重新调整为契机，不断加大承接东部地区产业转移的步伐和力度，重庆、郑州等地电子信息产业实现翻番增长，成为新的增长极。

以重庆为例，目前惠普、富士康、思科、广达等一批企业落户重庆，世界第二大笔记本电脑生产商宏碁入驻"两江新区"，全球最大的笔记本电脑配件生产商中国台湾华科事业群、全球最大的笔记本电脑电池生产商新普公司等进驻重庆，重庆现已形成从计算机零部件到服务器、整机组装的笔记本电脑生产制造基地。

从近两年的统计数据来看（见表9-10），重庆、四川、安徽、湖南、河南等若干中西部地区的电子信息产业产值都实现了高位增长。2010年，湖南、河南、安徽、四川、重庆等地电子及通信设备制造业总产值同期增长分别达到92.01％、50.38％、47.92％、45.91％和40.09％；重庆、四川、湖南、江西、安徽、陕西等地电子计算机及办公设备制造业总产值同期增长分别达到684.67％、81.49％、80.56％、56.91％、46.88％、65.74％。2011年，湖南、河南、安徽、重庆等地电子及通信设备制造业同指标增速分别达到58.36％、269.28％、109.04％、42.18％；重庆、四川、安徽、湖南等地电子计算机及办公设备制造业总产值同期增速分别达到 658.91％、508.35％、271.09％和188.84％。

表9-10 2010—2011年我国电子信息制造业总产值分地区增长情况　单位：亿元

地 区	电子及通信设备制造业				电子计算机及办公设备制造业			
	2011 年		2010 年		2011 年		2010 年	
	总产值（现价）	同期增长（％）	总产值（现价）	同期增长（％）	总产值（现价）	同期增长（％）	总产值（现价）	同期增长（％）
全　国	43720	22.98	36112	25	22345	16.86	19690	20.34
东部地区	38019	19.42	32506	23.08	20419	9.9	19033	19.34
中部地区	3468	78.1	1784.5	46.36	441	66.58	373	25.18
西部地区	2233	26.46	1822	44.55	1485.7	434.5	284	147.2
北　京	1546	−11.4	1846.8	7.25	433.57	8.79	409.9	17.28
天　津	2139	35.39	1665.72	17.61	64.29	64.65	100.6	−0.02
河　北	299	17.39	264.29	51.75	11.54	−19.23	19.95	77.34
山　西	184	57.82	122.87	22.98	2.94	18.71	2.47	45.8

续　表

地　区	电子及通信设备制造业				电子计算机及办公设备制造业			
	2011 年		2010 年		2011 年		2010 年	
	总产值（现价）	同期增长（%）	总产值（现价）	同期增长（%）	总产值（现价）	同期增长（%）	总产值（现价）	同期增长（%）
内蒙古	51	−3.37	53.49	−47.27	2.11	3.8	2.03	15.13
辽　宁	858	29.25	756.23	35.88	132.19	11.11	126.67	53.28
吉　林	74	17.93	65.75	25.41	10.73	57.87	6.8	19.83
黑龙江	13	8.23	15.83	16.47	8.62	27.56	6.93	−19.8
上　海	2243	5.28	2176.04	26.65	3804.8	−2.93	3922.95	21.73
江　苏	9891	26.31	7980	33.51	5833.5	15.58	5141.63	13.83
浙　江	1810	20.07	1371.7	35.97	344.4	20.09	615.92	28.39
安　徽	552	109.04	275	47.92	41.6	271.09	11.33	46.88
福　建	1776	27.98	1383.75	47.79	1007.7	4.97	963	18.16
江　西	494	59.32	327	43.26	76.8	52.57	50.37	56.91
山　东	1995	17.12	1986.3	18.54	1771	25.84	1313.46	17.33
河　南	702	269.28	192.85	50.38	38.76	47.04	26.59	41.98
湖　北	865	38.85	459	34.61	154.7	24.96	234.09	14.51
湖　南	584	58.36	326	92.01	106.8	188.84	34.63	80.56
广　东	15368	18.55	13002	16.95	7013.4	9.84	6416.51	22.25
广　西	236	44.15	165.78	69.68	107.9	69.52	65.3	167.7
海　南	43	120.83	19.41	226.3	0.00	0.00	0.00	0.00
重　庆	201	42.18	139.43	40.09	626.9	658.91	81.65	684.7
四　川	1385	20.16	1197.94	45.91	739.3	508.35	124.74	81.5
贵　州	54	26.03	43.98	13.61	0.00	0.00	0.75	−58.68
云　南	6.7	29.74	5.14	96.33	10.49	27.01	8.67	10.35
陕　西	306	37.83	228.24	34.33	1.11	−41.9	2.53	65.74
甘　肃	25	15.7	22.64	44.18	0.00	0.00	0.00	0.00
青　海	0.95	−25.8	1.28	16.93	0.00	0.00	0.00	0.00
宁　夏	0.00	0.00	1.87	29.28	0.00	0.00	0.00	0.00
新　疆	19.18	22.28	15.68	22.93	0.00	0.00	0.00	0.00

资料来源：国家发改委高技术司 2010—2012 年统计快报。

从 2011 年中西部地区电子信息产品制造业总产值排名情况来看（如图 9-5 所示），依次为：四川 2123.8 亿元，湖北 1019.4 亿元，重庆 827.9 亿元，河南 741.1 亿元，湖南 690.6 亿元，安徽 593.6 亿元，江西 571.2 亿元，广西 343.5 亿元，陕西 307.3 亿元，山西 186.8 亿元。可见，20 世纪 90 年代初中西部地区形成的以西安、成都、武汉、长沙、绵阳为重点城市的发展格局，正在经历向以重庆、武汉、郑州、长沙、合肥为重心城市的发展格局上转变。

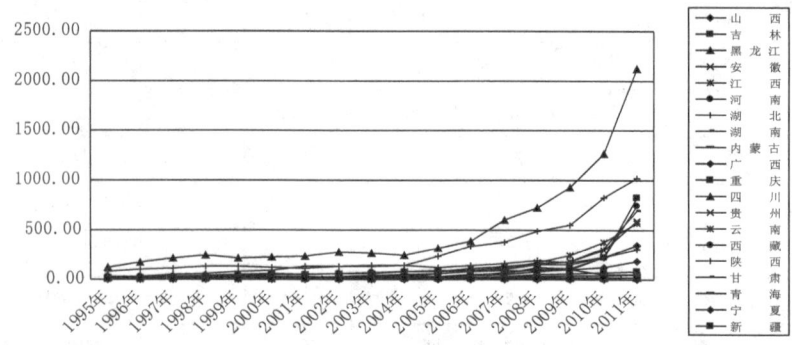

图 9-5　中西部地区电子信息产品制造业总产值对比

资料来源：根据历年《中国高技术产业统计年鉴》和 2012 年高技术产业统计快报数据整理。其中，总产值按当年价计算。

第四，东部地区在我国电子信息产业发展格局中仍然处于绝对主导地位，但与中西部地区差距初步呈现逐步缩小的趋势。

图 9-6 是 1995—2011 年我国东中西部电子信息产品制造业总产值的比较。可以清晰地看出，东部地区总产值占全国绝对主导地位的格局一直没有变化，2011 年，中西部地区电子信息产品制造业总产为 5700 亿元，而东部地区已达到 38019 亿元规模，占全国总产值的 87% 左右，是中西部地区总和的近 7 倍。

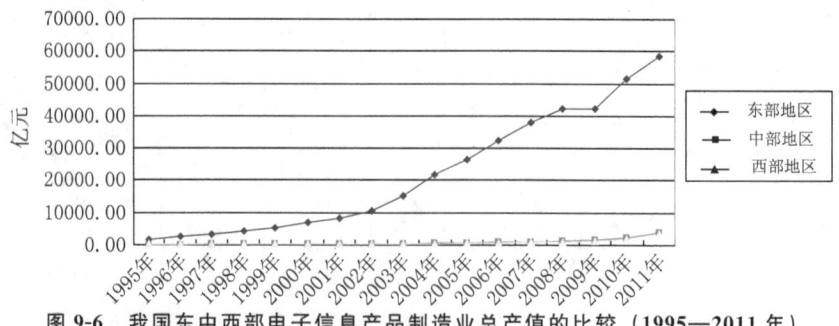

图 9-6　我国东中西部电子信息产品制造业总产值的比较（1995—2011 年）

资料来源：根据历年《中国高技术产业统计年鉴》和 2012 年高技术产业统计快报数据整理。其中，总产值按当年价计算。

从图 9-7 东中西部电子信息产品制造业总产值增速的情况来看，2004 年以前，东部地区一直以高于中西部地区的增速发展，2005 年以后，中西部地区增速开始超过东部地区，仅 2008 年、2009 年受金融危机影响有所回落，2010 年以后又开始快速增长，到 2011 年，中部地区增速分别达到 52.5%、69.4%，西部地区增速分别达到 32.8%、98.1% 的水平。

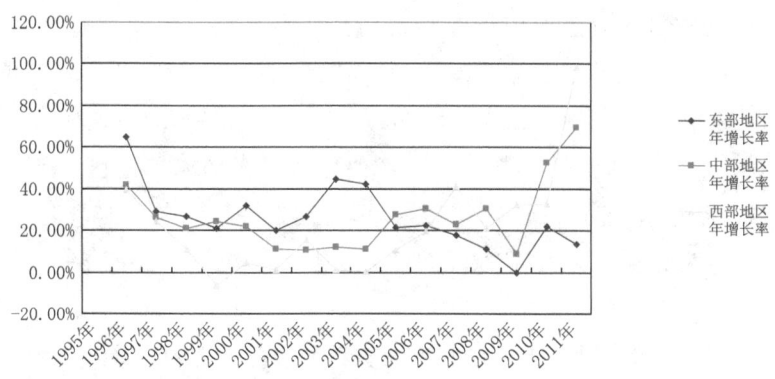

图 9-7　我国东中西部电子信息产品制造业年增长率变化（1995—2011 年）

资料来源：根据 1995—2012 年高技术产业统计快报数据整理。其中，不变价以 1990 年为基准。

图 9-8 是我国各区域电子信息产品制造业总产值占全国总产值比重比较。2006 年以后，电子信息产业向中西部地区转移的趋势开始显现，即东部地区总产值占全国比重开始下降，下降的幅度虽然很小，但一直持续至今。截至 2011 年，东部地区比重已由最高峰的 95.7%（2005 年）下降至 88.5%，下降了 7.2 个百分点。说明中西部地区加大对电子信息产业招商引资力度、不断完善投资环境、加强产业配套等政策效果开始显现，产业规模地位在全国有持续上升趋势。

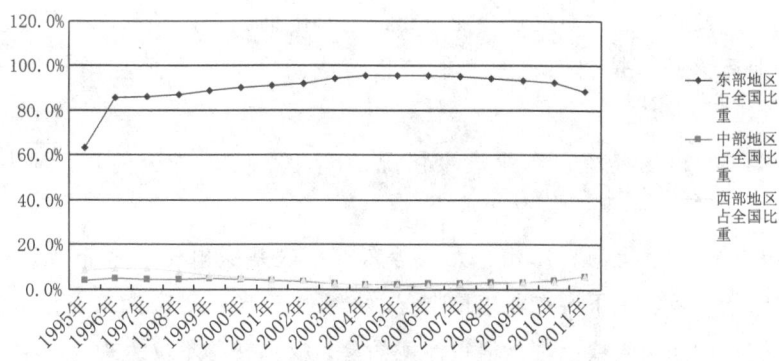

图 9-8　我国东中西部电子信息产业制造业总产值占全国总产值比重（1995—2011 年）

资料来源：根据历年《中国高技术产业统计年鉴》和 2012 年高技术产业统计快报数据整理。其中，总产值按当年价计算。

9.3.2 动因分析

第一，降低成本仍然是推动我国电子信息产业跨区域转移的根本动力。

从现阶段我国电子信息产业转移的基本情况来看，2011 年东部地区电子计算机及办公设备制造业总产值增速最慢的地区分别是：河北－19.23%，上海－2.93%，福建 4.97%，北京 8.79%，广东 9.84%；中西部地区增速最快的地区分别是：重庆 658.91%，四川 508.35%，安徽 271.09%，湖南 188.84%，广西 69.52%。电子及通信设备制造业总产值增速最慢的东部地区分别是：北京－11.35%，上海 5.28%，山东 17.12%，河北 17.39%，广东 18.55%；增速最快的中西部地区分别是：河南 269.28%，安徽 109.04%，江西 59.32%，湖南58.36%，山西 57.82%。

通过调研上述部分地区电子信息产业转移的情况了解到，涉及转出转入的产业主要集中在笔记本电脑代工生产、集成电路组装封装等领域，转移的主体多为劳动力密集、附加价值较低的环节。而这类企业由于利润率较低，必须想方设法压低成本、提高效率，因此，这些企业从东部转出的主要原因是受东部地区要素成本上升的影响。例如，重庆通过完善产业配套环境和公共基础设施支撑条件，短短 5 年间，已经集聚了以惠普、宏碁、华硕为龙头，以广达、富士康、纬创、英业达加工、零部件生产配套和委托销售为一体[①]的电子信息产业群。郑州通过地价优惠、保证用工量、提高配套服务水平等手段，从 2009 年开始，先后吸引了富士康科技园区、富鼎精密工业有限公司、富泰华精密电子有限公司等项目和企业落户发展。通过对上述企业进行问卷和电话调查，95% 以上的企业表示，降低企业运营成本是它们将原产能转移至或新增产能布局在中西部地区的主要原因。

第二，市场环境、产业集聚情况的变化是推动电子信息产业转移的重要因素。

从对北京、上海、广州、无锡等东部地区几家电子信息企业调研的情况来看，市场环境、上下游企业集聚情况、产业配套条件等因素的变化是推动企业跨区域转移的几项主要因素。值得注意的是，这种转移不仅表现为原驻地企业的搬迁、移出，很多情况下也表现为新增产能的重新选址和布局。

---

① 黄友兰等：《重庆市电子信息产业集群现状与提升对策》，载《科技和产业》2011 年第 7 期。

　　市场环境的变化主要指消费市场的变化。例如,调研中上海贝尔公司有关负责人员在介绍公司在国内选址布局考虑时讲到,目前公司国内布局主要在上海、北京、南京、青岛、成都等比较发达的东部地区,原因就是这些地区是国内最大的通信产品消费市场,研发资源、人才等创新环境在国内也是领先行列。近年来尽管这些地区成本压力较大,但只要消费市场没有转移,公司就不会考虑换址搬迁。对其他靠近消费端电子信息企业(主要指研发、销售环节的企业)的调研也得出类似结论。例如,京东方科技集团指出,公司研发和销售中心主要布局在北京,生产基地主要布局在北京、成都、合肥、鄂尔多斯(在建)等地,之所以从北京开始逐步将新增产能布局在中西部地区,除了劳动力、地价、电价等成本因素外,主要就是考虑中西部地区近年来市场规模不断上升,具有较大的市场潜力。

　　上下游产业的搬迁也是推动电子信息产业转移的重要因素。近年来,受劳动力成本上升、土地、环境资源制约等因素影响,长珠三角地区一度出现"产业空心化"的现象①,而大量电子信息产业外迁是其中的一个重要表现。课题组在调研中了解到,产业的移出往往不是单个发生的,而是同时几家甚至成"族群"式的搬迁。造成这一问题的表面原因是,部分地区电子信息产业"两头在外"、对外依存度过高,因此受国际市场波动影响较大;而其深层次原因,是产业链上下游的相互依存关系,即对企业而言,簇群、链群模式远比"孤岛"模式更加稳定可靠。与此形成鲜明反差的是,重庆、成都、郑州等地对电子信息企业的引进通过"以商招商""以大带小""以小引大"的模式都取得了较好的效果,上下游企业往往在较短时间内就集聚在一个区域开始新的发展。

　　第三,原有政策优势削弱以及其他地区优惠政策的吸引将进一步加速产业跨区域转移的进程。

　　从近年来东中西部电子信息产品制造业产值增速的变化情况来看,2005 年是东部与中西部地区增速快慢对比发生变化的分水岭。这一年也正是广东、浙江、江苏等东部沿海地区原"三免两减半""土地零租金"等招商引资优惠政策先后到期比较集中的时期。从对上述地区的电子信息企业问卷调查和实地调研情况来看,已经有转移行为或正考虑转移的部分企业,确实是受原优惠政策到期的影响较大。它们反映,尽管企业搬迁也面临很多实际困难,但包括政策因素在内导致的成本上升压力,确实会影响企业是否移出的最终决定。而与东部地区产业

---

　　①　谭艳平:《防止产业空心化》,载《浙江经济》2011 年第 9 期。

转型升级压力加大形成鲜明对比的是，中西部地区扩大投资的动力和热情依然高涨，因此承诺多项优惠政策，从税收、土地、招工、配套、基础设施等多方面满足企业的需求，确实存在很大吸引力。

从对部分地区政府部门的调研中了解到，出于本地区经济发展基础和所处发展阶段等实际考虑，东部地区优惠政策力度弱化、中西部地区招商引资热情高涨也确实是决策层意志的体现。即东部地区经过近 30 年的快速发展，部分发达地区已经完成了工业化进程，进入了新的历史发展阶段，意味着传统粗放式的发展方式难以为继，必须进行产业转型升级，既要促进传统产业向价值链高端延伸，又要培育发展低碳、高效、高附加值的新兴产业和服务业。因此，部分低附加值、高资源消耗的产业必须有序地逐渐从本地转出。而中西部地区经济规模小、产业体系不健全、工业化进程还未结束，迫切需要加快发展步伐，在新一轮产业格局调整中获得一个更加有利的位置。因此，很多中西部地区始终把加大力度承接东部地区以及国外一些产业的转移作为地区发展的重要抓手。

9.3.3 面临的主要问题与制约

第一，部分中西部地区承接电子信息产业转移的研发资源、劳动力、产业配套不足，"嵌入"产业转为"根植"产业面临困难。

尽管近年来中西部地区承接电子信息产业转移取得了较好的成绩，但受制于人口素质、科教资源、基础设施、文化服务业发展水平等软硬投资环境，"嵌入"产业在转入地的发展往往面临很多困难。一是研发资源稀缺导致中西部地区难以承接电子信息产业价值链高端环节的转移。二是当地科教资源有限和人口素质相对不高导致电子信息企业在当地招工困难。三是基础设施条件相对薄弱导致企业运营成本增加。四是生活配套环境与东部发达地区差距较大，进一步加大了转入企业引智留人的难度。五是中西部地区电子信息产业普遍起步晚、规模小，产业链不完整，导致转入企业发展初期难以在当地建立上下游配套联系。

上述原因导致"嵌入"产业在当地"扎根"发展面临重重困难。一方面，企业必须在较短时间内尽快在当地形成一个相对完整的产业链群，降低交易成本，提高生产效率，完成从"嵌入"产业向"根植"产业的转变。另一方面，先天条件不足进一步加大了上述地区政府招商引资的压力，削弱了与企业谈判的"议价权"，高额的招商代价不利于地方政府财政增收，从而无力投入基础设施，完善地区投资环境，形成恶性循环。调研中了解到，部分地区的转入企业仅仅在转入地停留一个"政策优惠期"，单纯从事一些低附加值、高耗能产品的生产，比如笔记本电脑代工、集成电路组装封装等，一旦土地租金、税收优惠等政策到期，就立即转向下一个"政策优惠地区"。有的企业甚至完全"跟着领导走"，在一个地区仅投资一个"任期"的时间，"关系一走，企业就撤"。

第二，部分中西部地区不计条件和成本招商引资，恶性竞争导致"强势企业""弱势政府"等问题突显

近年来，中西部地区地方政府的招商引资政策在推动电子信息产业转移过程中扮演着越来越重要的角色，一定程度上甚至直接影响到企业转移目的地和转移规模等重要决策。这种看似"政府越位"和"市场退位"的现象，事实上反而降低了政府与拟招商企业的谈判地位，导致"强势企业"和"弱势政府"问题突显。主要表现在以下几方面。

一是地方政府过度出让未来几年的税收、土地、租金等收益。很多转入企业的实例表明，尽管这类转移可以带动一批上下游企业入驻、提高当地就业、扩大"嵌入"产业对当地经济的溢出和示范效应，但是，单纯计算企业税收贡献和转入地政府出让的土地等成本的"经济账"，却往往是得不偿失、入不敷出。

二是政府没有综合考虑当地市场条件和产业基础，代替市场选择主导产业，甚至直接"砸重金"引入项目，而这种方式转入的产业能否顺利发展，往往面临很大风险。例如，某地方政府斥资几十亿从东部地区引入一条 LED 生产线，并为该项目配套"零租金"土地、政府出资培训技工并协调上下游企业协同入地发展。但历经两年投产时，恰逢欧债危机、全球经济复苏放缓、LED 产业整体不景气，导致转入企业预期订单没有落实而面临全面亏损，风险却可以全部转嫁给政府。

三是地方政府竞相招商引资，大大提高了企业的议价权。很多企业利用一方政府的优惠政策向另一方政府索要同等条件的待遇，或与多地政府谈判后再综合利弊权衡选择。一些企业进驻当地后，仅少量投资设厂，进行一些低端、高耗能、粗加工产品的生产。一些企业入住后，把招工难、利润低、遭遇国内外经济不景气年景时订单大幅下降等困难全部转嫁给地方政府。甚至还有一些企业本无意愿在一些产业配套过于薄弱的地方建厂投资，但是在地方政府的"热情邀请下"，往往只是到所在地区圈地挂牌，而没有任何实际的投资举措。

造成上述问题的原因主要有以下三个方面：其一，以 GDP 考核地方政府绩效的政策导向多年来没有改变，而招商引资一些大企业入驻，无疑是短期内增加

GDP 的最有效手段；其二，很多中西部地区意识到，国内外电子信息产业格局正在进行新一轮调整，中西部地区经济产业发展格局也在进行新一次调整，因此，这不仅是中西部地区在新的历史发展阶段迎头赶上、实现跨越发展的一次重要机遇，也可能是最后一次机会了，错过这一次机会，可能又会落后 30 年；其三，经过改革开放 30 多年的发展，中西部地区经济总量、产业体系建设等工作都取得一定成效，很多地区具备承接发达地区电子信息产业转移的初步条件。这些情况一定程度上激励了这些地区的信心和决心，但也使其忽略了自身在全球电子信息产业链分工格局中的极度弱势地位以及未来要不断向价值链两端延伸的困难程度。导致其过度被短期繁荣和 GDP 激增所吸引，而忽略了地区经济发展的实际竞争力提升和可持续性。

第三，部分东部地区面临"产业空心化"的风险。

调研中了解到，受电子信息产业转移影响而面临"产业空心化"的东部地区，主要是那些以从事电子信息产品代工生产、外向程度高且产业结构比较单一的地区。"产业空心化"主要表现为以下几种形式：一是由几家大型企业外迁引起的电子信息产业链上大量企业整体外迁，而地方接续产业尚未发展壮大造成的短期内的"支柱产业空缺"问题。二是当地几家龙头企业的新增投资计划都转向中西部地区，造成本地投资量逐步萎缩，不能持续输入新的资金、技术、人才，不适应电子信息产业发展速度快、产品更新换代频繁的特征，而导致在未来新一轮电子信息产业增长中面临落后甚至被边缘化的风险。三是当地龙头企业常年以来仅从事一些劳动密集型、低附加值、组装加工、高耗能类产品和项目的生产制造，当本地成本优势逐渐弱化、资源能源制约开始突显以后，当地政府无力通过更加优惠的政策留住企业，导致潜在的"产业空心化"风险长期存在。

值得注意的是，上述风险并不存在于诸如深圳、广州、上海等这些电子信息产业占全国半壁以上江山的发达地区。尽管近年来这些发达地区电子信息产业产值增速指标在全国一直居下游，但本地产业发展并未过多受到产业转出的负面影响。因为转出的企业集中在以下几种类型：劳动密集型企业，特别是用工较多、从事大规模流水线生产的组装企业，如视听产品组装企业；受环保标准制约、有一定污染的企业，如印制电路制造企业、电镀企业等；高耗能企业，珠三角地区长期难以缓解的电力紧张局面迫使一些高耗能企业外迁；一些产品附加值较低的企业，等等。而那些位于产业链高端环节的企业，虽然人力、租金、水电等运营成本有所增高，但由于产业配套环境好，企业综合成本（特别是供应链成本）相对并不高，就还是留在原地发展。这种局面反而有利于东部发达地区实现电子信息产业的转型升级。

可见，造成部分东部地区电子信息"产业空心化"的主要原因就是产业的"根植"问题。即无论产业最初进入本地发展的初衷是成本、市场还是受到地方政府特殊优惠政策的吸引，只有尽快促使"嵌入"企业从"浮萍式"的发展模式转为"根植式"发展，与当地产业建立密切的联系，从研发科教资源供给、物流等基础设施完善、人才培养和激励、政策配套服务方方面面满足产业发展的需求，才能最大化产业集聚效应，更好地抵御各类外部风险。

9.3.4　几点建议

我国电子信息产业正在经历新一轮跨区域转移，表现出明显的价值链分拆式转移特征，即长、珠三角等东部发达地区保留技术含量较高、附加值较多的产业链中端和高端环节，而技术含量低、附加值少的加工组装等劳动密集型低端环节向中西部地区转移。预计经过几年调整，我国电子信息产业将形成东部发达地区及中心城市与中西部地区之间的垂直分工体系，即所谓的"总部、研发、销售在东部发达地区与部分中心城市，组装加工在内陆地区"的分工格局。总体来看，这种转移的趋势与国家西部开发、中部崛起战略以及全国生产力布局规划的总体思路基本吻合，但是也暴露出若干问题。为此，建议在界定清晰政府与市场角色和定位的基础上，有的放矢，调动各方积极性，共同促进产业理性有序转移，形成合理科学的分工格局。

一是对于宏观决策部门而言，可以考虑针对电子信息产业的特殊性和目前产业转移、布局调整中暴露出来的一些问题，制订更加详尽的产业区域协调发展战略和规划。一方面，可通过调整产业发展指导目录、重点领域产品指南引导东部发达地区着力发展高附加值、高技术含量的产品和服务，进一步提高产业准入门槛；另一方面，可通过强化对加重环境能源负担产业的约束和奖惩机制，限制高耗能、高污染产业环节在东部发达地区的增资扩产。

二是对于地方政府而言，应在充分肯定中西部地区政府部门迫切发展产业积极性的同时，引导其进一步认清政府和市场的角色定位，综合考评电子信息产业在本地区发展的"根植"可能性与可持续发展能力。中西部地区承接电子信息产业的转移要在国家宏观政策引导下有序推进，综合考虑中西部地区电子信息产业发展的规模、技术现状和产业配套情况，尽可能杜绝盲目的招商引资行为，从尊重企业自身的布局考虑，营造有利于企业"根植"发展的政策环境。

三是对于转出的企业而言，应该在充分尊重企业布局初衷的基础上，引导企业理性转移和布局。针对符合东部地区产业转型升级条件而开始实施渐进式外迁的企业，以及符合中西部地区大力招商引资条件的企业，在财税政策、金融支持、人才引进和留用、体制机制创新等方面给予更大的政策优惠力度。对于不符合国家西部开发和中部崛起战略要求、高耗能高污染的企业，既要积极引导其向中西部地区转移，又要大力促进有关领域的转型升级，谨防中西部地区重蹈部分东部地区电子信息产业低端集聚导致"产业空心化"的覆辙。

本节参考文献：

[1] 陈建军.中国现阶段产业区域转移的实证研究——结合浙江 105 家企业的问卷调查报告的分析[J].管理世界,2002(6).

[2] 陈建军.中国现阶段的产业区域转移及其动力机制[J].中国工业经济,2002(8).

[3] 戴宏伟,王云平.产业转移与区域产业结构调整的关系分析[J].当代财经,2008(2).

[4] 邓永翔,贾仁安.电子信息产业区域发展模式比较研究[J].南昌大学学报,2008(3).

[5] 多淑杰.产业区域转移影响因素的实证分析[J].山东社会科学,2010(8).

[6] 郭晓萌.国内外电子信息产业集群发展模式的经验与启示[J].新西部,2010(20).

[7] 黄友兰等.重庆市电子信息产业集群现状与提升对策[J].科技与产业,2011(7).

[8] 贾林萱.基于产业转移的北部湾经济区电子信息产业战略发展研究[J].研究探索,2011(8).

[9] 吕政,杨丹辉.国际产业转移的趋势和对策[J].经济与管理研究》,2006(4).

[10] 马云俊.产业转移、全球价值链与产业升级研究[J].技术经济与管理研究,2010(4).

[11] 尚永胜.国际产业转移对我国产业发展的影响及对策[J].经济纵横,2006(10).

[12] 王花荣.产业跨区域转移中的动力机制分析[J].金融经济,2007(18).

[13] 许正松,万青.基于产业集群视角下的我国劳动密集型产业梯度转移滞缓的研究[J].经济问题探索,2011(4).

[14] 于凌宇等.电子信息产业新特点及我国的战略举措[J].当代经济,2008(5).

[15] 张庆利.基于生态理论的电子信息产业集群演进路径研究[J].改革与战略,2011(7).

[16] 赵峰,姜德波.长三角地区产业转移推动区域协调发展的动力机理与区位选择[J].经济学动态,2011(5).

[17] 朱建九.中西部承接东部沿海产业转移应注意的几个问题[J].决策导刊,2010(9).

[18] 朱晓宁.国际产业转移趋势对我国电子信息产业的挑战[J].合作经济与科技,2008(4).

9.4 我国纺织产业跨区域转移的现状特征研究①

历史经验表明，需求和供给是决定纺织业空间布局的根本因素，市场主导的产业跨区域转移比政府主导具有更高的效率。从宏观趋势来看，当前我国纺织业主要集中在东部沿海地区，纺织产业跨区域转移仍然处于起步阶段，中部地区是最主要的转入地，对产业配套要求较低的下游环节在跨区域转移方面的活跃度较高。从微观机理来看，地方政府的产业升级调控是转移的核心推动力，要素成本上升是影响产业跨区域转移的间接因素，产业配套设施对纺织企业迁移决策具有重要直接影响，获得市场竞争优势是影响企业迁移的重要原因。未来应该充分尊重市场规律，以市场之力促纺织业跨区域转移，并把资源环境协调作为根本保障，要将纺织业升级改造与转移相结合，鼓励多种形式的跨区域转移。

我国纺织产业已经进入了调整结构、产业升级、转变发展方式的重要时期，未来十年是纺织业走科技含量高、经济效益好、能源消耗低、环境污染少、人力资源得到充分发挥的新型工业化道路的关键十年，是最终实现纺织大国向纺织强国转变的战略机遇期。围绕 2020 年实现纺织强国的目标，优化纺织业生产力布局已经进入有关部门的决策范畴，比如，《工业和信息化部关于推进纺织产业转移的指导意见》（工信部发〔2010〕258 号）对此进行了专门部署。与此同时，从企业微观运营角度，出于市场扩张战略、要素成本变化等因素的考虑，越来越多的纺织企业也在考虑进行多种形式的跨区域布局。这种政企联动的跨区域转移将是我国纺织业发展的长期趋势。然而，必须承认，在现实的纺织业跨区域转移过程中，也存在着污染转移、雷同竞争等问题，特别是微观层面，企业对于转移之后的产业配套和发展环境亦有所忧虑，这是当前纺织业跨区域转移较为缓慢的主要原因。未来，政策层面要重点解决现实转移过程中存在的问题，从而科学有序推动跨区域转移。

9.4.1 我国纺织产业跨区域转移的历史回顾

200 多年来，世界纺织工业制造中心几经变迁，自 20 世纪 90 年代中期以来，我国成为世界最大的纺织生产、出口国。回顾我国纺织业发展历程可以发现，在

---

① 本部分由黄卫挺主笔完成。

需求和供给这两个核心因素的主导下，我国纺织大国地位的确立与纺织业空间布局历次调整有重要关系。

（1）纺织业空间布局的早期历史考察

纺织业的传统需求主要来自人的基本生活需要，供给方面以农业天然纤维为原料，主要影响因素是棉麻等农作物的生产条件。因此，两类地区的纺织业较为发达，一是人口密度较高的地区，这类地区的纺织业发展是需求导向型，主要是发展产业下游环节；二是蚕桑、棉麻等集聚的主产区，这类地区的纺织业发展是供给导向型，主要是发展产业上游环节。我国历史学家邹逸麟、谭其骧等对此有专门的考证研究[①]。根据我国人口的集聚特点，明清之前，纺织业在长江流域、黄河流域较为发达，但黄河流域总体上不及长江流域。明清之后，棉花取代蚕丝成为纺织业的主要原料来源，并且由于植棉业"乃遍布天下，地无南北皆宜之"的特性，农业条件的制约逐步弱化。这对我国纺织业发展带来的巨大推动作用，使地域分布大幅度扩展。

在原料种植的农业生产条件制约弱化的同时，随着需求，特别是对服饰色泽等的要求不断提升，印染逐步成为纺织业发展的重要环节。由于印染对水资源的要求较高，织染漂洗要用到大量的水，并且水也是纺织业重要的动力来源，河流本身也是物资进出的良好的运输渠道。所以，历史上，纺织业布局也与水资源分布息息相关，在没有重大技术突破的情况下，水资源条件仍然将是制约我国纺织业未来布局的重要因素。

农业经济时代的纺织业空间布局是一种自然演进的过程。综合考虑需求与供给因素，以及发展路径依赖等，新中国成立之前，我国纺织业的空间布局主要还是在东部地区，以江浙为主。

（2）快速工业化时期的纺织业产业转移

工业化时期，由于技术进步，除了水资源依赖等几项重要产业特征未被解决之外，纺织业空间布局更大程度上摆脱了自然因素的制约。新中国成立以后，纺织业从历史中走来，既受到发展路径的依赖，也充满了新的技术和产业变革，产业布局主要是受到经济社会，乃至政治等非自然因素的影响。

---

① 民国之前的历史资料，如无特殊说明，都来自以下图书。邹逸麟《有关我国历史上蚕桑业的几个历史地理问题》，载《选堂文史论范》，上海古籍出版社1994年版。邹逸麟、谭其骧：《中国历史时期蚕桑、植棉业和纺织业的分布和变迁》，载《中国历史大辞典》（历史地理卷），1996年版。

① 新中国成立后 30 年的纺织业空间布局调整

新中国成立之初，为了解决人民最基本的穿衣需要，在计划体制下，我国纺织业在空间布局上采取了"大分散、小集中"战略，即在大力发展沿海纺织业的同时，在中西部地区广泛布局，并且主要集中在城市，这与当时的区域平衡发展战略相一致。1951 年我国新建西北国棉一厂，同时在武汉、郑州、咸阳、邯郸、乌鲁木齐等地新建棉纺厂；"一五"时期，建成了北京、石家庄、邯郸、郑州、西安 5 个棉纺织工业基地。

总体来看，新中国成立后的 30 年，我国纺织业仍然以东部沿海地区为主要基地，但在"大分散、小集中"的导向下，在计划经济体制的推动下，其他地方也形成了一定规模的纺织业基地。在中西部地区，棉纺业在布局上多集中于条件相对较好的城市，如乌鲁木齐、石河子、柳州、南宁、桂林、梧州、包头、昆明、银川、贵阳等地；毛纺业集中在内蒙古的呼和浩特、海拉尔、通辽、赤峰，新疆的乌鲁木齐、和田、伊宁，青海的西宁，西藏的林芝等地；丝纺织工业主要集中在广西的南宁和桂林、贵州的遵义、新疆的和田等桑蚕丝织业较发达的地区，以及内蒙古的扎兰屯等柞蚕丝发达的地区；苎麻、黄红麻纺织业主要分布在广西，亚麻纺织主要分布在宁夏、内蒙古和吉林延边等地；化学纤维工业主要分布在广西、云南、新疆、内蒙古和宁夏等省区。

这一阶段我国纺织业实现了一个巨大的产业技术突破，对其后纺织业空间布局产生了重要影响。在化学人造纤维替代天然纤维的全球趋势下，1964 年 3 月 6 日，中共中央发出积极发展人造纤维工作的指示，责成纺织工业部会同有关部门组成指导人造纤维会战指挥部，对发展人造纤维行业迅速作出全面规划，由国家计划委员会综合平衡并纳入长期计划。同年 3 月，国家计委、国家经委批转纺织工业部关于建设北京维尼纶厂的会战计划。5 月下旬，南京化纤厂建成投产。同年 12 月，保定化纤厂新建的浆粕车间、南京化纤厂新建的短纤维系统、丹东化纤厂新建的长丝系统、杭州化学纤维厂转入正式生产。次年 4 月，新乡化纤厂的长丝系统顺利投入试生产。至此，我国自力更生新建的第一批共 8 个化学纤维厂全部建成投产。1972 年开始，为充分利用我国的石油、天然气资源，上海石油化工总厂、辽阳石油化纤总厂、四川维尼纶厂和天津石油化纤厂四大石油化工化纤联合企业相继建设①。

纺织业的上述空间布局带有明显的计划经济色彩。东部地区之外的纺织业布

---

① 中国纺织报编辑：《新中国纺织工业难忘 60 年 60 事》，《中国编织报》2009 年 10 月 12 日。

点是一种增量式扩张，而不是从东部地区转移至中西部地区。事实上，在我国纺织产品结束短缺发展之前，包括早期历史上的纺织业发展，以及新中国成立后较长时间的纺织业发展，其空间布局变化都是一种增量意义上的，新产能空间位置的确定主要和市场需求以及发展基础有关。比如，化学纤维生产基地的选择就主要与市场和地区禀赋有关。

②改革开放之后的纺织业空间布局调整

改革开放以来，在空间非平衡发展战略和外向型经济发展战略的共同作用下，我国东部地区通过吸引海外资本和内地剩余劳动力，在两者结合的情况下形成了巨大的生产力，并通过国内和国际市场消化这些生产力。在这种大的战略导向下，纺织产能迅速在我国东部沿海地区壮大，并成为改革开放以后，我国发展最快、在国际上最具影响力的产业之一。改革开放对纺织业发展产生了根本性影响，主要表现在：其一，纺织业市场配置资源的作用得到越来越充分的体现，民营纺织企业快速发展；其二，海外纺织业大规模转入我国；其三，化学纤维占纺织纤维的比重逐步提高，并超过天然纤维；其四，纺织产品扩展至服装、家纺、产业用纺织品三大成品，需求领域不断拓宽。以上四点对于改革开放之后我国的纺织业空间布局产生了重大影响。

第一，改革开放后，纺织产能迅速在东部沿海地区壮大。计划经济体制的逐步退去给纺织业发展提供了巨大的改革红利，在纺织产品仍然供不应求的情况下，民营纺织企业在东部沿海地区，尤其是江浙一带快速发展。在整体供求不平衡环境下，纺织领域民营经济的发展表现出一种增量式布点特征。与此同时，随着我国对外开放程度的不断提升，特别是实施了劳动力主导参与国际经济大循环战略，在低廉的劳动力价格优势吸引下，海外尤其是港澳台地区在纺织领域的对华投资不断增加，海外纺织业向我国转移规模不断增大。日本纺织业于20世纪五六十年代向"亚洲四小龙"、东南亚和我国大陆转移；20世纪90年代末，随着"亚洲四小龙"等经济体劳动力成本的上升，它们也开始向外转移劳动密集型产业，纺织业作为主要产业之一不断向我国大陆地区转移。此时，鼓励东部地区率先发展，再带动其他地区共同发展的非平衡发展战略取代了之前的区域均衡发展战略，东部地区成为我国承接国际产业转移的主要区域。1981年，全国纺织行业第一家中外合资企业——上海联合毛纺织有限公司成立。联合毛纺织有限公司的建立为纺织业利用外资积累了经验，此后，纺织业承接国际产业转移的规模不断增大。

除了以上两个因素，化学纤维的大规模使用进一步弱化了农业生产条件对纺织业空间布局的限制，但石油资源布局影响化纤产业布局，进而影响到整个纺织业布局。从现实来看，随着我国经济规模的快速成长，能源需求总量不断攀升，石油对外依赖程度不断提高。因此，化纤产业主要布局在国内大型油田附近，或石油进口的目的地，即沿海各省，加上市场需求和化学纤维生产对水资源的要求依然存在，江浙沿海逐步成为我国化学纤维的核心产地。与此同时，化学纤维替代农业天然纤维也进一步提高了原料供给的稳定性，对于推动纺织业稳定发展起到了重要作用。

在沿海地区纺织民营企业发展和承接国际纺织产业转移的共同作用下，在产业技术进步的推动下，我国纺织业产能不断壮大，东部沿海地区的纺织业所占全国总产值比重不断提升。当然，在供不应求的市场格局尚未改变之前，东部沿海地区的产能壮大仍然属于增量式调整。

第二，20 世纪 90 年代末期，中央政府主导的"东锭西移"战略。随着纺织产品供求关系的不断改善，1983 年国家取消布票，终结了凭票买棉布、棉絮的供应制度。20 世纪 90 年代，与大部分轻工行业一样，随着产能的不断提高，纺织业也出现产能过剩和产业结构调整的问题。在产能过剩的背景下，加上东部地区要素成本的上升，"九五"期间，国家鼓励发达地区的纺织业向技术资本密集型产业转移，将初加工能力向产棉区转移。这种"东锭西移"战略是我国纺织业在政府推动下的第一次较大规模的国内区域转移，它不同于以往的增量式布点，而是存量的空间转移。

20 世纪 90 年代，东部沿海地区，尤其是上海、北京这样的大城市，在工资、房租、地租、原材料价格、公用事业费用等方面的成本提高之后，部分产业表现出了较大的转出意愿，纺织业便是其中之一。以北京纺织业为例，1992 年北京纺织工业人均年收入为 1000 元，是新疆同行业的 2 倍；新疆当年棉花价格为 1.04 万元/吨，在北京达 1.5 万元/吨，高出近 50%；职工的住房成本悬殊很大，北京的建筑成本在 3000 元/平方米以上，而新疆仅在千元以内[①]。一方面，纺织业整体上存在产能过剩；另一方面，东部沿海地区成本快速上涨导致东西部之间的成本落差增大，这种落差为纺织业跨区域转移提供了基础。在这种双重动因的作用下，东部地区纺织企业有向中西部地区转移的动力，部分东部沿海的纺织业零星地开始向中西部地区转移。

然而，1995 年政府力量开始介入，中国纺织总会拟定《棉纺织能力区域转移的实施办法》，计划"东锭西移"，并给予产业转移优惠政策。1995 年上海、

---

① 邹蓝、王永庆：《产业迁移：东西部合作方式和政策研究》，载《特区理论与实践》2000 年第 3 期。

北京、苏南等地的纺织业纷纷向安徽、江西、湖北、新疆等中西部地区以及苏北、山东等棉花主产区转移。在这次"东锭西移"过程中，上海和新疆是最有代表性的转出和转入地。在中央政府的主导下，1995年开始，上海市决定将市内附加值低的低端纺织加工业向西部产棉区转移，而对一些技术水平严重落后的生产企业实行压锭限产，上海棉纱锭从原有的250万锭压缩到70万锭，55万业内员工精简到5万多①。作为典型的承接地，在国家计划安排下，1993—2000年之间，新疆共承接全国各地转移纺织产能60万锭②。

此次"东锭西移"战略是在整体产能过剩和东西部成本落差的双重因素下展开的，但是，从后来的发展现实来看，此时纺织业跨区域转移的市场阻力大于动力。因此，对于这种政府主导的产业转移，不管是转出地还是转入地，多年之后都没有对此次产业转移给予正面的认同。再以上海和新疆为例，经过10年之后，曾是纺织业"东锭西移""压锭限产"主力军的上海，又重新将纺织业列入支柱产业，并通过设立纺织工业区着力吸引国内外资本投资园区③。同样，作为主要承接地的新疆，由于在技术设备、人才储备等方面没有相应的配套，产业规模效应不高，即使有国家的优惠政策，企业仍然"没有效益可谈"，"部分东锭西移项目很快沦为年轻的亏损企业，成为中西部地区新的包袱"④。

9.4.2 我国纺织业跨区域转移的宏观趋势分析

当前，我国纺织业的产业空间布局整体上仍然呈现东强西弱特征，大部分产能仍然集中在东部沿海地区，特别是江浙地区。由于纺织业的产业链条较长，为了更为细致地研究当前我国纺织业的产业空间布局，本书以化学纤维生产代表纺织业上游的原料工业⑤，以纺织工业作为纺织业的中游产业（将纺织工业看作狭义的纺织业），以纺织服装、鞋、帽制造代表纺织业的产业下游。产值比重是

---

① 朱匡宇：《上海纺织业的"凤凰涅槃"》，《天天新报》2008年12月7日。
② 汤文、张新菊：《"东锭西移"概况——"东锭西移"跟踪调查报告》（之一），载《新疆财经》1997年第3期。
③ 王小波：《"东锭西移"十年后上海欲重振纺织业》，《经济参考报》2005年4月1日。
④ 汤文、张新菊：《"东锭西移"概况——"东锭西移"跟踪调查报告》（之四），载《新疆财经》1997年第3期。
⑤ 自人类于20世纪50年代发明化学纤维并在纺织工业中应用以来，形成了天然纤维与化学纤维的二维纤维结构，从此摆脱了天然纤维生产高度依赖于环境等因素的限制，使纺织原料的生产由农业扩大到了工业，从农村转向了城市。当前，化纤的作用在不断延伸。目前，全国化纤产量占纺织纤维总量的比重超过70%。

产业经济学中衡量空间布局的经典指标，为此，本书计算了四大经济板块和各省的纺织业产值占全国比重指标，以此反应纺织业的空间布局与调整。

（1）东部地区纺织业产值比重仍然占据绝对优势地位

从数据来看，当前我国纺织业空间布局的整体现状是，东部地区在三个产业环节的生产总值比重遥遥领先于其他地区，但不同产业环节的空间布局存在较大差别。

表 9-11 给出了三大经济板块不同环节生产总值占全国的比重，从表中可以看到，东部地区在三个产业环节的生产总值比重遥遥领先于其他地区，2010 年东部地区化学纤维生产、纺织业和纺织服装、鞋、帽制造业生产总值的比重分别占全国的 88.12%、80.44% 和 85.48%。中部地区次之，但比重很小，三大产业环节的生产总值占全国的比重分别为 7.26%、13.51% 和 12.32%。西部地区占比最小，三大产业环节的生产总值占全国的比重分别为 4.62%、6.05% 和 2.21%。

表 9-11　三大经济板块在纺织业不同产业环节的产值及其占比

行　　业		全　　国	东部地区	中部地区	西部地区
化学纤维制造业	产量（亿元）	4953.99	4365.44	359.85	228.70
	占比（%）	100.00	88.12	7.26	4.62
纺织工业	产量（亿元）	28507.92	22930.87	3851.24	1725.81
	占比（%）	100.00	80.44	13.51	6.05
纺织服装、鞋、帽	产量（亿元）	12331.24	10540.17	1519.00	272.05
	占比（%）	100.00	85.48	12.32	2.21

资料来源：国家统计局和作者计算。

（2）纺织产业从东部地区向外转移仍然处于起步阶段

从纺织产业三大环节的产值比重来看（如图 9-9 所示），东部地区除了上游环节，即化学纤维制造业的产值比重基本保持不变之外，中下游产业环节的产值比重均有所下降。中游的纺织工业产值比重从 2005 年的 85.78% 降至 2010 年的 80.55%，下游的纺织服装、鞋、帽制造业产值比重从 2005 年的 93.30% 下降到了 2010 年的 85.48%，占比降幅从产业到产业下游呈现出不断扩大的特征。但是，从整体来看，纺织产业从东部地区转出仍然处于起步阶段，即使是占比下降最大的产业下游，年均下降也才 1.57 个百分点。

与此同时，从工业产值的增量来看，东部地区始终是纺织产业的主要增长区

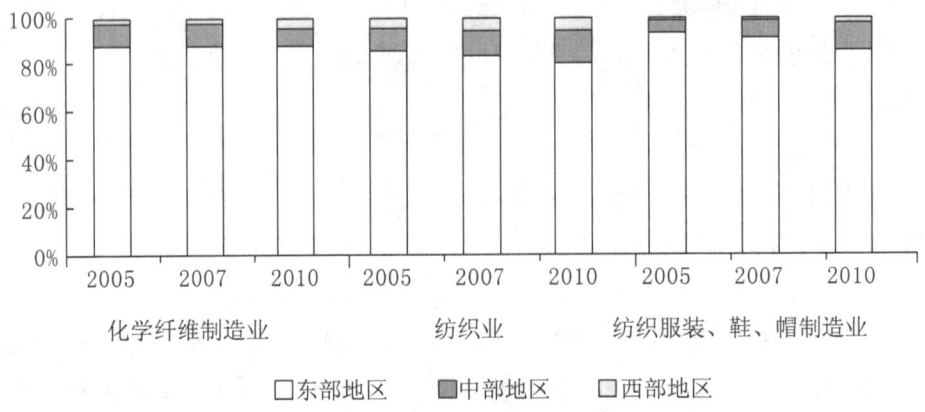

图 9-9　三大经济区不同产业环节产值占比变化

域，但从 2005—2007 年和 2008—2010 年两个区间段的增量对比来看，东部地区在两个产业环节的增量呈现下降趋势，与此相对，中部地区有两大产业环节的产值增量均呈现增加趋势，西部地区三大产业环节的产值增量均呈现增加趋势。尤其值得注意的是，在产业下游的纺织服装、鞋、帽制造业，在东部地区增量下降的同时，其他两个地区的总量均呈现增加势头。

（3）中部地区是主要的产业转入地

从三大经济板块来看，纺织产业上游的化学纤维生产仍然在向东部地区转移，而中游、下游的产业环节正在从东部地区转出，而中部地区是最主要的产业转入地，尤其是产业下游的纺织服装、鞋、帽制造业。下面以省为单位，对纺织业的上述空间布局调整进行更细致的研究（如图 9-10 所示）。

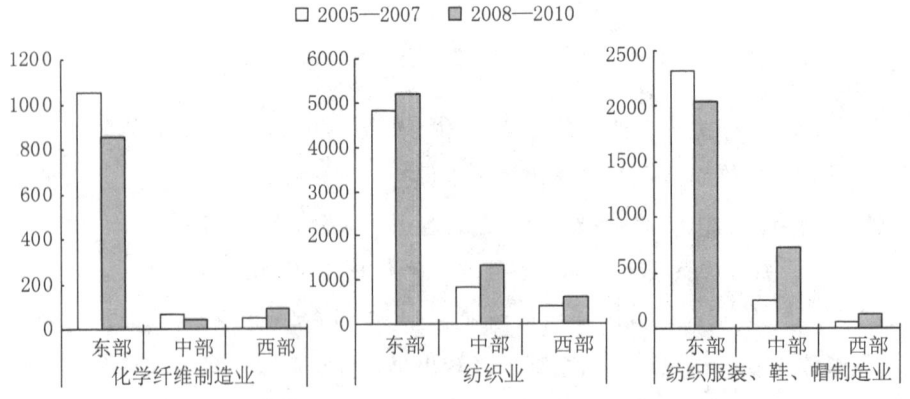

图 9-10　近年我国纺织产业主要区域工业总产值增量

表 9-12 全国各省市纺织业产值所占比重 单位：%

地 区		化学纤维生产业		纺织业		纺织服装、鞋、帽制造业	
		2005 年	2010 年	2005 年	2010 年	2005 年	2010 年
东部地区	北 京	0.27	0.06	0.55	0.25	1.62	0.88
	天 津	0.26	0.13	0.65	0.29	1.79	1.49
	河 北	1.71	1.12	3.36	3.42	1.82	1.82
	上 海	1.88	0.84	2.8	1.45	7.13	3.76
	江 苏	30.17	33.97	23.89	20.92	21.12	21.27
	浙 江	36.97	37.51	23.19	19.55	19.21	13.4
	福 建	5.03	6.62	3.74	3.93	8.92	9.37
	山 东	5.64	3.17	17.54	20.06	10.17	9.98
	广 东	3.06	3.8	8.77	9.23	19.29	18.69
	海 南	0.22	0.1	0.09	0.01	0	0.05
	辽 宁	2.3	0.81	1.2	1.32	2.22	4.77
中部地区	山 西	0.11	0.02	0.23	0.11	0.1	0.11
	安 徽	0.82	1.13	1.29	1.73	0.65	2.17
	江 西	1.3	0.74	0.85	1.89	1.59	2.5
	河 南	3.24	2.41	3.17	4.63	0.76	2.49
	湖 北	0.78	0.67	2.39	3.32	1.87	3.17
	湖 南	1.07	0.62	1.08	1.47	0.46	1.37
	吉 林	1.63	1.67	0.21	0.25	0.28	0.44
	黑龙江	0.47	0.01	0.26	0.11	0.07	0.08

续　表

地　区		化学纤维 生产业		纺织业		纺织服装、 鞋、帽制造业	
		2005 年	2010 年	2005 年	2010 年	2005 年	2010 年
西部 地区	内蒙古	0.01	0	1.16	1.49	0.16	0.27
	广　西	0.01	0	0.32	0.42	0.05	0.3
	重　庆	0.06	0.15	0.37	0.59	0.13	0.32
	四　川	1.74	1.95	1.36	2.19	0.32	0.99
	贵　州	0	0	0.03	0.02	0.06	0.03
	云　南	0.34	0.24	0.06	0.04	0.01	0.02
	西　藏	0	0	0	0	0	0
	陕　西	0.13	0.22	0.53	0.44	0.07	0.18
	甘　肃	0.44	0.14	0.08	0.05	0.02	0.02
	青　海	0	0	0.03	0.07	0.04	0.05
	宁　夏	0.02	0	0.28	0.31	0.04	0.01
	新　疆	0.31	1.92	0.5	0.42	0.01	0.01

资料来源：作者根据统计局数据计算。

表 9-12 给出了不同省市在纺织业不同产业环节产值占全国的比重数据。从表中可以看到，2005—2010 年间，东部地区的北京、天津、上海三个直辖市在纺织三大产业环节的比重都在下降。在产业上游环节，江苏、浙江、福建、广东的纤维生产领域的产值比重均有不同程度提高；在产业中游环节，山东、广东、河北、福建有不同程度提高，而江苏、浙江有一定程度下降；在产业下游环节，浙江存在明显下降，山东、广东略有下降，福建略有提高。辽宁在上游的产值比重下降较为明显，但在产业中游和下游产值比重提高较为明显。中部地区中，在产业上游环节，除安徽外，其他五省比重均有所下降；而在产业中下游环节，中部地区产值比重大部分有一定程度提高。西部地区中，在产业上游环节，新疆的化学纤维产值比重有明显提升；在产业中游环节，四川的占比提高较为明显，其他省市在纺织业不同环节的产值占比升降不一，但整体变化不大。从整个区域来看，纺织业中下游转移的最主要承接地仍然是中部地区。

（4）下游是目前产业转移最活跃的环节

从纺织产业三大产业环节来看，越是下游环节发生跨区域转移的可能性就越大。从图 9-11 可以看到，2005—2010 年，三大区域中，西部地区在各环节的占比变化不太大，东部地区和中部地区变化相对较大。对比东部和中部地区在三大产业环节上的产值占比可以发现，下游产值占比变化最大，中游次之，上游最小，这说明产业转移最先发生在下游，其次是中游，最后是上游。

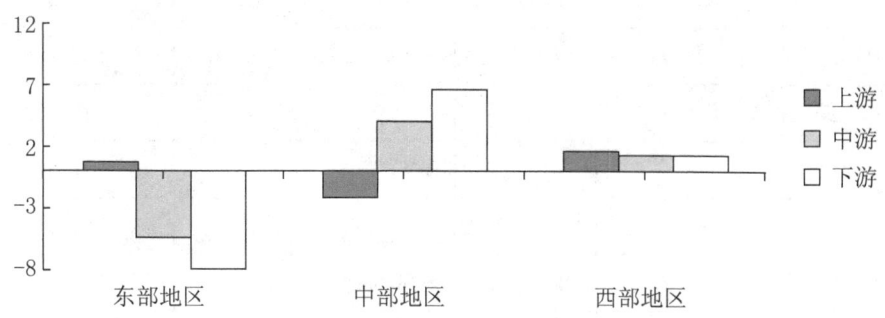

图 9-11　不同产业环节转移活跃程度对比

9.4.3　纺织产业转移的微观机理分析

宏观趋势分析显示，当前我国纺织产业主要集中在东部地区，跨区域转移仍然处于起步阶段，中部地区是最主要的转入地，从产业环节来看，越是下游环节，跨区域转移的活跃程度越高。上述宏观现象可以从微观视角得到解释。

（1）获得市场竞争优势是影响纺织企业迁移的重要原因

金融危机给企业带来了很大的压力，随着外单的减少，一大批纺织企业纷纷调整战略，出口转内销加剧了国内市场竞争。在激烈的国内市场竞争中，中西部地区是热点，不仅因为该地区有 8 亿多人口，同时也因为中西部地区的人均纤维消费量远低于东部地区。以人均衣着类消费支出为例（见表 9-13），2010 年东、中、西部和东北地区的城镇居民人均衣着消费性支出分别为 1515.57 元、1314.16 元、1373.93 元和 1589.95 元，可以看到，中西部地区在衣着消费支出方面的潜力巨大，是未来纺织下游企业迁移的一个重要方向。总体来看，庞大的消费者群体和可观的增长空间让中西部地区成为纺织业未来需求增长的核心地区。

表 9-13 2010 年我国居民衣着类消费支出   单位：元

地 区	城 镇				农 村
	衣着消费支出	其 中			衣着消费支出
		服 装	衣着材料	鞋 类	
全 国	1444.34	1057.11	9.71	323.39	264.03
北 京	2087.91	1458.16	12.75	532.49	699.42
天 津	1567.58	1122.04	15.26	355.95	365.86
河 北	1225.94	872.62	10.64	296.26	250.92
山 西	1205.89	890.15	7.04	264.71	315.78
内蒙古	2203.59	1615.6	6.77	468.89	317.71
辽 宁	1586.81	1104.74	11.65	399.67	369.15
吉 林	1570.68	1115.68	8.38	375.86	309.75
黑龙江	1608.37	1106.45	5.22	422.78	387.17
上 海	1794.06	1351.82	19.38	355.14	554.13
江 苏	1465.54	1092.05	14.97	303.36	350.01
浙 江	1802.29	1397.19	16.74	339.41	551.53
安 徽	1225.56	858.36	10.71	303.44	232.2
福 建	1281.25	990.57	5.37	248.13	310.14
江 西	1138.84	860.89	8.83	235.28	174.61
山 东	1745.2	1271.5	11.88	391.33	305.56
河 南	1444.63	1061.35	7.35	329.56	261.52
湖 北	1415.68	1067.18	7.42	299.32	217.61
湖 南	1277.47	946.42	8.34	280.73	209.85
广 东	1230.72	914.49	1.31	271.77	215.51
广 西	926.42	699.13	6.41	194.01	110.46
海 南	636.14	504.77	0.64	116.99	117.36
重 庆	1697.55	1249.02	8.08	378.44	224.13

续　表

地　区	城　镇				农　村
	衣着消费支出	其　中			衣着消费支出
		服　装	衣着材料	鞋　类	
四　川	1259.49	911.65	8.44	279.93	226.62
贵　州	1102.41	788.1	18.62	258.57	137.49
云　南	1158.82	840.8	8.09	283.36	160.72
西　藏	1158.6	842.03	5.47	287.74	326.65
陕　西	1428.2	1035.04	12.43	335.04	237.87
甘　肃	1255.69	889.83	16.98	288.5	184.23
青　海	1185.56	854.44	6.35	257.03	255.19
宁　夏	1417.47	1052.31	11.94	306.3	302.61
新　疆	1513.42	1073.12	16.84	350.45	303.66

资料来源：国家统计局。

　　除了上述"量"的需求，居民对服装、家纺的需求还有"质"的需求，纺织企业，尤其是下游企业为了提升产品的设计理念，提高产品的品牌效应，也有动机将企业迁移到大都市。根据课题组在无锡的调研结果，部分成衣企业家表示，未来随着企业的不断壮大，考虑将企业总部、设计和营销等高附加值环节转移到上海，因为上海有着国内最优秀的设计和营销人才。事实上，很多知名的纺织企业已经将总部迁移到了上海，包括彬彬集团、雅戈尔集团、美特斯邦威集团等，这些企业原来的总部都在浙江，并且以产业下游的成衣生产为主业，为了获得更好的人才支撑和打造企业品牌形象，在市场竞争中胜出，企业最终将总部迁移到上海。

　　以美特斯邦威为例，该企业原本是一家以生产、销售休闲服饰为主的温州企业，1995 年由温州本地人创立。其目标消费者是 16～25 岁活力和时尚的年轻人群，企业致力于打造"一个年轻活力的领导品牌，流行时尚的产品，大众化的价格"，倡导青春活力和个性时尚的品牌形象，带给广大消费者富有活力、个性时尚的休闲服饰品牌。这种市场定位决定了美特斯邦威在运营过程极为注重品牌形象，从产品设计与生产采购、物流、市场拓展、销售服务等环节都要围绕年轻人敏锐且易变的市场需求展开。根据美特斯邦威的说法，之所以要将总部迁移至上海，是为了"借助上海这个时尚之都和经济中心的区位优势和有利平台，充分整合配置资源，从业务模式创新转向管理模式创新，利用信息化平台整合社会资源，构建服装产业上下游生态链，加快物流、信息流、资金流的循环"①。美特斯邦威于 1998 年开始逐步把经营管理中心、研发中心移到上海，2005 年美特斯邦威集团上海总部正式启用。

（2）要素成本上升是影响产业跨区域转移的间接因素

传统观念认为，以劳动力成本为首的要素价格上涨是导致纺织等传统产业跨区域转移的主要原因。但是，不管是理论上，还是现实中，要素成本上升只是影响产业跨区域转移的间接要素，而非直接因素。第一，我国劳动力价格上涨是普遍性的，并不只是局限于东部沿海地区；第二，劳动力价格的上涨只有形成区位要素条件差异才会构成企业迁移的动因。

根据调研了解到的情况，纺织业不同产业环节的要素投入需求有所不同，产业上游对资本、资源能源的投入需求较大，产业中、下游对劳动力要素的投入需求较大。理论上，劳动力价格上涨将对产业中、下游的影响最大。但是，考虑到当前的纺织业市场结构，产业中游的产品差异化较小，同质化竞争较为激烈，大部分企业在该环节的市场定价权较小；产业下游的产品差异化相对较大，具有一定的定价权。因此，在劳动力价格不断上涨的情况下，产业下游可以通过提高市场价格消化成本，而产业中游只能通过稀释利润的方法消化成本。根据无锡的调研结果，近年来当地劳动力价格以年均 20％的速度在增长，对产业中游企业的发展产生了巨大压力。当劳动力价格上涨完全挤出利润的时候，企业就会选择从当地迁出。所以，如果从产业环节来看，现实中劳动力价格上涨对纺织产业中游的影响相对更大。

（3）产业配套设施对纺织企业迁移决策具有重要影响

纺织业的产业链条长度以及产业技术特征决定了产业配套设施对企业迁移决策的重要性。从纺织业的产业链条来看，产业上、中、下游对要素条件的要求非常不一致。根据历史部分的分析，对于纺织产业上游来说，天然纤维生产主要取决于农业生产条件，但是由于棉花的播种范围较广，更主要的是化学纤维已经大面积替代天然纤维，因此农业生产条件对于上游产业的区位选择影响不大。虽然如此，正如前面分析所指出的，化学纤维生产仍然依赖于一些重要条件，其中，石油资源和水资源就是极为重要的两项。对于行业中游来说，纺织业对于劳动力、水资源等的配套要求也很高，尤其是印染环节，对于水资源的要求是整个产

---

① 美特斯·邦威企业介绍材料。

业链条中最高的。对于产业下游来说，虽然属于劳动密集型产业，但是对于要素条件要求特殊的要求。因此，综合来看，接近需求端的产业下游对于要素条件的要求较为宽松，而产业中上游仍将更大地受制于资源要素条件。

所以在现实中，近年来产业上游仍然在向东部地区集中，产业中游也没有大规模向中西部转移，其中最重要的原因正是产业技术特性和产业配套问题。根据调研结果，纺织工业中的印染等环节都需要大规模地用水，对水资源条件的这种苛刻要求在中西部地区无法得到有效满足，这直接决定了很多企业仍然留在本地。根据调研，当前从东部地区迁出的纺织企业要么属于对产业配套要求较差的企业，要么承接地能够快速形成相应的产业配套设施。对中西部纺织业承接地的考察发现，大部分承接地在历史上都形成过一定规模的纺织业产能，在承接产业转移过程中，能够更好、更快地形成相应的产业配套。

另外，如果将政府服务能力作为产业配套实施的一种特殊类型，当前，落后地区的地方政府服务意识不够，"吃、拿、卡、要"现象严重也是企业不愿迁入的重要原因。即使是在江苏这样的发达省份，在苏北地区承接苏南地区相关产业时，上述问题也非常严重。根据调研了解到的情况，即使只有少数几家纺织企业从苏南转移至了苏北，但是其中的大多数企业经营并不理想，虽然在转入的时候，地方政府承诺了不少优惠条件，但是相关部门隔三差五地"上门拜访"给企业造成了巨大压力。

总体来看，纺织产业配套设施的区域完善程度差异决定了当前不太可能发生大规模的产业转移，东部地区的产业集群发展带来的集聚效应是当前吸引企业留在本地的最大动力。据中国纺织工业协会统计，全国已有超过 180 个纺织产业集群，主要集中在江苏、浙江、山东、福建和广东等东部沿海地区。与此同时，上述配套要求也决定了纺织业转移必然是一种集群式转移。

（4）转出地政策调控和转入地政策优惠是重要推动力

近年来，东部地区实施了一系列推动经济转型、产业升级的政策，包括土地、信贷政策等。特别是在用地指标紧缺的情况下，东部地区即使用地价格一再上升，普遍高于全国平均水平（见表 9-14），但是仍然存在供不应求的局面。在此背景下，上至中央，下到地方，都将"土地闸门"作为参与宏观调控的重要手段。以广东、江苏为例，为了实现产业升级，地方政府出台了包括"腾笼换鸟"、异地共建园区等多项政策措施，包括纺织业在内的劳动密集型传统产业普遍被视为需要换出去的"鸟"。据江苏昆山的纺织企业家介绍，虽然工业用地实行竞价用地原则，但是，相对于众多的候选项目而言，供地指标非常稀缺，在这种稀缺资源的配置过程中，一来是过高的用地价格将利润相对有限的传统产业挤出门外，二来即使纺织企业有心也有实力拿到土地。但是，由于地方政府对于当地土地资源配置具有主导权，在"与产业调整方向不符"等理由下，纺织企业也很难拿到土地。因此，在一些东部沿海地区，"地方政府对纺织企业用地关上了闸门"。

表 9-14   2011 年年底不同区域的城市地价水平   单位：元/平方米

地　　价	全国重点城市	东部地区	中部地区	西部地区
综合地价	4201	6129	2052	2902
工业地价	807	973	583	576

资料来源：国土资源部官方网站。

与此同时，中西部地区的一些省市也看准了纺织产业转移的大趋势，积极出台优惠政策吸引纺织企业落地。以江西省为例，在省市政府密集出台促进产业承接鼓励政策的大环境下，江西省 11 个设区市中，南昌、九江、抚州、赣州、新余和宜春六个设区市将纺织服装产业列为重要支柱产业，南昌、赣州两市专门编制了纺织行业发展专项规划，提出了纺织行业招商重点，九江共青城、奉新县政府也多次在北京、中国香港等地召开纺织产业专题招商会，此外，各地还纷纷采取以商招商、小分队招商、网上招商等多种形式推进招商工作。

在操作方面，江西省内 41 个纺织服装特色园区纷纷出台了"地方税收减免""优惠电价""规费减免"等相关政策，制定了"领导挂点服务""一站式服务""并联审批""联合审批"等服务制度。省内奉新县政府专门成立纺织产业发展领导小组，为纺织服装产业专门出台了用电、用工、技能培训、融资等方面的优惠政策；共青城开放开发区制定了企业落户收费"明白卡"，对入园企业实行"零规费"，并出台了用电、用水、品牌推进等方面的优惠政策；龙南经济技术开发区制定了一系列的"亲商、安商"措施，着力打造一流发展环境和一流服务环境，吸引了大批广东、浙江、福建企业落户。

9.4.4　当前纺织产业转移存在的主要问题

虽然当前纺织产业转移仍然处于起步阶段，但其长期趋势是可以确定的。从当前其他产业跨区域转移的现实来看，未来纺织产业跨区域转移也将可能发生一些潜在问题，而从当前我国纺织产业跨区域转移的影响因素来看，也有一些问题值得我们警惕。

(1) 行政力量过多介入产业转移

虽然中央层面多次强调纺织产业转移要本着"政府引导,市场主导"的原则,但从现实来看,转出地的政策因素起了重要作用。比如,有的地方不顾市场规律,以用地供给等行政性手段逼迫企业迁移。事实上,这是一种理念上的错误,即认为"纺织业是一种落后产业,与当前流行的大力发展的高新技术产业、战略性新兴产业、现代服务业的基调格格不入"。但是作为人类必需的消费品,纺织行业永远都不会是真正的"夕阳产业",正确的理念应该是加强研发设计,改造传统纺织业,而不是采取一刀切的"腾笼换鸟"。事实上,在我国的纺织强国战略中,提高技术创新、品牌建设和供应链管理能力,加速产业升级的步伐才是战略核心。

从趋势来看,政府的主导力量在当前阶段不会有太大的削弱,而政府主导的历史教训也极为深刻,因此,未来必须警惕政府暗地主导的情况,真正让市场机制发挥作用。

(2) 以产业转移为名,行污染转移之实

产业转移过程伴随的污染转移是全球通病,发达国家在向发展中国家转移产业时,往往也将污染转移到发展中国家。在国内,随着东部沿海地区加大产业结构调整力度,坚决淘汰落后技术设备,对高耗能、高排放、低档次的企业实施调整改造,客观上导致了一些"两高一低"企业向中西部转移,这其中就包括部分纺织企业。在一定程度上形成了沿海"驱污"、中西部"纳污"的现象,对此,必须加以高度警惕。

对于国内的纺织产业转移来说,纺织业作为水资源消耗的大户,化纤生产、印染等环节的环境造成的污染非常明显,如果将这些污染同时转移到中西部,将对国内生态环境造成不可估量的影响。首先,中西部地区属于相对落后地区,污染治理经费有限,这种"先污染,后治理"的模式绝不能再犯。其次,中西部地区承担着重要的生态职能,特别是对黄河、长江的保护,将对整个生态系统产生重要影响。为此,必须对产业转移过程中的污染转移问题高度关注。

(3) 不顾比较优势,盲目承接产业转移

承接产业转移必须根据地区的资源禀赋特征,从比较优势出发有选择性地承接。但是,在地方政府政绩考核体系以经济增长为核心的客观现实面前,一些地方不顾比较优势,不加选择地招商引资。而一些企业也为了获得地方政府给予的优惠,如获得稀缺土地资源,不顾市场规律将企业迁移过去。在这一过程中,不管是地方政府还是企业，都不是以发展为目的，转移只是幌子，一方为了短期政绩，一方为了获得零地价、无息贷款、免税等好处，悄然将不符合发展规律的产业引进落地，最终是"招得来，留不住"，并对其他成长型企业发展带来了冲击。要警惕纺织业跨区域转移过程中可能出现的这类做法。与此同时，仅从当前的纺织产业供求关系来看，我国纺织产业已经存在一定程度的产能过剩问题。为此，盲目而不加选择地承接纺织产业转移，可能并不能带来持久的经济利益。

9.4.5 推动纺织产业科学转移的政策建议

根据纺织产业转移的现状及未来趋势，重点结合当前存在的问题，下面给出推动纺织产业科学转移的几点政策建议。

(1) 以市场之力促纺织业跨区域转移

要充分尊重市场规律，以市场之力促纺织业跨区域转移。在产业跨区域转移过程中，政府的引导力量非常重要，但是必须注意政府行为的边界，切不可越俎代庖，用政府主导替代市场主导。从中央层面来看，对于纺织业跨区域转移的指导精神非常清楚，当前主要问题在于地方政府，要从规范政府行为出发，防止地方政府对纺织业在内的传统产业实施"一刀切"的"换鸟"政策。在用地政策和信贷政策上，要通过市场价格手段，而非政府行政手段进行调控。政府所要做的是，以不同区域的经济功能定位为依据，引导纺织业合理科学布局。

(2) 把资源环境协调作为根本保障

产业布局要与各地区资源、环境的承受能力相匹配，坚持实施绿色纺织、低碳纺织、循环经济纺织，是建设纺织强国的根本。要加强论证、持续发展，切实处理好中西部地区承接产业转移过程中的环境、资源和经济发展的关系。中西部地区地处江河中上游，如何解决水资源供给和工业排放污染问题是一个重要课题，警惕污染转移问题加剧中西部地区生态环境恶化，否则又将成为新的发展瓶颈。要把好生态环保关，根据当地资源环境承载力，加强科学论证，严格落实环境影响评价制度，合理选择产业门类，推广应用清洁生产技术。着力依靠科技创新和加强管理，建设资源节约、环境友好型产业，促进纺织工业形成可持续发展的生产力布局体系。

(3) 将纺织业升级改造与转移相结合

纺织业虽然属于传统产业，但是却存在很大的改造提升空间，可以将纺织业的升级改造与转移相结合。在当前的转移实践中,存在着一种低水平重复建设的苗头。在未来的产业转移过程中,不仅东部地区要率先发展纺织高新技术、设计创意、品牌渠道等价值链高端环节,对全国纺织业升级改造起到示范作用,中西部地区也要认真研究、科学发展,必须推动域内承接产业转移与推进产业转型升级的政策协调,把承接产业转移和推动产业结构调整、产业升级紧密结合起来,坚持本地区高起点、高标准承接项目,严禁落后生产能力转入,在转型升级的前提下引进企业。对此,在承接纺织项目时,要重点重视事前规划,重视产业发展的载体,即工业园区的规划建设,在产业配套及适宜落地方面进行科学论证。

(4) 鼓励多种形式的跨区域转移

鼓励通过兼并重组或新增投资等方式将纺纱、缫丝、织造、制品等部分制造环节从东部转移到具有一定产业基础的中西部和东北地区;支持有订单的纺织企业通过采购和经营合作等方式,加强东部与中西部和东北地区纺织企业的合作;鼓励东部地区优势纺织企业以技术和管理方式加强与中西部和东北地区纺织企业的对接,等等。重点鼓励行业龙头骨干企业引领纺织产业转移和升级,鼓励区域对接,实现共赢发展。比如东部地区的部分纺织产业园区可通过与中西部地区合作共同建设,形成"园内提升、园外拓展"的局面,不仅能够加快提升东部园区的创新能力,大力发展生产性服务业和总部经济,也可突破地区界限,鼓励跨区域发展,拓展产业发展空间。

本节参考文献:

[1] 汤文,张新菊."东锭西移"概况——"东锭西移"跟踪调查报告(之一/之四)[J].编辑.新疆财经,1997(3).

[2] 王小波."东锭西移"十年后上海欲重振纺织业[M].济参考报,2005-4-1.

[3] 中国纺织报编辑.新中国纺织工业难忘60年60事[N].中国纺织报,2009-10-12.

[4] 朱匡宇.上海纺织业的"凤凰涅槃"[N].天天新报,2008-12-7.

[5] 邹蓝,王永庆.产业迁移:东西部合作方式和政策研究[J].特区理论与实践,2000(3).

[6] 邹逸麟,谭其骧.中国历史时期蚕桑、植棉业和纺织业的分布和变迁[A].中国历史大辞典(历史地理卷)[C].上海:上海辞书出版社,1996.

[7] 邹逸麟.有关我国历史上蚕桑业的几个历史地理问题[A].载于复旦大学中文系编.选堂文史论苑[C].上海:上海古籍出版社,1994.

9.5 我国钢铁产业跨区域转移现状特征研究[①]

钢铁产业是重要的基础产业和支柱产业，在国民经济中占据重要地位，因而钢铁产业跨区域转移呈现出在政府主导下以"产业升级、优化结构、淘汰落后产能、向综合比较优势地区集中"为主基调的政策性转移特征，这是与一般产业中企业自发为主的跨区域转移不同的特性。从总体上看，基于我国钢铁产业上游资源分布较为分散、区域市场分割较为严重、地方政府经济发展诉求强烈等历史原因，我国钢铁产业布局依然过于分散，钢铁产业大规模转移尚未形成，但随着国内资源环境压力日益突出、出口比重日益提高，我国钢铁产业已经出现向沿海临港地区转移的趋势。在政府主导背景下，我国钢铁产业转移一般以国有大型钢铁企业集团为主要载体，以异地迁建和并购重组为主要方式。针对我国钢铁产业区域布局分散、布局不合理、可能带来新的产能过剩以及可能对环境造成的影响等问题，本书提出加快向东南沿海临港和西部地区转移、加快城市钢铁企业搬迁进程、鼓励跨区域并购重组和以政策引导替代行政主导等政策建议。

9.5.1 钢铁产业跨区域转移的产业基础

(1) 钢铁产业的产业特征及变化趋势

钢铁产业特征是影响钢铁产业布局和产业跨区域转移的重要因素，产业特征的实质性变化为产业布局调整和产业跨区域转移提供了必要条件。

一是产业关联度高，在国民经济中居重要地位。钢铁工业是国民经济的重要基础产业，是工业化的先导产业和支柱产业，钢铁产业链工业产值约占我国GDP 总量的 9%[②]，是国家经济水平和综合国力的重要标志。

作为原材料基础工业，钢铁产业与其他产业关联度高，钢铁产业的发展与第二产业在国民经济中所占比重呈正相关关系（如图 9-12 所示）。因此，钢铁产业在地区经济发展中占有非常重要的地位，区域产业政策、地方政府态度等都是直接影响到钢铁产业跨区域转移的重要因素。

---

① 本部分由郭凯、王云平合作完成。
② 数据参考国家统计局。

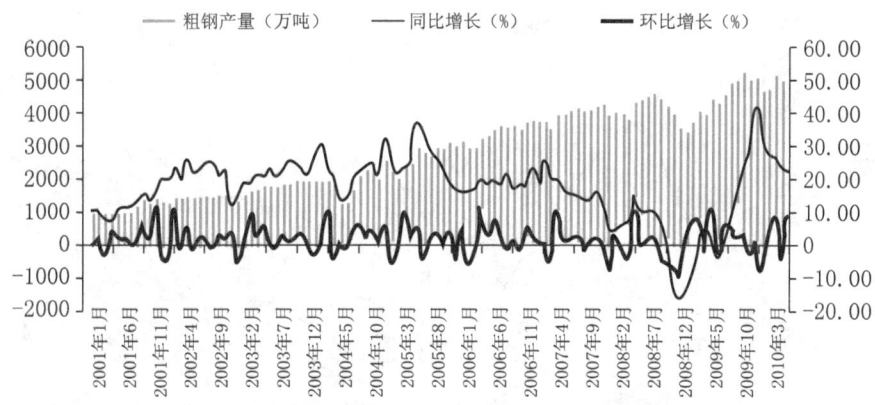

图 9-12　钢铁产业发展与第二产业增长高度相关

资料来源：国家统计局：《中国钢铁工业年鉴》（2001—2011）。

　　二是钢铁产业链长，产业比较优势受多种因素影响。如图 9-13 所示，钢铁产业链上下游涵盖多个产业，钢铁产业的比较优势受到来自上游的黑色金属采选、煤炭、炼焦等行业对原材料供给成本（含运输成本）的影响，同时也受到下游的基础建设、建筑、机械、船舶、汽车、家电、装备制造、石油、铁路等行业市场对钢铁产品运输成本的影响。

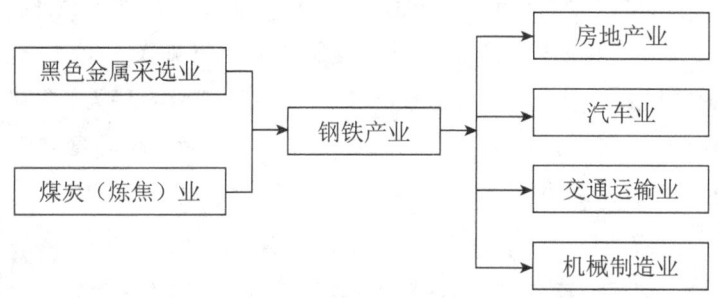

图 9-13　钢铁产业链

资料来源：作者根据钢铁产业上下游关系绘制。

　　三是产业集中度低，未来提升空间大。截至 2011 年，我国钢铁企业数量已经超过 12000 家，以前十家钢铁企业粗钢产量占全国粗钢产量比重衡量的集中度（CR10）（如图 9-14 所示）伴随着行业发展呈现出先降后升态势。2011 年 CR10 为 49.4%，与发达国家 60% 以上的集中度相比，仍处于较低水平，未来产业集中度提升还有很大空间。

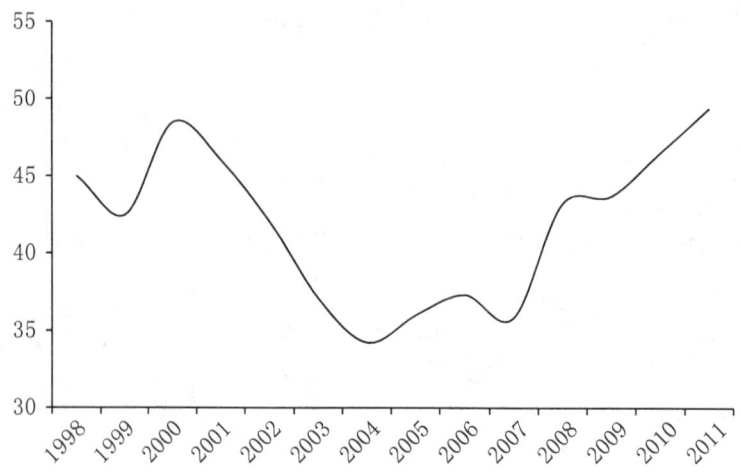

图 9-14 我国钢铁产业集中度（CR10）

资料来源：国家统计局：《中国钢铁工业年鉴》（2001—2011）。

我国钢铁产业集中度低的一个重要原因是 80 年以来，全国各省市在政府主导下大量建设钢铁项目以提高本地 GDP 水平，是产业布局分散的结果。

四是产能过剩明显，结构调整是趋势。近年来，我国钢铁产业固定资产投资增长过快，导致供给增长过快，产能严重过剩，而需求增速落后于产能供给增速。特别是，2006 年以来，产能过剩现象尤为突出（如图 9-15 所示），2007—2008 年金融危机后，受出口大幅减少影响，产能过剩最为严重。2009 年，钢铁产业在国家"四万亿"投资刺激下，供需暂时出现平衡，但随着刺激力度减弱，产能过剩重新呈扩大趋势。

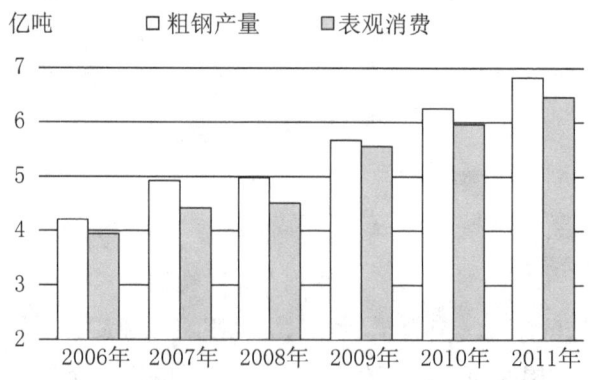

图 9-15 我国钢铁产业粗钢产量与表观消费量的比较

资料来源：国家统计局：《中国钢铁工业年鉴》（2001—2011）。

　　我国钢铁产业的产能过剩是结构性产能过剩，因为我国钢铁产品以初级产品为主，高端精品钢铁产品（如高端的汽车板、硅钢、镀层板、电工板、薄板）比重较低且与国际水平存在一定差距，远未能满足功能市场需求。因此，未来我国钢铁产业必将进行较大程度的结构调整，将带来钢铁产业布局变化，为钢铁产业跨区域转移提供契机。

　　五是技术特征变化。长期以来，钢铁产业属于资源密集型和资本密集型产业，钢铁产业的发展一直遵循外延式扩张，追求规模经济性，通过产能扩张降低成本来提高竞争力。然而，随着近年来钢铁产业技术的发展，以内涵式、集约化、循环经济为原则，能源资源消耗少、环境影响小、占地面积小、原材料运输成本低为特点的短流程、技术密集型钢铁企业得到快速发展，突破了资源约束，为钢铁产业布局调整和产业转移创造了技术条件。目前，我国钢铁产业技术水平较低，多数钢铁企业依然陷于产能扩张的外延式发展轨道，部分大型钢铁集团具有技术研发优势，通过异地迁建实现技术升级将是产业转移的重要动因。

　　六是规模经济效益显著。在技术不变的条件下，钢铁产业具有较强的规模经济性。由于我国钢铁产业平均技术水平较为落后，规模经济效益更为明显。在达到规模产能前，钢铁企业具有扩张产能、降低成本的冲动。然而，大量依托城市建立的钢铁企业在未来产能扩张时越来越受到资源、环境条件约束，异地迁建式的产业转移将成为钢铁产业发展的必然趋势。

　　（2）国际钢铁产业布局演变趋势

　　从世界范围来看，钢铁产业布局主要有 3 种基本形式：资源依托型、临海港口型和市场邻近型。世界钢铁产业布局经历了两种演变历程。

　　① 资源依托型布局阶段

　　世界钢铁工业发展早期大多属于内陆资源依托型布局，又经历了就煤布局和就铁布局两个阶段。在二战前相当长的一段时期里，主要是在大煤田区建钢铁联合企业，煤铁复合区是最理想的区位。二战后，随着冶炼技术的改进，特别是炼铁焦比的下降，炼铁业由就煤布局向就铁布局演变，形成了在铁矿区形成了钢铁工业基地，以及介于煤铁资源运输线上的基地。

　　从 20 世纪六七十年代开始，世界钢铁工业布局基本呈现出两种发展趋势：从资源依托型向临海港口型演变的日本模式和从资源依托型向市场邻近型演变的美国模式。

　　② 从资源依托型向临海港口型演变（日本模式）

　　随着工业化进程的深入，钢铁产品应用领域逐渐扩大，尤其是伴随着资源和产品市场的国际化，一些国家的钢铁工业在布局上开始向大型海洋港口附近集中。最具代表性的日本钢铁工业，最初是以原料地指向型为主的八幡、釜石、室兰，进而在作为钢铁产品主要消费地的工业带内的尼崎、广田、小仓、船町、京浜，而"二战"后开始向大型海洋港口附近集中，这样既能充分利用钢铁生产所需的水资源，又能依靠海运条件进口铁矿和煤炭资源，产品出口也比较方便。

如图 9-16 所示，经过多年的空间演化，日本的钢铁工业呈现出一种典型的临海型布局，绝大部分钢铁企业分布在面向太平洋的带状工业区内，形成长达近1000km、全世界最集中的沿海钢铁工业带。这个区域集中了日本 85% 左右的生产量和消费量。

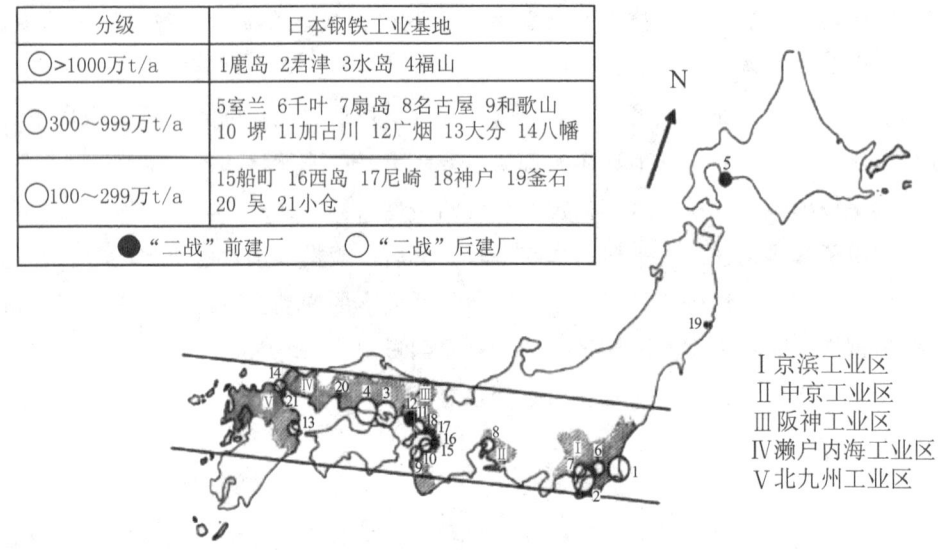

图 9-16　日本钢铁产业布局演变

资料来源：杜立辉、聂秀峰、刘同合：《2000—2009 中国钢铁产业布局变化及国际比较》。

日本模式的优势在于能够充分整合"两种资源"（即国内技术、人才等无形资源和国际煤、铁焦等物料资源），满足国内国际"两个市场"，缩短原料的运输距离、降低原料的运输成本，精心选址，缩短市场半径，与产业下游企业通力协作对接、降低物流成本，从而最大限度地发挥区域比较优势。当然，日本模式也存在沿海建厂建设周期长、投资大，建设配套设施多等缺点。

③ 从资源依托型向市场邻近型演变（美国模式）

与资源匮乏的日本不同，美国国土面积较大、煤铁资源丰富且分布较为均匀、内河航运发达、国内工业基础雄厚、钢铁消费市场容量大。因此，美国钢铁工业布局逐步由资源依托型向市场邻近型演变，钢铁工业主要集中在美国重工业最发达的大西洋沿岸北段和五大湖南岸地区（两个地区钢铁联合企业约占全美钢铁联合企业 80% 的炼钢能力），形成以钢铁及相关工业为主的综合性工业基地。

如图 9-17 所示，"二战"后，美国废钢存量大增，以废钢为原材料的、技术先进的短流程小钢厂（mini-mill）迅猛发展（产量占比超过 60%），邻近水源、废钢产地、消费市场的区域成为美国钢铁工业布局首选。

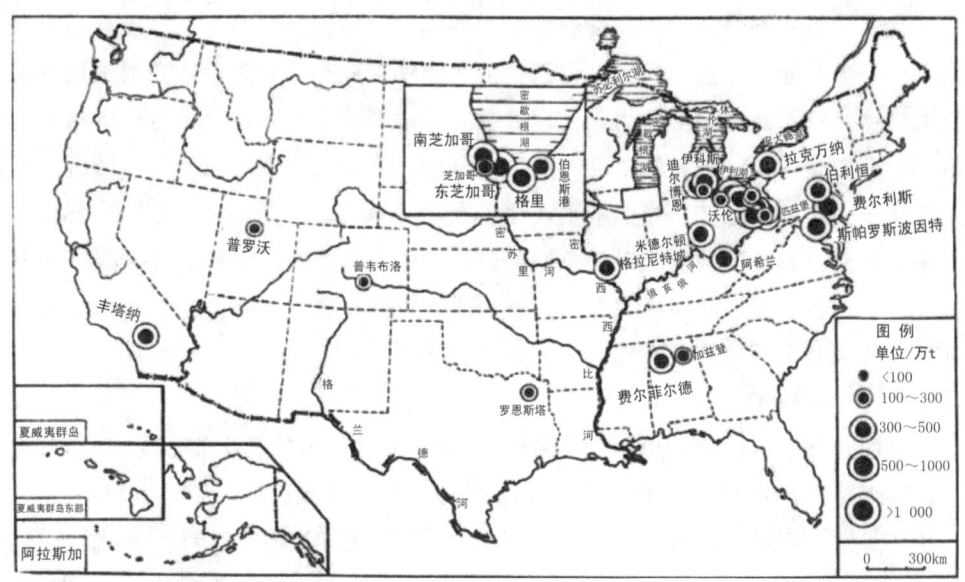

图 9-17　美国钢铁工业布局

资料来源：杜立辉、聂秀峰、刘同合：《2000—2009 中国钢铁产业布局变化及国际比较》。

美国模式的优势主要在于邻近消费市场，与下游产业有效衔接，形成产业集聚，节约钢铁产成品运输成本，有利于发挥区域成本优势；迷你钢厂分散布局，具有技术优势、环保优势。当然，美国模式具有一定的内在条件，如国内煤铁资源丰富、消费市场发达、废钢存量大等。

（3）我国钢铁产业布局历史和现状

与国际钢铁工业布局演变趋势相似，我国钢铁工业也经历了离铁就煤、离煤就铁、就煤就铁、沿海基地等发展阶段。

① 我国钢铁产业布局的历史演变

A. 资源依托型布局阶段

在新中国成立初期，我国钢铁产业利用国内资源和靠近铁矿原料产地的原则进行布局，形成了资源依托型布局。从 1964 年到 20 世纪 70 年代中期，随着"三线建设"的高潮，钢铁工业布局进一步展开，在西南、西北建设了一批特钢基地，形成备战备荒型的布局，逐步建设发展，形成了依托本地煤铁资源的"三大、五中、十八小"①格局。这些新建或扩建企业构成了当时我国钢铁产业的基本格局。

B. 向临海型和市场邻近型演变

1978 年改革开放以来，是我国钢铁工业发展最快、布局情况最复杂的时期。一方面，市场机制开始发挥在资源配置中的作用，临近沿海地区和靠近产品消费市场的企业开始大量涌现；另一方面，由于钢铁工业是基础工业，在促进地方经济发展中具有举足轻重的作用，在地方政府推动下，除西藏以外，全国各省市都有钢厂分布，导致我国钢铁工业布局过于分散、产业集中度过低等不利局面。

由于我国地区经济发展的不平衡性，东部沿海地区经济最为发达，工业化水平率先提升，钢铁消费需求市场急剧膨胀，刺激了这些地区钢铁工业发展快于其他地区。因此，我国临海区域与消费市场区域正好重合，向临海型与市场邻近型演变，成为我国钢铁产业布局演变的必然趋势。

② 我国钢铁产业布局现状

如图 9-18 所示，从 2010 年以前的数据分析看，我国钢铁产业布局不合理状况尚未得到改观，钢铁产业"北重南轻"布局态势长期未能得到改善，东南沿海钢材供给不足，部分地区钢铁工业布局不符合全国主体功能区规划和制造业转移的要求。

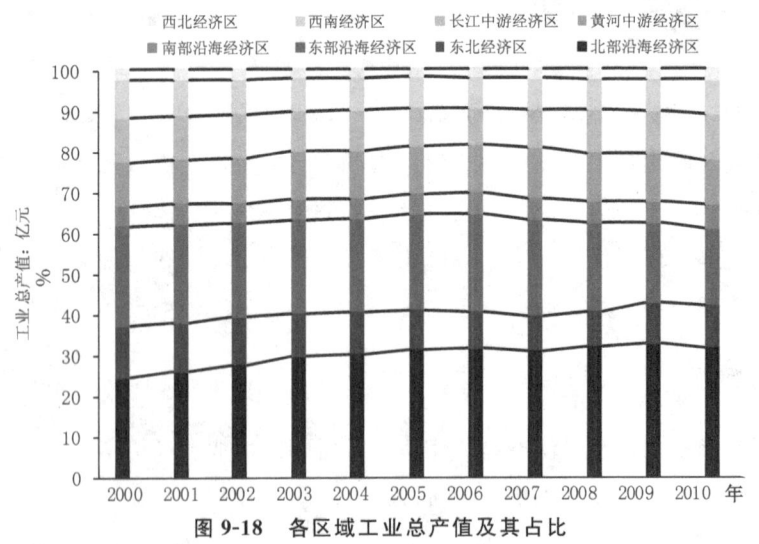

图 9-18　各区域工业总产值及其占比

资料来源：国家统计局：《中国钢铁工业年鉴》（2001—2011）。

---

① 三大：鞍钢、武钢、包钢；五中：太原、重庆、北京石景山、马鞍山、湘潭；十八小：邯郸、济南、临汾、新余、南京、柳州、广州、三明、合肥、江油、乌鲁木齐、杭州、鄂城、涟源、安阳、兰州、贵阳、通化。

经济最发达、钢铁供不应求的东部经济区和南部经济区钢铁工业总产值占比却出现下降，而严重供过于求的北部经济区钢铁工业总产值占比却继续呈明显上升趋势。由此可见，我国钢铁产业布局不合理状况并未得到根本改观。

9.5.2 我国钢铁产业转移的特征

(1) 我国钢铁产业转移的规模和方向

首先，我国钢铁产业转移规模较小，2010 年前转移方向总体上是向东部地区转移，以向省内沿海港口和邻近省份沿海港口地区转移为主。

我们对钢铁产业跨区域转移规模的研究采用广义的产业转移概念，将分别从各区域固定资产投资变化、各区域钢铁工业总产值变化两方面来对钢铁产业区域转移进行测量。

第一，以固定资产投资测度[①]，2010 年前我国钢铁产业跨区域转移规模较小。

如图 9-19 所示，按钢铁产业固定资产投资总规模占比计算，东部地区长期远高于中西部地区，10 年内东部地区固定资产投资规模占比下降了 3%，中部地区上升了 2.1%，西部地区上升了 0.9%。按钢铁产业新增固定资产投资规模占比计算，原来"三分天下"较为平衡的区域新增投资规模占比被打破，东部地区新增固定资产投资规模占比上升了 11.9%，中部地区下降了 9.2%，西部地区下降了 2.7%。由于新增固定资产投资更能够反映产业跨区域转移情况，因此，这些数据表明，我国钢铁产业跨区域转移规模较小，转移方向是向东部地区转移。

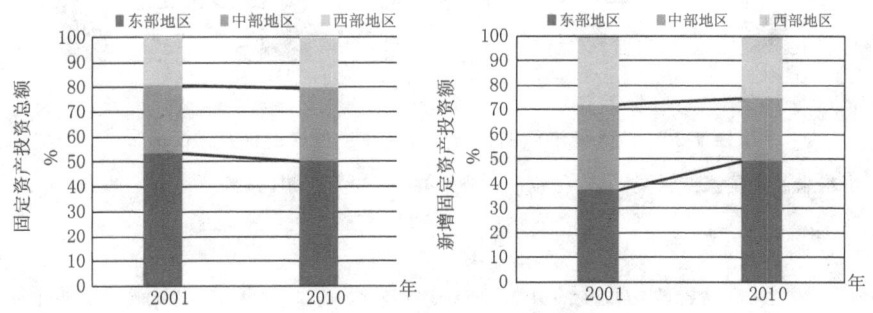

图 9-19 东、中、西部各区域钢铁产业固定资产投资占比变化情况

资料来源：国家统计局：《中国钢铁工业年鉴》(2001—2011)。

---

① 由于无法获得钢铁产业跨区域投资的数据，我们只能选择各区域钢铁产业固定资产投资占全行业固定资产投资总额的比例变化，来间接测量钢铁产业跨区域转移的规模。

此外，根据国务院发展研究中心的《地区协调发展的战略和政策》报告，考虑各地区经济总量、地缘特征等因素，可以将我国进一步划分为八个经济区[①]，各经济区钢铁产业固定资产投资变化见表 9-15 和图 9-20。

表 9-15　我国各经济区钢铁产业固定资产投资规模占比的变化情况　单位：%

地 区	固定资产投资占比变化	新增固定资产投资占比变化
北部沿海经济区	3.3	14.8
东北综合经济区	−3.8	7.1
东部沿海经济区	−1.9	−7.3
南部沿海经济区	0.2	−1.0
黄河中游经济区	1.4	−9.0
长江中游经济区	−0.7	−11.4
西南综合经济区	2.1	8.8
西北综合经济区	−0.6	−2.0

资料来源：国家统计局：《中国钢铁工业年鉴》(2001—2011)。

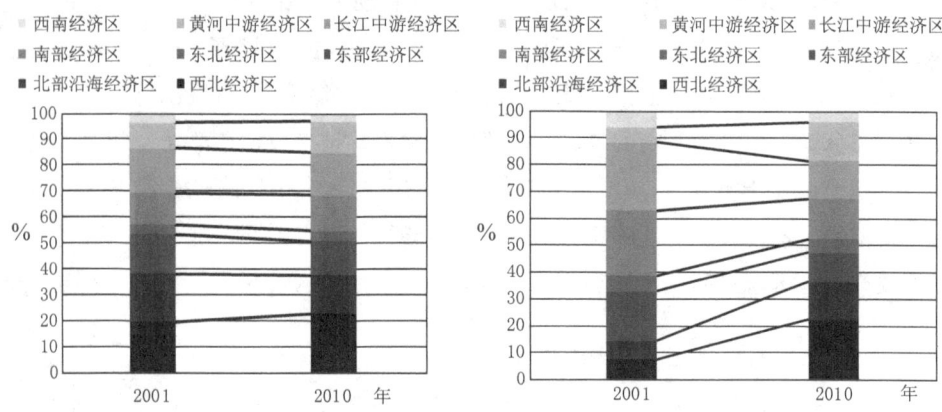

图 9-20　八大经济区钢铁产业固定资产投资占比变化情况

资料来源：国家统计局：《中国钢铁工业年鉴》(2001—2011)。

---

① 八个经济区：东北综合经济区（辽宁、吉林、黑龙江；能源原材料和设备制造业基地）、北部沿海经济区（北京、天津、河北；高新技术研发和制造中心）、东部沿海综合经济区（上海、江苏、浙江；多功能制造业中心）、黄河中游经济区（陕西、山西、河南、内蒙古；最大煤炭开采深加工基地、钢铁工业基地）、长江中游综合经济区（湖北、湖南、江西、安徽；以钢铁和有色冶金为主的原材料基地、汽车生产基地）、南部沿海经济区（福建、广东、海南；高档耐用消费品生产基地、高新技术产品制造中心）、西南综合经济区（云南、贵州、四川、重庆、广西；以重庆为中心的重化工业基地）、西北综合经济区（甘肃、青海、宁夏、西藏、新疆；重要的能源战略接替基地）。

　　总体上看，我国各主要经济区钢铁产业固定资产投资总体规模占比变化不大，其中北部沿海经济区和西南综合经济区占比增加，而东北综合经济区和东部沿海经济区占比下降；我国各主要经济区钢铁产业新增固定资产投资规模变化较大，其中北部沿海经济区、西南综合经济区、东北综合经济区占比增加，而东部沿海经济区和中部地区（黄河中游、长江中游）占比下降。

　　从各省数据看（见表 9-16），北京占比下降、河北占比上升表明北京钢铁产业（首钢）向河北沿海地区（唐山曹妃甸）转移，辽宁钢铁产业（鞍钢）向省内沿海地区（营口）转移，上海钢铁产业（宝钢）和湖北钢铁产业（武钢）转出都较为明显，江苏、河南和重庆转入较为明显。

表 9-16　我国各经济区钢铁产业固定资产投资规模占比的变化情况 单位：%

省　份	固定资产投资占比变化	新增固定资产投资占比变化
北　京	−1.4	−0.2
河　北	2.8	13.6
辽　宁	−4.5	5.3
上　海	−8.3	−16.1
江　苏	7.3	7.7
山　西	−1.4	−4.8
河　南	3.4	5.3
湖　北	−4.8	−16.2
重　庆	3.1	8.7
广　西	1.4	1.1

资料来源：国家统计局；《中国钢铁工业年鉴》（2001—2011）。

　　由此可见，以各区域钢铁产业固定资产投资指标测度，我国钢铁产业跨区转移规模较小；总体转移方向是向东部地区转移，以向省内沿海港口和邻近省份沿海港口地区转移为主。

　　第二，以钢铁工业总产值测度，我国钢铁产业跨区域转移规模较小。

　　根据相关文献，我们可以采用绝对值和相对值进行测度。如图 9-21 所示，以我国钢铁产业各区域工业总产值占比看，东部地区显著高于中西部地区，而且三大区域工业总产值份额变化很小。在各经济区中（如图 9-22 所示），东部沿海地区钢铁产业产值比重下降了 5.6%、北部沿海经济区上升了 5.8%，其他区域钢铁工业总产值占比变化不大。

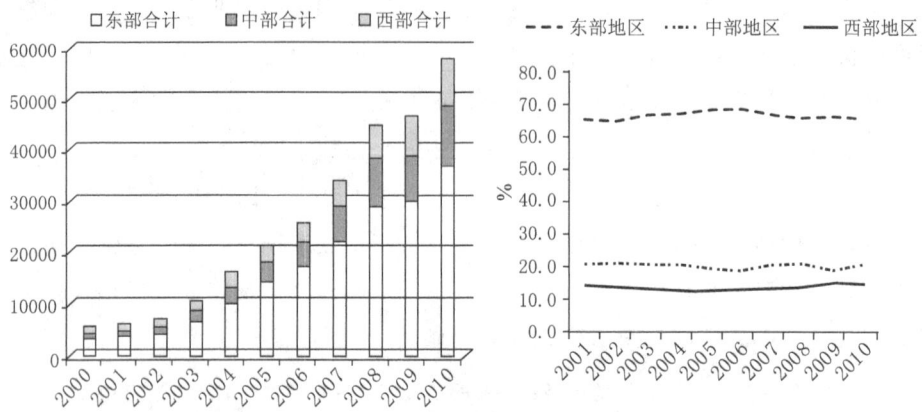

图 9-21　我国钢铁产业东、中、西部工业总产值变化

资料来源：国家统计局：《中国钢铁工业年鉴》（2001—2011）。

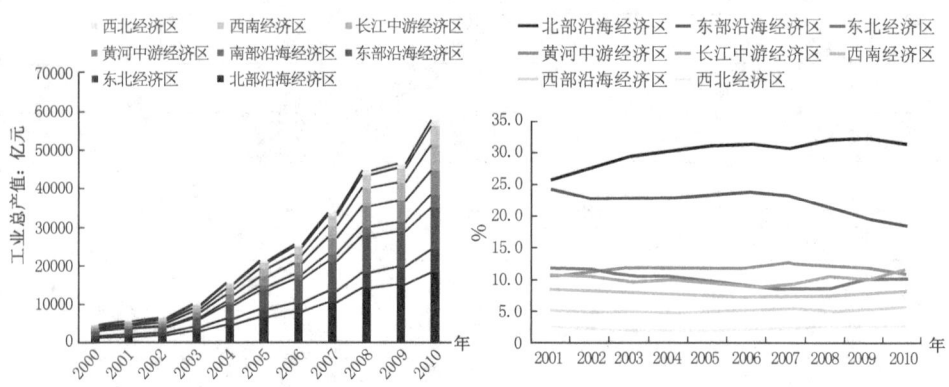

图 9-22　我国钢铁产业各经济区工业总产值份额变化

资料来源：国家统计局：《中国钢铁工业年鉴》（2001—2011）。

　　从各省、自治区和直辖市 10 年来的数据看（见表 9-17），钢铁产业产值占比增加的省份达 16 个，下降的有 10 个。其中，北京、上海的钢铁产业产能转出较为明显，工业总产值分别下降了 4％和 8.9％，河北省钢铁产业产能增加最为突出，工业总产值增加了 7.2％，其次是江苏增加了 2.3％。

　　由此可见，以工业总产值测度，我国钢铁产业跨区域转移规模较小，转移方向以省内和向邻近省份的沿海地区转移为主。

表 9-17　我国各经济区钢铁产业工业总产值占比的变化情况　　单位：%

地　区	工业总产值占比变化
北部沿海经济区	5.8
东北综合经济区	−1.5
东部沿海经济区	−5.6
南部沿海经济区	0.7
黄河中游经济区	1.4
长江中游经济区	−0.7
西南综合经济区	2.1
西北综合经济区	−0.6

资料来源：国家统计局：《中国钢铁工业年鉴》（2001—2011）。

从上述 2010 年前十年我国钢铁产业转移数据分析看，2010 年前我国钢铁产业转移主要方向是向东部地区转移，而东部地区内转移则包括向省内沿海港口和邻省沿海港口地区转移。省内转移主要是由省内中心城市向港口城市转移，邻省转移则是由非港口城市向沿海港口省份（特别是拥有优良港口的城市）转移。

省内转移：鞍钢项目是省内转移的典型案例。东北经济区是我国传统的重型装备制造业基地和能源、原材料制造业基地，既有原材料成本优势，也具有临近消费市场优势，为区域内转移提供了基础。辽宁省以鞍钢、本钢合并重组为契机，在营口港建设鲅鱼圈钢铁基地项目，实现了省内向沿海港口地区的产业转移。再如，山东济钢与莱钢合作，在山东省内建设日照钢铁精品基地项目，也属于省内向沿海港口地区转移的案例。

跨省转移：首钢曹妃甸项目以及最近获批的宝钢湛江项目和武钢防城港项目都是跨省转移的案例。首钢为了降低首都资源环境压力，以奥运为契机，实施了搬迁项目，压缩北京本地产能，在邻近的河北省唐山建设曹妃甸钢铁精品基地项目，完成了向邻省沿海港口地区的转移。宝钢集团广东湛江钢铁基地项目（总投资为 696.8 亿元）和武钢广西防城港钢铁基地项目（总投资为 639.9 亿元）纷纷获批，山东日照钢铁精品基地项目也在审批中。其中宝钢湛江项目建设通过产业布局调整就是为了有效解决钢铁产业"北重南轻"问题迈出的第一步。作为中国国内最大的钢铁消费市场，广东市场钢材自给率仅为 40% 左右，其中板材自给率仅为 33%，大部分钢材需从省外调入或者进口。湛江项目建成后，可以生产汽车板、家电板等高档次产品，替代进口原料，就近满足广东汽车、家电、轻工等行业发展的需要。

其次，未来我国钢铁产业跨区域转移的总体趋势是向沿海临港地区转移。

第一，未来我国钢铁产业向沿海临港地区转移趋势。

我国钢铁产业在几十年的发展过程中，已经形成了较为稳固的资源聚集区布局现状。然而，随着经济快速发展、城市化进程推进、沿海地区工业化加速，我国钢铁产业出现了向沿海地区、靠近钢铁消费市场转移的趋势。从表 9-18 可以看出，近年来特别是近两年我国钢铁产业向沿海地区转移的产能规模已经超过 1 亿吨（其中 85％以上的沿海钢铁基地是近两年新批准建设的，而这些数据并未包含在前述钢铁产业转移数据中），占我国钢铁产业总产能的 15％左右。

表 9-18　我国向沿海临港转移的钢铁基地项目

沿海钢铁基地	原企业	（一期规划）产能（万吨）
鞍钢鲅鱼圈钢铁基地*	鞍　钢	500
曹妃甸钢铁精品基地*	首钢＋唐钢	485（一期总量 970）
唐山京唐港基地	河北钢铁	1000
日照钢铁精品基地	济钢＋莱钢	300
南京钢铁集团*	南　钢	650
沙钢新区（张家港）*	沙　钢	—
宝钢集团*	宝　钢	3000
宁波钢铁（北仑港）*	宁　钢	400
宁波大榭岛	杭　钢	600
福建宁德	鞍　钢	1200
广州南沙开发区	广　钢	500
湛江钢铁基地	宝钢＋广钢＋韶钢	1000
防城港钢铁基地	武钢＋柳钢	1000
合　计		11120

注：* 表示已经投产的钢铁基地项目。

资料来源：王海壮、栾维新、马新华：《我国钢铁工业沿海布局战略研究》，《世界地理研究》，2011 年第 20 卷第 2 期。

第二，未来我国钢铁产业向西部地区小规模转移趋势。

目前我国处于工业化的中期，由工业化中期向后期的过渡正是钢材需求由高速增长向低速增长的时期，但总体来说还处于增长期。我国钢铁产业整体结构发展不平衡，东部地区现已进入后工业化时期，而西部地区仍处于快速工业化和城镇化时期，国家快速铁路网的建设、西部大开发、城镇化推进以及钢铁下游产业集群向西部转移都会形成钢材消费需求，因此我国西部地区，特别是存在资源优势和市场需求的地区具有一定的承接钢铁产业转移的条件。我国钢铁产业向西部地区转移的案例包括宝钢并购八一钢铁、武钢在广西建设防城港项目、武汉钢铁集团与云南昆明钢铁战略联盟以及重庆钢铁搬迁项目等。

（2）我国钢铁产业转移的载体主要是大型国有控股钢铁集团

首先，大型国有控股钢铁集团是我国钢铁产业的中坚力量。尽管我国钢铁产业集中度与国际同行业相比依然较低，但近年来产业集中度正在逐年上升，2011 年我国排名前十位的钢铁企业集团（见表 9-19）占我国钢铁产业总产能的比重（CR10）已经达到 49.4%，而它们除了江苏沙钢集团外，都是国有大型控股集团。

表 9-19 2011 年我国钢铁企业集团排名（按产能）

序　号	企业集团	产量（万吨）	营业收入（万元）
1	河北钢铁集团	7113.45	22709711
2	鞍本集团	4624.16	22060000
3	宝钢集团	4334.09	27298409
4	武钢集团	3768.49	19069111
5	江苏沙钢集团	3192.32	17862398
6	首钢集团	3003.59	19753446
7	山东钢铁集团	2402.32	10976027
8	渤海钢铁集团	1919.36	26667844
9	马钢（集团）控股	1668.40	6805958
10	湖南华菱钢铁集团	1588.97	6578713

资料来源：国家统计局：《中国钢铁工业年鉴》（2001—2011）。

其次，我国钢铁产业政策向国有钢铁企业倾斜。此外，由于钢铁产业是国民经济的重要基础产业，是工业化的先导产业和支柱产业，近年来政府提升钢铁产业集中度的行政干预逐步增强。2005 年出台的《钢铁产业发展政策》、2009 年出台的《钢铁产业调整和振兴规划》以及2011年的《钢铁工业"十二五"发展规划》都提出支持和鼓励有条件的大型企业集团进行跨地区的联合重组。其中，《钢铁工业"十二五"发展规划》中再次提出重点支持优势大型钢铁企业开展跨地区、跨所有制兼并重组，而且在规划中明确提出要充分发挥宝钢、鞍钢、武钢、首钢等大型钢铁企业集团的带动作用，重点推进完善鞍钢与攀钢、本钢、三钢等企业，宝钢与广东钢铁企业，武钢与云南、广西钢铁企业，首钢与吉林、贵州、山西等地钢铁企业兼并重组。由此可见，政府对通过大型国有控股钢铁企业集团实施跨区域并购重组，实现钢铁产业跨区域转移的干预和政策支持。

再次，钢铁业国进民退，民营钢铁企业成为被重组对象。尽管近年来我国民营钢铁企业得到了长足发展，规模实力和竞争力明显提高，先后涌现出沙钢、建龙、日照等大型民营钢铁企业，但长期以来民营钢铁企业一直在国有钢铁企业夹缝中生存，存在粗放式发展与低水平重复建设，重短期利益、轻长远发展，资源环境欠账过多，在项目审批、土地手续、环保审批等方面存在违规现象等诸多问题。因此，我国民营钢铁企业在我国钢铁产业跨区域转移中更多的是担当配角或被重组对象，特别是在国家宏观调控、遏制高耗能产业投资过快增长以及钢铁产业政策向国有大型钢铁企业倾斜、各省市画地为牢式推进本地钢铁企业大重组的背景下更是如此。例如，我国民营大型钢铁企业集团中，江苏铁本集团于2004年因违规扩建和违法征地被迫停产，2004年后，建龙钢铁先后被杭钢集团、宝钢集团重组，2008年后，日照钢铁被山东钢铁集团重组。截至目前，民营钢铁企业跨区域重组案例仅有江苏沙钢集团对安阳永兴钢铁公司、安阳华诚特钢公司和河南汇丰管业公司、河南利源煤焦集团公司的重组一例。

最后，我国跨区域转移案例中，绝大多数均以国有大型控股集团为主导。从近年来我国钢铁产业跨区域转移的案例看，我国钢铁产业转移的载体也主要是大型国有控股钢铁企业集团。我国钢铁产业的跨区域转移都是以现有的国有大型钢铁集团为载体，通过异地投资、搬迁建设以及并购等方式进行的。例如，宝钢集团为实施其"两角一边"战略布局，先后在西部地区新疆并购八一钢铁，在邻近省份浙江并购宁波钢铁，在广东整合了广钢、韶钢，在广东湛江新建精品钢铁基地，还曾谋划对安徽钢铁业、河北钢铁业的并购等。武钢集团则先后在西南地区与云南钢铁、广西钢铁联盟，在广西防城港新建精品钢铁基地。

此外，除宝钢集团外，武钢集团、首钢集团、鞍本集团、河北钢铁集团、山东钢铁集团等也在不同程度上通过异地并购、整合和省内重组等方式实现了跨区域转移。详见表9-20。

表 9-20 我国钢铁产业跨区域转移主要载体——六大钢铁集团

整合主体	被 整 合 企 业
宝钢集团	新疆八一钢铁有限公司
	韶钢集团
	广钢集团
	浙江宁波钢铁有限公司
武钢集团	昆明钢铁股份有限公司
	鄂城钢铁有限责任公司
	柳钢集团（广西钢铁集团）
首钢集团	水城钢铁（集团）有限公司
	贵阳特殊钢有限公司
	长治钢铁（集团）有限公司
	京唐钢铁公司
河北钢铁集团	唐山钢铁集团
	邯郸钢铁集团
	宣钢集团
	承德钢铁
	河南舞阳钢铁
	石家庄钢铁股份公司
鞍本集团	鞍山钢铁集团
	本溪钢铁集团
	攀钢集团
山东钢铁集团	济南钢铁集团
	莱芜钢铁集团
	日照钢铁集团

资料来源：作者根据各钢铁集团网站整理。

（3）我国钢铁产业转移的方式

从目前我国钢铁产业转移的案例看，我国钢铁产业转移的主要方式包括异地迁建、并购、绿地投资（新建）等方式。

① 异地新建投资方式

由于部分重点城市钢厂与所在城市发展定位冲突明显且越来越受到资源环境

制约，必须采取迁建方式，压缩原有转出地的落后产能，同时在异地新建精品钢生产基地。

例如，位于北京市石景山区的首钢集团随着产能不断扩大，污染排放日益严重，资源环境矛盾逐步恶化，企业不得不通过减产、技术改造应对，最后随着北京市申奥成功，首钢集团做出整体搬迁，压缩、淘汰北京市内落后产能，在邻省沿海地区——河北省曹妃甸新建钢铁精品基地项目，提升产业链高端产能的决策。2005年2月国务院批复原则同意首钢实施压产、搬迁、结构调整和环境治理的方案，并同意在河北省唐山地区曹妃甸建设一个"具有国际先进水平"的钢铁联合企业，作为首钢搬迁的载体。2010年年底首钢石景山钢铁主流程停产和京唐钢铁公司全面投产，首钢的搬迁调整取得决定性胜利。首钢石景山钢铁主流程的停产减少产值约400亿元，但同时首钢通过搬迁调整，实现了技术升级、优化了产业布局、改善了产品结构、提高了附加值，首钢生产能力从过去的800万吨上升到3000万吨，高端产品市场占有率迅速提高，管线钢居第一位，家电板、集装箱板居第二位，汽车板居第四位。

又如，随着城市飞速扩张和环境保护的加强，在为经济发展做出重要贡献的同时，重钢成了重庆主城重要的污染源。重庆钢铁集团考虑资源环境约束、产业升级、扩大产能等问题，于2007年5月启动重钢环保搬迁，2011年9月完成搬迁，将原城区内的主厂区转移到距离重庆主城区65公里的长寿区江南镇。这是继首钢之后中国钢铁工业第二家实施环保搬迁的大型企业。与首钢搬迁类似，重钢异地迁建在淘汰原有落后产能的同时，全面采用了新技术、新装备和新工艺，将在新址建成600万吨产能的长江上游钢铁精品生产基地和中国重要的船舶用钢生产基地，还实现了废物资源化循环利用，大幅削减了污染物排放水平。

再如，宝钢通过一方面对上海本部进行减量调整，另一方面在广东湛江建设精品钢基地项目，实现宝钢在全国的战略布局。2012年7月4日，上海市政府与宝钢集团就推进宝钢上海宝山地区钢铁产业结构调整签署协议。宝钢将在未来5年内，陆续调整和压缩上海地区的部分产能，预计调整任务完成后，上海地区将减少铁产能约580万吨、钢产能约660万吨，约占宝钢本部30%的钢铁产能。同时，宝钢将在上海延伸产业链，提高汽车、家电、船舶用钢及电工钢等高端产品的比重和制造能力，把宝钢的上海钢铁产业打造成世界一流的碳钢扁平材精品基地。

② 并购重组方式

2005年以来，以并购方式通过输出技术、管理、资本等要素进行产业转移逐步成为一种趋势。例如，上海宝钢集团在其战略规划中明确提出"两角一边"

战略布局构想，并分别于 2007 年并购新疆八一钢铁、与内蒙古包钢集团签署战略联盟协议，于 2009 年并购宁波钢铁，于 2011 年重组广钢、韶钢，并于 2012 年获批广东湛江钢铁基地项目，该项目需广东累计压缩粗钢产能 1614 万吨，从而顺利实施并初步完成了其跨区域重组目标。再如，武钢先后收购云南昆明钢铁、广西柳州钢铁、鄂城钢铁，是通过投资、技术输出完成产业转移的典型案例，最近又获批广西防城港钢铁基地项目，该项目需广西和武钢累计压缩粗钢产能 1070 万吨。由此可见，我国钢铁产业跨区域转移的方式主要有异地迁建方式和并购重组方式，但无论采用哪种方式实现跨区域转移，未来的趋势都将是通过压缩淘汰原有落后产能，新建高端产能的方式进行。

（4）我国钢铁产业转移的微观特征

一是钢铁产业转移与产能高端化发展相伴。与劳动密集型的轻工业将原有东部地区的落后产能向中西部转移不同，钢铁产业转移是在压缩、淘汰转出地的落后产能的基础上，在异地新建高端产能，从而在产业转移的同时实现产业升级换代、产品结构调整。一方面，由于钢铁产业是国民经济基础产业，政府对钢铁产业的政策引导支持意图更为明显，在新建产能时特别强调压缩落后产能。例如，今年获批的宝钢广东湛江钢铁精品基地项目和武钢广西防城港钢铁精品基地项目都是以压缩原有产能为前提条件。另一方面，我国钢铁产业转移的主要载体——大型钢铁企业集团也希望在产业转移过程中通过应用新技术、新工艺、新设备，完成产品向产业链高端市场调整，实现其自身的战略转型。

二是产业转移向经济发达地区集中。从区域性层次分析，我国钢铁产业转移呈现出与其他产业转移不同的特点，即由欠发达区向发达区转移。由于我国钢铁产业最初布局发生在特殊时期，这些地区开始依赖其资源优势获得一定发展，但随着最先开放的东部地区经济的日益发达，钢铁产业下游需求所引发的钢铁产品运输高成本，逐步超越了原有中西部欠发达地区的资源优势，最终导致我国钢铁产业向东部沿海地区转移。

三是钢铁产业转移以省内或向邻近省份转移为主。其一，由于钢铁产业是资本密集型产业，资本投入量较大，沉没成本较高，钢铁企业厂址搬迁较为困难。其二，由于钢铁企业员工众多，很多城市钢铁企业员工占城市总人口比例较高。搬迁会带来一定的社会稳定问题，搬迁的社会成本较高。其三，钢铁产业是地方支柱产业，对地方税收贡献较大，钢铁产业转移对地方利益关系重大，地方政府对产业转移有一定的抵触。因此，我国钢铁产业转移一般选择省内转移或向邻近省份转移。

9.5.3 我国钢铁产业跨区域转移的动因和影响因素

我国钢铁产业跨区域转移的动因主要来自区域要素禀赋和比较优势的转化，包括资源条件、市场条件、环境条件、政策条件等因素，而这些也是影响我国钢铁产业跨区域转移的主要因素。

（1）资源条件

钢铁产业发展初期，由于交通运输行业和国际贸易还不发达，原材料供给主要依赖本地。因此，这一时期那些原材料资源丰富的地区特别是煤铁复合区由于具备综合比较成本优势，获得了优先发展，从而表现为钢铁产业的资源依托型布局。随着交通运输业（特别是水运）发展，原材料运输成本大幅降低，而且随着钢铁产业技术的进步，投入产出比提高，资源对钢铁企业选址的约束力减弱，为钢铁产业布局调整提供了可能。

钢铁产业所需资源包括铁矿石、焦炭、土地、水资源等，其中铁矿石资源是主要原材料资源，因此我们以铁矿石为例，说明资源条件对我国钢铁产业跨区域转移的影响。

我国铁矿石资源分布广泛，东北、华北、中南、华东、西南、西北等地区均有铁矿分布，这也成为我国钢铁产业布局分散的主要影响因素。然而，我国铁矿石分布虽广，但储量差距较大，其中以河北（河北钢铁）、四川（重庆钢铁）储量最为丰富，现有多数大型钢铁企业都是依托本地铁矿石资源建立的。

我国铁矿石的生产与粗钢生产布局变化表现出较高的相关性。例如，华北地区粗钢产量占全国比重的持续增长与该地区铁矿石产量逐年快速增长密不可分。10 年间，华北地区铁矿石产量占全国比重由 41.55％上升至 54.31％，提高了12.75 个百分点。而东北地区粗钢产量占全国比重的下降在很大程度上是该地区铁矿石产量占全国比重逐年降低的结果。10 年间，东北地区铁矿石产量占全国比重由 27.07％下降至 15.98％。

我国铁矿石贫矿多富矿少、矿石类型复杂、伴生共生组份多，因此随着我国钢铁产业产能的不断扩张，国内铁矿石早已无法满足国内产能需要，进口铁矿石将逐步成为主要的原材料供应来源，我国铁矿石进口依存度日益提高。

如图 9-23 所示，自 2000 年后，我国铁矿石进口量激增，铁矿石价格也"水涨船高"，进口铁矿石转运成本大幅增加，降低了资源依托型钢铁基地的比较优势。相对于本地资源的比较优势，以进口铁矿石为主要原材料供给的情况下，运输成本成为区域比较优势的核心。因此，我国沿海港口地区由于具有原材料和产品运输成本优势（如图 9-24 所示），因而成为我国钢铁产业跨区域转移的主要承接地。

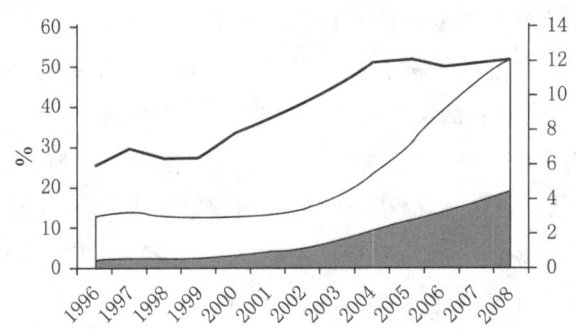

图 9-23　我国历年铁矿石进口量和依存度

资料来源：Wind、中国矿业投资网、浙商证券研究所。

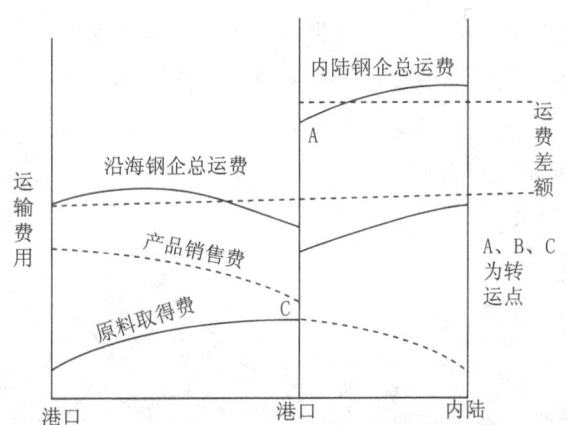

图 9-24　内陆钢铁企业与港口钢铁企业综合运输成本的比较

资料来源：王海壮、栾维新、马新华：《我国钢铁工业沿海布局战略研究》，《世界地理研究》，2011 年第 20 卷第 2 期。

（2）市场条件

市场需求条件也是钢铁产业转移的重要影响因素。在钢铁产业发展初期，钢铁市场属于卖方市场，由于钢铁产品供不应求，钢铁品种结构较为简单，钢铁企业与下游产业的衔接不紧密，无须贴近下游消费市场。因此，我国各区域钢铁产量占全国比重与各区域钢铁市场消费量占全国比重之间存在一定的相关性。例如，华北、华东和中南地区由于庞大的需求因素的拉动，且具有优越的铁矿石在进口条件，这三个地区的粗钢产量占全国的比重远高于铁矿石产量占全国的比重。但有些区域钢铁产量占全国比重与其钢铁市场消费量占全国比重之间存在一定背离。例如，华南地区钢铁产能长期无法满足本地消费需求，只能依靠外省调入。目前广东钢材产量包括一些低档次的钢材在内不到 2000 万吨，而钢材需求却已将近 5000 万吨，该省的钢材需求一半以上要靠外调；广西也存在同样的问题，其每年钢材用量约 1000 多万吨，其中数百万吨需要外调。这不仅表明两地的钢铁产能存在严重不足，同时也反映出我国钢铁产业布局不合理。

然而，随着我国钢铁产能的不断扩张，市场已经转向买方市场，钢铁企业越来越需要了解下游产业实际需求，以便生产更能满足下游产业需要的产品。因此，临近消费市场不但能够了解下游需求并快速对接，而且能够降低产品运输成本。由于我国东部沿海地区是钢铁下游产业的主要消费市场，因此向东部沿海地区转移更具比较优势。未来我国铁矿石进口量激增（如图 9-25 所示）、原材料主要依靠进口的背景下，钢铁产业布局将逐步向临近消费市场的南部沿海地区转移，一方面可以降低原材料运输成本，另一方面可以降低钢铁产品抵达消费市场的成本，因此具有重大的现实意义。今年广东湛江和广西防城港钢铁项目获批，有望填补两地巨大的供需缺口，有利于改善中国钢铁产业布局的不平衡境况，改变钢铁供给"北重南轻"的局面。

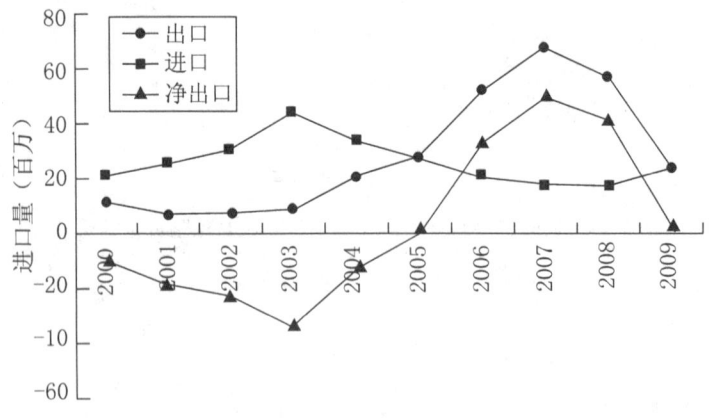

图 9-25　我国历年钢铁产品进出口情况

资料来源：杜立辉、聂秀峰、刘同合：《2000—2009 年中国钢铁产业布局变化及国际比较》，《冶金经济与管理》，2010 年第 5 期。

（3）环境条件

环境条件包括当地环境容量状况以及污染物处理能力。钢铁产业易对当地水体、大气、土壤环境造成污染，许多钢铁企业因排污达不到城市环境质量指标，被迫迁移出市区。郊区空旷，有利于污染物扩散，排污标准较市区低，成为钢铁工业迁移的原因之一。我国钢铁企业大部分依托城市建设，随着城市化的推进，土地、水、能源等资源及环境压力加大，被迫进行产业转移。

我国原有资源依托型钢铁基地大多依托城市布局，水、土地资源日益短缺，环境约束增加，排污成本增加，发展日益受限，而沿海港口地区拥有丰富的海水资源，这也使得原有资源依托型钢铁企业逐渐丧失了原有的成本优势，压缩淘汰落后产能并向沿海港口地区转移成为必然选择。如图 9-26 所示，例如钢铁产能大省河北，北京、上海、天津等市都是人均水资源匮乏地区，这些地区钢铁产业发展越来越受制于资源环境约束，北京首钢、上海宝钢都先后做出了压缩本地产能的决策，河北、天津、山东等省市也在其钢铁业"十二五"规划中明确提出压缩产能目标。

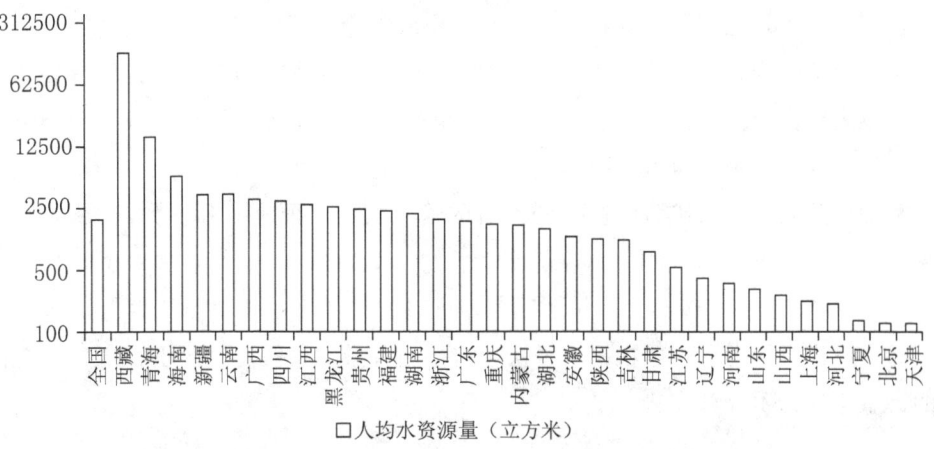

图 9-26　全国各省份（直辖市）人均水资源量

资料来源：国家统计局；《中国水资源公报》（2011）。

由此可见，我国钢铁工业单纯以资源依托为特征的空间布局已经暴露出效率不高、破坏环境、导致区域产业结构单一等问题，原有的比较优势逐步转换为比较劣势，而临海港口地区由于邻近东南沿海发达地区消费市场、原材料和产成品转运成本低、水和土地资源丰富，沿海港口城市作为大型钢铁基地更具比较优势。因此，产业比较优势的变化是我国钢铁产业由资源依托型向临海港口型布局转移的主要动因之一。

（4）交通运输条件

交通运输条件也是影响钢铁产业转移的重要因素。如主要依靠区域资源优势（如铁矿石、焦炭等）发展起来的华北地区 10 年来粗钢产量全国占比的大幅提升，直接导致该区域净输出量和比例快速增加；而钢材的主要消费地华东地区粗钢产量全国占比仅小幅提升，而该区域净输入量和比例快速增加。由此使得区域之间的运输量逐年扩大，钢铁工业的物流压力逐年增加。而从铁路运输看，截至 2008 年年末，我国铁路营运里程只有 7.97 万公里，且承担着庞大的不断增长的客运功能。有限的货运能力中，又有 35％左右要确保煤炭运输，2007 年和 2008 年，煤炭铁路货运量分别为 7416 亿吨·公里和 8360 亿吨·公里，分别占全国铁路货运量的 33.93％和 35.79％。钢铁工业的原燃料、产品运输则需要在"夹缝"中求生存。2000—2008 年钢铁行业铁路周转量及占全国铁路货运总量比例逐年上升，使我国钢铁企业本来就很紧张的运输状况雪上加霜。当铁路运输不能满足各地区之间庞大的原燃料、钢材物流时，进一步给公路、水路等运输方式增加压力，同时，也增加了企业的物流成本和销售成本等费用。

交通运输因素对钢铁产业布局的影响，除华东和中南地区外，在西南和西北地区也表现比较明显。西南地区交通不便，铁矿石的输入和钢材的输出受到极大的制约，因此粗钢产量占全国比重逐渐下降；而西北地区紧邻中亚各国，有相对便利的内陆港，为铁矿石的输入和钢材的输出提供了便利条件。如 2009 年我国从乌克兰进口了 1158 万吨铁矿石，同比增长 1.5 倍；从俄罗斯进口了 966 万吨铁矿石，同比增长 66.84％。从上述各国进口的铁矿石主要供给了西北地区的钢厂。上述优势使得在全国粗钢产量快速增长的背景下，西北地区粗钢产量占全国的比重仍保持了上升态势。

（5）政策条件

我国钢铁工业三大转折期，都受到了政府政策的影响。20 世纪 60 年代我国钢铁工业布局充分考虑到我国当时国情，大部分工厂布局在中西部环境艰苦的地方。20 世纪 90 年代受到改革开放政策的影响，东部钢铁工业兴起。1999 年西部大开发政策，为平衡区域经济协调发展，西部原有的钢铁工业作为基础重新发展起来。

我国市场经济体系尚未完善，政府政策对产业发展具有很强的导向作用。近年来，我国东南沿海地区一些新建大型钢铁基地项目（如广东湛江项目、广西防城港项目）、各地区钢铁产业整合项目都是在政府政策引导甚至地方政府直接干预下完成的。因此，政府政策导向是影响我国钢铁产业转移的一个重要因素。

此外，我国长期存在的条块分割、地方市场割据问题一直未得到有效解决，地方政府为实现地方经济发展目标，通常希望由本地企业控制当地资源和市场，从而阻止优势企业通过跨省并购实现产业转移。例如，宝钢集团曾经与河北、安徽、山东等省政府接触，希望通过并购重组，整合当地钢铁产业，但地方政府则通过本地龙头企业为主体率先完成省内重组加以应对，从而阻止了宝钢集团的跨省并购投资和产业转移。

9.5.4　存在的问题

（1）我国钢铁产业区域布局过于分散

① 我国钢铁产业投资的区域分散性非常严重

我们首先利用各区域固定资产投资的赫芬达尔指数，测量我国钢铁产业固定资产投资的分散性。钢铁产业固定资产投资赫芬达尔指数的公式如下。

$$H = \sum_{i=1}^{n} x_i / X \tag{9-1}$$

其中，X_i 表示 i 省钢铁产业的工业总产值；X 表示全国钢铁产业工业总产值；n 表示省份数量，此处选取钢铁工业年鉴数据。

如图 9-27 所示，总体上看，我国钢铁产业固定资产投资赫芬达尔指数很低，表明我国钢铁产业投资在区域分布上非常分散，这正是导致我国钢铁产业布局分散、布局不合理的重要因素。

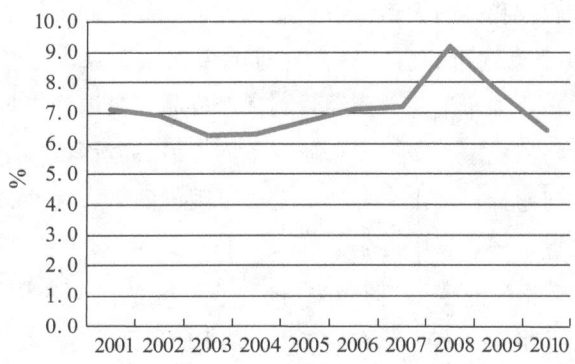

图 9-27　我国钢铁产业固定资产投资赫芬达尔指数变化

资料来源：国家统计局；《中国钢铁工业年鉴》（2001—2011）。

② 我国钢铁产业产能的区域分散性非常严重

我们还可以通过计算我国钢铁产业各区域工业总产值的赫芬达尔指数[1]，对我国钢铁产业产能的分散性进行测度。赫芬达尔指数的计算公式如下。

$$H = \sum_{i=1}^{n} x_i / X \tag{9-2}$$

其中，X_i 表示 i 省钢铁产业的工业总产值；X 表示全国钢铁产业工业总产值；n 表示省份数量，此处选取钢铁工业年鉴数据。

如图 9-28 所示，我国钢铁产业工业总产值的赫芬达尔指数很低，表明我国钢铁产业产能区域分布过于分散。虽然近十年来，我国钢铁产业产能的区域集中度也在缓慢提升，但我国钢铁产业产能布局分散的局面没有明显改观。

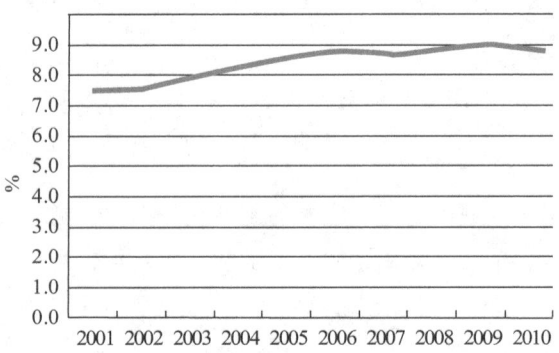

图 9-28　我国钢铁产业区域分布的赫芬达尔指数变化
资料来源：国家统计局：《中国钢铁工业年鉴》（2001—2011）。

（2）我国钢铁产业区域布局不合理且没有根本改观

首先，从我国各区域钢铁工业总产值占比看，"北重南轻"的布局没有改善。从历史的产业布局来看，我国的大型钢铁企业如首钢、武钢和太钢等，都主要分布在一些大城市，16 个直辖市和省会城市建有大型钢铁企业，已经越来越不适应城市总体发展要求。这种布局一方面导致钢铁产成品远离消费市场，需要经过长距离运输，增加了物流成本，降低了企业竞争力；另一方面，环境污染、水资源紧张、资源浪费等问题日益突出，可持续发展受限。同时，这种布局也导致布局分散、区域分割严重、产业集中度偏低。

从 2010 年以前的数据分析看（如图 9-29 所示），我国钢铁产业布局不合理状况尚未得到改观，钢铁产业"北重南轻"的布局态势长期未能得到改善，东南沿海钢材供给不足，部分地区钢铁工业布局不符合全国主体功能区规划和制造业转移的要求。

---

[1]　赫芬达尔指数主要用于测量产业的区域分布是均匀分布，还是集中分布。

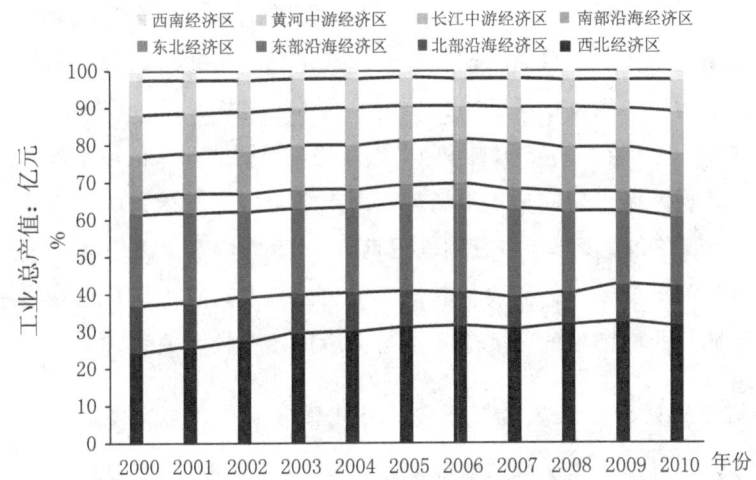

图 9-29　各区域工业总产值及其占比

资料来源：国家统计局：《中国钢铁工业年鉴》（2001—2011）。

　　经济最发达、钢铁供不应求的东部经济区和南部经济区钢铁工业总产值占比却出现下降，而严重供过于求的北部经济区钢铁工业总产值占比却继续呈明显上升趋势。由此可见，我国钢铁产业布局不合理状况并未得到根本改观。

　　其次，从我国各区域钢铁市场流向看，钢铁产业布局不合理状况依然严峻。根据我国各区域钢铁市场的净输入输出比例[①]，可以把我国的区域钢铁市场划分为 3 种类型（如图 9-30 所示）。

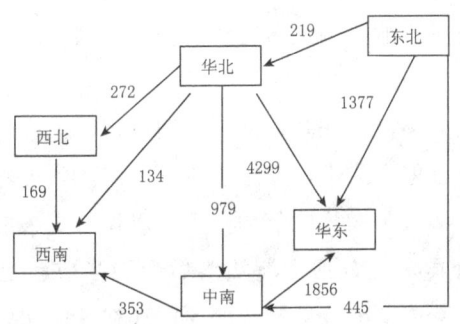

图 9-30　重点钢铁企业区域市场绝对输入/输出量

　　资料来源：杜立辉、聂秀峰、刘同合：《2000—2009 年中国钢铁产业布局变化及国际比较》，《冶金经济与管理》，2010 年第 5 期。

---

　　① 此处参考杜立辉、聂秀峰、刘同合《2000—2009 年中国钢铁产业布局变化及其国际比较》中的数据，选用 2009 年的数据测算，下同。

自给型的西北市场：西北市场净输入比例为 4.88%，净输入钢材 64 万吨，说明西北市场基本实现了自给；输出型的东北市场、华北市场和中南市场：东北市场、华北市场和中南市场净输出比例分别为 57.20%、47.90% 和 19.00%，分别输出钢材 2325 万吨、5801 万吨和 1036 万吨，说明这 3 个区域市场"绝对"过剩程度较为严重；输入型的华东市场、西南市场：华东市场和西南市场净输入比例分别为 50.55% 和 25.93%，分别输入钢材 7258 万吨和 648 万吨，说明这两个区域市场钢材需求量较大，需要从其他区域大量调入。其中华东市场属于我国用钢最多的区域，西南市场的较多输入则与灾后重建有较大关系。

（3）我国钢铁产业实施跨区域转移可能带来新的产能过剩

当前在我国钢铁产业产能过剩的背景下，大型钢铁企业在异地新建钢铁基地项目可能导致新增产能过剩问题。大型钢铁企业在异地新建项目的同时，本应以压缩、淘汰原有落后产能为先决条件，但由于可能受原有产能所在地政府影响，或顾及企业经济效益、人员安置、社会稳定等问题，短期内难以迅速压缩原有产能，由此可能导致新的产能过剩。

例如，广东湛江、广西防城港钢铁基地项目建设均以压缩粗钢产能为前提，其中广东累计压缩粗钢产能 1614 万吨，广西和武钢累计压缩粗钢产能 1070 万吨。淘汰的产能似乎已经给两项目腾出了足够的空间，但实际上宝钢最近刚提出压缩上海本地产能 660 万吨，远小于广东湛江项目新增产能，武钢则表示目前并无压缩产能计划。这说明压缩、淘汰落后产能任重道远，为未来新的产能过剩埋下了隐患。

此外，目前我国绝大多数钢铁企业都不是满产运行，许多地方政府在淘汰落后产能时选择了一些早已停产或半停产的企业进行淘汰，虽然它们实际产量并不大，但其产能数据却被编入了淘汰的数据之中，以换取更大的新建产能。而且在现实操作中，地方政府本末倒置地把淘汰落后产能当成新上钢铁项目的附加条件，虽然有"等量置换"或"减量置换"的原则存在，但实际数据表明，淘汰落后产能对于全国钢铁产量增长的抑制作用极为有限。

实际产量数据与淘汰落后产能政策间的落差似乎让人难以理解，事实上，产能与产量是两个完全不同的概念。一味使用产能概念，反而可能使淘汰的实际产量要远远小于未来实际增加的新产量，这将不仅给行业供需带来冲击，也很可能增加行业节能减排的压力。而如果使用被淘汰企业近几年的实际产量和销量综合考虑，或许可以折算出一个更合理的、可兑换为新钢铁项目的规模。

当然，最为合理的方式恐怕还是要将产能、价格这些要素交给市场去调节。但在钢铁这样一个国有色彩浓厚的行业中，国家政策很大程度上主导了行业的发展，面对目前产量越调控越高的局面，行政手段的实施需要更为科学和完善。

(4) 我国钢铁产业转移后对环境的影响

钢铁产业对环境的影响主要表现在对大气、水和生态环境等方面的影响。一般来说，300 平方米及以下的小高炉、产量 20 吨及以下的小转炉和小电炉效率低、能耗高（比大型设备高出 10％—15％），物料消耗高（比大型设备高出 7％—10％），没有综合利用设备，二氧化硫排放量高 3 倍以上，粉尘超标严重，对周边生态环境构成严重威胁。钢铁企业搬迁后留下的废水、废渣等污染物处理需要较高成本，如果是简单将原有城市钢铁产能异地搬迁到郊区，郊区环境准入门槛低，钢铁工业纷纷转移至临近郊区。如不从严把关，转移出去的钢铁产业在没有消除原有污染源的同时，还将对郊区新址环境造成新的不良影响。

9.5.5 对策建议

(1) 加快钢铁产业向东南沿海临港地区转移

作为国民经济基础产业和支柱产业，钢铁产业的产业链长、关联度大，关系国计民生。在当前我国钢铁产业总体产能过剩的背景下，政府应以产业政策、环境政策，积极引导钢铁产业通过区域布局调整，实现产业结构升级和转型，控制总量与优化布局相结合，统筹规划钢铁产业布局，大幅压缩供给严重过剩的华北地区产量，淘汰落后产能，有序加快推进需求缺口较大的东南沿海临港地区布局，使钢铁产业沿海、沿江、内陆布局合理，并与资源环境要求相适应。

一是大幅压缩华北等地区产能，加速淘汰落后产能。如前所述，一方面华北地区（特别是河北、山东）、东北地区（主要是辽宁）钢铁产业存在总体产能严重过剩、产业集中度偏低、产品结构同质化和低端化、附加值低、依托本地资源低水平重复建设等问题十分突出。另一方面，华北地区人均水资源远低于全国平均水平，资源和环境压力日益严重。为此，华北地区各级政府必须大幅压缩本地钢铁产能，特别是要下决心通过联合重组，加速淘汰低水平建设的落后产能，发展循环经济，提高资源重复利用水平。

二是有序加快沿海地区布局。在我国铁矿石资源品位较低、铁矿石和焦炭等原材料资源存量下降并越来越依赖进口的情况下，沿海港口地区以其进口原材料运输成本较低、贴近消费市场、资源环境压力较小等比较优势，越来越成为我国钢铁产业转移的首选承接地。特别是在一些具有钢铁产业基础、邻近煤铁资源的港口地区更具优势。潘若愚、贺尔蓉（2011）选取资源条件、能源条件、环境条件、交通运输条件、市场需求条件、历史基础等变量，采用主成分聚类分析法，对我国沿海地区钢铁基地进行的初步评价表明，唐山、大连、宁波、天津滨海新区、福建宁德、连云港、营口、日照、湛江、防城港等港口地区是我国钢铁产业沿海布局的较好选择①。

其中，湛江钢铁基地的资源保障能力及能源动力方面较差，铁矿石基础储量、原煤及焦炭产量较低，供水能力不足。在湛江建立钢铁产业基地，必须依靠进口大量的铁矿石、原煤和焦炭，但由于湛江交通体系发达，湛江港本身拥有30万吨级的天然良港，可以很快弥补本地资源和能源供应不足的缺陷。湛江的水资源供给目前已经从技术渠道得到解决，水资源循环利用率将高达98%，目前也正采取低成本的海水淡化技术，都能缓解供水能力不足的问题。

防城港在交通运输、市场需求、人力资源三个方面存在一定问题。防城港港深不足，无法实现大规模的铁矿石进口和钢铁出口，政府在教育、交通等方面财政支出过少、人力资源缺乏也是制约当地发展钢铁产业的重要因素。为此，当地政府应采取措施引进人才，加大交通、环保、教育、科技等方面的财政支出比例，同时严格执行国家对钢铁产业的排放标准，考虑以高端钢材为主要生产方向。

三是适度加快西部地区布局。虽然国家在"十二五"规划中开始发起中国经济转型，重点已经由投资转移到内需拉动，但是西部地区却作为承接中东部地区基础建设及城镇化建设的新重点，铁路建设、西电东输、煤炭、高层建筑、保障房、石油石化、化工、冶金有色和装备制造、油田建设等，将直接新增大量的钢材需求。此外，西北部地区特别是西北沿边地区与铁矿石资源丰富的俄罗斯、乌克兰等国家邻近，在运输成本方面具有优势。例如，根据相关预测，"十二五"期间，西北地区的钢材年消费总量将达到6000万吨，而2011年年底产能仅3000多万吨，供需存在较大缺口。因此，适度加快钢铁产业向西部，特别是具有资源和市场优势的西部地区转移是优化我国钢铁产业布局的必然选择。

---

① 潘若愚、贺尔蓉：《我国沿海钢铁产业基地布局研究》，载《经济研究参考》2011年第56期。

（2）加快城市钢铁企业搬迁进程

根据国家发改委最新的摸底结果，全国位于省会直辖市的钢铁企业有 20 个，城市型钢铁企业共计 39 个。2010 年，39 家的城市钢铁企业总产能达 2.28 亿吨，占全国总量的 39.5%。中国目前存在的城市钢铁企业大多是新中国成立初期，为了建设城市和发展工业而兴建，50 多年来城市钢铁企业为地方经济发展，特别是促进就业、税收等方面做出重要贡献。然而，随着城市发展和城镇化推进，城市钢铁企业的资源环境压力日益突出，逐步成为城市发展的障碍。

为此，对现有城市钢厂要分类处理，区别对待。与城市发展密切相关，城市对钢铁产业依赖性较大，特别是与下游产业关联度高、有较强竞争力的大型钢铁企业，要通过改造升级工艺装备水平，发展循环经济，实现与所在城市的和谐共存；与所在城市发展定位冲突明显、装备落后且整个区域内钢铁产能已经过剩的中小型钢铁企业有两个选择，一是选择资源、运输和市场条件较好的区域，建设高水平钢铁企业，大幅提高竞争力；二是关闭或转产。地方政府对于搬迁钢铁企业要妥善安置富余人员。

（3）鼓励并购重组方式实现钢铁产业转移

首先，加快我国钢铁产业的并购重组，有利于钢铁企业改进技术及资源的优化组合，以技术、资本等无形要素转移代替设备、人员等有形要素转移，从而突破地理区位因素制约。其次，加快我国钢铁产业的并购重组，有助于解决钢铁产业转移中可能出现的搬迁困难、沿海地区资源价格上涨等现实问题。最后，更为重要的是，加快我国钢铁产业的并购重组，有助于提高我国钢铁企业的国际竞争力。特别是在提倡节能减排的大环境下，通过强强联合等手段对高耗能、高污染产业进行兼并重组，形成具有国际影响力的大企业显得尤为重要。

政府政策层面，一是在制定产业政策时应考虑如何扩大钢铁工业的转移半径，制定有效的产业政策、财政政策、区域政策，积极扩大转移范围；二是应出台具体政策，鼓励加快钢铁企业兼并重组步伐，对跨区域整合将给予优惠的税收、贷款等鼓励政策；三是对民营企业为主体的并购重组给予同等待遇。

地方政府层面，作为许多地方政府的税收大户和就业岗位的主要创造者，地方钢企对当地政府的重要性不言而喻。出于保护自身利益的需要，地方政府支持地方钢铁企业做大的积极性，要远大于被跨地区兼并重组的积极性。为此，中央政府有关部委要加强钢铁企业跨区域并购重组，实现钢铁产业区域转移过程中与地方政府的沟通和协调，防止钢企借并购重组之机大力扩大产能。

承接地层面，具有资源、市场、成本优势的沿海地区和西部地区钢铁工业应加快重组步伐，进行多方融资，主动与东部地区大型钢铁集团进行多方联合，实现生产要素向沿海地区和西部转移。

(4) 以政策引导代替行政力量主导

我国钢铁产业现有布局不完全是市场化资源配置的结果，还有政府出于地方经济利益、地方产业结构甚至政治战略的考量而安排。钢铁产业区域转移过程中，不仅有市场机制的"无形之手"，更有政府"有形之手"发挥主导作用。在未来实施我国钢铁产业跨区域转移过程中，政府应发挥更多自身在产业政策导向方面的优势和积极作用，而不是越俎代庖地代替产业主体决策，产业政策在功能上应与调控政策有所区别，应更加注重宏观性、导向性和长期性，尽量减少对微观层面的直接干预。

在产业准入方面，政府应更加注重环保政策，新政策要改变过去单纯以设备规模为淘汰标准的"一刀切"模式，而将标准覆盖到整个生产线上，综合考虑装备水平、能耗、环保等指标，对企业进行考核，特别是应严格控制钢铁工业的污染排放，对超过总量指标、环境违法问题突出的钢铁工业实行严厉处罚措施，确保工业效益与环境保护并重，从而实现区域经济平衡、可持续发展。

令人欣慰的是，据悉 2012 年 9 月 3 日工信部发布的《钢铁行业规范条件（2012 年修订）》中对以往重规模的准入条件进行了修订。文件中除了"达标的普钢企业粗钢年产量应达 100 万吨及以上；特钢企业应达 30 万吨及以上，且合金钢比大于 60％"等规模性指标外，对节能环保方面的门槛则有所提高，例如要求符合条件的钢厂吨钢二氧化硫排放量不超过 1.63 千克，吨钢新水消耗不超过 4.1 立方米，分别比此前版本调降了 0.17 千克和 0.9 立方米。此外，该文件还明确提出严禁生产 I 级螺纹钢筋、II 级螺纹钢筋（2013 年后）、热轧硅钢片等。《部分工业行业淘汰落后生产工艺装备和产品指导目录（2010 年本）》（工产业〔2010〕第 122 号）中需淘汰的钢材产品，将淘汰落后产能从原来的上游冶炼环节延伸到下游具体产品类别。最后，该文件在准入条件中不再要求报送项目核准审批文件，表明政府政策开始从政府主导的审批制向市场主导的准入制转变，有利于为民营钢铁企业创造平等竞争的市场环境。

本节参考文献：

[1] 陈汉欣.新世纪中国钢铁工业的发展与布局及其愿景[J].经济地理,2006(1).

[2] 德勤.中国钢铁行业发展报告[R].2011.

[3] 杜立辉,聂秀峰,刘同合.2000—2009 年中国钢铁产业布局变化及国际比较[J].冶金经济与管理,2010(5).

[4] 杜立辉,佘元冠.战后日本钢铁工业的发展特点及启示[J].经济纵横,2007(10).

[5] 高毅.国际钢铁产业转移与影响因素实证研究——中国钢铁产业视角[D].复旦大学博士学位论文,2007.

[6] 国家发改委.钢铁产业发展政策[Z].2005.

[7] 国家统计局.中国统计年鉴[Z].(2000—2011).

[8] 国务院办公厅.钢铁产业调整和振兴规划[Z].

[9] 李拥军,史慧恩,高鹏.美国钢铁工业发展对我们的启示[J].中国钢铁业,2008(7).

[10] 刘一可,詹云娇.我国钢铁工业区际转移问题研究[J].北方经济,2009(2).

[11] 潘若愚,贺尔蓉.我国沿海钢铁产业基地布局研究[J].经济研究参考》,2011(56).

[12] 佘元冠,杜立辉,崔魏.中国钢铁区域市场集中度研究及国际比较[J].统计与决策,2009(6).

[13] 田川山,张文忠.中国钢铁工业空间格局的演化及影响机制[J].地理科学进展,2009,28(4).

[14] 王海壮,栾维新,马新华.我国钢铁工业沿海布局战略研究[J].世界地理研究,2011,20(2).

[15] 徐康宁,韩剑.中国钢铁产业的集中度、布局与结构优化研究——兼评 2005 年钢铁产业发展政策[J].中国工业经济,2006(2).

[16] 中国钢铁工业年鉴编委会.中国钢铁工业年鉴[M].北京:冶金工业出版社,2011.

[17] 中国钢铁工业协会.中国钢铁工业改革 30 年[M].冶金工业出版社,2008.

第 10 章　典型地域分析

10.1　江西省承接产业转移及对区域产业结构调整影响的调查报告[①]

2007 年 8 月 11 日至 2007 年 8 月 16 日，国家发改委产业经济研究所"产业转移和区域产业结构调整"课题组对江西省承接产业转移及对该区域产业结构调整问题进行调研和考察。课题组在和江西省政府与发改委、统计局等部门座谈的基础上，先后对新余市（经济技术开发区）、萍乡市、宜春市（袁州医药工业园和上高县）、南昌市（南昌县小蓝开发区）等地进行了实地调研和考察，并和当地有关部门和企业进行了座谈。通过座谈和考察调研，对江西省承接产业转移状况以及对当地产业结构调整影响有了一个比较深入的了解和体会。

10.1.1　江西省承接产业转移的基本情况

（1）承接产业转移规模越来越大，但增速有所下降

自 1995 年以来，江西省横向经济合作规模（承接国内区域产业转移项目）逐年增长，2000 年之后增幅明显加大（如图 10-1 所示）。

承接国际产业转移表现出类似的趋势。从表 10-1 来看，江西省实际利用外商直接投资的规模逐年上升，但 2002 年以来增幅逐年下降。2000—2006 年江西省实际利用外商直接投资占全国利用总额的比重逐年上升，从 0.56% 提高到 4.04%。

---

① 本部分由刘长全、王云平合作完成。

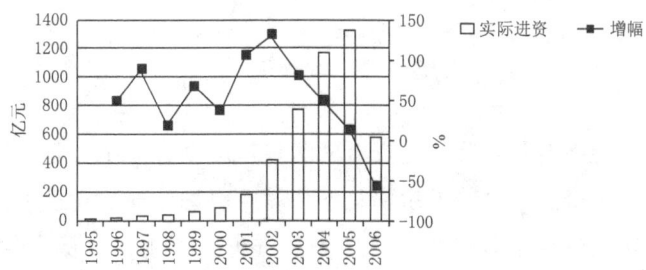

图 10-1　1995—2006 年江西省横向经济合作实际引进资金

资料来源：根据江西省发改委提供的数据计算，下同。

表 10-1　2000—2006 年江西省实际利用外商直接投资情况

年份	全国	江西	比重	同比增幅
2000	407.20	2.30	0.56	−28.13
2001	468.80	4.00	0.85	73.91
2002	527.40	10.80	2.05	170.00
2003	535.00	16.10	3.01	49.07
2004	606.30	20.45	3.37	27.01
2005	603.25	24.20	4.01	18.34
2006	694.70	28.10	4.04	16.12

　　从企业数量变化同样可以看到对国际产业转移的快速承接。2000 年江西省共有规模以上外商投资及港澳台投资工业企业 161 家，2005 年增加到 497 家（如图 10-2 所示）。

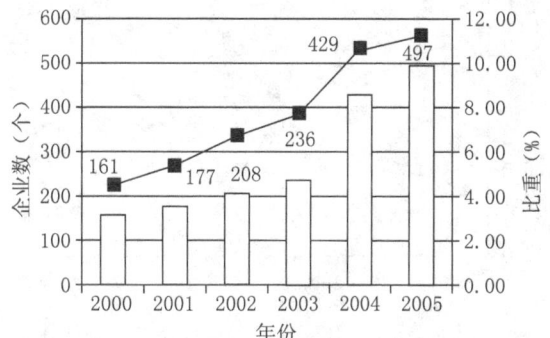

图 10-2　2000—2005 年江西省规模以上外商投资及港澳台投资工业企业数量

（2）国内横向资金在引进外部资金中的比重逐年增加，成为引进资金的
主体

近年来横向经济合作实际引进资金的增长速度显著高于实际引进的外资，从
而导致引进的外部资金的结构发生明显变化。在引进外部资金规模快速增长的同
时，横向资金所占的比重越来越大，成为引进资金的主体。从表 10-2 和图 10-3
中可以看出这个结论。

表 10-2　1995—2004 年江西省实际利用外部资金规模与结构

	实际引进资金总额（亿元）	外　　资		横　向　资　金	
		规模（亿元）	比重（%）	规模（亿元）	比重（%）
1995	48.73	37.46	76.9	11.27	23.1
1996	55.80	38.93	69.8	16.87	30.2
1997	86.05	53.98	62.7	32.07	37.3
1998	96.55	58.53	60.6	38.02	39.4
1999	110.76	46.94	42.4	63.82	57.6
2000	114.82	27.08	23.6	87.74	76.4
2001	227.61	44.64	19.6	182.97	80.4
2002	529.02	103.02	19.5	426	80.5
2003	913.67	137.41	15.0	776.26	85.0
2004	1352.74	180.91	13.4	1171.83	86.6

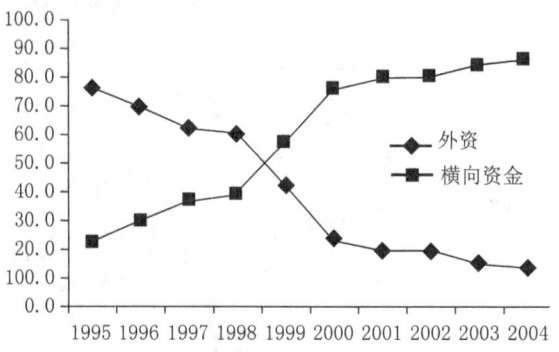

图 10-3　1995—2004 年外资与横向合作资金占利用外部资金的比重

从江西省工业园区招商实际到位资金的构成中，也可以看出省外资金的地位在上升，境外资金的地位在下降（见表 10-3）。

表 10-3　2003—2005 年江西省工业园区招商实际到位资金构成

年　份	招商实际到位资金（万元）	省外资金		境外资金	
		万　元	％	万　元	％
2003	4752450	3036750	63.9	1464228	30.8
2004	6148734	3911827	63.6	1051886	17.1
2005	8184945	5881115	71.9	1339675	16.4

（3）工业园区是承接产业转移的主要载体

引入的外部资金，无论是横向经济合作引进的资金还是对外招商引进的境外资金，都主要流向工业园区。2004 年，全省实际引进资金总额 1352.74 亿元，工业园区招商实际到位资金 614.87 亿元，占了 45.5％；全省横向经济合作引进省外资金 776.26 亿元，工业园区招商实际到位的省外资金 391.18 亿元，占了 33.4％；全省引进外资 137.41 亿元，工业园区招商实际到位境外资金 105.19 亿元，占了 58.1％。可见，工业园区在承接国际和国内产业转移中的载体作用非常突出。

（4）承接产业的来源地比较集中

江西省承接的国内产业转移主要来自东部沿海的浙江、广东、北京、福建、上海、江苏六省市，在引进的工业项目中，上述六省市的项目个数和实际投资额所占比重呈逐年提高的趋势。在 2005 年引进的单项投资 5000 万元以上的工业项目中，上述六省市的项目个数和实际投资额所占比重分别达到 81％和 85％。其中，浙江省是最主要的来源地，2006 年，江西省横向经济合作实际引进资金 583.02 亿元，浙江一省占到 31.0％。受地理区位和地缘关系的影响，江西东北部的九江、上饶由于靠近浙江，在承接的产业国内转移主要来自浙江；江西南部的赣州由于紧靠广东，广东转移来的企业主要落户于此；福建的企业则主要集中于江西东南部的抚州等地。

在承接国际产业转移方面，中国香港地区和中国台湾地区是利用外资的主要来源地。2006 年，江西省实际利用的外资中来自中国香港地区的有 15.88 亿美元，占全部利用外资的 56.57％；来自中国台湾地区的有 3.82 亿美元，占

13.62%。但是与 2000 年相比，利用外资的来源地更加多元化。2000—2006 年来自中国香港地区的外资比重下降了近 11 个百分点，而来自中国台湾地区的外资比重则上升了 2.13 个百分点。同时，来自美国、英国等国家地区的外资比重都有不同程度的上升。

(5) 承接产业的层次较低，以劳动密集型产业和小项目为主

2000 年以来，外省转移到江西的劳动密集型产业资金合计约 1800 亿元，年均增长 80% 以上，占全省利用省外资金的 60% 左右。江西 2004 年以来承接的外来项目中，投资规模在 5000 万元以下的项目个数占 88.7%，亿元以上的项目个数仅占 2.4%。东部转移到江西的不少企业的产品附加值低、技术含量不高，许多企业的总部并没有随着工厂一起搬迁过来，产业链上增值程度较高的环节如研发、设计、销售等一般都留在原地，有的仅仅是将部分加工环节转移过来。

(6) 承接产业转移的方式多样化

一是集聚式。这种迁移将原本分散在不同区域的同类企业在某地政策或资源的吸引下迅速集聚在当地，从而形成一个庞大的产业群。2006 年江西上饶市泰和县一次性引进浙江 30 多个服装鞋业企业项目，初步形成了服装鞋业集群。这种产业转移的特点是，可以逐步形成区域产业优势，并可以带动当地企业的自主创新能力提升，但是需要当地政府的政策扶持。

二是单一大企业转移式。主要是一些占据行业龙头地位的企业，为追求更为廉价的劳动力和自然资源，植入该地，在获得当地优厚的资源和政策优势的同时，形成配套的上下游供应商企业，促进当地企业技术更新和模仿效率，带动当地产业发展。宜春市上高工业园区引进了生产耐克运动鞋（OEM 生产）的国际宝成集团（中国台湾），而且进一步激发了当地的生产潜力，以此为龙头，正在建设中部地区最大的鞋革城。新余市引进生产太阳能多晶硅的江西赛维 LDK 太阳能高科技有限公司，围绕该企业生产，2008 年将有为该企业配套投资的硅厂项目进入。

三是要素嫁接与激活存量。即将发达地区产业技术、资金、装备、管理、人才等要素中的某一项或几项转移嫁接到中西部一些企业，对其进行脱胎换骨的改造，或提高装备水平，或强化管理，从而提高竞争力，优化产业结构。萍乡市某制药企业面临破产，山东青岛某投资商收购了该制药企业，其关键因素是看中了其批号。现在该企业已经重新生产并赢利。

10.1.2 承接产业转移对江西省产业结构的影响

（1）推动了以工业为主的第二产业的快速发展，加快了江西省工业化进程

表 10-4 反映了 2006 年利用外商直接投资的构成情况，可以看出，第二产业特别是工业是利用外资的主要领域。正如以上分析所指出的，工业园区是承接产业转移的主要载体，横向经济合作所吸引的省外资金也大部分流向了工业园区，这些资金所投向的领域也主要是工业。这样一种引资结构加快了江西省的工业化进程，推动第二产业和工业的快速发展。2000 年第二产业和工业生产总值占地区生产总值的比重分别为 35%和 26.9%，到 2005 年两个比重分别上升到 47.3%和 35.9%，都分别提高了 12 个百分点左右。

表 10-4　2006 年江西省分行业利用外商直接投资情况　单位：万美元

行 业 名 称	合同利用外资		实际利用外资	
	金 额	比 重	金 额	比 重
总 计	403068		280657	
第一产业	23258	5.77	17475	6.23
第二产业	276887	68.69	191502	68.23
工 业	265623	65.90	181957	64.83
采矿业	2227	0.55	1579	0.56
制造业	246844	61.24	170058	60.59
电力、燃气及水的生产和供应业	16552	4.11	10320	3.68
建筑业	11264	2.79	9545	3.40
第三产业	102923	25.53	71680	25.54

（2）基于传统比较优势，推动资源、劳动或资本密集型产业快速发展

江西各地充分利用独特、丰富的自然资源和综合成本优势，瞄准区域特色、有竞争优势的产业或者产品，通过利用东部的技术、资金、人才和现有的经济技术基础，发展特色产业。如利用农林资源、有色矿产资源、旅游资源等，发展特

色农业、特色旅游产业、生物制药、有色金属等优势产业。从产业转移与本地产业的契合情况来看，江西省承接的外来产业很多以资源密集型、劳动密集型和资本密集型产业为主。从 2000 年到 2004 年，转移到江西的劳动密集型产业资金约 1530 亿元，占全省利用省外资金的 60%，主要集中在服装、纺织、鞋帽、机械、采矿、轻工、食品和建材等行业。根据江西省提供的全省工业园区的资料分析，工业园区引进的项目也主要集中在以上几个资源密集、资本密集或劳动密集的产业上。

（3）在一定程度上促进高技术产业不断发展

江西省在加快承接资源和劳动密集型产业项目的同时，还在积极引进高技术项目，而且高技术项目呈现向少数地区集聚的态势。如 2005 年，新余市引进江西赛维 LDK 太阳能高科技有限公司，生产太阳能多晶硅，目前该公司在纽约证券交易所上市。根据江西省发改委提供的资料，江西省高技术项目引进主要集中在省城南昌。目前南昌高新技术开发区注册的高新技术企业有 212 家，占了全省总数的 60%。

（4）在环境效应方面存在产业结构退化

承接产业转移过程中暴露出的另一个重要问题是污染产业的渗透。从环境效应的角度看，存在产业结构的退化问题。资源密集型、资本密集型产业仍是各地承接产业转移的主体，冶金、化工、陶瓷、电镀产业中的一些污染企业在一条条官方"绿色通道"中进入一些偏离城市的地区。近年这方面的大型项目如：景德镇昌江区及浮梁县占地约 5000 亩、总投资 24 亿元的 4 个陶瓷项目，广丰的金属冶炼项目，上饶信州区 5 万吨的铅锌冶炼项目，湖口县的兴建冶金炉料项目等，这些项目如果治理不好，就会造成很大的环境污染。

10.1.3　江西在承接产业转移、促进产业结构调整方面做的主要工作

（1）准确定位，实施符合省情的承接产业转移大战略

进入 21 世纪，江西省就确立"以加快工业化为核心，以大开放为主战略，以体制创新和科技创新为强动力，大力推进农业产业化和农村工业化，加快推进城市化和城市工业现代化，不失时机地推进信息化，全面提升综合竞争力，实现经济和

社会可持续发展"的战略思路和"三个基地，一个后花园"的战略定位，其中提出把江西建成沿海发达地区产业梯度转移的基地。另外还提出"对接长珠闽，连接港澳台，融入全球化"，加快与发达地区的体制对接、市场对接、产业对接和基础设施对接。在承接产业转移过程中，各地政府都首先做到了优势对接，依据沿海发达地区与自身的比较优势进行统筹规划，围绕先发优势、资源优势、技术优势、劳动力优势等，构建梯次合理的优势对接体系，进行差异定位，错位发展。

（2）聚焦产业转移重点地区，主动招商引资

江西省把"长珠闽"作为江西省承接国内产业转移的重点地区，并密切加强和这些地区的合作。如江西确定 2007 年为省产业招商活动年，与深圳签订的《江西省人民政府、深圳市人民政府关于加强赣深经济社会领域合作与发展的框架协议》。在 2007 年 7 月江西省与深圳市产业转移对接会上，签约合同项目 33 个，总投资达到 49.15 亿元。另外，江西省合作办还与上海市合作办就上海市 5000 家企业转移到江西省办分厂（公司）进行了具体商谈。目前招商紧扣重点区域，主攻长、珠、闽，聚焦港、澳、台，不断加强了对东部沿海地区的推介、招商力度。

各地都把招商引资作为主动承接东部地区产业转移、推进地区经济发展的命脉工程来抓。通过成立专门的工作委员会等机构，并由地方主要领导人负责，强化招商力量，加大开放型经济工作力度。组织政府相关部门工作人员到沿海省市考察、招商，或在沿海省市设立专门的办事机构等，提高招商引资的主动性。例如，在承接产业转移的成绩比较好的宜春市上高县从 2003 年起，坚持在全县抽调科级干部组成专业队，赴沿海经济发达省份进行重点招商，2005 年起又分别在广东东莞、福建泉州、浙江温州、浙江台州四个东部城市设立了招商办事处专职招商。

（3）提高软环境竞争力，创新引资机制

江西转变一味强调资源禀赋、区位优势的引资理念，以提高服务水平为突破口提高软环境竞争力和区域竞争力。构建多层次、全方位地服务体系，一切从企业需求和发展出发，着力为投资企业达产、达标，协调解决在融资、物流、技术、信息、市场、进出口贸易、新产品开发、吸引人才等方面的困难和问题，以及政务环境、法制环境、政策环境的配套服务。紧盯重点地区、重点企业、重点客户，实行精确招商；对落户客商讲回报、讲信誉、讲效率、讲服务，开展以商招商；依托骨干龙头企业，向上下游延伸配套，实现产业链招商。

转变引资方式的同时，江西各地为加大招商引资力度，明确权责，引入竞争机

制。如萍乡市成立两个招商局，推动竞争局面的形成；新余市不断完善项目挂点责任制，坚持区党政班子成员为责任领导、部门负责人为责任人、工作人员和基层干部为工地蹲点人员的重点建设项目三级服务体系，对重点建设项目实行"定时间、定任务、定目标、定进度、定奖罚"的"五定"标准，加大调度考核力度。

（4）加大基础设施建设，改善承接产业转移的硬环境

"十五"期间，江西加快基础设施建设，在公路、铁路、水运、空运、电力供应、信息平台等方面都取得很大进步。高速公路通车里程由 1999 年的 400 公里增加到现在的 1580 公里，通车里程和密度居全国第 9 位；铁路营业里程达2292 公里；赣江航道樟树至南昌段、南昌至湖口段、吉安至樟树段整治及南昌港集装箱码头等一批水运重点工程建设完成；全省共有昌北机场、赣州黄金机场、景德镇罗家机场、九江庐山机场和吉安井冈山机场 5 个机场，开辟航线 47条；黄金电厂、丰城电厂扩建，分宜电厂、瑞金电厂、城乡电网和骨干网等一批电力项目建设完成；全省电子政务统一网络平台基本建成。

（5）加强工业园区建设，夯实承接产业转移平台

目前全省共有各级工业园区 90 多个，成为承接产业转移的重要平台。江西省通过完善工业园区的机制体制建设和加强基础设施建设，取得了比较大的成就。如南昌经济技术开发区围绕提高家电产业配套能力，编织完整的产业链，正在形成家电产业集群；宜春袁州医药工业园区利用已有的医药工业基础和丰富的中药材资源，引进了几十家医药企业，迅速形成了医药产业集聚优势。2005 年年底工业园区工业企业从业人数达 109.6 万人，对全省经济增长的贡献率为19.6%，对财政总收入增长的贡献率为 32.3%，对投资增长的贡献率达到42.9%。"十五"期间全省工业园区入园企业由 1853 家增加到 9205 家，实际引进外资由 0.21 亿美元增加到 16.5 亿美元。

10.1.4　江西省承接产业转移的动力与制约因素

（1）承接产业转移的动力和有利因素

一是区位优越、运输便利、靠近市场。江西地处中部，承东启西，贯通南北，即处于长江经济带和京九经济带的中心腹地，是唯一同时毗邻长三角、珠三

角及闽南经济区的省份，地理位置较为优越，具有较好的区位优势。随着东部沿海发达地区的企业将市场重点从东部向中西部延伸，江西成为这些企业市场扩张的"桥头堡"。在调研中就发现，许多转移过来的沿海企业在江西都是建立分厂，一方面是利用资源优势，更重要的就是便于向中西部市场输送产品。近几年江西路网密度和等级不断提高，交通条件又有明显改善，以南昌为中心，以高速公路为骨架，6 小时之内可以通达 8 个省会城市的经济圈正在形成，将进一步提高江西的区位优势。

二是资源丰富、品位高，要素成本低。江西省矿产资源丰富、品味高，是承接产业转移的重要优势。铜、钨、铀、钽、稀土和金、银被誉为江西省的"七朵金花"，其他资源如硅灰石等也很丰富。一家广东建材生产企业转移到江西来，首先是因为这里的原料品味高，硅含量高出其他地方 20 个百分点，仅此一项就可以为企业减少加工成本近 30%。

另外，与东部沿海地区相比，江西在劳动力、水、电、土地等基本生产要素方面供应相对充足，且具有明显的价格优势。目前，南昌制造业员工月平均工资为 600 元人民币左右，仅是沿海发达地区的 60%～70%。与东部地区日趋紧张的用地状况相比，江西新增建设用地的潜力相对较大，一些地方平均地价至少比沿海便宜三分之一。江西人均水资源占有量高出全国平均水平 73%，平均水价仅为上海的 50%、广东的 60%。电力供应充足，夏季未出现拉闸限电，目前平均电价只有浙江的 80%、广东的 70%。

三是有一定的产业对接基础。江西目前拥有一批大中型骨干企业，以汽车航空、特色冶炼、电子及家用电器、医药、食品、化工建材六大产业为支柱，形成了包括汽车、机械、电子、化工、冶金、建材、食品、纺织、医药等在内的多门类的工业体系，培育出一批市场占有率高、具有较强竞争力的工业品牌产品，对于对接东部沿海发达地区产业转移具有较好基础。同时，一些因多方面原因导致经营不善的老厂，由于具有熟练技工、厂房、设备、销售渠道等产业资源，也是吸引东部企业前来参与兼并重组的重要资源。

四是投资软环境不断改善。江西各地建立了招商引资全过程服务体系，对企业落户、建设、生产过程中出现的问题，快速反映，及时协调。安全文明的法制环境、诚实守信的人文环境、开明开放的政策环境、高效快捷的政务环境、优美舒适的人居环境正在形成，"成本低、回报快、效率高、信誉好"的品牌也逐渐得到海内外投资者的认同。在"2005 中国城市竞争力"排名中，江西省南昌市的文化竞争力和政府管理竞争力两项指标在全国 200 个城市中均名列前十。

（2）制约因素

一是产业发展整体环境落后于东部地区。无论是经济发达程度，还是市场体制以及市场环境方面，东部地区都要比江西显得更有优势。江西和东部发达地区的差距与劣势不仅体现在硬件环境（包括交通运输和其他基础设施建设）水平上，而且体现在软件环境落后（软件环境包含政策法规、运作机制和服务设施的完善程度、服务态度、机构的办事效率和透明度、教育环境等）。江西改革相对滞后，市场经济及机制的建立远未到位，各级政府对资源、土地及劳动力等要素管理干预过多，在观念开放、政府效能、法制环境、信息系统、社会诚信、市场机制等方面存在差距。如果在硬件环境和软件环境方面的差距不能尽快缩小，那么江西要素供给方面的比较优势将很难体现和发挥，同时将导致运行成本过高，直接影响承接产业转移。

二是产业基础薄弱，产业对接点偏少。总体上看，江西还是农业省份，工业基础薄弱，而且江西工业领域重工业比重高，而目前东部沿海发达地区主要产业转移重点是劳动密集型产业，对接点比较少。需要特别指出的是，在承接高技术产业或产业链中高端环节方面，江西不具有优势。高端产业发展缺乏很高的智力资源支撑和优良的创新环境，江西在此方面仍很不足：一是高端人才缺乏，知识密集程度不够；二是创新所需要的制度环境、技术环境、物质环境还不完善；三是高端产业的发展往往是产业分工和整合产业链的过程，需要很强的市场控制能力和资源整合能力，目前江西自身在市场中还处于较低的位置，难以在产业链整合中发挥中心作用。

三是高素质的人力资本短缺。江西的高等教育在全国属于落后。在工资和其他社会经济条件差异的诱引下，江西培养的人才还大量流向东南沿海地区。企业家才能是另一类重要的人力资本。据有关调查数据表明，江西经营管理人才在企业家所必须具备的素质如创新精神、扩张意识、市场洞察力和组织协调等方面，与东部地区特别是浙江的企业家存在着很大差距。加上相对素质较高的劳动力流向东部地区，从而造成了江西人力资本匮乏问题，对于承接非劳动密集型产业转移就存在一定的障碍。

10.1.5 江西调研的政策措施思考

（1）国家政策的思考

首先，营造政策梯度，加强对中西部地区承接产业转移的引导。要加大对中西部的政策扶持力度，营造公平的发展环境。在此基础上，要转变过去单方面优惠照顾的思路，营造区域间的政策梯度。

一是根据产业结构升级的整体目标和产业梯度转移的基本规律，制定细化的产业转移规划、指导目录和配套政策。要明确东部与中西部的鼓励、限制类产业并逐年更新，着重引导东部地区发展高技术、高附加值、有国际竞争力的产业，推动产业链下游产业、劳动密集型产业向中部地区转移。一方面鼓励中西部地区立足本地资源禀赋、产业基础，承接东部的劳动密集型、能源密集型产业，另一方面要鼓励东部劳动密集型、能源密集型上下配套产业整体转移到中西部地区，进而增强中西部承接产业转移过程中的产业配套能力。

二是在东部与中西部对劳动密集型产业要施行有差别的准入"门槛"，主要是在东部提高门槛，加大对资源消耗大、产业关联度不高、在内地市场潜力大的劳动密集型产业的限制，鼓励这类产业在中西部快速发展。

三是和国家主体功能区政策结合起来，对中西部地区实行更加宽松的开发政策。特别是在土地政策方面，需要根据各地土地资源供给状况指定更加细化的土地开发标准，对于中西部地区土地相对宽裕的地方，在不违背国家主体功能区划分的政策基础上，放宽土地开发限制。

其次，改善中西部承接产业转移的软硬环境，增强承接产业转移能力。改善软环境主要是针对与东部地区相比，中西部地区在转变政府职能、国有企业改革、财税改革、投融资改革和健全市场体系等方面，更需要得到国家的指导和支持。当前需要国家重点支持的包括：加快对国有企业的改革，促进闲置和低效资产的有效利用；加快政府机构改革，健全政府的社会服务职能；以市场为导向，健全法规和政策，促进产业转移，避免人为障碍。

改善硬环境关键是指，要加大中西部基础设施建设。首先，要加大中西部地区道路交通设施投入的支持力度，推动建立快速便捷的人流、物流通道和平台。其次，要加强中西部地区城市污水和固体废弃物治理等基础设施的扶持力度。再次，加强中西部地区服务机构与设施的建设，例如金融服务机构、涉外服务机构等。最后，搭建中西部与东部地区以及境外企业之间沟通交流的平台，推动信息交流，促进相互了解，在加快产业转移的同时，提高产业转移的成效。

最后，加强人力资源的培训，为承接产业转移提供支持。一是要继续发展和加强职业技术教育培训，加大中西部地区"劳动力转移培训阳光工程"和"劳务扶贫培训工程"等项目的实施范围和规模，大力开展旨在促进农村劳动力转移的岗前培训、职业技能培训和创业培训；二是要根据各地承接产业转移的结构特点，加强劳动力的专业技能培训，推动特色产业的发展；三是要增加资金投入，用于对贫困人口的培训，提高贫困人口的就业能力。

（2）地方政府角色的思考

一是地方政府要加快观念转变，清除体制障碍。要提高承接产业转移的开放意识、市场意识、机遇意识和创新意识。在此基础上，清除承接产业转移的体制障碍，进一步转换政府职能和市场调控手段、规范市场秩序、增强企业活力。

二是完善产业转移的软硬环境，为承接产业创造配套条件。在财政实力有限的条件下，要以加强工业园区用水、用电、用气设施等基础设施建设为切入点，加强区域内的公路、铁路、水运、信息化设施的建设。

三是优化服务，提高软环境竞争力。要通过完善功能服务机构，使之成为迎接产业转移的"洼地"，营造"亲商、安商"的投资环境。通过健全海关、商检、工商、税务等服务支撑体系，建设精干、高效的服务机构，为投资者提供高效快捷的服务，降低商务成本。

要为承接产业转移提供人力资源支撑。逐步建立长期、稳定和高效的人才队伍建设机制。加快发展职业教育，为承接企业提供高素质的劳动力资源。

四是加强产业转移规划，提高承接产业的质量。坚持先规划，后建设，重视规划对资本、企业的导向作用，坚持产业规划与空间规划、土地规划相结合的原则，深化产业发展规划，深入研究规划重大招商项目。

注重环境保护，制定并严格执行节能减排、保护环境的标准。要严格执行环境、生态保护法规，促使转移过来的企业对生产工艺进行环保达标改造，使产业转移过程伴随着技术升级、技术创新，将工业污染消灭或减少在转移过程中，而不是扩散开来。

重视承接产业转移与资源优势互动。首先在利用劳动力优势，承接劳动密集型产业或产业中一般生产加工环节的同时，注重对管理人才、技术人才的培养，逐步实现重要岗位本地化，促进自主创业的发展和当地企业人力资源的升级。其次要注重招商引资过程中，产业之间的聚集度和关联度，发挥集聚经济的作用，从内涵上提高产业竞争力，拓展承接产业转移中的比较优势；推动产业链在当地的延伸，提升附加价值。

五是完善承接产业转移平台建设，创新承接产业转移模式。进一步完善中西部地区工业园区的基础设施建设、管理体制，加大对工业园区的政策支持力度。要严格工业园区的进入标准，从环境效应、规模效益、整体规划、附加价值、科技含量等角度对入园项目设立准入原则，特别是避免承接环境效应差的污染项目。按照"保护、保障、挖潜、集约利用"的要求，在固定资产投资规模、投资强度、纳税贡献、厂房建设等方面提出标准，严格控制投资密度和强度，提高土地集约利用水平。

在"园区承接"基础上，尽量采取"产业链式承接"模式，发挥产业集聚效应；要使企业成为引资的重要力量，形成"大企业带动"等承接新模式。

10.2　湘南承接产业转移示范区的发展现状及其对策思考[①]

湘南地区包括衡阳、郴州、永州三市，作为湖南省的"南大门"，有"通粤达海"的区位优势，并且该地区土地、矿产、人力等资源丰富，产业基础和配套能力较好，自 20 世纪 80 年代以来，一直是湖南省改革开放的先行区，在湖南省战略发展中占据重要地位。近年来，该地区在承接珠三角、港澳台等地区产业转移过程中发挥着重要推动作用。为顺应国内外产业转移的新态势，2011 年 10 月，国家发展和改革委员会正式下发《关于设立湖南省湘南承接产业转移示范区的批复》（发改地区〔2011〕2188 号），同意设立湖南省湘南承接产业转移示范区。自此，湘南地区发展上升到国家战略层面，既赋予为中部地区科学有序承接产业转移探索新途径、新模式的重要任务，又肩负着加快推动湘南地区经济社会又快、又好发展的历史使命。为对接国家战略部署，落实相关措施，2012 年 5 月，湖南省正式印发《湖南省湘南承接产业转移示范区规划》（湘政办发〔2012〕42 号）。显然，湘南地区进入重要的战略发展阶段，为进一步了解该地区承接产业转移实际情况，2012 年 6 月 23 日至 26 日，国家发改委产业所课题组重点选择衡阳和郴州两市，通过问卷、实地走访和座谈等多种方式，对现阶段该地区承接产业转移所取得的成效、主要特点、工作中的经验以及存在的问题等进行深入调研，争取为下一步深化完善承接产业转移的有关政策措施提供研究和决策参考。

10.2.1　产业承接工作取得的主要成效

近年来，湖南省把承接产业转移作为推进经济社会发展的重大战略举措和富

---

①　本部分由张燕、王云平合作完成。在此同时对在湘南地区调研过程中给予大力支持和诸多帮助的湖南省及衡阳市、郴州市有关部门、单位、企业和个人一并表示感谢。

民强省的重要任务，相继出台并实施了一系列有效的政策措施。其中，湘南地区作为对外开放的先行地区，依托优越的区位和资源条件，更是积极对接、大力承接，取得较大成效，尤其随着示范区的成立及其建设的推进，湘南板块已成为湖南省承接产业转移的亮点地区。

（1）承接产业转移的投资项目连年增加

近年来，湘南三市充分利用综合优势，大力推进产业承接工作，地区产业转移项目的数量及规模在全省均占据较大比重（见表10-5）；其中，2011年湖南省全省承接产业转移项目2912个，湘南地区1036个，占全省35.6%；同期，湖南省全省完成加工贸易进出口额27亿美元，湘南约为8.1亿美元，占全省30.1%，其中，郴州、衡阳同比增长154.7%、145.8%，这在一定程度上与该地区承接转移的加工贸易企业项目的快速增长有关。

表 10-5　湘南地区承接产业转移项目数量变化（2009—2011 年）

年份	湘南三市	湖南全省	占比/%	备　　注
2009	842	2054	40.99	衡阳 180 个；郴州 270 个
2010	992	2795	35.49	衡阳 311 个；郴州 398 个
2011	1036	2912	35.58	衡阳 338 个；郴州 406 个

资料来源：湖南省发展开放型经济领导小组办公室提供材料整理。

就地级市看，2010 年以来，衡阳市共引进内外资项目 1600 个，到位资金 1200 亿元，其中承接产业转移项目 820 个，加工贸易企业 160 家，到位资金 580 亿元，实现加工贸易进出口额 5.64 亿美元，年均增长 200% 以上；承接的产业转移企业数量逐年增加（如图 10-4 所示），在转移企业中，包括了富士康、欧姆龙、钜旺鞋业、得阳鞋业等投资总额在 1000 万美元以上的制造业加工贸易大项目 30 个，总体投资规模不断增加。

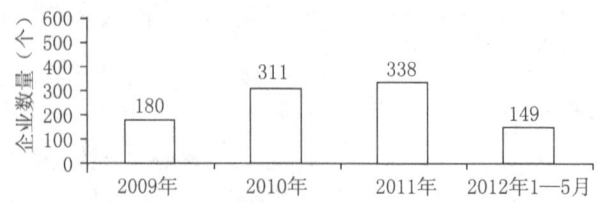

图 10-4　衡阳市近年承接的产业转移企业数量增长态势

资料来源：根据湖南省商务厅提供材料整理。

与此同时，郴州市抢抓承接产业转移的先机，2010 年以来全市实际利用外资 16.22 亿美元，到位内资 563.99 亿元，加工贸易进出口 7.8 亿美元，分别是前面一个三年总量的 1.7 倍、1.6 倍和 5.2 倍，增速较快；其中 2011 年，全市实际利用外资 6.28 亿美元，增长 18.7%，总量居全省第 2 位；实际到位内资 225 亿元，增长 23.9%，总量居全省第三位；加工贸易进出口总额 4.64 亿美元，增长 141%，总量和增幅均居全省第 2 位；从转移项目数量上看，近三年来，郴州全市新引进转移型企业达到 946 户，其中，2011 年郴州全市 10 个省级以上产业园区（含湘南物流园）拥有工业企业个数 744 户，比上年净增 149 户。

（2）产业承接总体质量不断得到提升

就调研了解的情况看，虽然现阶段湘南地区承接的转移项目还主要集中在劳动密集型的加工贸易类行业，但是与前几年相比，2010 年以来产业承接的总体质量趋向提高。主要表现在以下三个方面。

一是从产业档次上看，开始由劳动密集型的低端产业向科技含量和附加值高的高端产业、战略新兴产业转变。例如，衡阳市目前已有 13 家"世界 500 强"、16 家央企进驻，一些知名企业如日本欧姆龙、中国台湾富士康（见专栏 10-1）、深圳中兴通讯等成功落户；郴州市近年来也突出承接电子信息、新材料、新能源、生物医药、节能环保等产业，先后引进台达电子、高斯贝尔、华磊光电、杉杉科技、富士电梯、湘南电控、仰天湖风电等优势企业。

专栏 10-1　承接富士康转移工作成效显著

在承接转移中，与富士康的合作不断深化，成效显著。继 2010 年 12 月 8 日湖南省政府与富士康集团签署合作框架协议后，双方高层加强了互访和磋商，富士康在湖南的投资步伐不断加快。湖南省周强书记、徐守盛省长、梅克保副书记、省委常委陈肇雄、何报翔副省长多次与富士康高层会晤。2011 年 8 月，富士康集团总裁郭台铭来湖南考察，并与湖南省政府签署了会谈纪要，与衡阳市签署了备忘录。目前，富士康已经在衡阳下线生产数码相框、电子书、LED 光电产品等，企业发展态势良好，并带动上下游近百家配套企业陆续转移到衡阳市。2012 年上半年，徐守盛省长访台期间，又签署了富士康集团在湘系列合作备忘录，并就屏杆计划、数字教育、湖南卫视"果端计划"、子亲动漫高科技互动体验园、高清电视、三网融合服务、儿童寓教于乐等项目达成了投资协议，转移产业门类总体趋向现代化、高端化。

二是从承接产业的落地布局上看，由过去的零星分布向集中、有序分布转变。这主要是由于近年来湘南地区的各大专业园区发展较快，例如，衡阳市建设布局有以先进制造业和电子信息产业为主的白沙洲工业园区，以盐卤化工、精细化工、非金属和有色金属深加工为主的松木工业园区以及以生物制药、食品加工、电子信息、新技术新材料产业为主的高新技术开发区等；郴州市同样有建设布局不同的专业园区，各类专属园区的建设有利于承接企业发展循环经济，促进产业集约集群发展。

三是从承接转移方式上看，开始由承接单个企业转移向产业链整体转移转变。例如，在衡阳市，富士康先后带动上下游近百家配套企业陆续转移。郴州市注重产业链招商、"抱团"转移，与商会、总部合办园区，促进上下游关联产业集群推进。例如，郴州有色金属产业园区与广东顺德商会共建富士工业园，总投资150亿元，拟承接家电和机械制造业关联企业80~100家，形成6万平方千米的开发规模；台达电子作为全球最大的交互式电源生产商，在郴州已建设二期工程，将带动60余家配套企业，在周边形成近20家外包工厂。

可见，承接产业转移的领域不断拓宽，产业层次不断提高，特别是从以劳动密集型加工制造业为主逐渐在向以资本密集型乃至技术密集型产业为主转变；由原来的单个项目、单个企业的零散迁移和布局，转变为企业"抱团"的、产业集群式的整体性转移和有序布局。

（3）产业承接平台搭建取得较大进展

为顺利推进产业承接，湘南地区在产业承接平台建设方面近几年取得较大进展。一是从承接品牌创建上看，湘南三市中的郴州、衡阳均是国家级加工贸易梯度转移重点承接地；特别地，2011年10月湘南地区获批国家级承接产业转移示范区，业已成为湖南省承接产业转移的最大平台。二是从相关配套上看，衡阳市海关特殊监管区、国家级高新区申报工作进展顺利，现已开通衡阳至深圳五定班列和长少（岳阳）至上海五定班轮，"无水港"建设得到大力推进；郴州市加快出口加工区、公路口岸国际物流中心等承接平台建设，整合提升口岸功能，构建高效率、低成本的大通关体系，与此同时，郴州市还把提升城市整体形象和竞争力作为扩大开放的核心因素，全面推进城市基础设施建设工作。三是园区载体及其布局格局基本形成错位发展、特色发展、全面承接的态势。例如，衡阳市15个园区各具特色，有选择、有重点地承接产业转移；郴州市目前已经建成1个国家级出口加工区，9个各具产业特色的省级承接产业转移园区以及一批特色工业小区。总之，为有效承接产业转移，以产业园区为重点，加强各项建设，完善园区配套设施和服务功能，提升综合承载力。

（4）转移企业成为加工贸易新增长点

随着承接企业的落地投产，转移企业对地区加工贸易的快速增长贡献较大。2011年郴州台达电子加工贸易进出口超过1亿美元；衡阳胜添精密、欧姆龙精密电子加工贸易额接近1亿美元。2012年1—5月湘南示范区加工贸易进出口总额为5.3亿美元，占到全省的29.5%，比上年同期上升7.7个百分点，其中衡阳市和郴州市分别为2.06亿美元和2.73亿美元，增幅分别为327.7%和311%，显示了强劲的发展势头。同期，就转移企业看，衡阳市的胜添精密、欧姆龙稳居湖南省加工贸易前六名，特别地，胜添精密加工贸易额1.07亿美元，进入湖南省前三，已经成为衡阳市首家出口过亿美元的转移企业。可以肯定的是，这些转移企业不仅有力地拉动了地区加工贸易进出口的增长，提升了加工贸易的规模和档次，同时也为今后地区加工贸易持续保持较快增长打下了坚实的基础。

综上，自承接产业转移工作开展以来，湘南地区通过综合措施大力加强平台建设、加快扩大开放，各项工作均取得了显著的成绩；承接产业转移业已成为地区经济增长的重要方式、财政增收的重要来源、安置就业的重要渠道以及新型工业化和城镇化的重要推力。

10.2.2　现阶段地区承接产业的基本特征

通过实地调研，总结现阶段湘南地区产业承接所呈现的基本特征，是深化认识该地区产业转移现状的一个重要方式，更有利于把握该地区产业转移的基本过程和发展趋势。就衡阳和郴州两地来看，目前承接较多的是来自港澳台和东部沿海地区的劳动密集型加工贸易类企业，这类企业在原生产地面临工资、水、电、气等生产资料成本的提高以及"用工荒"等问题，转而寻求交通便利、政策环境优越、生产成本相对较低的地区投产经营（见表10-6）。总体上，从产业承接的方式、落户产业的特点、转移地来源以及发展阶段上看，现阶段湘南地区产业承接的特征既和全国其他地区一样，存在一般的共性，也有该地区发展的一些特性。

表 10-6　湘南地区承接转移产业的类型识别

分类方式	主　要　类　别		
转移地区	省内产业转移	国内跨区产业转移	国际产业转移
	√（★）	√（★★★）	○
生产要素	劳动密集型产业转移	资本密集型产业转移	技术密集型产业转移
	√（★★★）	√（★★）	√（★）
发生机理	产能（衰退）型转移	市场扩张型转移	其他
	√（★★★）	√（★★）	√（★）
产业部门	农业	制造业	服务业
	√（★）	√（★★★）	√（★★）

注："√"表示存在该类转移；"○"表示尚未发生该类转移；"★"的个数表示同一分类方式下不同类别产业转移的相对比重，其中"★★★"表示比重最大、"★★"次之、"★"为最少。

（1）以港澳台及东南沿海产业转移为主

从产业转移来源地上看，总体表现国际产业转移不足，省内以及国内其他地区企业陆续落户初显增长苗头，企业来源地现阶段仍以港澳台和东南沿海地区为主。在衡阳市，港澳台投资量占到外资总投资量的 80％；江浙沪闽及广东沿海地区投资量占到内资总量的 80％。从转移动力上看，港澳台及东南沿海地区企业转移主要基于交通区位因素，省内以及国内企业地区企业落户则更多基于市场扩张需求和政策驱动。另外，值得一提的是，目前缺少来自国际上的产业转移投资项目，主要是由于与东部沿海发达城市相比，现阶段湘南地区的国际化水平远远满足不了广大外商的投资要求，国际化程度尚处于起步和破题阶段，例如，硬环境建设方面，国际社区、国际学校、国际医院、五星级酒店等建设都严重滞后；软环境方面，全面开放的文化、促开放的制度等与对外开放的形势和时代发展的要求还有明显差距。

（2）产业链节点上以中间加工环节为主

目前转移企业以加工贸易类为主，这类企业转移落户的主要动力在于，湘南地区便利的对外通道区位条件、优惠的招商政策以及当地招工容易等因素，从而将车间加工环节全部或者局部搬迁到湘南地区。在衡阳和郴州两市有不少从深圳等地区直接整体搬迁过来的电子产品加工类企业，这些企业的原材料从区外输入，加工成品后再通过物流输出到东部沿海企业总部实现出口，从而在产业链节点上有鲜明的"两头在外"的特点。例如，郴州伟晟电子有限公司、衡阳富士康园区等电子产品的加工，一方面，原材料供应商不能本土化；另一方面，受到海关及出口营销管理等多种因素限制，需要输出大批量成品通过企业总部所在地最终实现出口，从而把湘南地区仅作为"后方加工厂"。可见，产业转移的行为目标模式仍以市场导向型和综合资源利用型为主，由于当前以沿海地区为主的出口模式没有改变，为满足产业转出地区的产品出口需求，湘南地区承接的产业转移实质上只是生产环节上的梯度转移，这类产业大多是转出地区在产业转型升级过程中淘汰的产业环节。

（3）投资规模上以承接中小企业落地为主

虽然，近年来衡阳和郴州两地均承接到一些有优势、有影响力、规模较大的以制造业和加工贸易行业为主的投资项目，但是从承接企业的投资总量规模和企业数量上看，承接过来的企业平均规模还是相对较小，总体表现以中小企业为主。事实上，这与企业发展战略和地区的发展阶段是相对应的：一方面，从转移企业角度看，大部分企业目前只是实现了部分转移或者基于区域市场扩张的角度选择转移落户，客观上决定了企业投资规模有限；另一方面，现阶段湘南地区需围绕主导产业，承接更多涉及各个相关领域的配套型企业。当然，劳动密集型和资源消耗型产业往往也存在规模小的问题，而目前转移企业又以上两类产业为主。可见，现阶段湘南地区承接企业规模以中小企业为主，既符合产业转移前期阶段的一般性特点，也与湘南地区现阶段的发展需求相一致，这也为下一步逐渐促进承接更多大规模企业转移奠定了基础。

（4）承接产业的技术层次相对较低

一般地，劳动密集型和资源消耗型产业存在规模小、创新能力不足、技术含量低等问题。事实上，现阶段转移到湘南地区的企业大部分还是劳动密集型或资源消耗型企业，因此，从这个角度也不难理解现阶段承接产业技术层次相对较低的特点。在调研中，一些企业代表们客观地指出，由于湘南地区产业环评准入门槛与东部沿海地区相比，相对较低；因此，像它们这样在东部沿海地区污染减排压力较大的企业，会有选择地转移到内地。另外，目前转移企业尚处于确保稳定投产阶段，主要适用原有技术手段和管理方法，由于各种综合原因，转移企业的技术改造升级将是一个长期过程，短期内仍以求"稳"为重要目标。

总体上，目前湘南地区产业转移所表现的主要特点是，与企业和地区发展的阶段相一致的，要一分为二地看。一方面，要充分肯定前期承接工作的成果特别是为地区发展奠定了基础；另一方面，由于在要素成本上升和利润最大化的双重驱动下，沿海地区将劳动密集型产业向更具有劳动力资源和成本优势的湘南地区转移，从长远看，不利于该地区产业结构的升级和新兴技术的创新，容易固化原有的低层次生产模式与产业结构，导致地区经济净福利的减少；因此，在下一步承接工作中尤其要注意"四个避免"，即避免承接的产业过度集中于低端产业和产业链的低附加值环节，避免承接产业转移中过度依赖资源的开发，避免对污染产业的错误承接，避免"重投资、轻技术"和"重招商、轻嫁接"的承接倾向。

10.2.3　积极承接产业转移的工作经验

作为承接产业转移的示范区，湘南地区无疑肩负着积极探索承接产业转移新模式、新路径的责任和使命，以期在率先承接中为其他地区真正起到有效示范的作用。为此，在实地调研过程中，调研组一行非常关注现阶段湘南地区在实际承接工作中的一些可取做法，在某种程度上也是为下一步加快推进示范区建设，总结先行的工作经验。

（1）高度重视，以规划为先导突出政策引导作用

应该说，为推进湘南示范区全面建设，在国家战略指导下，湖南省全省上下给予了高度的重视，不断强化政策推动作用。首先，领导高度重视。湖南省委、省政府领导班子亲自研究、部署、协调和推动，省直相关部门和郴州、衡阳、永州三市按照上级要求，全力全方面推进。其次，编制了《湖南省湘南承接产业转移示范区规划》，从省里到湘南三市先后出台实施了一系列促进承接产业转移的政策。具体地，为推进示范区建设，湖南省委、省政府先后制定出台了《关于加快承接产业转移发展加工贸易的若干政策措施》《关于支持郴州市承接产业转移先行先试的若干政策措施》《中共湖南省委、湖南省人民政府关于进一步扩大开

放加快发展开放型经济的决定》和湖南省政府《关于加快发展开放型经济的若干政策措施》等一系列优惠政策，特别是近期《中共湖南省委、湖南省人民政府关于推进湘南承接产业转移示范区建设的若干意见》（湘发〔2012〕14 号）的颁布，共包括十二大内容 45 条，着重在产业发展、载体建设、基础设施建设、用地、金融、人才等方面加大支持力度。在省政策体系框架下，为配套、对接和落实，衡阳和郴州两市也相应出台了一系列的官方政策文件，不断创新政策机制，突出政策支持，形成了较为完善的政策支撑体系。

（2）"筑巢引凤"，优化完善产业园区承接载体

"筑巢引凤"是湘南地区建设承接产业转移示范区的主要成功经验之一。仅从园区标准厂房建设看，截至 2011 年 12 月底，湖南全省完工的标准化厂房面积达到 1162 万平方米，其中湘南三市郴州、永州、衡阳承接地的标准化厂房建设面积分别为 249.3 万平方米、195.6 万平方米和 124.9 万平方米，湘南地区占到全省的 49％。具体地，衡阳市目前已经建成标准厂房 600 万平方米，2012 年预计全年再新建 300 万平方米；郴州市 2010 年以来共建成厂房 620 万平方米，2010 年标准厂房出租率95％以上，2011 年新建成标准厂房 249.33 万平方米，增长 22.5％，总量位居湖南省全省第 1 位。除此之外，各大园区还通过多次投资方式不断加大对路网、管网、电力设施、信息设施、污水处理厂等配套基础设施建设，提高企业承载力，把产业园区打造成为承接产业转移的优势载体。可见，对产业园区载体建设的投资力度较大，从产业承接的效果上看，到目前为止，基本实现了"筑巢引凤、签约落地、开工投产"的目标。

（3）"以大带小"，强化"母鸡蛋小鸡效应"

少数有影响力的电子产品加工贸易企业在湘南地区落户，先后带来一批相关联的小企业转移入驻，当地形象地将这种现象比作"母鸡蛋小鸡效应"。例如，2011 年富士康在衡阳设立衡阳胜添精密电子有限公司和领航科技（衡阳）有限公司两家企业，下线生产数码相框、平板电脑、LED 光电产品等，吸引了巨基电子、萤茂科技、欧陆通电子、宏大印刷、松安光电、富创、界龙实业等诸多配套企业落户，涉及上下游近百家陆续转移到衡阳市。再如，郴州有色金属产业园区与广东顺德商会共建富士工业园，计划承接家电和机械制造业关联企业 80～100 家；台达电子建设的二期工程，将带动 60 余家配套企业，等等。这样，在转移方式上实现了从单个企业向产业链整体转移的转变，有利于推动地区形成产

业集群。作为承接产业转移工作中探索形成的经验做法，在调研中"以大带小"模式备受当地政府推介；下一步，将继续作为当地产业承接的重要方式予以推广，努力承接规模大、成长性好、带动力强的核心龙头企业，以此拓展产业配套空间，广泛引进上下游配套项目，通过"抓住一个，引进一串"的方式，拉长产业链，放大集聚效应，培育形成地区主导产业。

（4）鼓励返乡，积极促进"回归式"产业转移

在与企业代表座谈中发现，近年来承接转移过来的多数企业，之所以选择衡阳和郴州两市落地，除了交通区位、资源条件以及政策优势之外，还隐含地缘（或人缘、亲缘）关系因素，即企业老板或者企业管理层是湖南籍或当地原籍人。这类转移企业包括两个来源地，一是东部沿海等地区，在招商引资过程中，积极吸引早期外出务工、创业的湖南籍人士带回资金、市场、管理经验、生产技术甚至企业生产线或总部返乡再创业或扩大创业；二是湖南省内部企业，例如，2011 年，郴州安仁县成功吸引世界 500 强企业三一重工，拟投资20 亿元兴建郴州中仁机械设备有限公司；2012 年"中博会"期间，衡阳市衡阳县再度引进三一工程机械有限公司在西渡经济开发区投资兴建湖南三一工程机械整机与零部件再制造项目。应该说，在市场环境、政策优惠等同等条件下，本土人士或企业基于地缘情感关系会更倾向于返乡投资和创业，湘南地区充分抓住这一特点积极承接相关优势企业，承接了一批规模较大、带动性强的优势企业。这种"回归式"产业转移的原始动力多来自企业家、务工人员的"草根式"成长，即历经外出务工、积累经验、升任高管、在外创业、成功发展、回乡投资这一路径的全过程或部分过程，相比传统产业转移理论路径下的产业转移，更具有速度快、规模大、成本低、障碍小、动力强的特征，这一做法同样值得借鉴和推广。

10.2.4 产业承接发展中出现的主要问题

由于多种原因特别是受发展阶段的限制，湘南示范区在建设和发展过程中依然存在一些亟待解决的问题，不仅制约着落户企业和当地企业的长足发展，也不利于进一步扩大产业承接。在调研过程中，我们把产业承接的阻碍或制约因素和承接发展中的问题严格区分开来，前者往往是由于基础条件和发展环境客观引起的，例如市场观念相对落后，对发达地区的先进管理经验接受能力较差，服务意

识不强、产业配套、物流效率、融资环境等方面与东部沿海地区还有较大差距等，这与其他产业承接地区存在一定的共性；后者则主要指本地区在承接发展过程中出现的不利方面，在某种程度上更具有地区性特点。

（1）存在对当地企业的挤出效应

在湘南地区，承接产业转移是现阶段关系国民经济和社会发展的大事，近年来，政府不断加大力度促进承接产业转移，在人力、财力、物力以及政策上给予新承接的迁入企业较多倾斜，有效保障了企业的快速落户和投产经营。然而，这种工作重心的转移，在一定程度上对当地原有企业发展却带来公共投入上的挤出。例如，政府在一些配套建设上，存在部分环节的滞后，满足不了本土企业的发展需求；与此同时，由于当地承接产业转移依然处于政府主导驱动发展阶段，不可避免地会加大对企业发展和项目推进做一些调研、走访以及例行检查工作，有时候会增加企业的运营成本（见专栏 10-2）。应该说，这种对部分企业带来的"挤出效应"具有鲜明的阶段性，随着承接产业工作的深化推进，将会得到缓解甚至消除；但是在开放的市场经济条件下，对于企业而言，时间成本不容忽视，尤其是一些国际化投资项目，投资周期控制较为严格，如果因地方公共投入的配套不到位影响企业的项目审批进度，无论对于企业还是地方经济社会发展都会带来不同程度的损失。除此之外，从市场竞争的角度看，由于目前承接产业以劳动密集型和资源消耗型产业为主，一定程度上加剧了湘南地区产业结构的同构化和过度竞争，特别是挤压本土传统优势产业的发展。

专栏 10-2　在三方座谈交流会上的一则对话

调研组成员：请问贵企业是什么时候转移过来的？

某企业代表：早在"十五"时期，为了市场扩张，我们选择在湘南地区落地建厂，拟建设成为全国的南方生产营销基地；从搬迁的角度看，我们属于迁移类企业；但与近年来东部沿海地区转移类企业相比，我们一定程度上是本土化了的企业。

调研组成员：近年来，政府为大力推进承接产业转移，做了大量的工作，那么从企业发展的角度看，您认为目前还存在哪些需要解决的问题或面临的难处。

> 某企业代表：政府为我们企业做服务自然是好的，但是现在有时候为了应付政府不同部门的检查，可谓应接不暇，增添了我们的工作量，就我个人来说，根据企业的组织安排，我既负责业务管理工作，又负责政府对接工作，如果政府对接程序或事项较多，势必占用我的业务管理时间，不利于企业发展。
>
> 政府部门代表：你反映的这个情况，我们最近已经开始着手协调，下一步马上要出台一个官方的文件，一是禁止一切不规范的企业调研活动；二是根据相关条例要求，政府有关行政部门每年到企业的检查次数将有一个明确的上限规定。
>
> 某企业代表：另外，既然今天是一个开放的交流会，我还想向各位领导反映一个情况，这两年政府花大力气积极承接大项目，我们认为对地区发展也很好；但是，由于政府工作重心的转移，对我们已经落地的企业或本土企业某种程度上存在忽视的地方，例如，我们企业在一些新上项目上急需完成综合的环评报告，政府在园区环评配套工作上推进缓慢，例如污染管网迟迟建不好，影响了企业项目申报审批的进度；相比对引进富士康，则给予 46 亿元的财政补贴。
>
> 政府部门代表：你反映的环评工作，有关配套施工已经开始，在近期会大力推进完成。
>
> 调研组成员：企业确实需要一个和谐、有序的发展环境，同时政府工作也需要企业大力支持和理解，一方面企业积极配合好政府有关规定和政策要求；另一方面，政府需要做好组织管理与配套服务工作，总之提高沟通、协调能力和落实工作效率非常重要。

（2）加工贸易企业员工流动性高

通过对衡阳和郴州两地的企业调研，了解到该地区企业用工过程中普遍存在劳动力流动性较大的问题，对企业生产流程带来一定的负面影响。就目前转移类企业的员工来源看，主要有两个大部分，一是从企业转移地派遣或迁移过来管理和技术团队，在企业内部主要位处中层及以上职务岗位，二是直接从本地公开招聘吸收的劳动力，主要是相对较为低端的车间加工流水线作业岗位。企业管理层和技术团队较为稳定，主要是由于一方面这部分员工当中有相当部分属湖南籍返乡创业人员；另一方面，随着高铁通车，基本实现了对接珠三角地区一天通勤的目标，便于家庭尚在广东等地区员工们的往返等。与此形成鲜明对比的是，从当地新吸纳的劳动力非常不稳定，离职率高，主要是这部分人员大多数来自高中、中专、大专及普通高校的毕业生，年纪较轻，大多存在去东部沿海发达地区"闯荡"的潜在心理，就地就业往往只是他们的"权宜之计"或"临时跳板"，在企业就职往往不稳定。当然，离职率高的动因是多方面的，还包括工资薪酬相对较低、地区经济社会发展尚落后于沿海发达地区、园区周边配套服务不到位等原因，客观上综合导致湘南地区城市的宜居宜业环境尚赶不上全国其他发达地区或城市，从而对劳动者的从业吸引力不足。

（3）政绩效益大于经济社会效益

近三年，转移迁入企业数量逐年增加，产业承接工作如火如荼，政绩显然。但是，从转移迁入的企业类型来看，现阶段企业迁入的经济社会效益尚未真正突出。一是目前转移企业大多依然层次较低，企业平均规模较小，附加值低，实际税率不高，对于地方的财政贡献尚有限。二是少部分污染型企业转移迁入。在调研过程中，我们了解到，虽然当地政府对转移类企业设置了一定的环评门槛，在承接招商过程中对污染类企业予以控制和筛选，但是，根据部分企业代表的反映，化工、医药等产业在环保要求上相对东部地区较低，这也是他们企业转移迁入的一个重要原因。可见，环评标准的地区差异是值得进一步深化讨论和研究的问题，过去那种以环境为代价的发展模式显然已经走到了尽头，那么湘南地区现阶段在承接产业转移过程中是设置环评"上限"还是"下限"急需落实。三是在某种程度上，湘南地区作为沿海发达地区边缘化转出产业的承接者，在享受表面上带来的就业促进、经济增长利益的同时，也承受着资源消耗、低要素成本代价，特别是发达地区只转移加工贸易类中间产业环节，会持续控制承接地区的技术进步和新兴产业发展，维持两地之间的技术极差（如图 10-5 所示），从长远看，不利于湘南地区的产业转型升级，根本性地转变经济发展方式。

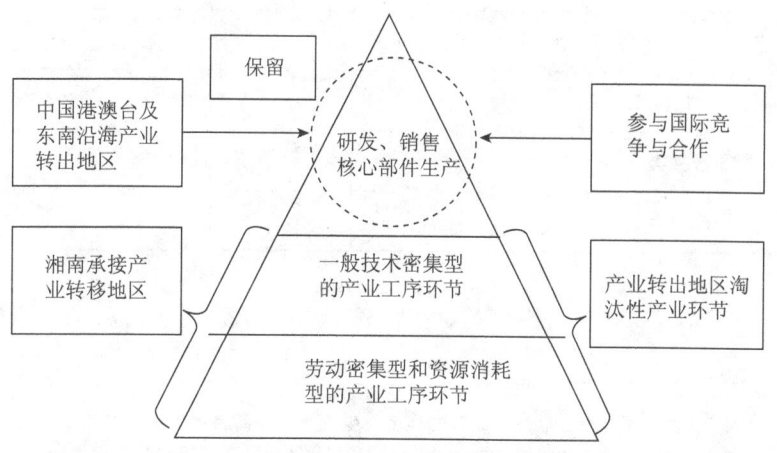

图 10-5　产业技术梯度金字塔下的工序转移

（4）具有政策性转出的潜在风险

应该说，出台一系列利好政策形成"政策组合拳"，是湘南示范区建设的一个亮点做法，相比同类其他产业承接地区更具吸引力，在短期内对承接产业起到了至关重要的作用。从企业迁移的驱动要素分析看，政策"诱导"是各类企业转移落户的重要原因；除了政策因素之外，来自珠三角地区的加工贸易类企业还考虑到湘南地区招工容易、交通相对便利，而资源型的加工制造业则重点看中当地的自然资源优势（见表10-7）；可见，地区招商的利好政策是现阶段各类企业迁入过程中考虑的重要因素。从地区长远发展看，这显然也只能是特定发展阶段的"权宜之计"，随着中西部其他地区承接政策的日臻完善，湘南地区的政策优势会相对减弱；地区的交通通勤等优势同样会随着其他地区交通基础设施的完善而得到削弱。为此，目前承接转移类企业，大多尚处于"嵌入式"发展阶段，要促进与地方经济社会发展相融合，实现"根植性"发展，还需要优化地区发展环境，提高地区综合竞争力。事实上，通过衡阳和郴州两地的调研发现，地区生产和生活性服务及其配套建设尚不完善，还有很长的一段路要走；与此同时，中西部其他地区加快发展，势头强劲，区域竞争力日益加大，在产业承接领域的竞争也将从初期靠"政策诱导"逐步转向靠"环境吸引"的发展阶段。可见，从现阶段发展看，湘南地区迁入企业存在政策性转出的潜在风险，应对其予以警惕。

表 10-7　湘南示范区企业迁移落户的驱动因素归类[①]

企　业　类　型	外部因素	内部因素	招商政策	区位因素
来料加工贸易企业	√	—	√	√
资源型加工制造业	√	—	√	√
战略新兴类企业	—	—	√	—
其他类企业	—	√	√	√

---

① 外部因素指企业原有所在地生产经营的环境发生变化；内部因素指企业自身发展战略调整或变化；招商政策这里特指湘南地区为承接产业指定的各类利好政策；区位因素包括湘南地区的交通便利性、招工容易、地区自然资源丰富以及地理空间上的开放性等利于企业生产经营的因素。

10.2.5 总体认识与对策思考

(1) 总体认识

综上分析，可以进一步总结、提炼得到以下六点认识。一是从转移产业的类型上看，丧失比较优势的劳动密集型、资源消耗型产业由东部沿海地区向其他地区转移，但核心的资本和技术密集型行业依然保留或向沿海发达地区集聚。二是从产业转移的动因上看，招工容易相比工资差距更是产业转移的重要动因之一；地价差距和就地消耗资源是产业转移的直接推动力；东部沿海地区产业结构调整与升级为产业转移输出推力；承接地区的招商政策及其他各项配套工作为产业承接落地形成有效拉力。三是从产业承接的综合效应上看，一方面，承接产业转移有利于承接地区的经济增长、增加就业、注入新的经济发展要素、促进地区产业结构优化等；另一方面，承接产业在一定程度上会形成对地区本土企业的"挤出效应"、消耗资源效应、污染效应，固化地区间的技术级差等。四是从产业承接的风险上看，低技术、劳动密集及污染类产业转入会妨碍地区产业升级和转变发展方式；依赖政策优势承接的产业存在二次转出潜在风险；过分强调经济增长和政府政绩的产业转移存在一定的无序性，会带来地区资源的重置和浪费。五是从承接产业的三次产业结构上看，以湘南地区为代表的中西部地区承接转移产业主要以加工制造业为主，对现代服务业的承接相对较少。六是从承接来源地上看，主要承接东部沿海发达地区产业，对国际发达地区的产业承接相对较少。

(2) 国家层面引导产业有序转移与促进区域协调发展的思考

首先，加强宏观指导，统筹产业转出区和承接区发展。促进区域经济协调发展是落实科学发展观、建设和谐社会的重要内容，健全跨区域合作机制，引导地区间产业合作和有序转移、调整优化区域间投资结构和产业布局是实现区域经济协调发展的重要途径。一般来说，产业转移无论对转出区（通常是发达地区）和转入区（通常是欠发达地区）的经济发展都有重要作用。对于转出区而言，通过将不适宜今后发展的产业转移到其他地区，有利于区域产业结构的转型升级，而企业迁移到低成本地区则可以重获生机，保持竞争力。对于转入区而言，大量外部企业和投资的引进落户，成为这些欠发达区域经济发展的有力引擎。现阶段，我国产业转移主要方向是，东部沿海发达地区的产业向中西部欠发达地区梯度转移。今后，要把调整全国经济空间格局与产业结构统一起来，坚持有序转移和高效承接相结合，通过产业转移，促进区域协调发展。一是充分发挥不同地区的比较优势，对不同地区实施差别化的投资政策，促进产业政策的区域化与区域政策的产业化相结合，在全国范围内调整优化产业结构，特别防止中西部相对落后地区陷入低品质发展的陷阱；二是探索建立转出区和承接区的长效合作机制，统筹合作地区之间的产业政策，促进东部沿海发达地区的技术优势和中西部地区的资源优势有机结合；三是制定全国性产业转移与承接的指导意见或规划方案，避免承接地区的无序竞争造成资源重置浪费。

其次，中西部地区承接产业转移的行业选择及其基本原则。从湘南地区调研看，东部沿海地区倾向转出的产业主要有三类：一是资源（包括矿产资源、能源以及农产品等）消耗型产业；二是劳动密集型加工类产业；三是在中西部地区拥有一定基础、能形成配套的产业。从全国转变发展方式角度看，在大量中低档产品产能过剩的形势下，不宜鼓励东部把落后技术、工艺的产业向中西部转移，否则会影响全国产业结构调整和升级的任务。可见，无序的产业转移虽然在一定阶段带来地区经济增长、就业增加等效应，但从长远看，势必存在隐患。为此，要坚持以科学发展观为指导思想，明确产业承接地区产业承接的基本原则，在该原则指导下科学选择承接行业。一是坚持可持续发展原则，严格控制东部沿海地区淘汰的高污染、低效益的产业向中西部地区转移；二是坚持特色发展和竞争优势的原则，承接过来的产业既要符合国家产业政策，还要跟地方产业规划保持一致，通过发展特色产业，避免区域产业同构或无序竞争；三是坚持产业优化升级的原则，承接过来的产业需要充分考虑导入新技术或者对中西部地区产业进行技术改造、升级，促进经济发展方式转变；四是坚持市场导向和政府推动相结合的原则，明确政府角色定位，强化规划和政策引导，始终坚持把市场作为资源配置的有效手段。

最后，分级分类指导给予产业承接示范区"一篮子"专项政策支持。调研中，我们发现，承接入驻的企业倾向于将东部沿海地区的发展环境与承接地的发展条件进行对比，继而认为目前湘南地区存在许多不足的地方。例如，与东部沿海地区相比，产业配套能力不强，特别是本土供应商不足导致增加信息、物流等成本；产业园区载体的基础设施配套建设满足不了企业发展需求；人文精神、服务意识远远不如沿海发达城市；市场化程度不高尤其是投融资平台建设不足、劳动力市场不完善，等等。以上种种不足归根结底还是地区发展差距问题，针对这些问题，一方面，需要通过市场的手段扩大招商引资和承接产业转移来解决；另一方面，需从国家层面对示范区给予一些先行、先试的利好政策支持，力争在政策上，在对示范区承接产业转移予以统一支持的同时，针对不同示范区的情况因地制宜、分类指导。总地说来，从类别上看，主要包括以下五个方面的政策支持：一是财政政策。设立承接产业转移的专项引导资金，重点支持园区配套基础设施建设和发展职业教育等，对返乡创业和就地就业的企业或个人给予不同形式的补贴，支持贷款担保机构提高担保能力等。二是税收政策。积极鼓励东部沿海、内地及国际产业转移到中西部地区，给予减免优惠税收政策，鼓励转移企业技术创新、就地再投资等。三是金融政策。引导国有商业银行为示范区设立产业转移专项贷款，鼓励金融机构在示范区建设分支机构或扩大业务支持，为转移企业提供专项贷款。四是土地政策。在审批程序上简化，在产业园区建设上给予一定扩容支持等。五是产业政策。对符合国家产业政策的重大产业转移项目，优先核准；鼓励开辟内陆港，建设保税区；支持产业园区发展循环经济，享受国家循环经济试验区的有关政策，等等。

事实上，不止湘南地区，我国中西部产业承接地区的发展条件一方面均落后于沿海发达地区，另一方面又存在较大的内部差异，因此下一步急需根据各地区实际，深化调查研究，因地制宜、分类指导地制定以上各类支持政策，促进各地区有效承接产业。具体地，要在分析中西部地区承接产业转移面临的问题和障碍的基础上，研究提出政府政策支持体系，包括明确政策支持的目标、关键政策工具的运用（财税政策、投融资政策、土地管理政策、产业政策、环境政策、人才政策等）以及政策效应的动态评估等。

（3）湘南地区下一阶段有效承接产业转移的对策建议

根据国家发改委的要求和指导，示范区建设要坚持以科学发展观为指导，深入实施促进中部地区崛起战略，进一步解放思想、创新体制、优化环境，以科学承接、互利承接、绿色承接为导向，以体制机制创新为动力，着力优化空间布局，着力突出产业承接发展重点，着力提升基础设施保障能力，着力加强资源节约和环境保护，着力深化区域合作，积极推进湘南地区新型工业化、新型城镇化、农业现代化和信息化进程，加快资源节约型和环境友好型社会建设，努力把湘南地区建设成为中部地区承接产业转移的新平台、跨区域合作的引领区、加工贸易的集聚区和转型发展的试验区。可见，健康、有序推进湘南示范区建设意义重大，下一步需要针对地区发展的实际，一方面，从国家层面给予更多顶层设计和宏观指导；另一方面，当地政府部门更要明确战略发展导向，积极探索行之有效的对策措施。

首先，坚持以科学发展观为指导，在承接中促进发展方式转变。科学发展观要求促进实现全面、协调、可持续发展，必须切实转变经济发展方式，减少资源消耗，注重依靠科技进步，实现经济、社会、生态效益的统一和协调发展。为此，在承接转移过程中，一是要加强资金、信息、技术和法制监控，突出资源优势，承接精深加工产业转移；利用区位优势，承接外向型产业转移；凭借综合成本优势，承接劳动密集型产业转移；发挥现有产业优势，承接配套产业转移。二是坚持产业承接与环境保护相并重，防治低层次资源消耗、污染影响大、无发展后劲的产业转入。三是要把促进就业、增加收入、提高当地居民生活福利等社会效益作为承接产业转移有效与否的重要判别标准。

其次，进一步明确政府角色定位，不断改善承接产业转移环境。按照国家发改委的批示，湘南示范区由湖南省发改委负责建设和管理，要求切实加强对示范区建设的组织领导，明确工作责任、完善工作机制，科学编制示范区规划并认真组织实施，研究制定具体实施方案和专项支持政策，落实示范区建设的各项任务等。湖南省及湘南三市政府根据有关要求，全面开展示范区的有关建设工作，特别是《湖南省湘南承接产业转移示范区规划》的印发，进一步明确了下一步工作的重点任务和发展目标。然而，从调研的情况看，目前大多数转移类企业对政府有较强的依赖性，寄希望于政府部门在迁移落户、政策争取、各项配套甚至区域竞争中发挥"先行兵"或"管家"的作用。这样，地方政府由于急于招商落地，势必"抢做"了一部分本该市场行为完成的任务，不但增加了政府公共支出的成本，而且不利于区域市场的建设和可持续发展。因此，下一步需要明确政府角色定位。政府部门应当围绕改善承接产业转移环境，做好以下四个方面的重点工作：一是加强基础设施建设，包括全面打造对外开放的现代快捷交通运输系统，完善城市和园区交通、通信、供水、供电、供气等基础设施等。二是完善配套服务设施，包括公共信息平台、技术创新平台、商务服务平台等生产性服务设施建设；大力发展职业教育，培养高素质技术工人；完善城市教育、医疗、文化、餐饮、购物等生活性服务设施，等等。三是创新体制机制，包括承接机制、区域合作机制、人才机制、投资机制、财税金融机制等领域的大胆改革与创新，争取为中西部其他承接产业转移地区做出示范。四是提高政府服务水平，推进行政效率建设，减少行政事务程序，提高办事效率；加强依法行政，维护转移企业合法权益，加强知识产权保护，为企业提供公开、公正、公平的市场环境；鼓励和保护企业自主投资、自主创业；各级政府还要保持承接产业转移政策的科学性、连续性和稳定性。

再次，建立健全综合协调机制，不断完善和扩大区内外合作。从区域合作的角度看，至少需要建立健全以下三个方面的区域合作协调机制：一是湘南三市以及辖区各县区域协调机制，在三市内部形成政策一体化、资源共享化，形成联合承接、共建示范区的局面；二是湘南地区与湖南省及中西部其他产业承接地区之间的区域竞合机制，在明确湘南地区战略定位的基础上，充分尊重市场经济基本规律，和其他地区形成错位发展、良性互动的合作格局；三是湘南地区与产业转移地区（包括东部沿海及海外各地）的合作协调机制，创新合作方式、拓展合作领域，形成优势互补、共同发展的格局。

从承接工作的角度看，一是在明确招商目标的基础上，建立重大招商项目协调制度。选准承接的重点产业和承接点；充分利用中博会、世博会、自主创新要素对接会等各类投资贸易活动平台，建立与拟承接的国际、国内 500 强企业"一对一"联系机制，主动加强与承接地政府和有关部门、行业协会、大型企业集团的联系，建立合作关系。二是建立湘南地区与承接地产业和区域发展战略的对接机制，包括规划、项目、科技、资源、市场等方面的长效联动对接机制，特别是加快形成与东部沿海地区的产业关联，更大程度融入东部各经济圈的产业分工体系。三是建立科技资质互认制度，实现创新平台共享。支持示范区与高校、科研院所联合共建科研机构和产学研合作示范基地；通过联合开发、委托开发、相互参股、共建经济实体等形式，建设产学研战略联盟，共同推进核心技术攻关和关键共性技术研究。四是加快综合体制机制创新的步伐，在招商引资、技术认证、对外经贸、薪酬制度、税收制度、社会保障等方面加快与东部地区接轨，努力缩小与东部地区在政策环境上的差距。

最后，加快促进承接产业与当地经济社会发展的全面融合。现阶段，湘南地区承接产业多以中小企业为主，主要转移动力在于优惠的招商引资政策、当地容易的招工条件及自然资源禀赋等，存在二次转出的潜在风险。为此，加快促进转移企业实现从"嵌入式"落户到"根植性"发展，是示范区科学发展的客观需求，意义重大。

一是对接融入湖南省"两型四化"战略。首先，突出两型导向，加强生态建设和环境保护，严格产业准入标准，坚持有选择地承接，防止高消耗、高排放的落户产业转移落户。其次，按照新型工业化、农业现代化、新型城镇化、信息化的基本要求和战略导向，全面推进产业承接各项工作。最后，是要更加关注本土企业的转型升级与加快发展。既要防止产业转移对本土企业形成"挤出效应"，也要充分利用转移企业配套或带动支持传统产业的综合改造升级等，促进实现转移企业和本土企业联动发展的良好局面。

二是把承接产业转移与社会事业全面发展有效结合起来。一方面，持续加大各项投入力度，改善社会事业包括医疗卫生、教育培训、文化体育、劳动就业、社区建设、休闲旅游等配套水平，向东部沿海发达城市的发展水平甚至国际标准看齐，确保高效配套支撑，真正实现转移企业"引得进、留得住、长得大"；另一方面，创新方法，利用市场手段，积极承接有志投入社会事业建设的战略投资企业，促进湘南社会事业发展。

附表　调研期间当地政府部门提出国家层面给予政策支持的有关请示

省　市	项目建设	专项资金	园区建设	企业扶持
湖南省	在重大项目（10～20 个投资量大、带动力强、关联度高的标志性工程）立项上给予支持	设立专项引导资金，增加预算内基本建设投资，用于引导产业承接布局的形成	支持湘南地区设立省级工业集中区；鼓励湘南三市每市发展1～2个主导产业；支持县级行政区之间的合作共建共享	—
衡阳市	—	设立专项补贴资金支持园区建设，通过资金引导，鼓励人才向园区集聚，重大产业布局向园区集中	①简化土地报批程序，请求给予湖南省直接审批权限，与郴州、永州在土地审批上同等对待；②用地指标园区单列	经济形势严峻的情况下，对有发展潜力的企业给予救助政策：在开拓市场、技改资金、贷款贴息、规费和税收上予以支持
郴州市	加大湘江流域重金属污染治理、农网改造升级、城市供水等工程项目建设力度；支持一批重大交通、水利和产业项目立项	给予专项（转移支付）资金支持示范区承接平台建设、重大基础设施建设配套等	支持郴州有色金属产业园区申报国家级产业园区，适当放宽有色金属行业开展加工贸易限制	—

资料来源：根据湖南省商务厅及衡阳市、郴州市人民政府提供的汇报材料整理。这些基本诉求从侧面充分反映了现阶段湘南地区在承接产业转移中面临的一些困难和需要迫切完成的重点工作。

本节参考文献：

[1] 江世银. 四川承接产业转移, 推动产业结构优化升级[M]. 北京:经济管理出版社,2010.

[2] 王云平. 产业转移和区域产业结构调整[M]. 北京:中国水利水电出版社,2010.

[3] 魏后凯,白玫,王业强等. 中国区域经济的微观透析:企业迁移的视角[M]. 北京:经济管理出版社,2009.

[4] 中共湖南省委,湖南省人民政府. 关于推进湘南承接产业转移示范区建设的若干意见(湘发〔2012〕14 号)[Z].

[5] 周阳敏,高友才. 回归式产业转移与企业家成长:"小温州"固始当代商人崛起实证研究[J]. 中国工业经济,2011(5).

10.3　安徽皖江承接产业转移示范区调研报告①

皖江城市带承接产业转移示范区(以下简称示范区)是国务院批准设立的第一个承接产业转移示范区,也是中西部地区承接产业转移取得成效最好的地区之一。2008 年国际金融危机爆发以来,世界经济持续低迷,我国经济增速不断放缓,而以皖江示范区为代表的一部分中西部地区继续保持较高速度增长,成为我国经济运行中的一个亮点。承接产业转移成为我国应对国际金融危机、推动经济结构优化升级的重要举措。因此,分析皖江示范区承接产业转移的做法,总结它们的经验,对于科学引导国内外产业向中西部地区有序转移、促进我国区域经济统筹发展等具有十分重要的意义。

2012 年 7 月 10 日至 16 日,国家发改委产业所课题组一行 7 人,在安徽省发改委的协助下,赴安徽就皖江示范区建设进展、取得成效、主要做法以及未来发展等进行调研。由于时间紧,调研组选择合肥、芜湖、滁州、江北产业集中区三市一区作为调研重点。合肥和芜湖是示范区的双核城市,滁州是示范区的北翼城市,江北产业集中区是示范区新设的特殊功能区。它们是示范区的核心组成部分,也是近年来示范区承接产业转移成效最好的部分,它们在承接产业转移中积极探索,形成了一些好的方法和模式。在安徽期间,调研组共召开 5 次座谈会,考察 30 多家企业,与近百家省直部门、市直部门、县直部门以及企业进行面对面交流,获得大量的第一手材料。经过多次讨论、修改,最终形成示范区承接产业转移调研报告。

———————————

① 本部分由李秋淮、王云平合作完成。

10.3.1 皖江示范区承接产业转移的基本成效

皖江示范区是中部崛起的重点开发区域,是长三角地区产业向中西部地区转移和辐射地理空间上最接近的区域,具有环境承载能力较强、要素成本较低、产业基础和配套能力较好等综合优势。皖江示范区成立以后,安徽全省上下高度重视、精心谋划、迅速行动,承接产业转移取得了显著成效。

(1)积极承接国内国际产业转移,促进经济总量快速发展

① 承接国际产业转移保持良好势头

虽然受国际金融危机的影响,国际产业转移势头普遍放缓,但皖江示范区承接国际产业转移仍然保持一个较好的发展势头。从表 10-8 可以看出,2011 年,皖江示范区实际利用外资 56.1 亿美元,比 2009 年增长 48.3%,年均增长 21.7%;并且增速不断加快,2009 年、2010 年和 2011 年各年实际利用外资额分别比上年增长 14.3%、18.5% 和 25.1%。另外,皖江示范区承接国际产业转移质量不断提升。2011 年,皖江示范区新批外商直接投资项目平均投资规模为 1557.7 万美元,比 2009 年(730.8 万美元)提高了 1.13 倍(见表 10-8)。

表 10-8　2008—2011 年皖江示范区利用外资和项目情况

年　份	实际利用外资 (亿美元)	同比增长(%)	外 商 直 接 投 资		
			新批项目数 (个)	合同外资 (亿美元)	项目平均投资规模 (万美元)
2008	33.1	22.5	200	17.6	882.1
2009	37.8	14.3	233	17.0	730.8
2010	44.8	18.5	222	18.4	830.4
2011	56.1	25.1	186	29.0	1557.7

资料来源:《安徽省统计年鉴》(2012)。

② 以长三角地区为重点,加速承接沿海产业转移

"十一五"以来,随着我国扩大内需战略的深入实施,以及东部沿海地区土地等资源要素价格上升、环境压力加大的影响,东部沿海地区产业开始加速向中西部地区转移,安徽承接产业转移实现了快速增长。皖江城市带承接产业转移示范区的设立,更为皖江示范区和安徽承接产业转移增添了一块"金字招牌",皖江示范区和安徽承接产业转移的品牌效应和"抢滩效应"得到充分显现。2010—2012 年,皖江

示范区承接产业转移一直保持在 50%～60% 的速度增长。2011 年皖江示范区实际引进 1 亿元以上省外投资项目 2981 个,同比增长 42.4%;实际引进资金 2874 亿元,同比增长 51.4%。

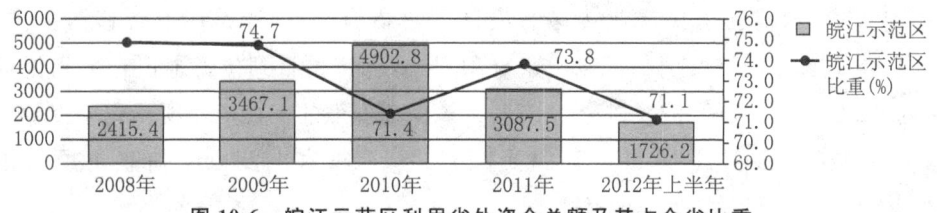

图 10-6　皖江示范区利用省外资金总额及其占全省比重

资料来源:安徽省发改委网站。

从项目来源地看,长三角是产业转移的主要来源地。2011 年,皖江示范区省外投资 1 亿元以上项目共 2981 个,投资主体来源于浙江的 879 个,占 29.5%;来源于江苏 604 个,占 20.3%;来源于上海 403 个,占 13.5%;来源于长三角地区的共占 63.3%;来源于其他地方的 1095 个,占 36.7%。

③ 承接产业转移有效促进经济总量大幅提升

从表 10-9 可以看出,"十一五"以来,皖江示范区经济开始加速发展,经济总量实现大幅提升,由 2005 年的 3562.5 亿元跨越到 2011 年的 10949.5 亿元,连续迈过 7000 亿元台阶。特别值得注意的是,在 2008 年国际金融危机爆发以来,在国内外经济普遍放缓的背景下,皖江示范区继续保持了高速增长,年均增速高于全国增速 5 个百分点以上。皖江示范区通过承接产业转移,改善投资环境并充分发挥其后发优势,有效促进了经济总量的跨越式提升,逐渐打破了中部地区"经济塌陷"的空间格局。这一方面使国家区域经济的发展更加均衡,另一方面为中西部其他地区的经济发展起到了示范作用。

表 10-9　"十一五"以来皖江示范区生产总值及其增长速度　　　　单位:亿元,%

	2005	2006	2007	2008	2009	2010	2011	2012
皖江生产总值	3562.5	4211.3	5089.1	6218.2	7144.7	8905.0	10949.5	4989.9
皖江经济增速	12.2	14.8	15.6	14.6	14.7	15.9	14.2	12.5
安徽经济增速	13.3	11.0	12.5	14.2	12.7	12.9	14.6	12.0
全国经济增速	11.3	12.7	14.2	9.6	9.2	10.4	9.2	7.8
皖江经济增速—全国经济增速	0.9	2.1	1.4	5.0	5.5	5.5	5.0	4.7

注:2012 年数据为 2012 年上半年数据,其他年份数据为全年数据。
资料来源:《安徽省统计年鉴》(2012)。

（2）以第二产业为承接重点，不断完善产业结构

① 第二产业为承接重点，大项目明显增多

从皖江示范区承接产业转移的项目产业结构看，二产是产业转移的主体。2011 年，皖江示范区吸引亿元以上省外项目中，二产项目到位资金占全部到位资金的 69.8%，三产项目到位资金占 27.9%。围绕安徽的支柱产业项目到位资金比重占总量近七成。其中，装备制造类项目占 16%；家电及电子信息类项目占 16.4%；农副产品深加工类项目占 6%。

从项目规模看，大项目明显增多。2011 年皖江示范区新建内资 1 亿元以上项目 1218 个，同比增长 22.5%，单个内资项目平均实际引进资金同比增长 23.6%。其中，10 亿元（含 10 亿）以上大项目 286 个，100 亿元（含 100 亿）以上的超大项目有 7 个。2011 年投资总额最大的项目是浙江客商在宣城市宣州区投资的水晶产业园项目，主要从事水晶生产、加工及相关上下游配套产业发展，投资总额达 200 亿元人民币。

积极承接产业转移使皖江示范区和安徽省经济步入了"发展快车道"，经济规模迅速壮大，工业化进程大大加快，国民经济呈现出速度、效益、结构、区域协调发展，齐头并进的良好局面。

② 区域产业结构明显优化

产业转移为皖江示范区不断注入资本、技术、品牌等高级产业要素，有力地推动了示范区产业结构的优化升级。三次产业进一步优化。2009—2011 年，皖江示范区三次产业结构由 14.9∶48.8∶36.4 调整为 13.4∶54.4∶32.2，其中工业比重由 40.4% 提高到 46.2%，提高了 5.8 个百分点。优势产业更加突出。汽车、装备、冶金、石化、非金属材料、家电、农产品加工、电子信息、生物医药、公共安全等重点产业投资增幅明显加快，工业重点产业累计完成固定资产投资占工业固定资产投资的 63.55%，高出 2009 年平均水平近 10 个百分点。高能耗产业得到有效控制。冶金、化工、建材等高载能产业在工业增加值的比重，由 2010 年的 41.64%，下降至 39.59%。现代服务业加速发展，占经济总量的比重稳步提升。

③ 对外开放合作不断深化，对外贸易实现快速增长

"十一五"以来，皖江示范区外贸进出口额一直保持在 20% 以上的速度增长，由 2005 年的 85.0 亿美元提高到 2011 年的 284.8 亿美元，增长 2.4 倍，年均增长 22.3%。即使受到国际金融危机的严重冲击以后，皖江示范区经过 2009 年的短暂调整以后，2010 年、2011 年又实现快速增长，增速分别达到 55.4% 和 27.5%。参与长三

角发展合作取得新突破。皖江示范区规划与长三角规划联动实施机制初步形成,沪苏浙皖共同推进皖江示范区建设,合作框架正式建立,合肥、马鞍山成为长三角城市经济协调会成员,合肥纳入与沪宁杭一并规划、重点建设的"1～2 小时交通圈"。

10.3.2　皖江示范区承接产业转移的经验做法

(1)加快区域一体化合作承接转移

皖江示范区参与长三角发展合作取得新突破。皖江示范区规划与长三角规划联动实施机制初步形成,沪苏浙皖共同推进皖江示范区建设,合作框架正式建立,合肥、马鞍山成为长三角城市经济协调会成员,合肥纳入与沪宁杭一并规划、重点建设的"1～2 小时交通圈"。根据"泛长三角区域分工与合作"和"皖江城市带承接产业转移示范区规划"的总体要求,按照统筹规划、配套协调、共建共享、互惠互利的原则,促进皖江城市带融入泛长三角区域一体化的建设。首先,加快皖江城市带与长三角地区的高速公路、轨道交通、内河航运、机场、过江跨海通道和港口建设,形成以区域内各核心城市为节点,多种运输方式相互衔接、协同发展,快速便捷、功能完备的泛长三角综合运输体系,增强区域核心城市之间的相互可达性,促进区域内的经济一体化联动发展。其次,加快信息基础设施建设,搭建共同的信息网络交互平台,为皖江城市带与长三角区域间的合作提供及时准确的信息保障,降低合作的信息成本,并为充分发挥出各自的区位和资源优势,共享区域内的各类资源提供保障。这些措施在有效降低企业迁移成本的同时,扩大了市场需求,从根本上带动了企业作为产业转移主体的积极性。

(2)把握转移规律,创新承接模式

从新经济地理学的角度来看,产业转移受四种力的相互作用:转出地的推力、转入地的拉力、转出地的阻力和转入地的排斥力(如图 10-7 所示)。发达地区产业向欠发达地区转移的方向和倾向性程度取决于这四种力合力的大小。在推拉力(包括推力和拉力)大于障碍力(阻力和斥力)时,产业从发达地区向欠发达地区转移。

如图 10-8 所示,发达地区产业的推力由产业结构升级与调整的推力、集聚不经济产生的推力、生产要素禀赋差异带来的推力、经济发展政策力等构成合力;欠发达地区的拉力由生产成本低廉产生的拉力、产业集聚与政府改造投资环境带来的拉力等构成合力;发达地区对产业转移的阻力由产业集聚的"黏性力"、制度创新

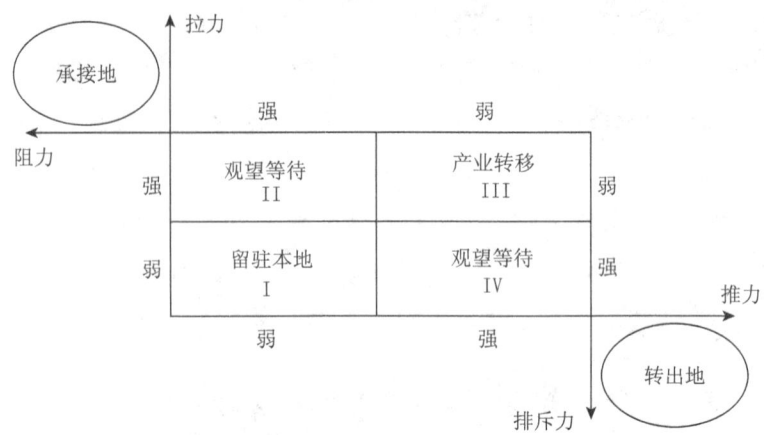

图 10-7　产业转移作用力

的阻力、政策支持力、劳动力流动的滞缓力等构成的合力；欠发达地区的斥力由产业发展基础相对落后、观念更新慢、要素市场不太健全、区域间无序的竞争等构成合力（如图 10-8 所示）。

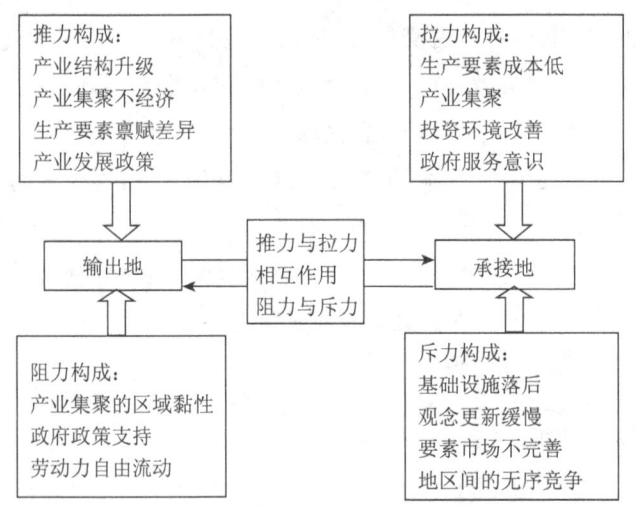

图 10-8　产业转移作用力

　　皖江示范区在承接产业转移过程中，牢牢把握产业转移规律，系统分析针对本地区承接产业转移的拉力和斥力构成，并同时有针对性地分析某一行业在产业转移输出地的推力和阻力构成，以此为基础创新承接模式，并采用不同的承接策略积极推动产业转移。

(3)发挥和创造区域综合优势,突出承接重点

按照产业转移主体的性质差别,产业转移可以分为市场扩张型产业转移和成本节约型产业转移两种类型。皖江示范区承接产业转移以市场扩张型产业为重点,对成本节约型产业转移(东部地区的衰退型产业转移)正确识别、分类并加强引导,既要"金山银山"也要"青山绿水"。皖江示范区充分利用自身的区位、资源、产业和综合成本等优势,选准产业的承接点,紧紧围绕提升产业竞争力,形成产业配套,发展产业集群,促进工业化向高水平、宽领域、纵深化方向发展。在产业结构上,坚持以二产为主导,进一步巩固和壮大原有的制造业,充分利用好皖江示范区已有的区域制造业品牌优势,着力引进下游产业项目,努力在这些优势产业的产业链延伸上下功夫。充分发挥和创造区域综合优势,打造区域品牌,以市场扩张型产业转移为重点来承接产业转移。

(4)科学处理好本地产业转型升级和承接转移的关系

皖江示范区在承接产业转移时,科学地处理本地产业转型升级和承接转移的关系。强调内生发展与承接发展互动的必要性,强调"腾笼换鸟"式承接与市场扩张型转移并举的重要性。这样做得到的好处是:将现有的企业转移到本省或中西部地区相对落后的地区,皖江示范区土地能够更加集约、有效利用;而且本地企业在产业转移过程中得到升级。

(5)科学定位政府在承接产业转移中的作用

皖江示范区科学定位政府在承接产业转移中的作用,积极发挥政府在承接产业转移中的促进作用。政府的作用主要体现在两个方面。

首先是支持引导。支持引导包括三层意思:一是要尊重。尊重客商的投资意向,尊重客商合理的投资要求,尊重客商的工作和生活习惯。皖江示范区在招商引资、投资促进工作中,已经形成了"客商至上,企业为重"的理念。二是要引导。地方政府要确定既符合国家产业政策,又具有地方比较优势的重点产业,做好规划、做好项目调研、做好项目申报准备工作等,"栽下梧桐树,吸引金凤凰"。三是要放活。既要放水养鱼,更要重点扶持。皖江示范区政府专门成立劳动服务机构,帮助企业招工;成立担保公司,协调银行为企业放贷;同时为符合条件的企业争取技术改造资金、高新技术成果转化资金等,帮助企业做大做强。

其次是政府要营造环境。一是打造硬环境。为此,近年来皖江示范区一直把

硬环境建设的重点放在城市和经济开发区等载体建设上。二是优化大环境。重视发展软环境的建设，努力为加快发展创造安定、团结、和谐的社会环境。成立行政审批服务中心，实行"一站式"审批、限时办结。同时，项目引资单位明确专门人员提供"帮办"服务，对投资规模较大的项目，政府专门成立协调领导小组，及时解决项目建设中遇到的问题。

10.3.3 皖江示范区在承接产业转移中存在的问题与制约因素

虽然皖江示范区在承接产业转移中取得了明显成效，但皖江示范区在承接产业转移中也存在一定问题及一些制约因素。

(1) 存在的问题

首先，总体处于产业链中低端环节，造成产业结构虚高。从某种意义上讲，皖江示范区承接产业转移已经达到了一种极致——很多项目都是国际最先进的技术、国内最大的龙头企业、国内乃至全球规模最大的产业化基地；但是从另一个角度看，皖江示范区承接产业转移也存在明显的不足，就是所承接的项目都处在产业链低端环节，技术是别人的，品牌是别人的，只有生产加工是自己的。虽然一些转入的企业承诺要把企业研发中心、营运中心放在皖江示范区，但这实际上只具有一些象征性的意义，所谓"研发中心"充其量只是生产过程中的某种调试中心，所谓"营运中心"也只是实现了项目在当地的单独核算。

其次，和本地企业的契合度不高，甚至对本地企业存在"挤出效应"。政策上，对本地企业和外地企业不能一视同仁。本土企业缺位。在市场经济中，企业是市场的主体；在承接产业转移中，企业也应当是承接产业转移的主体。但在现实中，无论是皖江示范区，还是其他东中西部地区，实际上都存在把"招商引资"等同于"承接产业转移"的认识误区，政府为了 GDP 政绩，冲到招商引资的最前线，而企业以及其他第三方组织则只是作为承接产业转移的配角发挥作用。实际上，承接产业转移绝不仅是招商引资，更多的是需要企业决定发展什么产业和承接什么要素，政府的角色定位应该是确定战略、进行规划与布局以及创造良好的投资环境。承接产业转移不仅是为了把产业做大做强，更应该是把本土企业做大做强。

再次，内部存在无序竞争。由于产业转移对转入地加快经济增长具有立竿见影的效果，各地在承接产业转移方面竞争异常激烈。各省之间、各市之间、各市内部县区之间等竞争均非常激烈。皖江示范区也不例外。由于缺乏省级层面或市级层面的有效引导、协调以及约束机制,皖江各市之间在承接产业转移中存在各自为政的状况,难以制定区别性、实用性等较强的产业配套措施以及体现地方产业发展内在要求的个性化优惠政策,反而相互攀比,竞相让利,造成区域内部各地之间无序竞争,产业布局分散,资源得不到有效整合,制约了产业集聚效应的发挥。由于各地区"招商引资"的市场竞争,地方政府在产业承接中表现出太多的自发性、无序性。总体上说,有四个重要问题没有解决好:其一是污染搬家,个别案例中,环境污染在产业转移中被加剧;其二是古董复制,部分转移企业将自己在东部沿海的设备、技术和管理照搬到中部产业承接地,而没有实现企业乃至产业的技术与管理提升;其三是集群耗散,大多数情况下,传统产业在向中部地区转移时,其传统的产业集群自然解体,或者被严重削弱,以至于投资者对内地投资环境最集中的抱怨便是缺乏产业配套,没有集群效应;其四是产业同构,目前多数地区的产业规划都把主导产业放在若干高新技术产业或者战略性新兴产业上,同构化现象严重,由此导致的无序竞争、资源浪费和过剩,将对整个区域经济长期带来不利的影响。大家甚至都能看到问题,却在竞争压力下身不由己,找不到解决问题的办法。

最后,新的"政企不分"问题。转移企业对政府依赖度太高,政府对转移企业参与太多,形成"保姆式"服务,使得转移企业进入后不能够公平地与本土原有企业竞争。近年来皖江示范区各地市政府不断加大力度促进承接产业转移,在人力、财力、物力及政策上给予新承接的迁入企业较多倾斜,有效保障了转移企业的快速落户和投产经营。然而,这种工作重心的转移,在一定程度上对当地原有企业发展却带来公共产品和服务投入上的挤出。例如,调研过程中有本土原有企业反映:本土企业的新上项目急需完成综合的环评报告,政府在园区环评配套工作上推进缓慢,污染管网迟迟建不好,影响了本土企业项目申报审批的进度;而对新引进的转移企业,则给予高额的财政补贴。政府在一些配套建设上,存在部分环节的滞后,优先满足了新转移企业的需求,却满足不了本土企业的发展需求。应该说,这种对部分本土企业带来的"挤出效应"具有鲜明的阶段性,随着承接产业转移工作的深化推进将会得到缓解甚至消除;但是在开放的市场经济条件下,对于企业而言,时间成本不容忽视,尤其是一些国际化的投资项目,投资周期控制较为严格,如果因地方公共投入的配套不到位,影响企业的项目审批进度,无论对于企业还是地方经济社会发展都会带来不同程度的损失。同时,如果转移企业过分依赖于政府的政策扶持和政府的"保姆式"服务,则难以提升企业自身在市场竞争中的生命力,一旦政策优惠到期以后,这类企业将难以为继。

(2)主要制约因素

一是建设用地指标不足。皖江各地普遍反映,建设用地指标不足是制约皖江示范区承接产业转移的主要瓶颈之一。滁州市反映,土地"瓶颈"影响着园区扩张、企业发展、项目落地和新的经济增长点的快速生成,一大批签约项目无法落地。2011年该市园区40项重点工程中,有四分之一左右的项目存在土地指标问题。芜湖市反映,虽然该市采取提高投资强度、开展土地综合整治、挖掘存量土地等措施,但还很难满足项目建设需要,土地指标缺口在30%以上。合肥市反映,从该市已谋划和筛选的重点项目看,到2015年,该市约需新增工业用地40平方千米左右,而新增工业用地指标只有29平方千米,缺口接近28%,土地供需矛盾异常突出。

二是配套基础建设资金缺口较大。皖江示范区建设两年多来,金融在支持皖江示范区建设和承接产业转移过程中发挥了重要作用,但与皖江示范区各项建设需求比,建设资金仍然存在较大缺口。2011年,皖江示范区生产总值为7313.3亿元(合肥市除外),固定资产投资5720.3亿元,分别占全省的46.7%和47.2%;而人民币各项贷款额为5243.2亿元,却只占全省的38.3%,分别比生产总值和固定资产总值比重低8.4和8.9个百分点。皖江示范区正处在刚刚起步阶段,无论是基础设施建设,还是项目配套流动资金,都存在巨大的资金需求。按照《皖江示范区规划》建设进度要求,示范区固定资产投资年均增速应在30%以上,而根据"十一五"时期的经验,示范区各项贷款平均增速只有22.8%,加上示范区地方财政收入有限以及地方融资平台受限,示范区资金供求之间存在较大缺口。

三是人力资源储备不足。安徽虽然科教资源、劳动力资源比较丰富,但各类人才习惯于向东部沿海地区就业或打工。据不完全统计,安徽每年大约有1200万人口在沿海打工。近年来随着沿海产业大规模向皖江示范区转移,皖江示范区开始出现人才短缺、用工难等问题,尤其是具有专业技能的熟练工、高级技工、管理人才以及高端人才不足等问题比较突出。本次调研座谈会上,不少企业和专家学者均指出,人力资源储备不足已经开始影响皖江示范区产业承接与产业升级的后劲。

四是本地企业转型发展还是没有得到重视。产业转移的经济效应包括两个相互关联的方面:一方面,承接发展高新技术产业,发展战略性新兴产业,以带动地区经济的高度化;另一方面,用现代技术改造传统本地企业,使之具有可持续发展能力,在经济转型中焕发新的活力。皖江示范区在经济转型中实现以上两部分内容的互动与互补,具有客观的必要性。没有前者的突破与带动,产业结构的整体提升不可能实现;同样地,没有后者的配套升级、有序调整,经济转型也不可能顺利推进。新兴产业发展之初,由于缺乏技术、市场和管理支撑,会遇到许多问题,必须经过漫长而痛苦的孕育期,才可能成长为整个地区经济的支柱。因而,新兴经济与传统经济的融合,才是经济转型最现实、最稳妥的选择。但从目前的调研结果来看,本地企业的转型发展目前还没有得到应有的重视。

10.3.4　皖江示范区承接产业转移对其他中西部地区的启示

当前,国际金融危机远未结束,世界产业结构仍在深刻调整,我国中西部地区面临着承接国际产业转移、参与国际分工的重要战略机遇。皖江示范区作为国家层面批准设立的承接产业转移示范区,其所取得的成就以及其所存在的不足,为广大中西部地区提供了生动的案例与重要的启示。

产业转移是一个市场选择的过程。在东部沿海产业向中西部地区转移的过程中,产业并不必然会转移到某一个地方,更不会自动地转移到某一个地方。虽然国家给了皖江示范区一个承接产业转移的"金字招牌",但如果没有示范区自身的不断努力,产业也并不必然会转移到示范区。皖江示范区承接产业转移的成功突破,不只是区位科教等优势、环境要素等支撑,更为关键的是皖江示范区紧紧抓住了背后具有的规律性的、决定性的、内在的东西。

(1)把握国内外产业转移新规律,从本地优势出发承接产业转移

产业转移总是遵循一定客观规律,但在不同的历史条件下,产业转移又以不同的形式和特点在演绎。20 世纪 50 年代以来,世界范围内共发生三次大的国际产业转移浪潮。每一次浪潮产业转移的重点、产业转移的方向、产业转移的形式都有着不同的变化。2008 年,国际金融危机爆发以后,新一轮国际产业转移开始酝酿发生。这一轮国际产业转移有着什么样的形式和特点,需要广大中西部地区深入研究。同时充分发挥和创造区域综合优势(而不仅是传统的资源等比较优势)。皖江示范区就是发挥了区位优势,创造新的优势(配套产业),选点找链承接产业转移,构建产业集群,充分发挥企业集聚的规模经济优势。

目前的产业转移主要有两种类型:一是东部沿海地区面临要素供给紧张和要素成本上升等约束,传统的衰退型产业如纺织等需要节约生产成本推进转移,国际产业推进二次转移,即向内地转移;二是某些大企业转移如石化、钢铁,主要是全国重新布局调整,抢占市场,新兴产业如电子等也是如此。承接产业转移不是纸上谈

兵的事情，它需要首先搞清楚产业从哪里来，又会到哪里去？为了提高承接产业转移的针对性，皖江示范区特别注意研究产业转移规律和路线。以芜湖为例。芜湖市根据"十二五"规划纲要确定本市的四大支柱产业、四大战略性新兴产业和五大现代服务业，每年确定一个主题，积极研究探索产业转移路径。比如，2011年确定的主题是"沪深上市公司"。根据这个主题，2011年，芜湖市对沪深股市全部上市公司进行梳理，把这些上市公司公告出来的投资项目以及即将实施的投资项目进行梳理，然后将这些项目与芜湖市产业结构进行对接，最后确定376家企业。市领导根据这些名单逐一拜会企业，邀请企业到芜湖投资。目前已有20多个项目在芜湖落地，总投资大概在200多亿元左右。

(2)注意将承接产业转移与发展主导产业结合起来

承接产业转移应当与当地经济发展结合起来。当前我国中西部地区正处在经济结构调整、发展方式转变的关键时期，承接产业转移应在经济结构调整和发展方式转变中发挥重要作用。中西部地区应根据本地区的特点和优势，确定主导产业和产业结构，从地区优势产业出发，立足现有资源条件和产业基础，找准产业转移的承接点，积极承接产业转移。要充分考虑现有的产业布局和资源环境承载能力，围绕优势产业和特色产业，积极引进产业关联性强、带动性强的转移项目，提升产业的规模与市场竞争力，延长产业链，发展产业集群。

承接产业转移，不是"捡到篮里都是菜"，而是要结合自身优势，着力引进对地区产业结构优化升级具有重大影响、对区域经济发展具有重大带动作用的产业和项目。皖江示范区在产业谋划和产业打造等方面做足了文章。首先由省政府层面立足示范区基础条件，结合示范区产业升级和培育新的增长点等要求，对示范区产业功能定位、产业发展重点、主导产业链设计、产业空间布局和支撑保障条件等一系列重大问题进行总体战略性谋划，及时编制了《示范区产业发展指导目录》。示范区各地市政府也根据发展主导产业、首位产业及新兴产业的要求，进一步研究确定了招商引资的重点。据江北产业集中区负责人介绍，尽管江北产业集中区建设刚刚起步，但他们已面向全球招标设计了产业发展规划。在集中区建设和招商引资过程中，一些项目虽然本身很好，但是由于不在规划设计的主导产业范围内，集中区仍然"忍痛"拒绝了这些项目的落地。

(3)充分发挥企业在承接产业转移中的主体作用并创新承接模式

产业转移是一种市场行为，应当遵循市场规律；产业承接也应当是一种市场行为,也应当遵循市场规律。这就需要发挥企业在承接产业转移中的主体作用。由政府主导的产业承接可能会带来两方面问题:一是产业选择的随意性。就是承接的项目与本地企业发展没有太大关联,政府招商部门具有无限的招商热情;二是产业升级的被动性。就是指承接的项目一般都是生产加工项目,技术和品牌都是外部的。发挥企业在承接产业中的主体作用,一方面,可以通过承接做大做强企业自身;另一方面,通过承接技术、品牌、人才等要素,实现产业向两端升级。

承接产业转移不能泛泛而谈,而要非常具体,没有一个个企业进来,没有一个个项目落地,就谈不上产业转移。因而承接产业转移的模式创新,不是"坐而论道"的结果,而是要从实实在在地引进企业、引进项目的过程中创新。一个基本的原则就是要"有效",怎么合适就怎么来、怎么有效就怎么办。皖江示范区为承接产业转移探索了各种有效模式。比如,对京东方六代线项目,投资达 175 亿元,仅有决心是不够的。通过研究,合肥采取模拟产业基金的方式,通过参与二级市场增发,带动社会投资参与。比如,合肥不是沿江城市,熔安动力项目落户合肥,一个重要的原因就是通过改善派河航道等基础设施条件,把"不可能"变为"可能"。比如,杰事杰新材料、格力电器、赛维 LDK 太阳能电池等项目,采用"代建制",帮助企业建设厂房,确保项目快建成、早见效。有了这些承接模式的创新,皖江示范区才能在承接产业转移中比别人"棋高一着"、先行一步。

(4)科学定位政府在承接产业转移中的作用

政府在承接产业转移中主要应该发挥规划引导、政策支持以及优化环境的作用。政府应当特别重视对本地投资软硬环境的建设。一方面,要加大以交通、通信为重点的基础设施建设,全面构筑铁路、公路、航空、水运等立体式国际化交通网络,加快发展现代物流,改善货物通关条件建设;另一方面,要打造高效的政务环境,提高人力资源素质,创造人才流动的良好机制,加快发展与产业转移互动发展相关的生产性服务业,完善金融、税收等支持政策,营造良好的社会环境。

皖江示范区在积极探索科学承接产业模式的同时,还始终致力于为客商营造良好的发展环境。在"硬环境"方面,皖江示范区注重加快基础设施建设,大力构建与长三角地区一体化发展的综合交通运输体系,增强区域能源供应水平,加快推进区域信息一体化,为承接产业转移提供了强有力的基础设施保障。在"软环境"方面,皖江示范区积极探索,先行先试,深化改革,完善政府服务,建立高效运作的行政和社会管理体制,加快构建规范透明的法治环境,为科学承接产业转移提供了良好的制度保障。万达在全国 40 多个城市有 100 多个地产项目,但总体感觉合肥市最好。万达董事长王健林曾用"规范、效率"四个字来形容他在合肥体会到的投资环境。王健林说："在国内,有的地方很规范,但效率非常低;有的地方倒是办得很快,但是不够规范。能够做到既规范又有效率的,合肥做得最好。"

同时,调研中发现,目前有部分转移企业对政府有较强的依赖性,寄希望于政府部门在迁移落户、政策争取、各项配套甚至区域竞争中发挥"先行兵"或"保姆"的作用。部分地方政府由于急于招商落地,"抢做"了一部分本该由市场行为完成的任务,不但增加了政府公共支出的成本,而且不利于区域平等竞争市场的建设和转移企业自身的可持续发展。

因此,在承接产业转移过程中,必须科学定位政府在承接产业转移中的作用。既要充分发挥出政府在产业规划引导、政策支持以及优化环境方面的作用,又要注意避免新的"政企不分"问题,防止转移企业过分依赖于政府的"保姆式"服务,与本土原有企业形成不平等竞争。

本节参考文献:

[1] 范恒山,吴克明等.皖江城市带承接产业转移示范区研究[M].北京:中国发展出版社,2010.

[2] 方劲松.长三角产业转移与安徽跨越式发展[M].合肥:安徽人民出版社,2011.

[3] 王云平.产业转移和区域产业结构调整[M].北京:中国水利水电出版社,2010.

[4] 卢荣景.谈谈皖江开发开放[J].学术界,1990(5).

[5] 张宝顺.全面推进皖江示范区开发开放[N].安徽日报,2010-7-17.

[6] 沈卫国.2011年皖江示范区建设情况的通报[EB/OL].http://www.ah.gov.cn,2012-1-11.

[7] 刘荣华.推进皖江城市带承接产业转移示范区建设有关情况的通报[EB/OL].http://www.ah.gov.cn,2011-1-10.

[8] 贺泽群.江北产业集中区开发建设回顾与展望[EB/OL].http://www.ah.gov.cn,2011-1-27.

10.4 江苏昆山产业转移调研报告——如何处理好产业转移和产业转型升级的关系

昆山,东临上海,西依苏州,市域面积931平方千米,常住人口165.9万人,拥有1个国家级经济技术开发区、1个国家级综合保税区、1个国家级高新区、2个省级开发区和8个镇。经过多年的发展,昆山经历了"由农转工""由内转外""由散转聚""由低转高"的发展过程。2011年,全市GDP 2432.3亿元,工业总产值8001.6亿元,全口径财政收入602.2亿元,是国内首个GDP超过 2000 亿元的县级市。近年来，受金融危机、劳动力成本上升等因素影响，昆山市以外向型经济为主的产业发展面临的压力加大，一方面担心如果不推进产业转移，新产业进入困难，难以顺利实现产业转型升级，另一方面又担心如果推进产业转移，产业转移出去以后出现"产业空心化"，影响经济增长。如何处理好产业转移和产业转型升级的关系，是当前和今后一个时期昆山发展面临的难题，也是我国需要高度重视研究的问题。

10.4.1　昆山市经济发展情况与阶段分析

改革开放以来，昆山坚持以开放促发展、促改革、促创新，走出了一条属于自己的"昆山之路"，率先达到江苏全面小康社会水平，成为全国 18 个改革开放典型地区之一。

回顾历史，"昆山之路"主要经历了 5 个阶段：第一阶段，20 世纪 80 年代，"昆山之路"开始了奠基阶段，实现"农转工"的历史性跨越。昆山抓住国家实施沿海开发开放战略的历史机遇，以极大的胆魄自费开辟工业园区，适时提出"东依上海、西托三线，内联乡镇、面向全国、走向世界"的思路，工业发展基础得到奠定，对外开放开始起步。第二阶段，1992 年邓小平南巡谈话前后，"昆山之路"步入开创阶段，实现"内转外"的格局性转变。紧紧抓住浦东开发开放、昆山开发区获国家批准等重大机遇，大力实施开发带动战略，利用浦东效应打时间差、空间差，以大规模基础设施建设为重点，迅速形成开发区为龙头，带动乡镇工业的开放格局。第三阶段，1997 年亚洲金融危机之后，"昆山之路"进入拓展阶段，实现"散转聚"的阶段性变化。面对亚洲金融危机的严峻考验，强化"昆山就是开发区、开发区就是昆山"的理念，做出"主攻台资、巩固日韩、拓展欧美"的招商策略，大规模引进中国台湾地区 IT 产业，并由分散发展向各类园区聚合。第四阶段，党的十六大后，"昆山之路"处于提升阶段，呈现"低转高"的发展新态势。作为江苏全面小康指标的样本区和全面建设小康的先行区，昆山全面贯彻科学发展观，以"加快转型升级，增强自主创新能力"为新的历史任务，着力优化产业结构，持续提升发展层次，高水平推进全面小康社会建设。第五阶段，党的十七大以来，"昆山之路"处于提质阶段，呈现"大转强"的发展新趋势。根据党的十七大的新要求、发展阶段的新变化、人民群众的新期待，以新的思想解放为强大动力，不失时机地开启率先基本实现现代化的新征程，奋力开创改革发展和各项事业新局面，努力谱写科学发展新篇章。

2011 年，全市 GDP 2432.3 亿元，工业总产值 8001.6 亿元，服务业增加值 900 亿元，全口径财政收入 602.2 亿元，进出口总额 855.3 亿美元，社会消费品零售总额 421.8 亿元，全社会固定资产投资 646.2 亿元，城镇居民人均可支配收入 35190 元，农村居民人均纯收入 20212 元。特别是 2008 年以来，在金融危机带来发展难题的同时，昆山全力以赴保持经济平稳较快增长，呈现如下特征：一是综合实力稳步攀升。地区生产总值由 2008 年的 1500.3 亿元，增加到 2011 年的 2432.3 亿元，三年来年均现价增长 17.5%；财政收入由 272.55 亿元增加到 602.2 亿元；地方一般预算收入由 115.69 亿元增加到 200.22 亿元，年均分别增长 30.2% 和 20.1%。工业总产值由 5000 亿元增加到 8000 亿元，年均增长 17%。二是"三驾马车"协同拉动。固定资产投资由 2008 年的 370 亿元，增加到 2011 年的 646.15 亿元，年均增长 21%；社会消费品零售总额由 255.7 亿元增加到 420.98 亿元，年均增长 18.1%；进出口总额由 613.5 亿美元增加到 855.3 亿美元，年均增长 11.7%。三是经济发展质量提升。全口径财政收入占 GDP 比重由 2008 年的 18.2% 提高到 2011 年的 24.8%。万元 GDP 能耗年均下降 3 个百分点意思，每平方千米 GDP 产出由 1.6 亿元增加到 2.6 亿元。新批内资企业亩均投资由 330 万元增加到 488 万元；新批外资企业亩均投资由 59 万美元增加到 75 万美元。四是解决转型力度加快。规模以上高新技术产业产值占比由 2008 年的 35.7% 提高到 40.2%；新兴产业产值占比由 20% 提高到 29.7%。服务业增加值由 2008 年的 509.08 亿元增长到 2011 年的 900 亿元，年均增长 20.9%，比同时期地区生产总值年均增幅高出 3.4 个百分点，其占 GDP 比重由 2008 年的 33.9% 提高到 2011 年的 37%，提高 3.1 个百分点。五是发展途径加快，由投资推动转向创新要素驱动。2008 年专利申请量 9025 件，授权量 3006 件，2011 年分别达到 17626 件和 12742 件。其中，发明专利授权量由 151 件提高到 463 件，年均增长 45.3%。R&D 经费占 GDP 比重从 1.9% 提高到 2.5%。科技创新为经济发展方式转变提供基础性条件，形成了一批科技含量高、带动强的高端产品，其中笔记本电脑产量由 3794 万台增加到 7449 万台。

10.4.2 昆山面临产业转移和产业转型升级的压力加大

(1) 劳动力成本上升

近年来，昆山市劳动力成本不断上升，年均增速在 10%～15% 之间，目前普通工人月均工资都在 2000～3000 元之间。随着人力成本的不断提高，昆山市制鞋、制衣、家具、电子等传统制造业部分企业已开始向用工比较便宜的中西部地区或东南亚国家转移。另外，农民工市民化进程推高了产业发展和城市管理的成本，使昆山产业转移升级面临一定的压力。

（2）资源环境约束加大

从资源消耗看，原煤和电力是昆山市两大主要能源消费品种，2011 年全市规模以上工业企业原煤消耗量 170 万吨，比 2008 年略有下降。但电力消费明显增长，2011 年全社会用电量达 174.6 亿千瓦时，比 2008 年增长 32.3%。土地供给、人口容量、环境质量等资源瓶颈的约束也日益突出。

（3）金融危机和欧债危机导致外需萎缩

2008 年爆发的国际金融危机给世界各国经济发展造成严重冲击。目前，国际金融危机的影响仍在延续，全球经济尚未企稳，欧洲债务危机又愈演愈烈，形势更加不明朗，导致欧美发达国家市场需求萎缩严重，对昆山以外向型为主的产业发展模式产生一定的冲击。今年 1—8 月，昆山全市完成进出口总额 544.6 亿美元，其中出口 340.7 亿美元，分别仅增长 0.1% 和 0.3%。相比昆山过去二十年进出口总额年均 30% 的增速，回落较为明显。外需萎缩的同时，也导致一些企业经营效益下降，经营出现困难，产业转型升级压力加大。今年上半年，昆山市支柱产业——IT 产业实现利润为 4.09 亿元，同比下降 35%。此外，人民币的持续升值也加大了昆山企业的出口成本，压缩了产业发展的利润空间。

（4）产业自身还存在一些亟待改进的地方

一是产业结构转型滞后。昆山已初步进入工业化后期并处于不断深化之中，但服务业发展相对滞后的现象非常突出，2011 年服务业占 GDP 比重仅为 37%。二是产业层次相对低下。目前昆山工业主要以 IT 产业为主导，并且以贴牌加工组装为主，产品附加值低，缺乏核心技术和自主品牌，企业销售利润率低。三是科技投入力度不足。主要以吸收引进为主，科技含量低，自主知识产权的品牌少。四是人才资源相对匮乏。每万人中从事科技研究与开发的技术人员相对偏少。

10.4.3　昆山推动产业转移和产业转型升级的主要做法

昆山以产业转移促进产业转型升级的思路主要包括两个方面：一是大力推动

低端产能转移，为产业升级和新兴产业引入腾出空间；二是积极促进本地产业就地升级、延伸和拓展产业链条，开辟产业发展新空间。具体做法有以下几方面。

（1）"痛中攀高"，推动制造业产业链高效整合

为提升制造业在国际产业链中的分工地位，昆山在全国率先成立了"产业转移促进中心"，将一些曾为昆山发展作出重要贡献的劳动密集型产业，能耗高、污染大的企业和加工贸易等低附加值环节转移出去，为高端产业发展腾出空间。2008—2011年，昆山累计转移劳动密集型加工制造企业400余家，从行业情况看，纺织、服装、羽绒制品、木材、家具等传统行业规模以上企业数从2008年的229家下降到目前的171家，实现产值由175.8亿元增加到190.1亿元。纬创、仁宝等传统笔记本代工龙头企业的新增产能也基本转移至中西部地区（如图10-10所示）。

表 10-10　昆山产业转移促进中心主要成果

企 业 名 称	转入地	投资规模（购买土地）	主要产品	行业类型
连展科技电子有限公司	江西鹰潭	500亩土地	新型电子元器件、绿色电池	电子信息
昆山名士电子有限公司	重庆市	1.5亿元	电子产品机构件	电子信息
今皓光电有限公司	安徽定远	500亩土地	精密陶瓷、磨具、光转换器件	电子信息
昆山迪生电子有限公司	重庆市	60亩土地	—	电子信息
昆山万禾精密电子有限公司	重庆市	80亩土地	—	电子信息
琨诘电子有限公司	重庆市	—	—	电子信息
宁兴特钢实业集团	四川江油	1亿元	模具钢热处理、钢物流	钢 铁
电子产业园	四川广安	4亿元	精密加工、	电子信息
大西南国际商贸物流城	四 川	33亿元	—	服务业
惠丰耐磨材料项目	四川广安	0.5亿元	耐磨材料	材 料

资料来源：作者根据调研材料整理。

　　同时，立足自身优势产业延伸产业链，在把电子信息产业作为战略性、基础性和先导性产业的同时，积极攀升产业链高端。昆山把电子信息作为制造业提升的重中之重，以光显示为龙头，重点整合软件、集成电路、平板显示、计算机及网络设备、通信五条产业链，推动产业链向研发与销售两端延伸，促进价值链的提升和再造。同时，加速发展现代装备制造业，有效整合模具、工程机械、数控设备、新能源装备四条产业链，推动装备制造业向设备大型化、技术高端化、产品高附加值化、化工高精密化转变，使昆山成为全国重要的现代装备制造业基地。2011 年，全市高新技术产业产值占规模以上工业比重达 40.2%。

　　(2)"园区衔接"，促进转移产业集聚化发展

　　为促进转移企业集聚化发展，昆山市、昆山开发区先后与连云港开发区、安徽怀远开发区合作，共建连云港开发区昆山工业城、安徽怀远开发区昆山产业园等，促进昆山企业在承接地集聚发展，并明确产业发展重点主要以机械、电子、高新材料等产业为主，形成产业发展合力。同时，发挥昆山台资企业密集的优势，加强与中西部地区中国台湾工业园的密切合作，提升台资项目落地承载能力，打造台资企业在中西部地区新的聚集地。

　　(3)"创新驱动"，抢占新兴产业发展先机

　　昆山坚持"开放带动"与"创新驱动"紧密结合，着力构建科技创新、产业集聚、人才支撑和可持续发展"四大平台"，加快创新型集聚发展，推进创新型城市建设。一是引大产业，在把握未来产业方向、对接国家产业振兴规划和重大科技专项的基础上，它们紧紧围绕主导产业及相关延伸产业，瞄准新显示、新能源、新材料、新医药、环保和服务外包等新兴产业。二是特色发展，在新能源领域，重点发展再生能源利用、设备制造、智能电网等；在新材料领域，重点发展纳米、合金、航空材料等；在新医药领域，重点发展小核酸等。三是强化载体支撑，3 年投入 10 亿元，借鉴中国台湾工研院模式，建设昆山工业技术研究院，以"1 院 3 区 10 基地"为重点，健全科技创新体系，加快推动软件园、清华科技园、留学创业园、传感器产业基地建设，为新兴产业发展提供载体。四是大力开展招才引智。实施"人才生根"战略，按照一般预算，收入 1% 安排亿元人才专项资金，目前已汇聚 52 名国家"千人计划"人才，15 名两院院士，几乎囊括了全国小核酸领域最优秀的院士等人才，34 名江苏省高层次创新创业人才在昆创新创业。

(4)"无中生有"，打造现代服务业发展高地

昆山以花桥国际商务城为龙头，加快服务业集聚区建设，大力发展以金融服务外包为特色，以现代商贸为支撑，重点突破金融服务外包、区域总部、软件服务、三四方物流、展示展销等领域，全力打造供应链管理服务中心。从 2005 年至今，已累计投入 400 亿元，初步形成以"前道研发设计、后道结算贸易、中间业务流程"为特征的生产性服务业产业链，着力引进一批知名服务外包企业、跨国公司研发机构和服务外包中间商，着力培育跨国公司区域总部、省内企业职能总部等总部形态。目前，法国凯捷、华道数据、科莱特信息系统等一批领军型金融外包企业相继落户，仁宝、捷安特、恩斯克等 20 多个全球知名企业也在昆山设立区域总部。近三年，全市服务业增加值占 GDP 比重每年提高 1—2 个百分点。

10.4.4　当前制约产业转移促进产业转型升级的主要问题和原因分析

昆山通过产业转移，将低端产业转移至要素成本较低和土地资源更为充裕的地区，为产业升级腾出了空间。但仍然存在一些问题，包括产业转移主要以低附加值的劳动密集型企业为主、产业转移方向主要以省内区域为主，一些企业的较快转出导致当地经济短时期增速放缓等。主要原因有以下几方面。

(1) 产业转移目的地经济环境不佳

虽然近年来中西部地区经济加快发展，承接东部地区产业转移的能力和水平不断提高，但仍存在一些制约产业跨区域转移的因素。比如存在招工难、劳动力素质低、产业配套能力弱等问题，导致一些转移企业发生水土不服的现象，甚至考虑转移搬迁回东部地区。

首先，中西部地区同样存在"招工难"的问题。昆山企业转移至中西部地区，短期内当地还能够满足企业用工需求，但由于长时期中西部地区农村剩余劳动力向东部地区转移，导致中西部地区劳动力资源也十分匮乏，随着转移企业的增多，招工变得十分困难。中西部地区工人工资上升步伐也不断加快，目前转移企业不但为新招职工交"三险一金"，还要提供免费宿舍，综合来看用工成本和东部地区的差距逐步缩小，导致一些转移企业解决用工难和降低用工成本的目标难以实现。

其次，中西部地区劳动力素质较沿海地区低，思想观念较为落后。由于长年的发展，昆山等东部沿海地区形成了比较成熟的劳动力市场，劳动力技能普遍较高，这是中西部地区所难以比拟的。除了劳动技能的差异外，中西部地区部分劳动力受长期务农和部分习俗影响，行为比较散漫，经常性地请假、旷工等现象也时有发生，给企业管理和正常生产带来一定影响。

再次，中西部地区原有产业基础比较薄弱，产业配套能力较东部地区有较大差异，难以承接技术相对较高的产业落户。昆山一些企业转移到内地以后，发现一些零部件厂商没有转移过来，需要时仍需要昆山原来的零部件厂商供应，一来一回，既耽误了时间也提高了成本。此外，由于配套跟不上，导致企业大部分中高层管理人员不愿意到中西部地区分工工作，导致分厂管理人员十分紧缺。这些因素导致产业转移缺乏相应的软硬件保障，给实施产业转移的企业带来了生产和经验上的不便和困难。

(2) 制造业层次相对偏低，"松脚型"的产业"植根性"不强

昆山电子信息产业产值占全市工业总产值 60％以上，这种"一业独大"的产业格局，在动荡多变的全球市场中风险很大，并且多以"代工"和"贴牌"为主，在国际产业分工中处于较低端的层次。这种品牌、研发、设计、销售等"两头在外"的产业具有较强的"松脚型"产业特征，产品附加值低、缺乏核心技术和自主品牌，企业销售利润率低，产业的"植根性"不强，随着劳动力、能源、原材料成本提高等因素影响，低端产能转移的风险日益加大。与此同时，却不能将产业价值链的高端环节留在产业所在地，进而造成"产业空心化"的危险。相关研究表明，我国东部沿海地区"松脚型"产业在东部地区的生命周期一般为 10 年左右（如图 10-9 所示）。昆山自 1997 年亚洲金融危机之后，大规模引进中国台湾地区 IT 产业转移，突出"主攻台资、巩固日韩、拓展欧美"的招商策略，实现了"由内转外""由散转聚"的重大转变，发展至今也有十多年的时间，如果不能加快产业转型升级，提升本地研发、设计和市场渠道的控制能力，在新一轮产业转移浪潮中有可能因为"松脚型"产业的大量转移而失去本地产业发展的竞争力。在这一轮产业转移中，DELL、HP 等品牌商率先向重庆、成都等西部地区转移，这些品牌商利用其强大的市场控制能力要求昆山的笔记本代工企业纬创、仁宝等也转移过去与之配套，目前仁宝在重庆的产能约 300 万台，纬创约 100 万台，两家企业的新增产能基本转移至中西部地区。

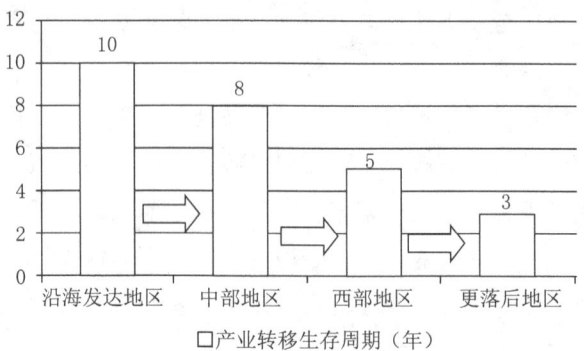

图 10-9　"松脚型"产业跨区域转移生命周期规律

资料来源：根据企业调研和相关研究整理制作。

（3）一些企业对产业转移能否促进其发展存在担忧

产业转移是产业转型升级中的正常现象和重要规律。昆山市企业在正常的发展过程中，无论是出于扩大企业规模，开拓中西部地区潜在市场，或者是在劳动力、土地、资源等要素成本上升与要素禀赋紧缺的压力下向中西部地区转移都是一个正常而又合理的现象。然而东部沿海地区一些中小企业在面临产业转移的过程中，存有"前怕狼，后怕虎"的心态。加大研发投入、开发新产品，担心短期见不到成效；异地搬迁又担心水土不服，结果耽误了企业转型升级或转移发展的良好契机。特别是在整体经济增长趋缓的背景下，部分企业对于产业跨区域转移顾虑重重，一方面担心企业投资以后短期难以见效、收回投资压力大；另一方面，担心一些中西部地区投资环境、市场环境不如东部地区理想，地方政府答应的招商引资政策有变化，企业到中西部地区隐性成本提高等问题。一些企业甚至宁愿抱着等等看的心态，停产或关闭几条生产线，也不愿意到中西部地区寻找新的发展机会。

（4）经济增速放缓引发政府对"腾笼无鸟"的担忧

客观地看，尽管目前包括昆山在内的东部地区地方政府都非常希望借产业转移之机，大力推动传统产业和低端环节转出，引进或培育新兴产业和高端环节，从而推动产业转型升级和发展方式的转变。但是又希望这一过程是有序渐进的过程，必须在有大量新兴产业或更高端的外来资本源源不断地进入的背景下，才考虑将原有传统产业或制造业低端环节转移出去，以防止出现"腾笼无鸟"的现象。然而，最近经济增速放缓，地方政府招商引资都比较困难，一些地方政府担心促进产业转移后，新的接续产业难以产生，对出现"腾笼无鸟"现象的忧虑加大。出于稳增长的考虑，会有意无意地引导或促使企业放慢转移步伐。在调研中，地方政府官员也坦言，在金融危机之前，大家喊的都是"招商选资"，现在都不喊了，虽然明的不说，但实际上已经又变回到"招商引资"的老路上来了。此外，如果政府总是强调产业转移，会给现有劳动密集型企业带来恐慌，认为政府是不是要赶自己走了，给现有企业生产造成一定的影响。从某种意义上来看，东部地区原本应该加快转型升级的步伐被放慢，东部地区再一次和中西部地区站在"同一起跑线上"竞争，只不过在投资规模、投资强度等方面的设定高于中西部地区，对产业本身技术含量、附加值和产业链高端的要求则大打折扣。

专栏 10-3　调研中部分观点摘选

课题组通过调研发现，目前昆山市一方面希望推进产业转移，为技术密集型企业和资本密集型企业的不断涌入创造条件，加快推进产业转型升级；另一方面又担心产业转移步伐过快，现有劳动密集型外资企业过早离开，而新的企业没有进入，产生产业转移和产业升级的"断档"。这种现象在东部地区具有一定的典型性。比如调研中几位政府部门和企业负责人坦言：

"前些年，我们刚刚要提招商选资，现在都不说了，实际上现在还是招商引资为主，昆山今年1—7月吸引外资同比增长仅为 1.1%，招商引资的压力还是比较大。"

"昆山的外资还没有多到不要的地步。"

"把制造业向外转移，把研发总部留在昆山，是最理想的结果。"

"中心（指商务部产业转移促进中心——昆山基地）刚成立的时候，媒体就报道说，昆山要大力推进产业转移，立马就有很多企业打电话过来问，是不是要赶他们走了，他们是否符合产业转移的规定，昆山的产业发展环境是不是变了、没有原来优化了，很多疑惑立刻就来了，害得我们园区主任亲自打电话给企业负责人，并给企业发函保证政府不会主动赶企业走，所以政府即使推产业转移，也不好大张旗鼓地做，要把握一个度，注意方式和方法。"

（5）宏观层面对产业转移和产业转型升级的统筹协调不足

无论是理论还是政策层面，目前对产业转移和产业转型升级的认识，还仅仅停留在低端产业转移为高端产业进入腾出发展空间等一般性的认识上，对于提升产业转出地"松脚型"企业的"植根性"，促进企业向价值链两端攀升，推动产业转出地和产业承接地产业分工整合，从更大区域构建国内生产网络，提升产业链整体效益等具体路径的研究和认识不足。使得实际工作中产业转移和产业转型升级工作脱节，出现"两张皮"等现象。

10.4.5 启示与政策建议

应当看到，推动东部沿海地区产业有序向中西部地区转移，为东部地区产业结构提升腾出必要的空间，为发展转型、在更高层次上参与国际合作和竞争创造了条件。但现实中，一方面存在着企业简单产能复制到中西部地区，不能带来企业升级的问题；另一方面，产业转移之后，昆山如何培育和引进新的产业，促进新转移到昆山的企业与昆山形成明显的产业链衔接，从嵌入式产业变为"根植型"产业，促进昆山产业转型升级。因此，必须站在东部地区长远发展和东中西协调发展的高度来看待东部地区产业转移问题，建议重点做好以下几方面的工作。

（1）支持东部地区在产业转型升级的基础上推进产业转移

推进产业转移，从根本上是为了促进产业转型升级。现阶段，东部沿海地区出现产业转移缺乏动力的根本原因在于，担心产业转移过快，又没有后续产业的跟进，容易造成产业转型升级的"断档"，制约产业转型升级的步伐。因此，必须在产业转型升级的基础上推进产业转移，防止出现片面追求产业转移而导致东部沿海地区经济失速、产业断层。为此，要加快东部地区人才、知识和技术的集聚，促进产业向价值链高端升级。发挥东部地区原有产业集群优势，刺激企业创新能力提升和新市场开拓，提高东部地区产业在国际市场上的竞争力和分工地位。同时，加强与欧美等发达国家的联系与合作，积极培育和引进新的优势产业，不断延伸优势产业链，逐步有序地促进产业升级。

（2）支持中西部地区在产业转移中促进产业转型升级

东部地区产业向中西部地区转移，绝不能是简单的产能复制、工厂搬家，而是一次产业转型升级的过程。但受限于中西部地区劳动力素质低、产业配套能力弱等问题，导致产业转移促进产业转型升级的效果欠佳。为此建议，一是加快夯实中西部地区的科技和人才基础。建议狠抓自主创新，高度重视中西部地区企业创新能力建设和先进技术的改造，积极吸引、整合高校和科研机构的资源，设立更多的教育和科研机构，加强科技研发的力量，加快高素质人才培育，为产业转型升级打下坚实的基础。二是完善产业配套环境。根据产业发展重点，加强产业支撑环境建设，积极培育发展各类中小企业，零部件供应商，研发设计服务、金融、物流、中介服务等企业，完善产业链上下游配套体系，形成本地零部件供应体系，构建产业集群，提高产业配套能力，增强对东部地区产业转移的吸引能力和促进产业转型升级的持久竞争力。

（3）分层次、分类型促进产业就地转型升级和异地转移

在产业转移和产业转型升级的具体选择上，要正确区分产业类型，结合当地产业发展实际、重点培育的方向，做到有转移、有转型，转移和转型升级相结合，共同促进产业转型升级。而不能将东部地区所有的劳动密集型企业都转移搬迁至中西部地区。

在当地形成较强市场优势和产业集群的产业，要鼓励其加强研发投入、加大人才培育、加强关键平台和示范项目建设，积极攀升产业链高端，实现就地转型升级。对于资源消耗大、环境污染高和对低端加工需求大的产业或环节，可以支持其到中西部地区投资设厂，转移搬迁。需要注意的是，在转移的过程中也要促进其技术升级或规模扩张，而不能将落后产能和污染转移到中西部地区。

（4）加强宏观层面的统筹与协调

建议在宏观层面加强对产业转移和产业转型升级的统筹协调。一是加强产业转移中的区域合作。不断完善国家承接产业转移示范区政策，支持国家承接产业转移示范区与东部地区通过股份合作、委托管理、统一经营、缔结友好园区等途径，合作共建产业园区，推动产业转出地和产业承接地产业分工整合。建立健全产业转出地与承接地在规划、项目、科技、资源、市场等方面的长效联动对接机制，完善税收、GDP 等方面的分成机制和利益共享机制，创新合作方式、拓展合作领域，形成优势互补、共同发展的格局。二是出台相应政策支持东部沿海外向型经济的转型升级。在全球经济复苏乏力、外需疲软和产业转移等多重压力下，外贸出口类产业转型升级是一个较为漫长的过程，对出口类企业的鼓励政策应适度稳定。加大对东部地区产业转型升级的政策扶持力度，可考虑适时下放村镇银行等中小型金融机构的审批和监管权限，拓宽中小企业到境外开展跨境融资活动的渠道；进一步细化对高新技术企业研发费用税前加计扣除政策实施细则，适当扩大实施范围，对符合相关条件的中小企业技术改造和技术创新投入也实行税前加计扣除，并切实加以落实。